博学而笃志，切问而近思。
（《论语·子张》）

博晓古今，可立一家之说；
学贯中西，或成经国之才。

复旦博学·复旦博学·复旦博学·复旦博学·复旦博学·复旦博学

本书编委会

主　编　陆正飞　北京大学

参与编写（按篇章顺序）

　　　　　辛　宇　中山大学
　　　　　姜付秀　中国人民大学
　　　　　童　盼　北京工商大学
　　　　　杨德明　暨南大学
　　　　　张会丽　北京师范大学
　　　　　权小锋　苏州大学
　　　　　祝继高　对外经济贸易大学
　　　　　王春飞　中央财经大学
　　　　　叶康涛　中国人民大学

复旦博学·大学管理类教材丛书
COLLEGE MANAGEMENT SERIES

中国企业目标导论

Introduction to Corporate Objectives in China

陆正飞 主编

复旦大学出版社

内容提要

企业目标,是经营与管理决策的出发点,因而是分析与讨论管理学问题的前提与基础。本书由北京大学光华管理学院陆正飞教授组织编写,来自人大、央财、中山等9所知名学府相关领域的教授共同参与,旨在梳理"中国管理学"在企业目标管理方面的历史沿革、具体实践和理论体系,试图从企业目标这一视角入手探索中国式管理的特色。

全书共十章,主要对:中国企业目标管理概论、产权制度改革与企业目标管理、资本市场发展与企业目标管理、金融机构改革与企业目标管理、商品市场发展与企业目标管理、劳动力市场发展与企业目标管理、环境社会责任与企业目标管理、外部公司治理与企业目标管理,以及中国相关企业案例作了深入阐述和研究。

本书适合大专院校管理类专业选作通识课教材,也适合实践工作者及政府管理者作为参考用书。

前　言

企业目标,是经营与管理决策的出发点,因而是分析与讨论管理学问题的前提与基础。任何时候企业总是有其目标的,否则经营与管理决策就没有了准则。但是,企业目标不是一成不变的,企业经营与管理决策的准则必须随企业目标的演进而做出相应的调整。因此,政府和企业监管部门需要根据经济社会发展状况,审时度势地调整与优化企业经营的政策和制度环境,推动企业目标的演进;企业治理层和管理层需要根据企业内外部环境的变化,动态调整与优化企业目标,为经营与管理决策提供恰当的准则;管理学者则需要紧密关注企业目标的演进,并及时分析和总结企业目标演进的驱动因素,为管理学研究与教学提供方向指引和判断依据。

改革开放四十多年来,我国企业,无论是国有企业还是非国有企业,其内外部环境不断发生着变化,企业目标也在不断演进的过程之中。就国有企业而言,国有独资企业越来越少,更多的是国有控股企业。国有控股企业,由于引入了非国有股东,进行了混合所有制改革,大大提高了其治理和经营管理的市场化程度。即使是国有独资企业,也早已不是"国营"企业,而是已进行过深入的市场化改革,政府对企业经营管理的干预越来越少。与此同时,无论是国有还是非国有企业,随着市场竞争的加剧,以及企业经营的政策与制度环境的不断优化,也早已不是为了实现当期最大化股东利润而不顾其他利益相关者利益和企业长远发展的"唯利是图"者,而是越来越善于权衡股权与其他利益相关者之间的利益关系,越来越注重企业的可持续发展。因此,系统分析和总结改革开放以来我国企业目标演进及驱动力量,不仅有助于微观企业正确设定企业目标,科学指导经营与管理决策,而且也有助于政府部门与企业监管机构从中吸取经验教训,为今后进一步优化企业经营的政策、制度及市场环境,推动企业目标的不断优化和经营管理决策的科学化,从而为实现我国经济的高质量发展奠定坚实的微观基础。

虽然上述想法在潜意识中似乎早已存在，但是真正促使我以此为题撰写一本教材的直接动力，却来源于我的导师周三多教授给予的提点与鼓励。2019年11月上旬，我去母校南京大学参加学术会议，会后去周老师家里看望老师。登门前先给周老师打电话预约了时间。周老师接到电话并知道我打算去看他时说，他也正想找我讨论一些事情。到了老师家里，简单寒暄几分钟之后，周老师就切入正题——如何进一步推动中国的管理学理论发展。随后两个多小时的交流，就再也没有偏离这个正题。周老师认为，改革开放四十多年来，中国企业无论就数量、规模或质量而言，都已有了长足的进步。即使从世界范围来看，如在世界500强企业名单中，中国企业也已占据了重要地位，因此系统分析、梳理和总结改革开放以来中国企业经营与管理的成功经验，推动中国的管理学理论发展，应该已是时候。听了周老师的观点，我深受启发，也完全赞同。与此同时，更令我感慨的是，作为九旬长者，周老师依然目光如炬、思维敏捷，时刻关注和思考着中国管理学发展及其相关问题。周老师的一席话，激活了我潜意识中的一些想法，为我点亮了前进的道路。当我提出分析、梳理和总结我国改革开放以来企业目标及其驱动力量这个具体想法时，当即就得到了周老师的肯定和鼓励。后来，这本教材就被命名为《中国企业目标导论》。

经过一段时间的思考，我将这本教材设计为十章内容。限于自己的时间和精力，为了尽力写好它，我邀请了九位中青年学者，他们都是我指导毕业（出站）的博士（后），目前都在高校从事会计学、财务管理及公司治理等领域的研究与教学工作，专业基础扎实，研究积累丰富。除了第一章由我负责撰写之外，其余九章分别由他们每人撰写一章。本书第一章"中国企业目标演进及其驱动力量概论"，在回顾世界范围现代企业目标演进一般规律之基础上，总括性地分析和讨论中国国有企业和非国有企业的目标演进，初步揭示改革开放过程中我国企业目标演进的基本规律和主要驱动力量。要说明的是，第一章作为概论，之所以并未按各种驱动力量概要论述它们对企业目标演进的影响，而是按时间轴展示我国企业目标的演进过程及各阶段最主要的驱动力量，既是因为这样展开分析与讨论思路比较清晰，也是为了避免与后续内容的简单重复。第二章"产权制度改革与企业目标演进"（作者：中山大学辛宇教授），就产权制度改革对我国企业目标演进的驱动作用进行系统分析和讨论，包括国有企业产权制度改革理论分析和产权制度改革影响企业目标演进的作用机理分析。第三章"资本市场发展与企业目标演进"（作者：中国人民大学姜付秀教授），从大股东、投资者结构、金融中介、监管制度以及资本市场开放五个方面，讨论中国资本市场发展是如何推进企业目标演进的。

第四章"金融机构改革、债券市场发展与企业目标演进"(作者:北京工商大学童盼教授),从债权人利益保护角度出发,讨论我国金融机构(包括银行与非银行金融机构)改革和债券(信用债券)市场发展对企业目标演进的影响。第五章"商品市场发展与企业目标演进"(作者:暨南大学杨德明教授),从商品市场发展的视角,探讨企业目标演进的一般规律,进而具体分析和讨论商品市场发展对非国有企业和国有企业目标演进的驱动作用。第六章"劳动力市场发展与企业目标演进"(作者:北京师范大学张会丽副教授),在回顾我国劳动力市场和劳动关系演进历程的基础上,分析和讨论它们对我国企业目标演进的驱动作用,并从实践发展和经验证据等角度评析劳动关系管理与企业目标的一致性。第七章"环境社会责任与企业目标演进"(作者:苏州大学权小锋教授),分析和讨论环境责任和社会责任对企业目标演进的驱动作用,以及企业环境、社会责任履行中的困境与未来路径等。第八章"内部公司治理与企业目标演进"(作者:对外经济贸易大学祝继高教授),分别从股东治理、董事会治理、管理层激励、其他内部治理机制的角度探讨企业目标的演进。第九章"外部公司治理与企业目标演进"(作者:中央财经大学王春飞副教授),从公平市场竞争、法律法规体系、外部独立审计和其他外部治理机制等方面,系统分析和讨论外部公司治理对我国企业目标演进的驱动作用。第十章"中国企业目标演进:基于多案例的研究"(作者:中国人民大学叶康涛教授),选择若干代表性民营企业、国有企业和在华外资企业,梳理其发展目标演变。在此基础上,本书总结提炼我国民营企业、国有企业和在华外资企业发展目标演进的共性特征,并探讨这三者之间的互动关系以及与我国市场经济发展之联系。第一章作为概论,比较全面但又轮廓性地分析和讨论了我国企业目标演进的驱动力量,而其余各章都是某一特定角度的专题分析与讨论。为了使各专题的分析与讨论具有系统性,我们不排斥各章之间可能存在的一定程度的交叉。当然,由于各章的分析角度十分明确,且由不同的作者独立完成,因此书稿完成之后,我们并未发现章与章之间存在明显的内容重复。

  本书力图全面和系统地分析、梳理和总结改革开放以来我国企业目标演进的驱动力量,但是,限于我们的能力和水平,包括作者团队的专业背景特点,本书实际呈现的内容未必完全实现了我们的初衷,更未必达到读者的预期,恳切希望得到来自实务界和学术界的批评意见和改进建议。我们在未来适当时候修订再版时努力加以完善。

陆正飞
2022年春于北京大学

目 录

001 前言

001 **第一章 中国企业目标演进及其驱动力量概论**

002 第一节 企业目标演进及其驱动力量：一般分析
008 第二节 中国国有企业目标演进及其驱动力量
022 第三节 中国非国有企业目标演进及其驱动力量
033 本章小结
034 复习思考题
034 主要参考文献

037 **第二章 产权制度改革与企业目标演进**

038 第一节 国有企业产权制度改革相关理论
042 第二节 国有企业产权制度改革的发展脉络及其多元化目标的形成
056 第三节 产权制度改革影响企业目标演进作用机理：监管环境和顶层设计的视角
067 第四节 产权制度改革影响企业目标演进作用机理：治理结构和激励机制的视角
077 本章小结
078 复习思考题
078 主要参考文献

081 **第三章 资本市场发展与企业目标演进**

082 第一节 大股东与企业目标演进
088 第二节 投资者结构与企业目标演进
091 第三节 金融中介与企业目标演进
094 第四节 监管制度与企业目标演进
098 第五节 资本市场开放与企业目标演进
101 本章小结
101 复习思考题

102　主要参考文献

104　第四章　金融机构改革、债券市场发展与企业目标演进

105　第一节　银行改革与企业目标演进
123　第二节　非银行金融机构发展与企业目标演进
127　第三节　债券市场发展与企业目标演进
143　本章小结
143　复习思考题
144　主要参考文献

146　第五章　商品市场发展与企业目标演进

147　第一节　企业目标演进及其驱动力量：商品市场视角的一般性分析
155　第二节　中国非国有企业目标演进及其驱动力量：商品市场视角
161　第三节　中国国有企业目标演进及其驱动力量：商品市场视角
164　本章小结
165　复习思考题
165　主要参考文献

168　第六章　劳动力市场发展与企业目标演进

169　第一节　劳动力市场发展与企业目标动态演进
177　第二节　劳动力市场与企业目标演进：重要驱动因素
184　第三节　劳动利益保障与企业目标：实践发展与经验证据
196　本章小结
196　复习思考题
196　主要参考文献

200　第七章　环境社会责任与企业目标演进

201　第一节　环境责任与企业目标演进
215　第二节　社会责任与企业目标演进
231　第三节　企业环境社会责任履行中的困境与未来路径
236　本章小结

236 复习思考题
237 主要参考文献

240　第八章　内部公司治理与企业目标演进

- 241　第一节　股东治理与企业目标演进
- 245　第二节　董事会治理与企业目标演进
- 253　第三节　管理层激励与企业目标演进
- 257　第四节　其他公司治理机制与企业目标演进
- 259　本章小结
- 260　复习思考题
- 260　主要参考文献

263　第九章　外部公司治理与企业目标演进

- 264　第一节　公平市场竞争与企业目标
- 269　第二节　法律法规治理与企业目标
- 274　第三节　外部审计与企业目标
- 278　第四节　其他外部治理机制与企业目标
- 280　本章小结
- 281　复习思考题
- 281　主要参考文献

282　第十章　中国企业目标演进：基于多案例的研究

- 283　第一节　改革开放以来我国市场经济发展历程
- 284　第二节　市场经济发展与中国民营企业目标演进
- 296　第三节　市场经济发展与中国国有企业目标演进
- 303　第四节　市场经济发展与中国外资企业目标演进
- 306　第五节　中国国有、民营与外资企业目标共生演进
- 310　第六节　中国国有、民营、外资企业目标演进总结
- 312　本章小结
- 313　复习思考题
- 314　主要参考文献

第一章

中国企业目标演进及其驱动力量概论

本章要点：

1. 企业目标概念,企业目标类别。

2. 企业的利益相关者,企业目标的基本特征,企业的社会责任。

3. 中国国有企业目标演进的基本轨迹与驱动力量。

4. 中国非国有企业目标演进的基本轨迹与驱动力量。

改革开放以来,我国企业无论从哪个角度看都发生了天翻地覆的变化。按产权制度看,由过去国有企业几乎一统天下到现在国有企业与非国有企业平分秋色;按主体地位看,由过去政企不分的行政附属物到现在政企分离的独立法人;按经济责任看,由过去只负责生产不负责经营到现在全面负责企业生产经营;按利益相关者看,由过去主要关注政府利益到现在全面关注股东、债权人、员工、消费者、政府及社会公众等多方利益相关者的利益。企业目标的演进与上述变化的发生是相伴相随的。

本章拟在回顾世界范围内现代企业目标演进一般规律之基础上,总括性地分析和讨论中国国有企业和非国有企业的目标演进,初步揭示改革开放过程中我国企业目标演进的基本规律和主要驱动力量。

第一节 企业目标演进及其驱动力量:一般分析

一、企业与企业目标

(一)企业及其类型

1. 企业的性质

企业一般是指以营利为目的,运用各种生产要素(土地、劳动力、资本、技术和企业家才能等),向市场提供商品或服务,实行自主经营、自负盈亏、独立核算的法人或其他社会经济组织。

2. 企业的组织形式

现代企业的组织形式主要有三种:独资企业、合伙企业和公司。独资企业只有一个所有者即业主,他对企业债务承担无限责任。合伙企业有两个或两个以上的合伙人,每个合伙人都对企业债务承担无限连带责任。但是,在采取有限合伙形式的合伙企业中,合伙人则有一般合伙人与有限合伙人之分。一般合伙人参与企业管理,并对企业债务负无限连带责任;而有限合伙人只以其出资额对企业债务承担责任。公司是依法组建的法人企业,两权分离和有限责任是公司制企业区别于独资及合伙企业的最大特点。所谓两权分离,就是企业所有权与经营权的分离,所有者(股东)通过股东大会提名并形成董事会,再由董事会任命总经理和副总经理等高层管理者,企业的日常经营管理交由管理层进行。由于两权分离,某一或某些所有者的撤出不会影响公司的存续。所谓有限责任,就是公司股东以其出资额或所持公司股份为限对公司债务承担责任。有限责任使得公司股东的投资风险得到有效控制,有利于吸引更多的投资者成为公司股东,从而促进公司的发展。依照我国《公司法》,公司具体又包括有限责任公司和股份有限公司两种组织形式。

3. 企业类型的其他划分方式

企业除了可以按组织形式进行上述分类之外,还可以按其他维度进行多种分类。例如,按产权性质可以划分为国有企业和非国有企业;按规模可以划分为大、中、小型企业(甚至进一步区分出特大型企业和微型企业);按是否盈利划分为盈利企业和亏损企业;按成长性划分为成长型企业、成熟型企业和衰退型企业;按科技水平划分为传统企业和高科技企业;等等。鉴于我国国有企业和非国有企业这一分类方式的特殊重要性,以及国有企业和非国有企业的改革和发展历程的显著差异性,在本书讨论过程中,我们将尤其关注按产权性质进行的企业分类,重点分析和讨论这两类企业的目标演进及其驱动力量。

国有企业,是指国务院和地方人民政府分别代表国家履行出资人职责的国有独资企业、国有独资公司以及国有资本控股公司,包括中央和地方国有资产监督管理机构和其他部门所监管的企业本级及其逐级投资形成的企业。按照国有资产管理权限划分,国有企业分为中央企业(由中央政府监督管理的国有企业)和地方企业(由地方政府监督管理的国有企业)。非国有企业,是指其主要投资方不是国家的各类企业。对于混合所有制企业,通常以控股方是否为国有资本作为判断标准,即:如果控股方是国有资本,就算国有企业;否则,就算非国有企业。事实上,非国有企业也就是广义的民营企业。但是,我国实践中所称的民营企业,通常是狭义概念,主要是指私营企业。外资企业等非国有企业,通常并不包含在民营企业范畴之中。

(二) 企业目标

1. 企业的基本目标

无论什么类型的企业都有一定的经营目标。不同企业的经营目标可能不尽相同,但是,在市场经济条件下,企业本质上是一种经济资源配置机制,任何企业的经营目标中最基本、最共同的一点应该就是盈利。诚如彼得·F.德鲁克(1987)所言,一个企业倘若获得不了盈利,那么它本身就没有存在的理由。

2. 企业目标的类别

在实践中,企业目标按覆盖时间可分为当前目标(1年以内)、短期目标(1—3年)、中期目标(3—5年)和长期目标(5年以上);按覆盖范围可分为整体目标和部门目标;按管理职能可分为营销目标、生产目标、人力资源目标、研发目标和财务目标等;按管理层级可分为基层作业目标、中层职能目标、高层战略目标;等等。一般而言,短期、局部和作业层面的具体目标,应该是长期、整体和战略层面的抽象目标的分解。换言之,长期、整体和战略层面的抽象目标,应该为短期、局部和作业层面的具体目标提供方向指引。然而，在企业发展的动态过程中，不同层级、不同类型的目标之间，很有可能并不总是协调一致的，甚至存在比较严重的矛盾和冲突，但是企业决策又必须以企业目标作为判断准则。因此，企业就需要不断地对不同层级、不同类型的目标进行协调，既需要照顾到短期、局部和作业层面的具体目标，更需要坚守那些长期、整体和战略层面的抽象目标。实现了具体目标，才能使企业活着，活得脚踏实地；实现了抽象目标，才能使企业活好，活得更有意义。

3. 本书讨论的企业目标

鉴于上述，本书关于企业目标演进的分析和讨论，将兼顾具体目标和抽象目标两个方面，但最终是为了分析提炼出抽象目标的演进及其主要驱动力量。

二、企业目标演进的基本轨迹与驱动力量

（一）企业目标的基本特征

1. 企业需要考虑的利益诉求

对于现代企业而言，盈利虽然是其经营目标中不可或缺的重要元素，却不再是其唯一的追求。这是因为，现代企业除了需要追求股东利益，也需要顾及企业其他利益相关者的利益诉求。这主要包括以下五个方面。

（1）债权人利益诉求。企业生产经营和投资建设所需的资金，部分甚至是很大部分是由银行等债权人提供的。既然使用了债权人的资金，债权人利益保护就必不可少。如果债权人的利益不能得到有效保护，轻则导致企业进一步负债融资的困难或融资成本的上升，重则导致债权人提起破产清算要求或直接接管企业。这些最终也都会损害股东利益。

（2）员工利益诉求。企业作为一个社会经济组织，与任何其他组织一样，总是由一定数量的人员组成的。一方面，薪酬、福利、培训及安全等与员工直接关联的费用支出，是企业生产经营成本的一个重要构成部分。这些支出越多，成本越大，盈利就越小，于股东不利。另一方面，企业如果忽视或未能满足员工在这些方面的合理诉求，就不能有效激励员工提高劳动生产率，甚至引起员工的消极怠工等报复性行为，从而对股东利益造成更大的损害。

（3）政府利益诉求。政府作为行使社会管理职能的政权机构，需要通过企业实现税收收入，解决就业，甚至希望企业直接参与到有关社会公共事务管理之中。满足政府利益诉求，固然会增加企业成本，减少盈利，于股东不利，但是企业如果忽视政府利益诉求，则会受到经济处罚，或得不到政府资源的支持，于企业长远发展不利，从而有损股东利益。

（4）消费者利益诉求。消费者需求的发展和变化会迫使企业在改进产品质量、优化产品功能、提高服务水平等方面花费更多的人力、物力和财力。静态看，满足消费者不断增长的需求与股东当前盈利之间是存在矛盾的。动态看，企业如果忽视消费者利益诉求，就会渐渐失去消费者的信任，失去市场机会，难以持续盈利。

（5）社会公众利益诉求。企业不仅是一个营利性的经济组织，同时也是一个社会组织，其生存和发展离不开社会公众的支持。企业的行为只有有助于社会和谐与进步，才能得到来自社会公众的广泛支持。因此，企业就有必要履行其社会责任，包括提供平等的就业机会、保护生态环境、确保产品安全及建立良好的公共关系等。企业履行社会责任，从短期看会减少股东盈利；从长期看，则会有利于企业的可持续发展。

2. 企业目标的基本特征

综上所述，尽管股东利益是形成企业目标的最基本决定因素，但债权人、员工、政府、消费者及社会公众等利益相关者的利益诉求，也都会对企业目标的形成产生一定的修正作用。因此，现代企业目标事实上就是上述利益相关者各自目标的折中。概括而言，现代企业目标具有下列基本特征：

（1）盈利是股东的基本追求，也就成了企业目标的基本要素。

（2）股东之外其他利益相关者的利益诉求，会在一定程度上限制股东对盈利目标的追求。

（3）企业目标只能是企业所有利益相关者各自目标的折中，唯有如此，企业方能可持续发展；而只有可持续发展的企业，才能不断满足各利益相关者的利益诉求。

(二) 企业目标演进的基本轨迹

1. 西方企业目标演进的基本轨迹

需要进一步说明的是，企业目标从早期的"唯利是图"，到自觉满足股东之外的其他利益相关者的利益诉求，从而使企业从一个纯粹以营利为目的的经济组织，进化为平衡对待所有利益相关者利益的"共生共益"型的社会经济组织，并非一蹴而就，而是经历了一个漫长的历史演进过程。从西方企业的情况看，参考周三多（2018）的研究，我们将企业目标演进的基本轨迹概括为如下四个阶段。

（1）在工业化初期，企业处于资本原始积累阶段，企业目标是追求股东盈利最大化。

（2）到了工业化中期，随着工人争取自身权益的运动不断升级，企业不能再通过简单地增加劳动时间和提高劳动强度等手段过度剥削工人，而是通过科学管理方法提高劳动效率，同时比较公平地对待员工利益，包括提供更为合理的工资和培训、安全、医疗甚至失业保障等。

（3）到了工业化后期，买方市场已然形成，企业之间的竞争不断加剧，消费者权益保护的呼声日益高涨。因此，企业就愈发重视满足消费者利益诉求，在保障产品质量、优化产品功能、改进服务水平、增强客户满意度等方面倾力付出。

(4) 到了后工业化时期,工业化过程中导致的环境污染、生态失衡、气候变暖等问题,引起了社会的广泛关注和高度重视。人们意识到,企业追求盈利,却将环境成本转嫁给了社会,让社会公众蒙受了巨大的福利损失。因此,人们呼吁企业应该以保护和增加社会福利为己任。

2. 我国企业目标演进的基本轨迹

我国工业化时间比较短,西方企业目标演进过程中的某些阶段(如工业化早期)在我国缺乏完整的表现。但是,即便从改革开放四十多年以来的情况看,也依稀可以看到如上所述的企业目标演进基本轨迹。关于这个问题,将在本章第二节和第三节中具体讨论。

三、企业目标演进的驱动力量:进一步讨论

(一) 企业的社会责任

1. 问题的提出

债权人、员工、消费者和政府等利益相关者,都是一个个具体的利益主体。为了维护自身的权益,他们都有足够的动力与企业及其股东反复博弈,其利益诉求的实现也就顺理成章。但是,如何使企业在追求股东盈利的过程中对社会公共福利给予更多的关注,如何使企业更为自觉地履行社会责任,则需要社会公众的共同努力和持续推动。社会公众是一个并不直接与企业发生经济关联的群体,企业并不需要对社会公众承担直接的经济责任。因此,工业化过程中不断加剧的环境污染、生态失衡和气候变暖等社会问题,企业起初并不觉得应该为此做些什么,而是认为那是政府应该面对和解决的问题。类似地,社会公众起初也没有意识到企业应该为此做些什么,也认为那是政府应该做的事情,因为政府是社会治理和社会管理的主体。

2. 企业需要履行社会责任的理由

企业是否应该参与到社会治理和社会管理体系之中?这是经济学、社会学和管理学领域长期争论的一个话题。古典经济学派和新古典经济学派充分相信市场的作用,认为市场自发调节就能实现资源最优配置;企业按照市场规律运行实现了资源最优配置,就能解决一切问题,从而也就不存在任何社会问题了。然而,20世纪30年代发生的世界性经济危机告诉人们,缺乏必要的政府干预和社会治理的市场是会走向失衡的。在此背景下产生的凯恩斯学派,认为政府需要在市场运行中发挥重要的干预与调控职能,从而修正了(新)古典经济学派下的政府与市场之间的关系和边界,并认为市场运行过程存在诸如垄断、负外部性等市场失灵问题(约瑟夫·斯蒂格利茨,

1998);即使市场运行过程近乎完美,仍然难以抵消掉诸如收入分配不公、贫富差距、逐利短视主义下的社会问题以及经济波动等市场问题(萨缪尔森、诺德豪斯,2008)。但是,无论是(新)古典经济学派还是凯恩斯学派,都没有关注到企业与社会的关系,而20世纪60年代后,资本主义世界面临日益深重的社会问题。在此背景下,社会学与管理学领域相继出现了利益相关者理论等学说,对传统经济学理论所忽视的企业与社会的关系进行了系统修正。利益相关者理论认为,作为市场微观主体的企业,在其运营过程中不得不面对两类利益主体:一是员工、消费者、供应商、合作伙伴、竞争者等经济性利益主体;二是政府、社区与公众等社会性利益主体。为了处理好企业与利益相关者之间的经济及社会利益关系,就需要明确企业与政府、企业与社会之间的边界。企业与经济性利益相关者之间的边界,通常可以通过合同甚至法律的形式加以规定,相对比较容易明确。但是,企业与社会性利益相关者之间的边界,有些(如税收等)可以通过法律法规的形式加以规定,但有些(如捐赠等)不可能通过法律或合同等形式加以规定,而是需要通过企业与社会性利益相关者之间的不断磨合,使企业逐渐认识到其与社会之间的边界所在的位置。

(二) 企业社会责任的履行

1. 实现盈利与履行社会责任的冲突:一个例子

在实践中,实现不同利益相关者之间的利益均衡并不是一件容易的事情,很容易顾此失彼。例如,赵健宇、陆正飞(2018)利用A股上市公司财务报告附注中特有的"应付职工薪酬"明细科目披露构建指标,以及公司总部所在地法定养老保险缴费比例的时间和横截面政策变化构建外生变量,发现:企业为员工支付的养老保险占员工总薪酬的比重与全要素生产率负相关,且这一负向关系仅在员工平均工资较低的企业中显著;较高的养老保险缴费比例增加了企业劳动力成本支出占收入的比重,同时却降低了员工当期可支配收入;养老保险缴费比例的提高还导致企业创新的下降。可见,提高养老金交易比例的本意是保护职工利益,但是过高的养老金缴费比例却导致了上述负面影响。因此,养老金缴费比例过高,整体来看不是一件好事,不利于实现各利益相关者之间的利益均衡。

2. 企业履行社会责任的动机

从已有的实践经验来看,企业之所以越来越多地参与到社会治理和社会管理之中,越来越自觉地履行社会责任,归纳起来主要有两方面原因:一是商业利益使然;二是企业家的觉醒。所谓商业利益使然,是指企业在与利益相关者的反复博弈过程中逐渐意识到,履行社会责任有助于其未来更好地实现商业利益。例如,消费者行为领域的研究表明,企业履行适当责任引起的消费者响应,有助于企业提高财务收益。Bhattacharya 和 Sen(2004)将消费者对企业社会责任的响应分为两种类型:一是关于消费者购买意向、购买忠诚等的外在响应;二是关于消费者意识、态度以及对企业采取这些社会责任手段归因等的内在响应。他们认为,企业在社会责任领域的投入首先会使消费者产生内在响应,然后再转化为外在响应,虽然消费者的内在响应和外在响应都会对企业产生影响,但外在响应对企业收益的影响更为直接。也就是说,只有当企业投入社会责任活动的资源有效地转化为消费者外在响应时,其在社会责任领域的努力才能比较明显地体现在财务收益上。

企业履行社会责任,起初要么是出于商业利益考虑,要么就是迫于社会舆论的压力而勉为其难地参与其中。所谓企业家的觉醒,是指企业家对企业为什么要履行社会责任的理解,逐渐由被动变为主动,思想深处发生了升华。例如,2019年8月,美国181家顶级公司的CEO签署《公司的目的》宣言,其中提道,股东利益不再是一个公司最重要的目标,公司首要任务是创造一个更美好的社会。他们认为,公司最重要的5个目标是:① 为客户提供价值;② 促进员工成长;③ 与供应商公平合理地进行交易;④ 支持社区;⑤ 为股东创造长期的价值。这就意味着,在这些企业家看来,企业已经不再是一个仅仅追逐股东利益的商业组织,而是一个广泛服务于各类利益相关者的经济与社会组织。有了如此的企业家觉醒或曰思想升华,企业履行社会责任便不再患得患失,而是义无反顾。

第二节 中国国有企业目标演进及其驱动力量

一、中国国有企业发展历程

根据政府与国有企业之间的关系,以及国有企业市场化改革的程度,我们可以将中国国有企业的发展历程划分为以下四个阶段:政企合一状态下的国有企业;政企分开改革中的国有企业;市场化改革中的国有企业;进一步深化改革中的国有企业。

(一)政企合一状态下的国有企业(1949—1977)

在1949—1977年的计划经济体制下,中国的国有企业也叫全民所有制企业或国营企业,是指企业财产属于全民所有的生产经营单位。所谓政企合一,是指政府、社会与国有企业高度融合,具体表现为两个方面:① 政府(财政部门及企业主管部门等,下同)直接管理和控制国有企业的资源配置,国有企业的资金筹措、物资采购、产品销售、员工聘用等,都由政府相关部门直接管理和控制,国有企业内部管理层只是负责执行政府指令和管理日常生产经营活动。② 国有企业所有员工的吃喝拉撒和生老病死，甚至员工家属的诸多事务（如员工子女入学和就业等），几乎都由企业负责和承担。

在政企合一状态下，国有企业许多重要职能都掌握在政府手中，因而国有企业就不是一个完全意义上的企业；与此同时，国有企业又承担了许多政府和社会管理职能，从而使企业成为一个个"小社会"。政府办企业，企业办社会，使得政府、社会与企业三者之间的边界不清，高度融合。

(二) 政企分开改革中的国有企业(1978—1992)

1978年党的十一届三中全会决定将中央工作重点逐步转移到经济建设这一中心任务上来；1987年党的十三大明确了"计划经济为主、市场调节为辅"的经济体制改革方向。与经济体制改革方向相适应，该阶段国有企业改革的基本方向是"政企分开"，其首要表现形式是政府对国有企业"放权让利"。通过政企分开，使企业成为真正的微观经济主体，承担更大的经济责任；通过放权让利，使企业管理层和员工得到更大的经济激励，从而使企业变得更有动力和活力。两相结合，改革目标就是使国有企业成为自主经营和自负盈亏的微观经济主体。

在这一阶段，先后推行的国有企业改革措施主要包括四个方面。① 放权让利。所谓放权，就是给予国有企业更多的生产经营自主权；所谓让利，就是给予国有企业一定比例的利润留成。② 经济责任制。以提高经济效益为目的，以责、权、利结合为原则，实现国家、集体及个人利益相统一的国有企业生产经营责任制度。③ 利改税。将国有企业原有上缴国家财政的利润转变为国家税收形式，明确了企业与政府之间的义务关系。④ 承包制。对国有企业实行经理人承包经营责任制，其基本原则是包死基数，确保上交，超收多留，欠收自补。通过这些改革措施，国有企业向着自主经营和自负盈亏的微观经济主体方向不断迈进。

(三) 市场化改革中的国有企业(1993—2006)

1993年党的十四届三中全会明确提出了国有企业产权制度改革，建立现代企业制度，使国有企业成为适应社会主义市场经济体制的微观经济主体。同年颁布的《公司法》为国有企业成为真正意义上的微观市场主体提供了法律依据。随着社会主义市场经济体制和国有企业现代企业制度的逐步建立和完善，更好地实现了政企分开，市场在资源配置过程中发挥了基础性作用。

2006年修订后《公司法》的实施，使国有企业"以市场经济为基础，以企业法人制度为主体，以公司制度为核心，以产权清晰、权责明确、政企分开、管理科学为条件"的现代企业制度建设有法可依。

（四）进一步深化改革中的国有企业（2007年至今）

为了全面贯彻党的十七大精神，深入落实科学发展观，推动中央企业在建设中国特色社会主义法治体系中认真履行好社会责任，实现企业与社会、环境的全面协调可持续发展，国务院国资委于2007年12月印发《关于中央企业履行社会责任的指导意见》，要求中央企业增强社会责任意识，积极履行社会责任，成为依法经营、诚实守信的表率，节约资源、保护环境的表率，以人为本、构建和谐企业的表率，努力成为国家经济的栋梁和全社会企业的榜样。

2013年党的十八届三中全会通过的《中共中央关于全面深化改革若干重大问题的决定》指出，"经济体制改革是全面深化改革的重点，核心问题是处理好政府和市场的关系，使市场在资源配置中起决定性作用"。由"基础性作用"转变为"决定性作用"，意味着作为微观经济主体的企业（当然包括国有企业）在经济生活中发挥更大的作用，政府对市场的干预相应减少。党的十八届三中全会还要求"准确界定不同国有企业功能"，由此，国有企业改革进入了分类改革的新阶段。在国有企业分类改革设计中，将国有企业区分为三大类型：公益类国有企业、商业Ⅰ类国有企业和商业Ⅱ类国有企业。公益类国有企业主要在关系社会公共服务供给与公共产品生产的行业领域；商业Ⅰ类国有企业处于充分竞争的行业或领域之中；商业Ⅱ类国有企业介于公益类国有企业和商业Ⅰ类国有企业之间。将国有企业分为上述三类之后，就大大缓解了过去国有企业改革中面临的平衡企业市场功能与社会功能的困难，方便分类施策，精准改革。

二、中国国有企业目标演进的基本轨迹与驱动力量

政企合一状态下的国有企业，侧重于追求社会目标（或曰非经济目标，诸如政治、治安、就业和安全等，下同），兼及部分经济目标（诸如产量、质量和成本等）。政企分开改革中的国有企业目标演进的基本趋势是，逐渐转向利润等经济目标，但社会目标依然是该阶段国有企业目标的重要内容。市场化改革中的国有企业目标演进的基本特点是，愈发侧重于追求利润等经济目标，社会目标显著减退。进一步深化改革中的国有企业目标演进，主要表现为社会目标和经济目标得到了更好的平衡，而且无论社会目标还是经济目标，都更为符合社会主义市场经济体制和经济高质量发展的内在要求。

（一）政企合一状态下国有企业目标形成及其驱动力量

如前所述，改革开放前的国有企业，处于政企合一状态。这一时期的国有企业，除了是一个微观经济组织之外，更是扮演着政府派出机构和社会基层组织等角色，承

担着大量的政府治理和社会管理职能,肩负着党和国家的政治动员、企业这个"小社会"的全面管理,以及生产组织等多种责任。由于宏观上实行高度集中的计划经济体制,国有企业事实上只是国民经济体系中的一个个"工厂",主要负责落实政府部门下达的生产计划,具体组织生产过程及生产成本控制。其时的国有企业,生产所需的原材料和机器设备等生产资料,以及生产完成的产成品,都是由企业主管部门会同政府相关部门,协调商业批发机构按国家计划统一调拨,无需(也不允许)企业自行采购和销售。类似地,企业生产过程所需要的资金,也是由企业主管部门会同政府相关部门协调安排,基本建设和更新改造等投资和基础流动资金通常由财政拨款,因季节性原因导致的流动资金则由国有银行提供。

由上可见,该阶段的国有企业基本没有市场化的职能,而只是一个个执行国民经济计划指令的生产工厂。这就决定了国有企业无需(也没有能力)对企业生产经营的综合结果(如利润等)承担主要责任,政府相关部门和企业主管部门对企业经济责任的考核和评价,主要关注的也不是利润等综合性财务指标,而是产量、质量和成本等内部生产所能影响的方面。因此,较之于有限的经济目标,该阶段国有企业的社会目标显然更为全面,也更为重要。

(二)政企分开改革中国有企业目标演进及其驱动力量

自 1978 年十一届三中全会召开起,随着经济体制逐步由高度集中的计划经济向"计划经济为主、市场调节为辅"的方向转变,以及与此相伴的"政企分开"和"放权让利"等多项具体改革措施的渐次推进,国有企业不再是只管生产的"工厂",而是逐渐获得了一些面向市场的生产经营自主权。例如:国有工业企业生产的产品,不再完全由国家控制的国有商业批发企业统购包销,部分允许企业自销;生产所需的原材料等物资,不再完全依赖于政府统一计划调拨,部分允许企业自采;企业生产经营所需要的资金,不再完全由财政或银行按计划提供,部分允许企业自筹;等等。而且,企业面向市场的生产经营自主权,总体上随时间的推移和改革的深化而不断增大。因此,政府就要求国有企业对更多、更重要和更综合的经济指标(如利润和资金利润率等)负责,国有企业也有能力承担越来越多的经济责任。加之,企业实现的利润,可以部分地作为奖励分配给企业经营管理者和员工。这就使国有企业既有动力也有压力使其经营目标更多转向利润等经济目标。

由计划经济向"计划经济为主、市场调节为辅"的转变是一个渐进的过程,而且,经济体制总体上依然是以计划经济为主,市场调节只是计划经济的补充。在这样的大背景下,"政企分开"也只是在一定程度上有所分开,但并不彻底,国有企业依然是一个个"小社会";"放权让利"也只是给企业下放了少部分自主经营权和利润留成及奖励分配权,但并不充分,国有企业依然不能对其经营结果承担主要责任。因此,国有企业承担的政府治理和社会管理职能,尽管较计划经济时期逐步减少,但依然分量不轻。职工依然严重依赖国有企业这个"单位",职工个人的社会参与和经济利益,依然主要通过其所在"单位"得以实现。

(三)市场化改革中国有企业目标演进及其驱动力量

随着1992年党的"十四大"明确提出建立社会主义市场经济体制,以及1993年党的十四届三中全会明确提出国有企业产权制度改革,国有企业改革走上了快车道,建立现代企业制度,更好地实现了政企分开,让市场在资源配置过程中发挥基础性作用,成为这一阶段国有企业改革的目标和方向。随着国有企业市场化改革的不断深入,职工个人对国有企业这个"单位"的依赖程度逐渐下降,国有企业"小社会"现象也相应逐步弱化,取而代之的是政府职能的强化和各种社会组织的兴起。与此同时,政府逐步加大了国有企业的经济责任,不断加强对国有企业的业绩考核。特别是,2003年国务院国资委的设立,以及各级地方政府国资委的相继设立,较好地解决了过去国有企业存在的产权主体代表缺失问题,使国有企业的国有资产监督管理工作走上了集中、统一和规范的轨道,国有企业的业绩考核与评价也变得更为严格和规范。与此同时,国资委对国有企业普遍实行"工效挂钩",即将企业工资总额与其实现利润及利润增长等关键业绩指标直接挂钩。国有企业下属核心业务的改制上市,使国有企业平添了来自资本市场的业绩和股价压力。所有这些改革举措叠加起来发挥作用,驱使国有企业愈发将利润和利润增长等关键业绩指标作为主要经营目标,而社会目标则相应弱化,企业社会责任意识日渐淡薄。

根据中国企业家调查系统(1995)的问卷调查结果,在当年我国国有企业厂长(经理)的心目中,排在前三位的企业目标依次是:增加职工收入、追求最大利润和提高市场占有率。它们分别得到47.7%、40.7%和37.2%被调查者的认同。根据中国企业家调查系统(1996)的问卷调查结果,企业经营者最关注的业绩指标主要集中在"利税"与"销售规模和市场占有率"两项指标上。

(四)进一步深化改革中国有企业目标演进及其驱动力量

国资委于2007年12月印发的《关于中央企业履行社会责任的指导意见》,要求中央企业坚持履行社会责任与促进企业改革发展相结合,把履行社会责任作为建立现代企业制度和提高综合竞争力的重要内容,深化企业改革,优化布局结构,转变发展方式,实现又好又快的发展。坚持履行社会责任与企业实际相适应,立足基本国情,立足企业实际,突出重点,分步推进,切实取得企业履行社会责任的成效。坚持履行社会责任与创建和谐企业相统一,把保障企业安全生产、维护职工合法权益、帮助职工解决实际问题放在重要位置,营造和谐劳动关系,促进职工全面发展,实现企业与职工、企业与社会的和谐发展。该指导意见通过企业社会责任的制度化,大力推进了以中央企业为代表的国有企业积极承担社会责任,有效地扭转了市场化改革过程中国有企业社会责任意识淡薄的状况,从而驱使国有企业更好地平衡社会目标与经济目标,以利于国有企业实现可持续、高质量的发展。

2013年党的十八届三中全会明确提出"使市场在资源配置中起决定性作用",同时将国有企业区分为公益类、商业Ⅰ类和商业Ⅱ类等三个类别,从而使不同类别的国有企业目标进一步清晰和合理。公益类国有企业主要在关系社会公共服务供给与公共产品生产的行业领域,对于修正市场失灵与社会失灵具有重要作用,因而以"社会目标优先于经济目标"为原则确立企业经营目标;商业Ⅰ类国有企业处于充分竞争的行业领域之中,按市场规则运营,因而以"经济目标与社会目标有机结合"为原则确立企业经营目标;商业Ⅱ类国有企业介于公益类国有企业和商业Ⅰ类国有企业之间,因而以"社会目标与经济目标并重"为原则确立企业经营目标。

根据中国企业家调查系统(2018)的问卷调查结果,总体而言,企业家较为关注的生产经营活动依次是:利润增长(70.94%)、市场开拓(59.61%)、员工满意度(54.45%)、收入增长(46.78%)以及新产品开发(46.78%)。此外,该项调查还发现,企业在当时的环境下需要对各类利益相关者的利益进行平衡,尤其是需要注重内涵式发展,而不能仅仅关注短期利润本身。对于企业未来发展方向的展望,近七成企业首先朝着"使顾客满意"的方向努力,其次是"使员工幸福",随后分别是"品牌化""造福社会""科技创新""环境友好"。这些调查结果表明,中国企业较以往更好地平衡了社会目标与经济目标,有助于推动经济与社会的协调发展。

三、中国国有企业目标演进的驱动力量:进一步讨论

前文描绘和分析了国有企业目标演进的基本轨迹及主要驱动力量。下面,就影响国有企业目标形成和演进的若干具体因素做进一步的专题讨论。

(一)国有企业业绩考核及其对企业目标的影响

1. 国有企业业绩考核的历史与现状

2003年10月,国资委颁布实施了《中央企业负责人经营业绩考核暂行办法》[①],初步建立起了中央企业经营业绩考核体系,推动企业内部健全了考核体系。国资委对中央企业负责人实施的是"年度考核和任期考核相结合"的考核制度。国资委试图

---

① 此处所称《中央企业负责人经营业绩考核暂行办法》(以下简称《办法》),首次发布于2003年11月25日(国务院国有资产监督管理委员会令第2号),随后分别于2006年和2009年发布了该《办法》的修订版。此外,2007年和2008年分别发布了该《办法》的补充规定。

通过规范有效的业绩考核,真正建立起激励约束机制,切实引导企业负责人树立正确的业绩观,认真履行资产经营责任,实现国有资产保值增值。

从2008年起,中央企业积极发挥业绩考核的导向作用,不断探索业绩考核的新方法和新途径。这具体表现为:一是强化"对标"考核,持续提升业绩水平;二是完善"短板"考核,持续改进薄弱环节;三是推进"经济增加值(EVA)"考核,持续增强价值创造能力;四是探索"自主创新"考核,持续提升可持续发展能力;五是加强"节能减排"考核,持续提高节能降耗工作水平;六是搞好"试点企业"考核,持续改进董事会对经理层进行考核的办法。

从2010年起,中央企业全面推行经济增加值考核,并取得初步成效。其主要做法是:一是依据资本性质,分类确定资本成本率;二是根据业务特点,合理确定会计调整事项;三是结合企业实际,准确把握价值驱动因素。

此外,董事会考核与国资委测试考核衔接水平有了提高。绝大部分董事会试点企业根据国资委的要求,及时修订和完善了对经营层的考核办法,在目标确定、结果核定、薪酬分配等方面主动加强与国资委的沟通,使出资人的考核导向通过董事会有效地传递到了企业经营层。

2. 国有企业业绩考核面临的挑战

国有企业业绩考核虽然取得了不错的效果,但依然面临许多挑战,主要包括以下五个方面。

(1) 难以科学确定考核目标值。目标值确定得是否科学合理,直接关系到考核结果是否客观公正。要通过科学合理的考核目标充分挖掘企业发展的潜能,提升管理水平和综合素质,推动企业最终跨入或接近国际先进行列。

(2) 业绩考核未充分考虑行业因素和企业自身特点。国资委对中央企业进行业绩考核时,虽然也有一些分类指标,但主要还是用共性指标对企业进行考核。这样会忽略企业在行业、规模、历史等方面的差异。

(3) EVA(经济增加值)考核须进一步推进和完善。2010年国资委开始在中央企业全面推行EVA考核,其目的是促使企业负责人从过去的"利润思维"转向"价值创造思维"。但是,EVA考核方法也存在一定的局限性,比如,指标计算方面会出现调整的复杂性和随意性,从而影响EVA考核方法的有效性。此外,国资委对中央企业的EVA考核实行的是统一调整方案和资本成本率的方式,未能体现企业之间的差异性。

(4) 业绩考核如何鼓励创新和长期业绩?企业的长远发展源于创新,考核如何体现企业的自主创新能力,突出对企业创新成果的考核,如何权衡创新投入和当期效益的关系,要求我们进一步完善和细化目前的考核办法。同时,也要考虑到业绩考核如何引导中央企业提升自主创新能力。

(5) 业绩考核与社会责任。国有企业不仅要完成一定的经营业绩,也要承担一定的社会责任。但是,如何对中央企业履行社会责任进行有效考核,这是我们需要破解的一个难度比较大的问题。一是由于中央企业所处的行业不同、地区不同、发展水平不同,应承担的社会责任存在很大差异,要进行科学、准确的考核存在较大难度。二是企业的社会责任涉及面非常广泛,内容十分繁杂,要建立一套统一的社会责任考核机制难度很大。三是社会各方面对企业社会责任的认识不统一,政府、股东、员工、客户等各方面有着各自不同的期望和评判标准。

3. 进一步优化国有企业业绩考核的若干建议

国有企业业绩考核所面临的上述问题,不利于企业目标优化。为此,有四个建议。

(1) 分类管理企业,分别设定目标。国资委下属的中央企业数量较多,且属于不同的行业领域,应该就公益类、商业Ⅰ类和商业Ⅱ类分别设定目标。例如,瑞典工业部将所监管的国有企业分为两类,并为它们设定不同的目标。一类是没有社会职能、完全在竞争性市场环境中运作的企业,占总数的95%,目标是股权价值最大化,政府要求它们必须追求价值最大化,经济增加值必须大于零;另一类是肩负着特殊的社会职能的国有企业,大约占国有企业总数的5%,这些企业具有股权价值和社会利益的双重目标,政府对这类企业的要求是以最小的成本实现其社会职能。

(2) 协调董事会考核与国资委考核的一致性。目前对于中央企业管理层的业绩考核,董事会考核与国资委考核无论在内容、方法还是时间上都存在一些差异,从而使考核结果也不尽相同。可以考虑在国资委出台业绩考核指引的基础上,由各个中央企业董事会根据自身情况设计业绩考核细则,并报国资委批准或备案。在年度结束时,由董事会上报企业年度经营情况以及对于管理层的年度考核情况,国资委根据上报内容进行审查,最终形成一个统一的考核结果,并依据该结果对管理层进行考核和奖励兑现。

(3) 进一步改进EVA考核方法。EVA考核虽然较传统利润考核有着一定的优势,但也有其自身的局限性。作为一个绝对值指标,EVA的大小与投入有直接的关系。只要新项目的投资报酬率大于资本成本率,就会增加EVA。但与此同时,企业的投资效率可能趋于下降。因此,应该重点关注EVA改善值(ΔEVA)和EVA率(EVA/投入资本)。此外,为了排除不同行业的影响,可以以行业为基础设定行业资本成本率,根据中央企业所处行业的资本成本率来调整EVA,使得考核更加客观公正。

(4) 恢复ROE(净资产利润率)考核指标。2010年起的中央企业业绩考核,用EVA替代了ROE,在当时的条件下有其必要性。但是,考虑到许多中央企业下属的主要子公司不少是上市公司,而上市公司就需要将实现股东利益作为企业的重要经营目标。从资本市场角度看,ROE是反映股东角度投资报酬率水平的关键指标。因此,中央企业业绩考核的指标体系中完全缺失了ROE,就有可能引导企业通过过度投资实现利润、EVA等绝对值指标的增长,而不能同时提高ROE水平。从长期看,这将导致股东利益受损。

综上,国有企业业绩考核的制度设计,对企业目标的形成具有直接和重要影响。完善业绩考核的制度安排,对优化国有企业目标具有立竿见影的作用。

(二) 国有企业隐性担保及其对企业目标的影响

1. 国有企业的隐性担保及其后果

改革开放以来,我国国有企业多次出现过度负债。过度负债首先是因为国有企业追求规模扩张而导致过度投资,其次是因为过度投资的国有企业依然能够得到银行等金融机构(以下简称"银行")的支持。从一般理论意义上说,这种现象是不应该发生的,因为这既伤害银行利益,也有损企业价值。但是,银行和国有企业似乎都不怎么担心,因为政府对国有企业的隐性担保[①],决定了国有企业即使过度负债,也少有爆发债务风险。

改革开放初期,我国企业的负债率水平是比较低的[②]。但是到1993年,我国国有企业的负债率已迫近70%。导致企业走向过度负债主要有四个原因:① 1984年起实行国有企业投资"拨改贷",导致新成立的国有企业起步时的负债率就是100%,也导致原有的国有企业在发展过程中得不到新的资本补充;② 随着改革开放,国有企业面临非国有企业的竞争压力与日俱增,导致国有企业盈利能力从而积累能力下降;③ 改革开放之前,国有企业会计不稳健,导致企业折旧等成本补偿不足,资产陈旧而未能及时更新,给改革开放后国有企业发展留下了沉重的包袱;④ 纺织、食品、机械等行业产能过剩,导致全行业亏损或效益严重下滑。针对上述情况,我国政府采取积极措施去产能和去杠杆。其典型例子就是纺织行业的"限产压锭"。

> **什么是限产压锭?**
>
> 限产压锭的基本含义是限制产能,压减纱锭。这里特指20世纪90年代,在我国纺织行业产能严重过剩的情况下,国家对纺织业采取的"压锭"政策,是希望通过这一政策来推动我国纺织工业的产业升级,提高我国纺织产业的竞争力和生命力。

---

① 政府对国有企业隐性担保的形式多种多样,诸如债转股、财政增资、政府补贴,以及其他重要资源的注入等。

② 改革开放初期,我国企业的负债率究竟是多少,其实是没有很确切的数据的。因为,当时的资金平衡表并不清楚地区分负债和所有者权益,所以,不同部门(如国家统计局、财政部等)的统计结果不太一致,但基本都是在20%—30%。

但是，1993年之后企业负债率不降反升，1995年一度高达85%左右（国金证券研究所，2016），其主要原因是国有企业亏损愈发严重。以国有工业企业为例，1997年共亏损830.95亿元，是1990年的2.4倍。国有企业严重亏损并陷入债务困境的原因，除了上面已提及的四个方面之外，还有国有企业内部治理机制不完善、激励和约束机制不健全、政府干预和银行改革滞后导致国有企业预算软约束等方面的原因。国有企业严重亏损和过度负债，也导致我国商业银行不良贷款问题日益严重。1999年的债转股正是在这样的特殊背景下推出的。

实现债转股企业的扭亏为盈，促进企业转换经营机制和建立现代企业制度，是1999年债转股的主要目的。但是，效果并不持续：2000年全国80%的债转股企业实现扭亏为盈，但2002年这一比例下降到了70%以下。得益于深化国有企业改革和经济上行，2003年后国有企业效益才有实质性改善，利润总额快速增长，资产负债率显著下降。但是，好景不长。在经济上行的过程中，国有企业投资扩张的热情高涨，偏重做大而非做强的现象比较普遍。尤其是2008年的"四万亿元经济刺激计划"，使得我国国有企业又一次陷入了过度负债的窘境。此次走向过度负债，主要有四个原因：① 国资委的业绩评价机制和保增长要求，刺激国有企业追求规模扩张，导致过度投资；② 政府对国有企业的隐性担保，使得银行更愿意将增量贷款发放给国有企业；③ 国有企业内部治理机制，尤其是董事会决策机制，依然存在许多不完善之处，好大喜功，贪大求洋；④ 上市的国有企业，股价表现总体并不乐观，导致通过股票市场补充资本的能力不足。

2. 国有企业过度负债与去杠杆压力

那么，国有企业与非国有企业究竟谁更过度负债？已有研究发现，由于政府隐性担保，国有企业具有债务融资的便利性（方军雄，2007），这一便利性似乎会导致国有企业的高负债。但是，已有研究也有完全相反的发现：相比非国有企业，国有企业股权融资也更具便利性，且因为代理问题严重而更可能进行股权融资以牟取私利，因此国有企业负债率更低（肖泽忠、邹宏，2008）。事实上，仅看企业实际负债率高低是无法判断其负债水平是否合理的，其原因是，企业具有目标负债率，且不同企业的目标负债率可能因企业特征差异及外部因素影响而不尽相同，因此判断企业负债率是否合理不应简单观察实际负债率高低，而应看实际负债率是否偏离目标负债率及其程度。陆正飞、何捷、窦欢（2015）研究发现，如果从"过低利息覆盖率"角度看，国有企业比非国有企业更为过度负债，但若从"过度负债率"角度看，国有企业似乎没有非国有企业那么过度负债。需要特别说明的是，"过度负债率"是实际负债率减目标负债率之差。然而，在目标负债率估计过程中，业已考虑了政府对国有企业负债的隐性担保。假设这种隐性担保减少或完全消失，情形就会很不一样。随着国有企业进一步深化改革，我们有理由相信这种隐性担保会逐渐减少乃至消失。从这一意义上说，我国国有企业过度负债或许较非国有企业更为严重。

2016年10月10日,国务院正式发布了《关于积极稳妥降低企业杠杆率的意见》(以下简称《意见》)。《意见》指出,近年来我国企业杠杆率高企,一些企业经营困难加剧,一定程度上导致债务风险上升。《意见》明确了市场化债转股路径,强调此次债转股坚持"银行、实施机构和企业自主协商"的市场化方向,政府"不强制、不兜底"。为了避免债转股企业再次陷入高负债,《意见》规定了市场化债转股对象企业应当具备的条件①。《意见》还指出,要把建立和完善现代企业制度作为开展市场化债转股的前提条件。可见,《意见》已经从方方面面做了充分的考虑。但是,在实际操作过程中,有关各方是否能够按《意见》要求对企业债转股作出实事求是的安排呢?这是值得关注的。尤其要关注以下三个问题:① 选择债转股企业过程中,如何真正做到政府不干预?如果拟议中的债转股企业是国有企业,而债权银行又是国有银行,那么债转股企业的选择乃至转股价格确定等,免不了需要经过企业和银行主管部门的审批。审批部门就需要既遵循《意见》要求,又尊重企业和银行的董事会/股东大会决议,以体现市场化原则。② 债转股企业过程中,如何真正做到政府不兜底?政府不兜底是指政府(财政)不承担损失的兜底责任,防止应由市场主体承担的责任不合理地转嫁给政府或其他相关主体。但是,如果债转股过程中掺杂了一定程度的政府干预,国有银行就有可能替政府承担了损失的兜底责任。作为市场主体的银行,按理说不会愿意兜底,但是银行面对自身的不良贷款压力,或许会考虑以时间换空间,愿意让高负债的债务企业债转股,甚至愿意承担一定的损失,以减轻当前的不良贷款压力。为此,银行的董事会需要谨慎决策,银行监管机构必须严格监管。③ 债转股企业如何通过市场化债转股,切实推动企业治理机制的优化,提高经营管理水平?从中长期看,这是债转股企业避免未来再次陷入过度负债的最为关键的条件。为此,债转股企业应该提出切实可行的混合所有制改革方案,提高股权制衡度以及董事会决策的透明度;债转股企业应该按相关规定积极推动员工持股计划的制订和实施工作,重视长期激励,避免经营中的短期行为;国资委等国有企业主管部门,应积极调整和完善业绩评价和考核办法,适当缩小规模性考核指标的权重,相应扩大效率性考核指标的权重,避免企业过度追求规模扩张,以及由此导致的过度投资和过度负债。

综上,国有企业政府隐性担保,容易导致国有企业目标偏离市场轨道,极度追求规模扩张,也不担心过度负债的不良后果。因此,减少乃至消除国有企业政府隐性担保,有助于国有企业目标回到正常的市场轨道。

---

① 这些条件包括:发展前景较好,具有可行的企业改革计划和脱困安排;主要生产装备、产品、能力符合国家产业发展方向,技术先进,产品有市场,环保和安全生产达标;信用状况较好,无故意违约、转移资产等不良信用记录。

（三）国有企业员工持股及其对企业目标的影响

1. 国有企业员工持股的发展历程

《关于国有控股混合所有制企业开展员工持股试点的意见》（国资发改革〔2016〕133号）的发布，使得员工持股问题再次引起人们的关注和热议。

为什么要实施员工持股计划？不同国家、不同时期、不同企业实施员工持股计划的动因不尽相同。总结国外实践经验和理论解释，实施员工持股计划主要有以下三种动因：① 资本与劳动的有效结合，即双因素理论解释。该理论认为，财富是由资本与劳动这两种关键性生产要素创造的，而工业化进程会使资本要素对生产的贡献越来越大于劳动，资本所有者在企业利益分配中必然越来越处于优势地位，从而导致社会不公平，为此就需要推行一种经济政策使劳动者除劳动收入外，还可以有作为资本所有者的收入。② 员工参与公司民主管理，即民主自治理论解释。这是一种旨在调动人的因素的机制，它使企业的决策、企业自主权的行使和企业活动的最终成果与每位员工的切身利益联系起来，使员工真正成为企业的主人，促进员工对企业财产和企业积累的关心。③ 员工分享公司利润，即分享经济理论解释。该理论认为，解决资本主义内在矛盾和修复其结构性缺陷的最终解决方案在于完善企业工资制度。实行利润分享工资制度，使劳动者通过分享利润来分享企业从而整个经济体系的增长收益，才有可能实现充分就业条件下的价格均衡。

从西方国家的实践经验来看，员工持股对企业和经济发展起到了积极的作用。以美国为例，美国员工持股协会将员工持股计划界定为员工受益计划，即一种使员工通过成为公司股权所有者而从中受益的制度安排。员工持股计划使企业员工兼具劳动者和资本所有者双重角色，从而实现了资本与劳动这两种关键性生产要素的有机结合，员工与企业其他股东分享企业利润，共担企业风险，劳动者与资本所有者利益诉求趋于一致。1974年，《职工退休收入保障法》的颁布，为员工持股计划的推广奠定了法律基础。在20世纪70年代之前，美国只有少数的公司自发性地实行员工持股。经过40多年的发展，美国已有约2 800万人参与到各种形式的员工持股计划中来，超过美国私营部门就业人员的20%。虽然员工持股的长期激励效果尚未得到实证研究的一致肯定，但是作为一项企业内部治理机制和社会保障机制，员工持股计划在美、英等主要发达国家备受推崇。

我国的员工持股在20世纪80年代发展迅速。据统计，截至1991年，各类股份制试点企业达3 220家，有内部职工持股的企业2 751家，占80%。但是，由于早期的内部员工股没有设立严格、规范的退出机制，企业普遍存在超范围、超比例发行"内部职工股"的激励，非法交易内部职工股权证现象严重，针对这些问题，"内部职工股"被暂缓审批。1993年12月，《公司法》的颁布使企业的股份制试点进入依法设立、规范发展阶段,同时,《股票发行和交易管理暂行条例》对"公司职工股"的发行比例和上市流通等做出了明确规定。但是,由于员工受到一级市场与二级市场之间巨大价差的利益诱导,抛售股票成为普遍现象,从而使得员工持股的股权激励作用基本消失,也难以使员工以股东身份参与企业治理,最终导致员工持股的实际走向严重背离制度设计的初衷。1998年证监会颁布《关于停止发行公司员工股的通知》,随后,员工持股采取了持股会的形式。2000年中国证监会又以职工持股会不具备法人资格,工会持股与工会宗旨相违背为由,停止了审批职工持股会及工会作为发起人或股东的发行申请。许多企业为获取上市资格,只好以个人名义成为拟上市公司股东和发起人。2005年修改后的《证券法》和《公司法》又将发起人数限制在200人。为此,大量拟上市企业只好清退内部员工持有的股份,"员工持股"异化为"管理层持股",员工持股基本失去了合法存在的空间。

2014年6月,证监会颁布《关于上市公司实施员工持股计划试点的指导意见》,并自2014年6月20日起实行。该办法的出台,是为贯彻《中共中央关于全面深化改革若干重大问题的决定》中关于"允许混合所有制经济实行企业员工持股,形成资本所有者和劳动者利益共同体"的精神,落实《国务院关于进一步促进资本市场健康发展的若干意见》(国发〔2014〕17号)中关于"允许上市公司按规定通过多种形式开展员工持股计划"的要求。该办法颁布后,上市公司踊跃出台员工持股计划,截至2016年,共有601家上市公司公告了其员工持股办法。本次上市公司员工持股计划的推出具有公司年度分布集中、非高管员工参与范围较广、员工自筹金额比重较大、股票来源分散等特点。

2. 国有企业员工持股的实施效果

我国企业(尤其是国有企业)员工持股实施效果总体来看不甚理想,监管部门面对员工持股实施过程中出现的一些乱象,往往采取"堵"的对策,其原因主要是难以承受公众对员工持股负面作用的质疑。其中,监管部门面临的最难以承受的质疑是,员工持股会导致国有资产流失,这是针对我国国有企业改制过程中,通过员工持股将国有资产无偿或低价让渡给员工的做法而言的。资产定价是一个复杂的问题,即便仅从专业技术层面来看,完全做到定价公允总是面临不小的挑战。如果在员工持股计划的实施过程中有意识地偏袒员工利益,由此带来的国有资产流失就在所难免。从社会公平的角度来讲,这是国有企业实施员工持股计划不能触碰的底线。

国务院国资委等三部门于2016年8月印发的《关于国有控股混合所有制企业开展员工持股试点的意见》(以下简称《意见》),明确了改革的时间表和路线图。如何在"有效激励员工"和"防止利益输送"间找到平衡,仍是市场关注的热点。为此,《意见》作出了多个方面的限制性规定,主要包括八个方面。① 开展试点企业须是主业处于充分竞争行业和领域的商业类企业,股权结构合理,非公有制资本股东所持股份应达到一定比例,公司董事会中有非公有资本股东推荐的董事。② 试点企业应建立市场化的劳动人事分配制度和业绩考核评价体系,形成管理人员能上能下、员工能进能出、收入能增能减的市场化机制。营业收入和利润90%以上来源于所在企业集团外部市场。③ 央企二级以上企业及各省、自治区、直辖市及计划单列市和新疆生产建设兵团所属一级企业暂不开展员工持股试点。④ 员工持股既不是全员持股、平均持股,也不是经营层持股,而是骨干持股。⑤ 企业主要通过增资扩股、出资新设方式开展员工持股,不减少存量。员工入股应以货币出资为主,想用科技成果出资的员工,则要提供所有权属证明并依法评估作价,及时办理财产权转移手续。⑥ 员工持股总量原则上不高于公司总股本的30%,单一员工持股比例原则上不高于总股本的1%。⑦ 离开公司的员工应在12个月内将所持股份进行内部转让,可以转让给持股平台、符合条件的员工或非公有资本股东,价格由双方协商确定;转让给国有股东的,价格不高于上年每股净值。⑧ 实施员工持股应设定不少于36个月的锁定期,在公司公开发行股份前已持股的员工,不得在公司首次公开发行时转让股份,并应承诺自上市之日起不少于36个月的锁定期。锁定期满后,公司董事、高级管理人员每年可转让股份不得高于所持股份总数的25%。

由上可见,《意见》力图在严格防止国有资产流失的前提下,发挥员工持股的长期激励作用。应该说,只有这样谨慎行事,才可能使监管部门避免陷于被公众质疑国有资产流失的窘境。但是,如何在尽力避免国有资产流失和利益输送的同时,使员工持股在我国更多企业中发挥更为积极的作用,是我们需要解决的又一关键问题。为此,就必须注意以下六点:① 现行《公司法》及《证券法》均未对企业员工持股予以规范,严重影响了员工持股计划的实施与发展。有必要制定和完善员工持股法律法规,使所有企业的员工持股计划基于统一的法律法规。② 积极推进专业第三方组织的参与。企业内部经营管理人员设计的员工持股方案,缺乏透明度和独立性,容易造成利益输送。如果有第三方专业机构(包括律师事务所、信托公司等)的参与,通过市场化方式设计和实施员工持股计划,就会对企业内部经营管理人员形成有效约束。③ 采取有效措施,使员工持股计划既能避免利益输送,又能具有长期激励作用。为此,政府应出台鼓励企业实施员工持股计划的税收优惠政策,并为员工购买企业股份提供必要的融资便利。没有这两个方面的配套条件,参与员工持股就基本无异于从公开市场购买股票,那么,员工参与企业员工持股计划的意愿就可能不强,从而难以在更多企业推广员工持股计划,也难以发挥员工持股在完善公司内部治理和员工长期激励中的积极作用。④ 参与员工持股人数占企业员工人数的比例不宜过低,高管人员持股占员工持股的比例不宜过高,需要明确规定参与员工持股计划的人应该满足的基本条件,包括工作年限、对企业的贡献等。⑤ 成立合伙制企业作为员工持股平台,是比较好的选择。员工持股计划的基本目的是通过员工持股避免劳资矛盾。因此,作为持股平台的合伙制企业应该充分反映与资方没有直接利益关系的一般员工的利益诉求。⑥ 关于员工持股的退出,根据《意见》要求,如果转让给国有股东,转让价格不超过上年末评估后的每股净资产。但是,在具体方案设计时必须考虑各种可能的特殊情况。例如,如果转让年度公司每股净资产因为一些特殊原因(如大量现金股利分配、严重亏损或非同寻常的盈利、高溢价发行了新股等)与上年末每股净资产发生巨大变化,应该如何确定转让的底价?也就是说,在符合《意见》要求的同时,也需要充分保护转让者的利益。

综上,国有企业员工持股计划有可能缓解劳资矛盾,更好地协调员工与股东利益,优化企业经营目标。但是,只有科学地设计员工持股计划,并为其实施创造必要条件,上述作用才能真正得以发挥。

第三节　中国非国有企业目标演进及其驱动力量

一、中国非国有企业发展历程

根据中华人民共和国成立以来经济发展和经济改革过程中非国有企业的形态更替特征,可以将我国非国有企业的发展历程划分为以下四个阶段:计划经济时期的非国有企业;改革开放初期的非国有企业;市场化改革中的非国有企业;进一步深化改革中的非国有企业。

(一) 计划经济时期的非国有企业(1949—1977)

计划经济时期的非国有企业,主要就是集体所有制企业,简称集体企业。截至1978年,集体所有制企业产值占工业总产值比重约为22.40%(钱伟刚,2018)。由于受"左"的思潮影响,导致私营经济不断萎缩,到1977年年底,私营企业已近乎消亡。

集体企业又包括城镇集体所有制企业和乡村集体所有制企业。城镇集体所有制企业是财产属劳动群众集体所有、实行共同劳动、在分配上以按劳分配为主体的经济组织。乡村集体所有制企业,是指在乡村区域内设立的、以生产资料的劳动群众集体所有制为基础的经济组织。

集体企业既非国有企业也非私营企业,是一种独立的所有制形式。由于历史的原因,我国集体企业的设立不甚规范,没有真正体现集体企业的财产为集体企业劳动群众集体所有的性质。计划经济时期的集体企业也基本处于"政府办企业,企业办社会"的状态,与国有企业相比较,只是政府的干预程度稍弱一些而已。

(二) 改革开放初期的非国有企业(1978—1992)

随着改革开放,不仅集体企业得到了更好的发展,私营企业和外资企业更是从无到有,快速发展。

党的十一届三中全会召开之后,中国农村产业结构发生了重大变化,多种经营的大力发展,催生了乡镇企业的不断涌现。1992年,乡镇企业总收入达15 931亿元,已毫无争议地成为农村经济的支柱和国民经济的重要组成部分(幸元源,2009)。

党的十一届三中全会明确提出,"一定范围的劳动者个体经济是必要补充"。1982年党的十二大报告和1987年党的十三大报告再次明确私营经济"是公有制经济必要的和有益的补充"。1982年和1988年的《宪法修正案》中指出,"国家保护私营经济的合法的权利和利益"。截至1991年年底,全国登记注册的个体工商户和私营企业分别达到1 416.8万户和10.8万户(王海兵、杨蕙馨,2018)。

党的十一届三中全会召开之后,我国从经济特区到沿海城市陆续开放,到1990年左右,我国沿海城市几乎全部对外开放,并在对外开放城市采用税收优惠等激励手段,吸引外商直接投资。这一阶段外商投资的主体主要是港澳台地区企业,外商投资企业多为中外合资形式,外商投资主要集中于第二产业中的出口导向型企业。

(三) 市场化改革中的非国有企业(1993—2006)

在市场化改革过程中,乡镇企业发展与改制并举,私营企业和外资企业高速发展。

在1992年党的十四大精神感召下,乡镇企业进入了高速发展阶段,无论是企业数量、规模还是盈利,都较以往有了质的飞跃。但与此同时,乡镇企业也日益暴露出类似于改革开放初期国有企业产权主体不明确,以及由此导致的激励不足和管控不严等体制弊端。在此背景下,越来越多的乡镇企业陆续改制为私营企业。

在这一时期,民营经济的改革发展也开始逐步深化,民营经济的市场合法性逐步确立。2002年党的十六大报告第一次明确提出"必须毫不动摇地鼓励、支持和引导非公有制经济的发展",使得个体工商户和私营企业进入了有序发展阶段。尤其是,随着许多乡镇企业改制为私营企业,私营企业在非国有经济中的地位迅速提高。

以1992年邓小平南方谈话为契机,对外开放的力度进一步加大,许多边境城市和长江沿岸城市加入了开放城市行列,从而使对外开放逐步由沿海向内陆延伸。这一阶段外商投资主体主要是欧美日等西方发达国家的大型跨国公司,外商投资越来越多地进入资本密集型的制造业领域。

(四) 进一步深化改革中的非国有企业(2007年至今)

在进一步深化改革过程中,私营企业和外资企业构成了非国有企业的主要部分,私营企业尤其充满活力,发展迅猛。

自我国于2001年加入WTO之后,国内市场进一步对外开放,开放领域逐步从制造业扩大到服务业。因此,在这一阶段外商投资越来越多地投入技术密集型行业和服务业。外商投资方式也从新建工厂发展到收购兼并。

2008—2012年,国家出台了一系列促进民营企业[①]稳步健康发展的政策文件,为加快民营企业转型升级和促进民营企业规范治理提供了方向指引。与此同时,在"大众创业、万众创新"大潮中,民营企业显示出其特有的活力,成为推动产业转型升级、科技创新和参与国际市场竞争的重要角色。

二、中国非国有企业目标演进的基本轨迹与驱动力量

计划经济时期的非国有企业(集体企业),与国有企业类似,侧重于追求社会目标,兼及部分经济目标。改革开放初期的非国有企业,以乡镇企业为代表的集体企业逐渐转向利润等经济目标,但社会目标依然是该阶段集体企业目标的重要内容;私营企业和外资企业自产生之日起就面向市场,主要追求利润等经济目标,社会目标意识比较淡薄。市场化改革中的非国有企业,无论是乡镇企业、私营企业还是外资企业,都愈发偏向于追求经济目标,一度几乎忽略了社会目标。在进一步深化改革中的非国有企业,在积极追求经济目标的同时,较以往更多地兼顾了社会目标,且经济目标与社会目标随时间越来越趋于平衡和协调。

(一)计划经济时期非国有企业目标形成及其驱动力量

如前所述,计划经济时期的非国有企业主要就是集体所有制企业。集体企业虽然有别于国有企业(全民所有制企业),但也有着国有企业类似的体制特征,基本处于政企合一状态。这一时期的非国有企业,除了是一个微观经济组织之外,也扮演着政府派出机构和社会基层组织等角色,承担着一定的政府治理和社会管理职能。集体企业也是一个"小社会"。因此,计划经济时期的非国有企业除了追求产值等经济目标,很大程度上是在追求社会目标。

(二)改革开放初期非国有企业目标演进及其驱动力量

改革开放初期,国有企业改革步履维艰,"政企分开"和"放权让利"等改革措施在

---

① 民营企业,广义而言泛指一切非国有企业,主要包括个体工商户、私营企业和外资企业;狭义而言则是指私营企业。私营企业是指由自然人投资设立或由自然人控股的法人企业。随着私营企业的快速发展及其在民营经济中占比的不断提高,私营企业越来越成为民营企业的最好代表。因此,在本章后续讨论中,若无特别说明,民营企业指的主要就是私营企业。

实际推进过程中面临诸多阻力和障碍。与国有企业相比,以乡镇企业为代表的非国有企业,体制约束没那么严重,经营机制也比较灵活一些。因此,改革开放初期的非国有企业就展现出比国有企业更强的经营活力和市场竞争力,在更大程度上积极追求利润等经济目标,社会目标的核心是增加职工收入。

不同于国有企业和集体企业,私营企业和外资企业自成立之日起就是面向市场的。更为重要的是,其产权主体性质决定了它们生来就是为了实现资本增值,追求利润等财务目标天经地义。也只有允许它们追求利润,私营企业主和西方国家的跨国公司才有积极性进行投资和经营。但是,由于这一阶段的私营企业和外资企业比较缺乏社会责任意识;与此同时,为了使私营企业和外资企业有利可图,除了纳税等必要的法律义务,政府也没有明确要求它们承担更多的社会责任。因此,这一阶段非国有企业的社会责任目标处于基本缺失的状态。以环保为例,这一阶段非国有企业普遍缺乏环保意识,政府对企业生产过程中产生的环境污染监管和处罚力度不足,导致企业在环境治理方面的投入既无动力也无压力,有些企业甚至有意选择高污染的投资项目,将环境成本转嫁给社会。

(三) 市场化改革中非国有企业目标演进及其驱动力量

在市场化改革过程中,随着以乡镇企业为代表的集体企业逐步建立现代企业制度和政企分开程度的不断提高,集体企业越来越成为独立的市场主体,职工个人对企业这个"单位"的依赖程度逐渐下降,"小社会"现象也相应逐步弱化。因此,以乡镇企业为代表的集体企业,利润等经济目标进一步强化,社会目标依然以增加职工收入为中心,其他方面则进一步淡化。例如,如前所述,1995年,在我国集体企业厂长(经理)们心目中,排在前三位的企业目标依次是:树立良好的企业形象、提高市场占有率和增加职工收入。

在这一阶段中,随着乡镇企业的改制,私营企业越来越成为非国有企业的中坚力量。与此同时,外资企业的数量和投资规模不断扩大,投资领域也不断升级。由于法律和政策对私营企业和外资企业发展的保护和支持力度不断加强,这些非国有企业较以往时期更大刀阔斧地拓展经营,更理直气壮地追求利润。但是,社会责任意识依然不足,政府对企业社会责任方面的要求不够明确,导致非国有企业继续比较片面地追求利润等经济目标,社会目标几乎被忽略。例如,根据中国企业家调查系统(1995)的问卷调查结果,在当年我国三资企业的厂长(经理)们心目中,排在前三位的企业目标依次是提高市场占有率、树立良好企业形象和追求最大利润,它们分别得到52.3%、44.0%和42.4%被调查者的认同。

(四) 进一步深化改革中非国有企业目标演进及其驱动力量

2008—2012年,国家出台了一系列促进民营企业稳步健康发展的政策文件,为加快民营企业转型升级和规范民营企业内部治理提供了制度支撑。随着政府要求和企业觉醒,越来越多的民营企业积极参与到和谐社会建设之中。与此同时,社会公众对非国有企业参与社会治理和承担社会扶贫、教育医疗、社区建设等社会责任有了更多期待。因此,在进一步深化改革过程中,非国有企业对经济目标与社会目标的追求不再像以往那样极端和失衡,而是随时间不断走向平衡与协调。例如,根据中国企业家调查系统(2018)的问卷调查结果,对于企业未来发展方向的展望,近七成企业首先朝着"使顾客满意"的方向努力,其次是"使员工幸福",随后分别是"品牌化""造福社会""科技创新""环境友好"。这标志着中国企业朝着好的方向发展,有利于解决中国社会的主要矛盾,实现经济社会发展的平衡性和充分性。

三、中国非国有企业目标演进的驱动力量:进一步讨论

前文描绘和分析了非国有企业目标演进的基本轨迹及主要驱动力量。下面,就影响非国有企业目标形成和演进的若干具体因素做进一步的专题讨论。

(一)非国有企业股权激励的现状

在现代企业制度下,公司股东拥有所有权但将经营权委托给了职业经理人,经理人拥有了受托经营权但并不拥有公司所有权。在两权分离的情况下,如何使经理人利益和股东利益趋于协调一致,激励经理人通过努力经营提高公司业绩水平,创造最大股东价值,是公司所有者即股东面临的一个重要课题。西方发达国家企业发展的经验表明,如果股东为经理人安排了短期激励(如年度奖金)政策,确实有助于激励经理人努力经营,提升业绩;但是,如果只有短期激励政策而没有长期激励政策,经理人的行为就可能短期化,即为了其自身利益而不择手段地提升公司短期业绩,却不顾由此导致的对公司长期发展和价值创造带来的负面影响。为了避免公司经理人行为短期化,公司就会采取一些长期激励政策,促使经理人在追求短期业绩的同时,关注公司长期业绩和价值创造。股权激励是最常见的长期激励政策。我国也有不少企业尤其是民营企业实施了股权激励方案。根据张浩(2014)的统计,在我国已经实施股权激励方案的上市公司中,民营企业占91%,国有及国有控股企业占8%,外资企业占1%。国有企业在产业领域分布、经营规模、资金实力和政府保护等方面的优势,使得绝大多数民营企业在与国有企业的人才竞争中处于不利地位,因此就更需要通过增加激励强度和创新激励机制来招揽和留住优秀人才。与此同时,我国国有企业股权激励的审批程序较为复杂,政策限制较多,而民营企业机制灵活,比较容易根据人力资源市场的实际情况适时推出和完善股权激励政策。此外,在民营企业中,中小企业更有积极性实施股权激励政策。根据景阳(2016)的统计,在2005年1月1日至2016

年 6 月 30 日期间,沪深两市上市公司共成功实施了 840 次高管人员股权激励,其中,沪市主板上市公司共实施 170 次,占总数的 20.24%;深市主板上市公司共实施 69 次,占总数的 8.21%;深市中小板上市公司共实施 310 次,占总数的 36.91%;深市创业板上市公司共实施 291 次,占总数的 34.64%。由于中小板和创业板上市公司多为民营企业,综上所述,中小民营企业最有动机实施高管人员股权激励政策。

(二) 非国有企业股权激励的效果

企业出于上述动机实施股权激励方案,那么,股权激励的实施效果究竟如何呢?从国内外已有研究结果来看,结论并不一致。有些研究发现管理层持股对公司绩效会产生正向影响(徐蓉,2009);但也有一些研究发现股权激励与上市公司的经营业绩不存在显著的正相关关系,高管持股并没有起到预期的激励效果(顾斌、周立烨,2007)。股权激励有效,比较容易理解;股权激励无效,究竟是因为什么呢?

一种可能的原因是,股权激励存在管理层持股比例太低等局限性,导致激励效果不明显。例如,某民营企业股东结构单一且过于集中,董事会缺乏独立性,监事会形同虚设,不能发挥应有的监督作用。虽然激励对象持有部分股权,但其个体持股比例较低;此外,在激励期内,激励对象实际出资购买的获授股权部分虽已过户至激励对象名下且已完成工商变更登记,却被约定不能享受股东权利,这使得激励对象无法行使股东权利,很难有话语权,对大股东、实际控制人做出的经营决策无法实施有效的影响,这就在一定程度上影响了激励对象的积极性,进而影响股权激励的效果。

另一种可能的原因是,管理层可以通过经营努力以外的手段提高会计业绩进而推高股价,并借机行权实现个人利益。从文献情况看,这一种可能性也是客观存在的,即在股权激励政策下,高管并没有表现出为股东利益最大化而努力经营的激励型行为,而是增加了盈余管理的可能性,更多地通过盈余管理虚增会计业绩来推高股价,从而为自己谋取利益(于卫国,2011;吴强强,2012)。因此,实施股权激励方案是否能够产生积极的激励效果,除了方案本身之外,还取决于公司治理的其他方面是否能够提供有效的配合。例如,已有研究表明,董事会独立性可以缓解第二类代理问题(叶康涛等,2007),提高企业业绩(王跃堂等,2006;赵昌文等,2008)。也就是说,提高董事会独立性有助于改善董事会对管理层的监督职能,强化预算约束、内部控制和内部审计,从而有助于抑制或缓解管理层的盈余管理行为。如果公司治理能够有效抑制或缓解管理层的盈余管理行为,企业高管就只能通过实际努力经营来提高业绩和股价,并因此获得自身利益。

综上,只有既优化股权激励方案,又完善公司治理的其他相关方面,股权激励才能够发挥其更大的激励作用,从而缓解股东与经理人之间的代理问题,促进企业管理层更努力地为股东创造价值。

泰隆银行的公司治理及其对企业目标的影响

泰隆银行,全称浙江泰隆商业银行,其前身是台州市泰隆城市信用合作社,成立于1993年,2006年改建为商业银行,是一家专注于小微金融服务的城市商业银行。27年来,该行始终专注小微、践行普惠,着力解决融资难、融资贵,走上了一条差异化的发展道路。截至2019年年末,资产总额2 077.75亿元,同比增长23.26%;负债总额1 916.04亿元,同比增长23.41%;各项贷款1 356.26亿元,同比增长24.07%;各项存款1 405.65亿元,同比增长25.75%;实现净利润31.79亿元,资产利润率1.69%,资本利润率21.57%;不良贷款率1.10%。

1. 坚持小而专的市场定位,践行差异化经营

坚持定位、深化定位。做好小微金融,市场定位比信贷技术更重要。该行主动把目标客户群体锁定在"信贷需求强烈但得不到很好满足"的小微客户上,持续推动机构和定位"双下沉"。一方面,将机构和人员向基层一线倾斜,全行(含村行)近390家网点,90%以上分布在农村和社区,服务范围覆盖1 393个乡镇;9 500多名员工,超过50%为营销人员。另一方面,将小微客群进一步细分为"小"与"微"。其中,"小"是指小微企业类客户,"微"是指普惠类客户。截至2019年年末,500万元(含)以下的客户数占比99.82%、余额占比91.49%,100万元(含)以下贷款客户占比95.50%、余额占比60.55%,户均贷款仅28.04万元。

喜欢定位。经过27年实践,该行提出要喜欢定位,有小微、普惠情怀。如该行有个叫陈彩萍的客户经理,主动服务距离天台县城30多公里的三州乡,向当地村民发放贷款,三年多来跑遍了三州乡的角角落落,车子跑了7万多公里,累计发放贷款300多笔,单笔贷款仅10多万元。她说,"山不过来,我就过去",这就是她的普惠情怀。在该行,像陈彩萍这样把金融服务送到偏远乡村的客户经理还有很多。

2. 采取针对性的商业模式,解决小微融资难

坚持广义的"三品三表"①和"两有一无"②。对于小微企业客户,该行主要考察企业主人品信不信得过,产品卖不卖得出,物品靠不靠得住,核实水表、电表、海关报表,从而锁定真实信息和实际需求。对于普惠类客户,只要有劳动意愿和劳动能力,且没有不良嗜好,就有机会从该行获得贷款。

深化社区化。社区化是一种成熟的商业模式,社区化是指按一定半径辐射范围规划出支行的"根据地",每个客户经理都会分配到自己的"责任田",要求业务

---

① "三品三表":人品、产品、物品,以及水表、电表、海关报表。
② "两有一无":有劳动意愿,有劳动能力,无不良嗜好。

拓展必须在社区内开展。通过社区化经营,很好地解决了信息不对称,降低了作业成本,提高了服务效率。截至2019年年末,全行共有1.18万个子社区,辖内乡镇/街道总覆盖率达86%,90%以上的新增贷款来源于子社区。

加大金融科技应用。推广PAD金融移动服务平台和信贷中台集中作业,客户经理人手一台PAD,主动送金融服务上门,做到客户立等可贷,实现客户"最多跑一次",甚至"一次不用跑",让贷款像存款一样方便。目前通过PAD办理一笔新增贷款只需30分钟,续贷操作仅3分钟,移动金融替代率73%。浙江省安吉县的董岭村,往返集镇需要近3个小时,村民下山办理业务非常不便,该行1名团队负责人和2名客户经理带着PAD进村,在村里住了一晚,两天一夜时间集中发放了20多笔贷款。

3. 积极减费让利,降低融资成本

不断探索市场化的利率定价机制。设立60多个利率档次,做到一户一价、一笔一价、一期一价,并按照监管要求,推动小微企业贷款利率的逐年降低。2019年,该行新发放贷款利率较上年下降48BP[①],其中小微贷款利率较上年下降53BP。

实行裸费裸率。严格执行"七不准、四公开"的要求,除了落实政府定价、政府指导价的25项手续费减免规定,同时主动减免除利息之外的多项费用,做到简单透明。近六年累计减免手续费近13亿元。

创新符合小微融资需求的信贷产品。根据小微企业贷款"短、小、频、急"的特点,创新"融e贷"产品。该产品具有长期授信、定期年审、分段计息、随用随借、随借随还、循环使用等功能,用几天算几天利息,让客户针对自身的生产周期、资金需求和成本效益进行合理的融资安排,提高了客户体验,降低了融资成本。

优化续贷业务办理流程。为减轻客户还贷周转压力,该行推出"预审批"等新型无缝续贷产品,在不改变风控要求的前提下,在贷款到期前为客户办理续贷手续,客户还款后实现"T+0"续贷,真正实现"关口前移,无缝续贷",从源头上避免倒贷过桥费用。

4. 探索特色风控技术,确保商业可持续

"廉洁自律"的风险文化。该行以坚持小微市场定位为风险基础,实行审慎经营、过程管理、全员参与的全面风险管理,以"泰隆人公约"为行为准绳,加强对"两个人"(客户与员工)的管理,牢牢把控、防范客户信用风险和员工道德、操作风险。泰隆的客户对信誉很看重,认同"泰隆的钱是好借的,泰隆的钱也是不好借的";泰

---

① BP即Basis Point,指衡量债券和票据利率改变量的度量单位,通常1个基点等于0.01%。

隆的员工对风险有敬畏之心,"不愿违、不能违、不必违、不敢违",形成了有泰隆特色的风险文化。

传统与现代结合的风控技术。通过"跑基层"和"跑数据"相结合,全面掌握客户的"软信息"和"硬数据"。一方面,坚持眼见为实,建设"双人调查、四眼原则""面对面、背靠背"等小微信贷风控技术,基本解决了信息不对称的问题。另一方面,推进数据模型化,充分运用政府公共信息服务平台,积极引入工商、司法、反欺诈、海关、黑名单、实名认证、税务等外部数据,将"三品三表"和"两有一无"模型化,目前已建立269条贷前预评估规则、8大专家模型、125个精准贷后规则,小微金融的机控效率和风险控制能力得到明显提高。

5. 加强队伍文化建设,建立长效机制

坚持人才自主培养。该行成立泰隆学院,负责统筹开展全行的员工培训,打造"三教三讲"①办学特色,用内部选拔的讲师、自主研发的教材、针对性强的教法,讲案例、讲故事、讲原理,将法律、规章、制度等"硬约束"与人性、道德、文化等"软约束"相结合,用身边的案例教育身边的人,培养"文化认同、技能过关、专业胜任、素质具备"的泰隆队伍。目前该行有近500名讲师、近1 000门特色课程,实现90%以上员工自主培养。

让员工实现价值。该行坚持"任人唯贤",选人、用人不唯学历、不唯资历,注重对小微定位的认同和吃苦耐劳的精神,通过公开、公平、公正的选任机制,大胆起用新人,中层管理者平均年龄35岁,80后、90后管理者占比超过80%。

"严爱一体"的家文化。一方面,落实高关怀,出台一系列善待员工的举措,如"子女上班,父母领薪"的"亲情A+B"福利项目②等;另一方面,落实严要求,实施"双十禁令""三九条令"等,强化行风行纪教育管理,要求全行员工不拿客户"一针一线",提高专业能力和综合素质。

强化文化引领。开展"三誉三感"专题教育,强化员工的"信誉、名誉、荣誉"意识,提高员工对小微事业的认同感、责任感和使命感,确保小微理念、文化、技能传承不走样。打造"三个自己",提倡员工将泰隆当作自己的家,将泰隆的钱当作自己的钱,将泰隆平台当作自己的事业,实现"人人都是主人翁,人人都是经营者"。

6. 探索小微金融标准建设,打造服务生态

开展产学研合作。与浙江工商大学联合成立泰隆金融学院,是国内高校首家培养小微、普惠人才的混合所有制二级学院,2019年招收100名本科生;与北京大学新结构经济学研究院合作,依托大学的师资和科研力量,建设一套可学、可教、

---

① "三教三讲":教师、教材、教法,讲原理、讲案例、讲方法。
② "子女上班、父母领薪":员工父母每月能领到500元的"工资",其中,单位出300元,员工出200元。

可做、可复制的小微金融服务标准,并编写小微金融系列教材。

实施"走出去、大合作"战略。与志同道合的同业机构开展小微信贷技术合作,协助合作行搭建小微金融服务体系。目前已与广东、福建、四川、安徽等地的5家银行签订了合作协议,建立了合作关系。

对外提供小微金融培训。泰隆学院利用丰富的培训经验,为合作行及其他同业机构提供多批次的小微金融人才专项培训,目前已为64家金融机构提供小微金融培训102期、4 426人次。

该行坚持服务小微的初心,按照"好银行"的标准,不断探索、实践,为实现"人人平等"的普惠金融梦想不断前行。

综上所述,我们可以看到,泰隆银行在过去27年的发展过程中,很好地实现了客户、员工和股东三者利益的协调与平衡。那么,其驱动力量究竟是什么呢?根据我们对泰隆的深度调研,发现核心的驱动力量是其良好的公司治理结构,尤其是其多元化、外部化、专业化的董事会和监事会结构,稳定、高效、民主、集中的核心管理团队,以及在公司治理方面富有特色的实践与探索。

2006年泰隆改建为商业银行时,成立了第一届董事会,当时共6名董事,任期内又增补1名独立董事。截至换届时,第一届董事会共7名董事,其中独立董事2名,股东董事2名,执行董事3名。2名独立董事分别具备经济商贸流通、金融风险管理方面的专业背景。目前,泰隆董事会由9名董事构成,其中独立董事3名,股东董事1名,执行董事5名。3名独立董事分别具备财务会计、经济法律、金融科技和大数据等方面的专业背景。

2006年泰隆改建为商业银行时,成立第一届监事会。第一届监事会共3名监事,其中外部监事1名,股东监事0名,职工监事2名。外部监事具备银行监督方面的专业背景。目前,泰隆监事会由5名监事构成,其中外部监事2名,股东监事1名,职工监事2名。2名外部监事分别具备宏观经济和资本运作、金融风险管理方面的专业背景。

2006年泰隆改建为商业银行时,高管团队共3人,其中行长1人,副行长2人。截至目前,上述3位行领导均未退休,也未辞任。目前,泰隆银行高管团队共有5人,包括:行长1位,副行长2位,首席风险官和首席信息官各1位。其中,行长和副行长的行龄均在10年以上,最长20年。

泰隆银行在公司治理方面的实践和探索,主要包括以下具体内容。

1. 党建融入公司治理

一是融入公司治理制度。在《公司章程》中专门增加党建章节和条款,明确党组织在公司治理中的法定地位,为党建提供根本制度保障。

二是融入公司领导体制。该行党委班子成员通过双向进入、交叉任职,分别进入董事会和高级管理层,同时把党委的机构设置、职责分工、工作任务纳入全行的管理体制、管理制度、工作规范,有效促进党委领导核心作用与现代公司治理机制的有机融合,有效实现"专兼结合、一岗双责",保证党组织在公司治理结构中发挥政治核心作用。

三是融入公司治理运行。明确了党组织在决策、执行、监督过程中的权责边界和工作方式,形成了组织落实、干部到位、职责明确、监督严格的公司治理机制,使党组织发挥作用组织化、制度化、具体化。

2. 优化"三会一层"运作

一是董事会坚持"专家决策、专业治行"。从国内外大力引进经济、管理、法律等领域专家担任该行独立董事、外部监事及董事会顾问,为公司战略决策、经营管理提供智力支持,聘任北大、人大、上海财大等高校知名专家,引入70后、80后年轻专家、精英及海外人才,充实专家顾问团队,进一步提高专业治行能力。

二是监事会强化对全行重大决策、重点工作的监督、督导与评估。一方面参与董事会、高管层重大事项决策过程;另一方面深入一线调研座谈,监督战略执行落地情况,并通过工作建议、专项督导、专项审计等方式督导重点工作推进。专设监事会办公室,强化监事会的监督职责。

三是高级管理层创新集体领导的运行机制。高级管理层下设经营管理委员会(简称"经管会"),承担高级管理层日常全面经营管理的职责。目前已运行三年多,通过不断完善工作规则和工作机制,明确各成员关注模块,聚焦经营决策,常态化推进各专业条线标准、制度、流程及系统的修复升级。经管会还建立了蹲点调研、员工座谈机制,指导分支行提升业务管理能力,解决经营管理遇到的突出问题和困难,将收集的一线痛点建议,纳入经管会议程,严格落实董事会、执委会工作部署,进一步提高经管会全面管理、战略落地、风险管控、指导帮扶能力。

四是设立特色的董事会专门委员会。目前,该行董事会共下设8个专门委员会。除战略委员会、提名和薪酬委员会、审计委员会、风险和关联交易委员会等法律法规和监管要求设立的董事会专门委员会外,还根据自身战略导向和发展实际,设立了部分特色委员会。例如:设立董事会执行委员会,指导、检查、监督全行对董事会发展战略、经营规划、各项决策的执行情况,在董事会闭会期间根据董事会授权实施决策,提高董事会日常履职效率;设立董事会创新委员会,指导全行创新体系建设,优化创新机制建设;设立董事会信息科技和数据委员会(简称"信科委"),指导全行信息科技和数据治理体系建设;设立董事会消费者权益保护委员,突出董事会对消费者权益保护的重视,指导全行消保工作开展。

五是探索在部分委员会下设工作组的运作模式，优化委员会运作。例如：董事会提名和薪酬委员会下设考评督导小组，由董事长（同时也是提名和薪酬委员会委员）亲任组长，副董事长、副监事长、行长任组员。考评督导小组根据董事会、监事会、提名和薪酬委员会考评督导要求，组织对经营管理委员会及成员进行考评和督导，并决定对全行一类管理者的考评结果、督导和问责方案，确保考核的刚性和有效性，进一步强化全行激励约束机制建设。信科委下设数据治理小组，由经管会轮值主席任组长，首席信息官、首席风险官任副组长（上述人员均为信科委委员），相关职责部门负责人任组员。数据治理小组落实董事会、监事会、信科委数据治理要求，定期向董事会报告全行数据治理工作情况，在执行层面还下设了"数据标准与质量"和"数据应用与安全"管理组，保证全行数据治理工作有序推进。

　　六是充分发挥独立董事作用。该行董事会审计委员会、风险和关联交易委员会、提名和薪酬委员会负责人分别由三位独立董事担任，独立董事在董事会占比超过三分之一，上述委员会中独立董事占比均为三分之二。独立董事为该行的稳健可持续发展做出了重要贡献：一是站在更高层次审视该行发展，在重大战略决策上发挥重要作用。二是运用其在企业管理、财务管理、风险管理等领域先进的科研成果及实务经验，为该行的发展建言献策。三是引荐优质的社会资源、合作交流，促进该行与社会各界建立良好的合作关系，传播该行服务小微普惠的社会价值，扩大该行品牌影响力。

本 章 小 结

　　企业都有其经营目标。不同企业的经营目标可能不尽相同，但是在市场经济条件下，任何企业的经营目标中最基本、最共同的一点应该就是盈利。

　　企业目标从早期的"唯利是图"，到自觉满足股东之外的其他利益相关者的利益诉求，从而使企业从一个纯粹以营利为目的的经济组织，进化为平衡对待各利益相关者利益的"共生共益"型的社会经济组织，并非一蹴而就，而是经历了一个漫长的历史演进过程。尤其是，企业对其履行社会责任的态度之所以逐渐由消极变为积极，既是因为企业在与利益相关者的反复博弈过程中逐渐意识到了履行社会责任有助于其未来更好地实现商业利益，也是因为企业家对企业为什么要履行社会责任的理解，逐渐由被动变为主动，思想发生了升华。

　　就我国企业而言，虽然不同类型企业（如国有企业与非国有企业）目标演进的具体过程有所差异,但基本轨迹比较相似,都是随着我国经济体制从计划经济向市场经济转型,随着改革开放过程中企业外部环境和内部条件的变迁而不断演进。在改革开放之前的计划经济时期,企业的社会目标优先于经济目标。随着经济体制改革和企业市场化转型,经济目标在企业目标中的地位不断凸显,甚至一度走向了新的极端,社会目标几乎被完全忽略。进入21世纪之后,随着进一步深化改革和党中央对国有企业履行社会责任提出明确要求,企业的经济目标与社会目标不再严重偏颇,而是随时间变得愈发平衡与协调。

我国企业目标的演进过程,受到多种驱动力量的作用和影响。这些驱动力量含两类:有些来自企业外部,诸如经济体制改革的深化、对外开放程度的提高、公司法等法律规范的完善、国有企业产权制度的改革,以及民营企业发展环境的优化等;有些来自企业自身,诸如现代企业制度的建立、企业家精神的培养、企业各利益相关者之间的博弈,以及企业内部治理机制的完善等。总结我国企业目标演进过程中的经验与教训,我们不难发现,只要各种驱动力量失去平衡,企业目标就会失之偏颇。今天,我国企业目标之所以较以往任何时期更为平衡与协调,就是因为进一步深化改革使得来自企业内外部的各种驱动力量实现了更好的平衡。未来,随着外部环境的不断优化和内部条件的不断完善,我国企业目标必将实现更高标准的平衡与协调。

复习思考题

1. 现代企业在为股东等出资人实现盈利和价值增值的同时,为什么必须充分考虑诸如员工、消费者、政府和社会公众等其他利益相关者对企业的诉求?

2. 改革开放以来,我国国有企业的目标演进主要受到哪些力量的驱动?随着国有企业进一步深化改革,未来还可能发生哪些变化?

3. 改革开放以来,我国非国有企业的目标演进主要受到哪些力量的驱动?为什么在披露社会责任报告或ESG报告方面,非国有企业和中小企业目前的表现逊于国有企业和其他大型企业?

主要参考文献

1. 德鲁克. 管理——任务·责任·实践[M]. 孙耀君等,译. 北京:中国社会科学出版社,1987.

2. 方军雄. 所有制、制度环境与信贷资金配置[J]. 经济研究,2007(12):82-92.

3. 顾斌,周立烨. 我国上市公司股权激励实施效果的研究[J]. 会计研究,2007(2):79-84.

4. 国金证券研究所.1999年债转股的背景、经验和启示[J].上海证券报·中国证券网(上海),2016-10-13.

5. 国务院.关于积极稳妥降低企业杠杆率的意见[J].2016-10-10.

6. 景阳.我国中小民营企业股权激励方案实务研究[D].北京大学,2016.

7. 陆正飞,何捷,窦欢.谁更过度负债:国有还是非国有企业?[J].经济研究,2015(12):56-69.

8. 钱伟刚.论中国特色社会主义市场经济资源配置方式——从政府和市场的统分视角批判新自由主义[J].经济社会体制比较,2018(3):1-11.

9. 萨缪尔森,诺德豪斯.宏观经济学[M].萧琛,译.18版.北京:人民邮电出版社,2008.

10. 斯蒂格利茨.社会主义向何处去[M].周立群,韩亮,于文波,译.长春:吉林人民出版社,1998.

11. 王海兵,杨蕙馨.中国民营经济改革与发展40年:回顾与展望[J].经济与管理研究,2018(4):3-14.

12. 王跃堂,赵子夜,魏晓雁.董事会的独立性是否影响公司绩效?[J].经济研究,2006(5):63-74.

13. 吴强强.股权激励中的高管行为研究[D].西南财经大学,2012.

14. 肖泽忠,邹宏.中国上市公司资本结构的影响因素和股权融资偏好[J].经济研究,2008(6):121-136+146.

15. 幸元源.改革开放以来我国乡镇企业的发展历程和展望[J].改革与开放,2009(11):99.

16. 徐蓉.2008年深市主板公司高管薪酬及股权激励分析[J].证券市场导报,2009(7):34-35.

17. 叶康涛,陆正飞,张志华.独立董事能否抑制大股东的"掏空"?[J].经济研究,2007(4):101-111.

18. 于卫国.股权激励的盈余管理效应研究[J].生产力研究.2011(1):71-72.

19. 张浩.中国A股上市公司股权激励研究及案例分析[D].北京大学,2014.

20. 赵昌文,唐英凯,周静,邹晖.家族企业独立董事与企业价值——对中国上市公司独立董事制度合理性的检验[J].管理世界,2008(8):119-126+167.

21. 赵健宇,陆正飞.养老保险缴费比例会影响企业生产效率吗?[J].经济研究,2018(10):97-112.

22. 中国企业家调查系统.现阶段我国企业家队伍的行为特征调查分析——1995年中国企业家成长与发展专题调查报告[J].管理世界,1995(3):153-163.

23. 中国企业家调查系统.现阶段我国企业经营者的职业流动与职业化取向——

1996年中国企业家成长与发展专题调查报告[J].管理世界,1996(3):128-135.

24. 中国企业家调查系统.成就与梦想:中国企业家40年成长之路——2018中国企业家队伍成长与发展调查综合报告[J].管理世界,2014(6):19-38.

25. 周三多,陈传明.管理学[M].5版.北京:高等教育出版社,2018.

第二章

产权制度改革与企业目标演进

本章要点：

1. 与国有企业产权制度改革有关的主要理论。

2. 国有企业产权制度改革的主要阶段及其多元化目标的形成。

3. 监管环境和顶层设计视角下产权制度改革影响企业目标演进的作用机理。

4. 治理结构和激励机制视角下产权制度改革影响企业目标演进的作用机理。

产权制度改革在企业目标演进的过程中具有基础和本源地位。改革开放初期，由于国有企业和集体企业①（尤其是国有企业）的产权虚置问题极为严重，所有权行使方式容易扭曲，进而在经营效率、治理机制和企业发展等方面存在较为严重的问题。相应地，这些企业的目标设定也不够理性，亟须进行必要的调整。改革开放以来，从国有国营到放权让利和利润包干（1978—1986），到政企分开和两权分离（1987—1992），到劳动用工、干部人事和工资分配三项制度改革及抓大放小和现代企业制度建设（1993—2002），到产权改革及股份制改革和新的国资监管体系成立（2003—2012），最后再到十八届三中全会以来提出的积极发展混合所有制经济、明确企业功能界定并从"管人、管事、管资产"向"以管资本为主"过渡（2013年至今），我国的产权制度改革稳步推进，相应地，企业目标演进也在不断地进行动态调整和优化。

基于上述背景，本章拟就产权制度改革与企业目标演进之间的辩证关系进行系统讨论，具体涵盖如下四个方面的内容：一是对国有企业产权制度改革的相关理论进行分析；二是对国有企业产权制度改革的发展脉络及其多元化目标的形成做系统梳理；三是从监管环境和顶层设计的视角就国有企业产权制度改革影响企业目标演进的作用机理进行分析；四是从治理结构和激励机制的视角就国有企业产权制度改革影响企业目标演进的作用机理进行分析；最后是一个简要的总结。

第一节　国有企业产权制度改革相关理论

从产权角度探讨国有企业改革的理论非常丰富，但不同理论观点之间的争论也非常激烈。具体来说，包括产权分解论、民营化论和股份化论、共同治理论、超产权论（竞争环境论）和政策工具论等，这些理论都分别从不同侧面、不同阶段共同为中国的产权制度改革提供理论素养和实践方案背景层面的支持。

一、产权分解论

提出产权分解论的代表性学者包括黄少安、韩朝化等。该理论认为，传统国有企业效率低下的主要原因在于各项权利高度集中于政府，使得国有企业存在内部激励

---

① 集体企业也存在产权制度改革问题，不过考虑到集体企业相对于国有企业来说，体量比较小，而且集体企业可以被看作国有企业和民营企业之间的一种过渡形态，其终极产权的虚置程度没有国有企业那么严重，同时集体企业目前基本上已经完成了民营化或者股份化改造，其典型意义相对来说也不是特别明显，因此本章后文中的产权制度改革均特指针对国有企业所做的产权制度改革。

不足的问题,因此对国有企业的全能产权进行分解成为改革的重点;而就国有产权如何进行分解,有学者提出将国有产权划分为所有权和使用权,其他学者则大多在此权能划分的基础上进一步加以细化。产权分解论的争议可能在于忽视了对行使产权的行为主体的分析,一方面未能厘清享有特定产权权利的主体是谁,另一方面也没有廓清产权边界。但是,该理论为2002年之前的国企改革提供了非常重要的理论依据和政策支持,例如,承包制、放权让利、两权分离、政企分开和三项制度改革等,都在一定程度上体现着产权分解的理念,这对于打破国有国营、一大二公的僵化计划经济体制,对于有效调动国有企业微观主体的积极性并释放国企活力发挥了重要作用。

二、民营化论和股份化论

民营化论的代表性学者包括张维迎、刘小玄等。该理论主张对国有企业进行私有化和民营化改造,尤其是对中小规模的国有企业以及竞争性领域的国有企业。民营化论认为,在国有产权体制下无法真正实现政企分开,也无法实现企业剩余控制权和剩余索取权的统一,因为无法形成对经营者的所有权约束,无法真正理顺经营者和职工关系,也无法从根本上解决企业存在的预算软约束问题,所以应该对国有企业进行比较彻底的或者比较大幅度的私有化和民营化改造。

股份化论的代表性学者包括厉以宁、吴敬琏、曹凤岐、李维安等。该理论认为国有企业的根本问题在于"所有者缺位",主张全面推进股份制改造。推进国有企业股份制改造及建立现代企业制度有利于解决国有企业股权结构不合理以及国有股一股独大问题,有利于解决党政领导机关"授权投资人"制度下对国有企业的过度控制不利于国有企业进行体制机制创新问题,有利于解决"多级法人制"下存在的资金分散、内部利益冲突、"利益输送"等问题,是解决国有企业所有者缺位的重要途径。

民营化论和股份化论在国有企业的产权制度改革中具有重要意义,其共同点在于都深刻认识到国有企业中存在的所有权缺位这一本质问题,但在解决方案上的侧重点有所不同。民营化论比较强调彻底的私有化和民营化改造,对产权做彻底的变革,相对来说,更适合中小规模的国有企业以及竞争性领域的国有企业,对于20世纪90年代末到2012年期间在国企改革中推行的抓大放小和国进民退政策产生重要的理论和实践影响;股份化论的重点则侧重于现代企业制度建设、股份制改造以及国有企业的法人治理结构建设,比较适合大型以及涉及国计民生的特定功能类国企和公益类国企,该理论同样为90年代末以来一直到现在所推行的股份制和混合所有制改革、企业功能界定和分类管理以及从"管人、管事、管资产"向"管资本"转变提供了重要的理论支持和实践层面的顶层设计。

民营化论的争议在于没有将国企改革所面对的这一制度环境因素(即有中国特

色的社会主义市场经济)系统地考虑在内;郎咸平等学者坚决反对国退民进,认为国有企业可以通过改制重组创造出高于民营企业的绩效。股份化论的争议可能在于股份制改革并没有为国有企业提供合格的所有者,而且并未将其他要素所有者纳入企业治理中以考察其可能发挥的作用。

三、共同治理论

共同治理论的代表性学者包括张立君、赵修春等。该理论认为,国有企业的利益相关者行为发生异化是导致国有企业效率低下的原因;通过对国有企业的治理结构进行创新,实现利益相关者共同治理,则可以校正国有企业中各利益相关者的行为模式,是提升国企效率的重要途径;为此,应深化产权改革,做出恰当的制度安排以协调股东、董事会、管理层等利益相关者的利益,明确利益相关者的权利。共同治理论的特点在于,强调要设计一定的契约安排和治理结构将国有企业的控制权在利益相关者之间进行有效分配,即所有的利益相关者都应该参与公司治理。共同治理论的争议可能在于企业的治理结构和治理机制很大程度上取决于其产权性质和股权结构,而利益相关者的视角只是简单地指出企业的所有权结构取决于各产权主体(即各资源/生产要素的提供方)之间的谈判能力和市场势力,事实上并未构建出与共同治理机制相符合的"共有、共治、共享"的共同产权基础。

显然,与之前的理论相比,共同治理论更加强调利益相关者导向,这与党的十八大以来的政策选择有一定的异曲同工之处。例如,党的十八大以来,习近平总书记在国有企业党建工作会议中,明确提出"两个一以贯之":坚持党对国有企业的领导是重大政治原则,必须一以贯之;建立现代企业制度是国有企业改革的方向,也必须一以贯之。随后,党建条款写入公司章程的工作在国有控股企业(包括在境内外上市的国有公司)中有条不紊地得以顺利推进。党委会对"三重一大"事项开展前置讨论并作为国有企业的领导中心以及相对独立的公司治理主体开始嵌入国有企业的治理结构之中,而不是仅仅像之前那样主要通过"双向进入、交叉任职"融入现代公司治理结构中的有关治理主体(如董事会、监事会、经理层等)之中。

四、超产权论

超产权论也被称为竞争环境论,其代表性学者包括 Boussofiane、林毅夫、刘芍佳、戴锦等。该理论认为,在竞争充分的市场上国有企业私有化后的绩效明显提升,而在垄断市场中,国有企业私有化后的绩效并没有显著变化。因此,企业效率与产权性质没有必然关系,而是与市场竞争程度有关。当面临的市场竞争越激烈,企业越需要付出更多的努力以提高绩效。产权变更并不是改善企业激励机制的唯一因素，而且产权变更往往只具有短期效果，市场的充分竞争才是改善公司治理机制的基本动力。因此，国有企业改革的关键在于市场竞争机制的建立和完善，而非国有产权的私有化。塑造公平竞争的市场环境是国有企业改革的核心，然后在这一制度基础上，以消除国有企业的各项政策性负担为出发点，缓解其与国家之间的信息不对称程度，进而在国有企业中能够形成足以推动其自主经营和内生发展的"自生能力"。

超产权论认为，我国国有企业改革的重中之重在于引入与市场竞争相适应的治理机制，而企业产权的公、私属于对于企业绩效并未产生实质性影响。因此，这一理论有效规避了与意识形态相关的敏感争论，对具体实践也具有重要的理论指导价值。例如，国企改革很重要的一项内容，就是在国有企业中，尤其是竞争性领域的国有企业中，建设市场化经营机制和现代公司治理结构，这与超产权论的理论脉络是相辅相成的。超产权论的争议可能在于，其忽视了国家和自然人作为产权行为主体在产权行使方式方面的明显差异，这可能导致实践操作层面对产权改造必要性的有意或无意的忽视。

五、政策工具论

政策工具论的代表性学者包括 Howlett、Ramesh、Armstrong、黄速建、余菁、胡迟等。该理论更加强调国有企业的特殊属性，而非其经济属性，侧重于解释为什么会存在国有企业，以及国有企业适合存在于哪些领域之中，是一种试图从国有企业的功能、属性和作用的角度来系统解释国企存在性的理论。经济合作与发展组织（OECD）曾就为什么会存在国有企业以及国有企业适合存在于哪些领域这一话题对成员国进行了一次问卷调查，结果显示：① 在国家所有制比外包更具效率且更可靠的领域，应由国有企业提供公共品和服务；② 市场监管不可行或无效率的自然垄断性质的业务，应由国有企业负责运营；③ 国有企业应支持符合国家利益和战略目标的行业和企业。

该理论认为，国有企业可以被当作一种强制性政策工具，抑或一种内生规制工具以替代外生规制。在社会主义市场经济体制下，基于国有经济的功能和定位，国有企业既是政府干预经济的手段，也是政府参与经济的手段；国有企业除了履行一般企业所应履行的常规社会责任以外，依然需要承担一些特殊的社会责任，如保障经济安全、维护国民经济健康运行、确保宏观调控政策顺利执行等；而央企除了应承担一般性的社会责任之外，还需要承担优化国有资本布局调整、国家宏观调控的实施和提升国家竞争力等整体社会责任；可见，国有企业的责任具有多元属性，其必须同时承担经济责任、社会责任和政治责任。

政策工具论体现了国企改革进入对国有经济布局和结构进行战略性调整阶段的理论需求，与党的十八大以来开始对国有企业更多地强调分类管理和分类监管息息相关。例如,2015年12月,国资委、财政部、发展改革委等联合颁布了《关于国有企业功能界定与分类的指导意见》(国资发研究〔2015〕170号),将国有企业划分为商业类和公益类两类企业,而两类企业最重要的区别在于其发展目标和功能定位存在显著差异。商业类国有企业的主要目标是增强国有经济活力、放大国有资本功能、实现国有资产保值增值。对于主业处于充分竞争行业和领域的商业类国有企业,应在关注经济效益的同时兼顾社会效益;而对于主业处于关系国家安全、国民经济命脉的重要行业和关键领域,主要承担重大专项任务的商业类国有企业,应实现经济效益、社会效益与安全效益的有机统一。此外,公益类国有企业的主要目标则是保障民生、服务社会、提供公共产品和服务。政策工具论的争议可能在于其还没有形成系统的理论分析模型,尚未提供充分的实证经验证据,因此目前总体上还处于以定性和规范分析为主的阶段。

就前述对相关理论的简要介绍,我们看到,关于国企改革的理论主要包括产权改革论(涵盖产权分解论、民营化论和股份化论,以及共同治理论)、超产权论(竞争环境论)和政策工具论三大类。产权改革论关注的重点是国有企业内部各生产要素的终极所有权和实际使用权的归属问题,超产权论关注的重点是国有企业的外部环境建设问题,而政策工具论关注的重点则是国有企业承担政治责任和政策功能的合理性。

第二节 国有企业产权制度改革的发展脉络及其多元化目标的形成

一、国有企业的所有权缺位问题及国资监管体系的建立

(一)国有企业的所有权缺位问题

《中华人民共和国宪法》规定:国有资产属于全民所有。因此,在法律意义上,国有企业的原始产权所有者是全国人民。由于"全民"不是一个人格化的主体,于是"全民"将国有产权直接而无限期地委托给代表全体人民利益的另一个非人格化的主体——"国家"。然而,由于"国家"无法直接行使对国有资产的处分权利,只能将所有权委托给专门机构(即国资委)行使相应的处分权。国有产权由原始委托人"全国人民"经过层层委托,最终由国资委依法代为行使相应的占有、使用和收益的处分的权利。因此,由于所有权人与国有企业之间具有层层叠叠的委托,在微观层面上,在具体的国有企业经营管理活动中,所有权人实际上被虚化或泛化,造成国有企业的所有者缺位问题。

同时，由于"激励不相容""信息不对称""责权不对等"，以至于国有企业存在低效、资产流失、市场竞争力差等诸多问题，究其根本终究是两权分离下，"委托-代理"造成的所有者缺位问题。正如青木昌彦和钱颖一所指出的那样：一方面，作为所有者，"全体人民"的议价能力非常低；另一方面，国有企业主管部门与实际经营者的利益具有一致性，并且建立了自我监督制度。加上所有权责任的公有化和所有权利益的集团化，这些因素造成国有企业存在严重的"内部人控制"问题。

（二）国资监管体系的建立

为了缓解国有企业的所有者缺位问题，1988年9月，国务院批准设立代表国家行使国有资产的监督管理权的国有资产管理局。1998年7月，国有资产管理局的国资监管职能被撤并分散至各个部门。随后，2003年，国务院国有资产监督管理委员会（以下简称"国资委"）正式挂牌成立，各级人民政府也相继设立了地方国资委，省级设立省国资委，市一级设立市国资委。各级国资委的设立，将国有资产管理职能从政府的行政管理职能中分离出来，由各级国资委代表国家和各级人民政府行使国有资产管理职能。国资委代表国家和各级人民政府履行企业国有资产出资人职责，政府中的其他行政部门和机构不再履行该职能。

近年来，国资委职能随着国有企业的改革在逐步转变。十八届三中全会提出，国资委职能须从"管人、管事、管资产"向"管资本为主"的方向转变。这种转变将在国资委下面新增一个层次，即国有资本投资、运营公司，进而形成国资委（监管层）——国有资本投资、运营公司（出资层）——国有实体企业（经营层）的三层架构。在该架构中，行使统一监管职能的国资委与直接履行出资人权利的国有资本投资、运营公司共同构成"国资系统"。

此时，第一层是在各级政府之下设立的国资委，作为国有资产的终极出资人代表；国资委作为终极出资人代表，负责制定本级国有资本的整体战略布局规划，并据此编制国有资本经营预算，并对任命国有资本投资、运营公司的董事、制定章程、审批重大事项、收取与支出国有资产收益等事项拥有最终决定权。第二层为出资层，主要为国有资本投资、运营公司，其原则上保持国有独资形态。作为国有资产的资本运营机构，国有资本投资、运营公司的定位是国有资产的直接出资人代表，专门以股东身份负责国有资本的经营管理和运作来有效配置国有资产，主要包括实施国资委制定的国有资本战略和国有资本经营预算、国有资产的投资经营和存量资产的流动与重组，但不参与具体生产经营。第三层是享有企业法人财产权的、国家出资的国有实体企业（包括国有控股和国有参股企业），定位于国有资产的具体运营，是生产经营和市场竞争的主体单位，通过对国有资产的经营与管理，开展具体业务并参与市场竞争，实现国有资产的保值增值。

二、经济发展阶段与国有企业多元化目标的形成

理论界和实务界的普遍共识,是国有企业的目标具有比较明显的多元化特征,是经济目标、政治目标和社会目标的统一体,但在不同的历史发展阶段其侧重点有所不同。因此,探究国有企业多元化目标的形成,需要结合经济社会发展阶段和宏观经济形势的总体情况来看。一方面,宏观经济总体发展趋势是国有企业展示其角色功能的舞台布景,是国有企业存在与发展的客观基础条件;另一方面,国有企业始终是为社会主义经济体制及我国经济社会发展的总体目标而服务的。

(一)从高速发展阶段到高质量发展阶段

在我国从1978年开始的四十多年的改革开放和经济发展历程中,我国的经济社会发展基本上经历了两个阶段:一是社会主义现代化建设的高速发展阶段(1978—2012),二是中国特色社会主义新时代的高质量发展阶段(2013年至今)。

1978年12月,党的十一届三中全会召开,重新确立了党的思想路线和组织路线,党和国家的工作重心重新转移到经济建设上来,我国进入了改革开放和社会主义现代化建设历史新时期。随后,1982年,党的十二大提出建设有中国特色的社会主义和"小康"战略目标;1987年,党的十三大确立了党在社会主义初级阶段的基本路线;1992年,党的十四大确立社会主义市场经济体制改革目标;1997年,党的十五大提出党在社会主义初级阶段的基本纲领;2001年,重新加入WTO,经济发展再次提速;党的十六大后,进入全面建设小康社会、加快推进社会主义现代化的发展新阶段。在这个过程中,GDP由1978年的3 678.7亿元,增长至2012年的538 580亿元,年平均GDP增速高达10%,我国经济经历了前所未有的高速增长。

2013年起,我国经济进入新常态,由高速增长转向中高速增长。党的十八大以来,我国推动经济结构转型升级,经济发展由要素驱动和投资驱动不断转向科技创新驱动。2015年11月,提出进行"供给侧结构性改革",释放实体经济活力。2017年,党的十九大明确指出我国经济已由高速增长阶段转向高质量发展阶段,"创新、协调、绿色、开放、共享"的发展理念将持续引领经济发展。

(二)"五年规划"中的国有企业及其目标导向

中华人民共和国国民经济和社会发展五年规划纲要(即"五年规划")对国家重大建设项目、生产力分布和国民经济重要比例做出规划,是我国国民经济计划的重要组成部分,为我国经济社会发展远景确定目标和方向,推动我国经济社会不断向前发展。就基本任务和主要目标来看,我国的经济发展目标是具有阶段性特征的。如表

2-1所示,"六五"计划时期,强调调整、改革、整顿,力求解决历史遗留的阻碍经济发展的问题,要求从根本上改善财政经济状况,为后续经济发展创造条件;在"七五"到"九五"时期的经济目标中,"发展"是最为强调的关键,涵盖了各种产业、各种经济成分,在强调大力发展生产力的同时,呼唤经济体制的改革,要求实现从计划经济体制到社会主义市场经济体制的转变;从"十五"计划开始到"十一五"时期,经济目标强调经济的战略性调整,更多地追求经济增长的质量和效益。"十二五"期间,我国经济发展进入新常态,从"十二五"到"十三五"时期不断推动经济结构转型升级,重视国民经济的持续协调健康发展和社会的全面进步。

表2-1 "五年规划"与国民经济发展基本任务和主要目标

	国民经济发展基本任务和主要目标
"六五" 1981—1985	继续贯彻执行调整、改革、整顿、提高的方针,进一步解决过去遗留下来的阻碍经济发展的各种问题,取得实现财政经济状况根本好转的决定性胜利,并且为第七个五年计划期间的国民经济和社会发展奠定更好的基础,创造更好的条件
"七五" 1986—1990	进一步为经济体制改革创造良好的经济环境和社会环境,努力保持社会总需求和总供给的基本平衡,使改革更加顺利地展开,力争在五年或更长一些的时间内,基本上奠定有中国特色的新型社会主义经济体制的基础;保持经济的持续稳定增长,在控制固定资产投资总额的前提下大力加强重点建设、技术改造和智力开发,在物质技术和人才方面为20世纪90年代经济和社会的继续发展准备必要的后续能力;在发展生产和提高经济效益的基础上,继续改善城乡人民生活
"八五" 1991—1995	着眼于控制总量,调整结构,提高效益,完善和深化改革,努力促进经济良性循环,为"九五"时期的发展打好基础;努力保持社会总需求与社会总供给基本平衡,在控制通货膨胀的前提下,以提高经济效益为中心,促进经济的适度增长;突出抓好经济结构调整,使产品的品种、质量、数量同国内外市场需求的变化相适应;使农业与工业、基础工业和基础设施与加工工业比例失调的状况有所扭转;使企业组织结构不合理的现象逐步得到改善;使地区经济结构趋同化的倾向得到抑制
"九五" 1996—2000	全面完成现代化建设的第二步战略部署,到2000年,人口控制在13亿以内,实现人均国民生产总值比1980年翻两番;基本消除贫困现象,人民生活达到小康水平;加快现代企业制度建设,初步建立社会主义市场经济体制。为下世纪初开始实施第三步战略部署奠定更好的物质技术基础和经济体制基础
"十五" 2001—2005	国民经济保持较快发展速度,经济结构战略性调整取得明显成效,经济增长质量和效益显著提高,为到2010年国内生产总值比2000年翻一番奠定坚实基础;国有企业建立现代企业制度取得重大进展,社会保障制度比较健全,完善社会主义市场经济体制迈出实质性步伐,在更大范围内和更深程度上参与国际经济合作与竞争;就业渠道拓宽,城乡居民收入持续增加,物质文化生活有较大改善,生态建设和环境保护得到加强;科技、教育加快发展,国民素质进一步提高,精神文明建设和民主法治建设取得明显进展

续　表

	国民经济发展基本任务和主要目标
"十一五" 2006—2010	在优化结构、提高效益和降低消耗的基础上,实现2010年人均国内生产总值比2000年翻一番;资源利用效率显著提高,单位国内生产总值能源消耗比"十五"期末降低20%左右,生态环境恶化趋势基本遏制,耕地减少过多状况得到有效控制;形成一批拥有自主知识产权和知名品牌、国际竞争力较强的优势企业;社会主义市场经济体制比较完善,开放型经济达到新水平,国际收支基本平衡;普及和巩固九年义务教育,城镇就业岗位持续增加,社会保障体系比较健全,贫困人口继续减少;城乡居民收入水平和生活质量普遍提高,价格总水平基本稳定,居住、交通、教育、文化、卫生和环境等方面的条件有较大改善;民主法治建设和精神文明建设取得新进展,社会治安和安全生产状况进一步好转,构建和谐社会取得新进步
"十二五" 2011—2015	经济平稳较快发展,价格总水平基本稳定,国际收支趋向基本平衡,经济增长质量和效益明显提高;结构调整取得重大进展;科技教育水平明显提升;资源节约环境保护成效显著;人民生活持续改善;社会建设明显加强;改革开放不断深化
"十三五" 2016—2020	经济保持中高速增长,在提高发展平衡性、包容性、可持续性的基础上,到2020年国内生产总值和城乡居民人均收入比2010年翻一番,产业迈向中高端水平,消费对经济增长贡献明显加大,户籍人口城镇化率加快提高。农业现代化取得明显进展,人民生活水平和质量普遍提高,我国现行标准下农村贫困人口实现脱贫,贫困县全部摘帽,解决区域性整体贫困问题。国民素质和社会文明程度显著提高。生态环境质量总体改善。各方面制度更加成熟、更加定型,国家治理体系和治理能力现代化取得重大进展

　　国有经济的发展目标和国有企业的改革目标,必然是服务于我国各阶段"五年规划"中所提出的国民经济发展基本任务和主要目标,并与之相呼应,是"五年规划"中不可分割的重要组成部分。此时,回顾"五年规划"中对国有经济和国有企业的表述,有助于我们理解不同经济发展阶段中国有企业的目标导向。在经济高速发展阶段(1978—2012),经济建设、经济发展是这个阶段的关键词。在这一阶段,如何深化国有企业改革、释放国企活力,成为重中之重。相应地,国有企业的经济目标及经济责任在其经济、政治和社会的多元化目标体系中所占的比重明显更高。

　　如表2-2所示,从"七五"时期的推行经济责任制、适当划小核算单位、实行分级分权管理、对部分小型企业转为集体或个体经营;"八五"时期的政企职责分开、所有权与经营权适当分离、建立富有活力和效率的国营企业管理体制、经营机制和自我约束机制;"九五"时期的加快现代企业制度建设、转换国有企业经营机制、对国有企业实施战略性改组;"十五"时期的基本完成现代企业制度建设、调整和完善所有制结构、有进有退、有所为有所不为、加快国有经济布局的战略性调整、发展多种形式的集体经济、支持并鼓励和引导私营个体企业健康发展、鼓励外商特别是跨国公司参与国有企业的改组改造;"十一五"时期的加大国有经济布局和结构调整力度、进一步推动国有资本向关系国家安全和国民经济命脉的重要行业和关键领域集中、推进国有金融企业的股份制改造;到"十二五"时期的深化国有企业改革、加快厂办大集体改革和"债转股"资产处置、大力发展非公有制经济和中小企业、鼓励和引导非公有制企业通过多种形式参与国有企业改制重组等;我们可以明显发现一条在国有企业中通过不断强化经济目标导向、推进现代企业制度建设,进而释放国有企业活力的主旋律。"产权清晰、权责明确、政企分开、管理科学"是经济高速发展阶段深化国企改革的关键所在。

表2-2 "五年规划"与国有企业多元化目标

	"五年规划"中关于国有经济和国有企业的相关表述
"七五" 1986—1990	✓ 国营大中型企业,在继续完善和巩固各种形式的经济责任制的同时,适当划小核算单位,实行分级分权管理;部分小型企业,可以通过承包、租赁等形式转为集体或个体经营
"八五" 1991—1995	✓ 实行政企职责分开、所有权与经营权适当分离,逐步使绝大多数国营企业成为自主经营、自负盈亏、自我约束、自我发展的社会主义商品生产者和经营者。探索公有制经济多种有效的实现形式,建立富有活力和效率的国营企业管理体制、经营机制和自我约束机制。 ✓ 以增强国营大中型企业活力、健全企业合理的经营机制为中心……促进社会主义有计划商品经济新体制的形成;进一步巩固和发展国营经济、集体经济;增强企业特别是国营大中型企业的活力,仍然是深化经济体制改革的中心环节。 ✓ 加强国有资产的管理,在全国范围内抓紧开展清产核资工作,逐步建立与社会主义有计划商品经济相适应的国有资产管理体制和管理办法
"九五" 1996—2000	✓ 把国有企业改革作为经济体制改革的中心环节,国有企业是国民经济的支柱,以公有制为主体的现代企业制度是社会主义市场经济体制的基础;要开阔思路,大胆试验,勇于探索,走出一条具有中国特色的国有企业改革和发展的路子;同时,要大力发展集体经济,鼓励和引导非公有制经济的发展。 ✓ 建立现代企业制度是国有企业改革的方向,加快现代企业制度建设,转换国有企业经营机制;以建立现代企业制度为目标,把国有企业的改革同改组、改造和加强管理结合起来,构造产业结构优化和经济高效运行的微观基础;大多数国有大中型骨干企业初步建立现代企业制度,形成一批具有较强国际竞争力的大企业、大集团。 ✓ 着眼于搞好整个国有经济,对国有企业实施战略性改组;加强国有资产管理;创造条件,解决国有企业过度负债问题;强化国有企业经营管理
"十五" 2001—2005	✓ 国有大中型企业改革和脱困的三年目标基本实现,调整和完善所有制结构取得重大进展,市场体系建设全面推进,宏观调控机制进一步健全。 ✓ 国有企业建立现代企业制度取得重大进展,社会保障制度比较健全,完善社会主义市场经济体制迈出实质性步伐,在更大范围内和更深程度上参与国际经济合作与竞争;深化国有企业改革,进一步深化国有大中型企业改革,基本完成产权清晰、权责明确、政企分开、管理科学的现代企业制度建设。

续 表

	"五年规划"中关于国有经济和国有企业的相关表述
"十五" 2001—2005	✓ 调整和完善所有制结构;要坚持公有制为主体、多种所有制经济共同发展的基本经济制度;积极探索各种有效方式,有进有退,有所为有所不为,加快国有经济布局的战略性调整;发挥国有经济在国民经济中的主导作用,发展多种形式的集体经济,支持、鼓励和引导私营、个体企业健康发展;鼓励外商特别是跨国公司参与国有企业的改组改造,促进利用外资和国有企业产权制度改革
"十一五" 2006—2010	✓ 坚持和完善基本经济制度;加大国有经济布局和结构调整力度,进一步推动国有资本向关系国家安全和国民经济命脉的重要行业和关键领域集中,增强国有经济控制力,发挥主导作用;推进国有金融企业的股份制改造;加强对海外国有资产的监管。 ✓ 国有企业要尽可能通过主辅分离、辅业改制等措施安置富余人员;完善国有企事业单位收入分配规则和监管机制
"十二五" 2011—2015	✓ 明确界定政府投资范围,规范国有企业投资行为;推进集体林权和国有林区林权制度改革;鼓励和引导非公有制企业通过参股、控股、并购等多种形式,参与国有企业改制重组。 ✓ 深化国有企业改革,加快厂办大集体改革和"债转股"资产处置,大力发展非公有制经济和中小企业;深化国有企业和事业单位人事制度改革;改革国有企业工资总额管理办法。 ✓ 严格规范国有企业、国有控股金融机构经营管理人员特别是高层管理人员的收入,严格控制职务消费;清理规范国有企业和机关事业单位工资外收入,非货币性福利等;完善国有资产管理体制,健全国有资本经营预算
"十三五" 2016—2020	✓ 大力推进国有企业改革:坚定不移把国有企业做强做优做大,培育一批具有自主创新能力和国际竞争力的国有骨干企业,增强国有经济活力、控制力、影响力、抗风险能力,更好服务于国家战略目标。 ✓ 完善各类国有资产管理体制:以管资本为主加强国有资产监管,提高资本回报,防止国有资产流失。 ✓ 积极稳妥发展混合所有制经济:支持国有资本、集体资本、非公有资本等交叉持股、相互融合

从2013年起,我国经济发展进入新常态,即高质量发展阶段。此时,如表2-2所示,从"十二五"和"十三五"时期"五年规划"的报告中,我们看到对国企的目标导向和制度安排方面,出现了若干表述方面的调整。一是在规范和监管方面的强调明显增多,如严格规范国有企业、国有控股金融机构经营管理人员特别是高层管理人员的收入,严格控制职务消费,清理与规范国有企业和机关事业单位工资外收入、非货币性福利等,完善国有资产管理体制,健全国有资本经营预算等;二是明确强调要坚定不移地把国有企业做强做优做大,培育一批具有自主创新能力和国际竞争力的国有骨干企业,增强国有经济活力、控制力、影响力、抗风险能力,更好服务于国家战略目标;

三是在发展混合所有制经济方面,强调要"积极稳妥"。这些表述方面的调整,意味着在对国有企业的目标定位方面,在继续强调经济目标及经济责任的同时,其多元化的目标谱系开始向政治目标和社会目标以及政治责任和社会责任的方向明显转移,以更好地适应经济高质量发展阶段所产生的内在需求。国有企业是公有制经济的主要实现形式,是中国特色社会主义的重要物质基础和政治基础,是我们党执政兴国的重要支柱和依靠力量;因此,国有企业承担政治责任,是保证我国经济社会发展的社会主义性质、巩固党的执政基础的必然要求。同时,在高质量发展阶段,必然会更加重视国民经济的持续协调健康发展和社会的全面进步,随着我国经济进入新常态,社会主要矛盾也已经转化为人民日益增长的美好生活需要和不平衡不充分的发展之间的矛盾,国有企业也必然会承担更多的社会责任,以满足人民日益增长的对美好生活的需要。

三、国有企业产权制度改革的发展脉络分析

我国的国有企业产权制度改革不是一蹴而就的,而是当时经济发展水平、经济目标发展要求以及国有企业在国民经济中的地位和作用等多种因素共同作用的结果。吕政和黄速建(2008)指出,国有企业的渐近式改革具有以下五个特点:① 鼓励发展各种形式的非国有企业,促进市场主体多元化的形成,构成对国有企业的压力和挑战,使国有企业被置于非改不可的境地;② 先改中小型国有企业,再改大型国有企业;③ 先放权让利,再进行制度创新;④ 推进配套体系改革,创造条件使国有企业成为市场经济;⑤ 正确处理发展、改革、稳定的关系。

从改革开放至今的四十余年,国有企业的产权制度改革可以分为两大阶段(每个阶段还可以进一步划分为若干时期):第一阶段是1978年改革开放元年至1992年,国有企业产权制度改革的重点是在坚持计划经济的框架下,以"放权让利""经营承包责任制"等为突出特点,扩大企业经营自主权、提升企业活力;第二阶段是1993年至今,在这一阶段,国有企业产权制度改革的重点为适应市场经济要求,建立产权清晰、权责明确、政企分开、管理科学的现代企业制度。

(一) 放权让利、两权分离阶段(1978—1992)

在这一阶段,我国国企改革主要着眼于扩大企业经营自主权,可以细分为"放权让利和利润包干"时期及"政企分开和两权分离"两个时期。本阶段的改革路径,其实质是通过对企业剩余控制权和剩余索取权的委托人——政府与代理人——国有企业管理层之间的重新配置,以调动管理层的积极性,改善国有企业的运营效率。

1. 放权让利和利润包干时期(1978—1986)

1978—1986年,是我国国企改革的起步阶段。在这一阶段,重点是在维持计划

经济体制基本框架的前提下,扩大企业自主权,进一步放宽国有企业经营管理权限,增强国有企业的活力。1978年,党的十一届三中全会在北京召开,邓小平发表重要讲话拉开改革开放的序幕,同年出台《关于扩大国营工业企业经营管理自主权的若干规定》。1979年,中共中央国务院通过《中华人民共和国中外合资经营企业法》,决定尝试设立四个经济特区(分别位于深圳、珠海、汕头和厦门四个城市)。1984年,《中共中央关于经济体制改革的决定》明确提出我国将进一步贯彻对外实行开放的方针,建立有中国特色的社会主义经济体制。这一阶段主要是通过体制改革扩大企业自主权,放权让利,实行经济责任制以及利改税试点,最为核心的改革措施是利润包干和利润留存制度。

2. 政企分开和两权分离时期(1987—1992)

1987—1992年,国企改革的主要特征是以承包制为典型形式的两权分离。1986年,国务院颁布《关于深化企业改革增强企业活力的若干规定》,我国开始试行租赁承包制,通过所有权和经营权的分离形式,为国有企业自主经营打下政策基础。经营权的下放主要有租赁制、承包制和资产经营责任制三种形式,其中影响最大的为承包制。随着承包经营责任制改革的深入,企业改革的关注点从两权分离、改善企业经营外部环境进一步发展到对国有企业内部的劳动、人事和分配制度进行改革方面。在这一阶段的后期,调整职工和企业之间的关系被提上了改革日程。

(二) 现代企业制度建立阶段(1993年至今)

第二阶段的改革重点是建立适应市场经济要求的现代企业制度,产权清晰、权责明确、政企分开、管理科学成为国有企业建立现代企业制度的目标模式(张军,2008)。建立现代企业制度有五个基本要求:第一,建立产权明晰的企业法人制度;第二,企业的组织形态可以建立国有独资公司或者产权多元化的国有控股的有限责任公司或股份有限公司,实现企业组织形态多元化;第三,实行所有权与经营权分离;第四,发挥党组织在国有企业中的政治核心作用;第五,改进和完善工会职能。这一阶段可以具体划分为三个时期,即三项制度改革及抓大放小和现代企业制度建设时期(1993—2002)、产权改革及股份制改革和新国资监管体系成立时期(2003—2012)和新一轮深化国有企业改革时期(2013年至今)。

1. 三项制度改革及抓大放小和现代企业制度建设时期(1993—2002)

1992年,邓小平发表著名的"南方谈话",确定建立社会主义市场经济体制是我国此阶段经济体制改革的目标。1993年年底,国务院通过《关于实行分税制财政管理体制的决定》,初步建立了适应社会主义市场经济要求的分税制财政体制,在确保重要经济领域国有独资企业经营外,积极推行股份制改革。在"八五"规划中,明确提出要"实行政企职责分开、所有权与经营权适当分离,逐步使绝大多数国营企业真正成为自主经营、自负盈亏、自我约束、自我发展的社会主义商品生产者和经营者"。

在这样的背景之下,劳动用工、干部人事和工资分配三项制度改革及抓大放小的深化国企改革政策开始大力推行。1999年,中共十五届四中全会通过《中共中央关于国有企业改革和发展若干重大问题的决定》,指导方针第四条明确提出建立现代化企业制度,推进政企分开,实现产权清晰、责任明确等相关要求。在"九五"规划中提出,"把国有企业改革作为经济体制改革的中心环节,建立现代企业制度是国有企业改革的方向"。

2. 产权改革及股份制改革和新国资监管体系成立时期(2003—2012)

2003—2012年,主要是大力推进产权改革及股份制改革,并以各级国资委的成立及其功能的有效发挥为主要抓手,改革国资管理体制,建立新的国资监管体系。在这一时期,我国大部分国有企业已经成功建立现代企业制度,国有资产规模不断增加,盈利水平不断提高,竞争力也得到有效提升,但是也存在国资监管的体制机制不健全、党的领导地位弱化、管理腐败和内部人控制现象突出等问题。

在这一时期,为合理布局国有资本并完善国有经济发展结构,战略性调整和改组成为国有企业改革和发展的重点。国务院国资委力促中央企业的国有资本向四个方面集中:一是向关系国家安全和国民经济命脉的重要行业和关键领域集中,二是向国有经济具有竞争优势的行业和未来可能形成主导产业的领域集中,三是向具有较强国际竞争力的大公司和大企业集团集中,四是向企业主业集中。在"十一五"规划中明确指出,要"深化国有企业改革,优化国有经济布局,增强国有经济控制力、影响力和带动力,发挥主导作用",同时指出,要"健全国有资产监管体制,落实监管责任,实现国有资产的保值增值"。实现国有资产的有效管理,首先要对国有企业进行有效分类,针对不同类型的国有企业制定相对应的监督管理措施,改进监管方式和手段。

3. 新一轮深化国有企业改革时期(2013年至今)

为进一步激发国有企业内部活力,提升国有企业的竞争力,为国有企业打造一个符合现代企业治理结构的、能够培养竞争力和创新力的治理体系,从2013年开始,尤其是党的十八届三中全会以来,新一轮深化国有企业改革的重点在于积极推进混合所有制改革、明确国有企业的功能界定并进行分类管理,进而从"管人、管事、管资产"向"以管资本为主"过渡。

这一时期的国企改革还有一个突出特点是更加强调国有企业的特殊管治安排与现代企业制度之间的相互嵌入和深度协同,对国有企业的党建工作以及各种层面的监督、检查、巡视、规范、追责等都明显大幅度加强。

2013年发布的《中央组织部、国务院国资委党委关于中央企业党委在现代企制度下充分发挥政治核心作用的意见》,对党的政治核心作用提出了详细意见,涵盖关于党组织参与重大问题决策、党管干部、监督领导人员、思想政治工作、政治核心作用等七个方面。2015年发布的《中共中央、国务院关于深化国有企业改革的指导意见》中再次强调,"把加强党的领导和完善公司治理统一起来,将党建工作总体要求纳入国有企业章程,明确国有企业党组织在公司法人治理结构中的法定地位"。习近平总书记在2018年全国国有企业党的建设工作会议上强调,坚持党对国有企业的领导是重大政治原则,必须一以贯之;建立现代企业制度是国有企业改革的方向,也必须一以贯之。两个"一以贯之",是习近平总书记对新形势下加强国企党建工作的重要论断和明确要求,为国有企业在全面深化改革中坚持党的领导、加强党的建设、坚定不移做强做优做大指明了方向。

四、国有企业产权制度改革与企业目标演进之间的关系分析

改革开放以来,随着我国的产权制度改革稳步推进,相应地,企业目标演进也在不断地进行动态调整和优化。

(一)"放权让利"与国有企业目标演进(1978—1986)

在这一时期,从小范围试点到全国推广,放权让利明确了企业作为商品生产者和独立经营者的责任与权利,调整了国家与企业之间的利益分配关系。政府放权让利于企业,局部调整了政府和企业的关系,增强了企业独立经营的能力。但是,国家行政指令仍然占据着国有企业经营的主导地位,国有企业的市场活力尚未释放,这一改革依然是在旧有的计划经济体制框架内进行的局部性调整。

这一时期的国有企业经营仍囿于计划经济体制的影响,承担较多的政治和社会目标及相应责任,经营决策的独立自主性仍然比较缺乏。不过,这充分体现了我国国有企业产权制度改革的渐进性和可控性,初步唤醒了部分国有企业经营者内心中所蕴含的企业家精神,为后续各项国有企业产权制度改革的顺利开展奠定了基础,积累了经验。

(二)"两权分离"与国有企业目标演进(1987—1992)

1986年出台的《关于深化企业改革,增强企业活力的决定》提出三条指导意见来理顺政府与国有企业之间的关系:一是,对于小型企业和一些亏损微利的中型企业,将推行租赁制;二是,对于大中型企业,将实行多种形式的经营责任制度;三是,对于有条件的大中型企业,将进行股份制试点。基于此决定,截至1988年年底,我国90%以上的国有企业实行了多种形式的承包经营责任制。在这一时期,我国的经济体制

处于计划经济和市场经济的双轨制下,这一改革有效地实现企业所有权与经营权的分离,并通过利润承包的方式,强化了国有企业自主经营的灵活性,改善了国家与企业之间的分配机制,进而充分调动了国有企业的积极性,国家的财政收入也得到了大幅增长。

这一时期的国有企业经营目标开始大幅度地向经济目标演进,但是在承包制的制度设计下,国有企业更为关心的,还是短期的盈利指标,其对企业长期发展需求的考虑明显不足,对长期价值成长与短期利润实现之间的平衡把握不够。同时,由于承包制实行初期过于宽松的政策,以及相应的政策保障措施不到位,导致部分国企的国有资产流失现象比较严重;所有者与经营者之间较高程度的信息不对称还会带来严重的内部人控制现象,而国有企业并非自主经营、自负盈亏的法人实体,其最终的投资风险和财务风险的承担者依然是国家,此时的国有资产流失风险确实较大。

(三) 现代企业制度建设时期的国有企业目标演进(1993—2002)

1992年邓小平"南方谈话"之后,我国确立了经济体制改革的根本目标是建立社会主义市场经济体制。随着市场经济体制的逐步建立,在这一时期国有企业的经营机制与市场经济体制的要求不相适应的深层次矛盾越来越突出。在市场竞争格局日益激烈的环境中,国有企业长期处于低效运行状态的问题逐渐凸显。这主要表现为企业效益下降,亏损增加,亏损面扩大,大批职工下岗。为此,中共十五届一中全会提出:"用三年左右时间,通过改革、改制、改造和加强管理,使大多数国有大中型亏损企业摆脱困境,力争到本世纪末大多数国有大中型骨干企业初步建立现代企业制度。"

在这一时期,在制度层面对国有企业进行改革,代表着要将国有企业改制、改组或改造为公司制的组织形式,明确国有资产的投资主体和责任主体,建立并完善由"三会一层"构成的相互制衡的现代企业治理结构。这标志着国有企业改革的重点由"放权让利"和"两权分离"转向"企业制度创新层面",从"调整运行机制"转变为"解决国有企业的制度性缺陷"。引入公司制企业的治理结构后,国企内部的权力配置问题变得更为复杂,既包括公司制企业治理结构中公司的股东会、董事会、监事会同公司管理层之间的权力配置,也包括现代公司治理结构与企业党组织(党委会)、职工代表大会和工会之间的互动关系问题。

同时,值得注意的是,这一时期出现了相对比较普遍的国有资产所有者缺位的现象,进而带来比较严重的"内部人控制"和国有资产流失的负面后果。就这一时期的国有企业目标演进来看,也呈现出比较明显的经理主义企业理论和经理专用投资理论下的现实情境,即国有企业的经理层在最终经营目标的设定中掌握了大部分话语权,企业中的在职消费和管理腐败现象比较明显,经理层攫取了较多的私有利益,问责机制失灵,国有股东和经理层之间的委托-代理问题比较严重。

(四) 新国资监管体系时期的国有企业目标演进(2003—2012)

层层委托的所有权行使方式,代理层级和严重的信息不对称问题导致代理问题突出、约束机制不力,从而导致内部人控制、利益输送、国有资产流失等现象比较严重。在所有者缺位情况下,国有企业高管做出错误决策时往往不需要承担成本,因此容易出现"花别人的钱办别人的事"的现象,即企业经营过程中既不讲效果又不节约,从而导致非效率决策产生。总体而言,不管是直接贪腐,还是非效率的决策,国有企业内部人控制严重降低了国有企业的运营效率。激励机制不够充分、决策机制不够健全、目标导向不够清晰等均导致部分国有企业决策不够科学、不够理性,从而使国有企业产生严重损失。此外,由于所有者缺位问题的存在,在职消费往往成为国有企业的普遍现象。在很多国有企业中,在职消费往往远超合理水平,展现了高昂的自我激励成本。由此可见,所有者缺位给国有企业带来了一系列负面影响。

这些比较严重的所有者缺位现象,直接推动了专责国有资产监督管理并履行出资人权责的各级国有资产监督管理委员会的成立。2003年3月10日,十届全国人大一次会议第三次会议经表决,设立国务院国有资产监督管理委员会,代表国家行使国有资产的监督管理职权。国资委的成立一方面有利于促进"产权清晰、权责明确、政企分开、管理科学"的现代企业治理体系的建立,另一方面缓解了由于国资监管职能分散在多个部门而产生出的"五龙治水""九龙治水"问题,一定程度上实现了权利、义务和责任的统一,明确了国有资产监管的主体,落实了真正的责任人,从而有利于国有资产保值增值的实现。从实际实施效果来看,国务院国资委组建以来,积极履行出资人职责。国资委成立后对央企进行清产核资,对企业负责人进行经营业绩考核,规范企业负责人薪酬管理,加强中央企业监事会工作,保障国有企业改制和国有产权转让有序推进,促进国有经济合理布局和结构的战略性调整等,有力地推动了国有企业的改革和发展[①]。

在这一时期,国资委通过积极履行出资人职责,在国有企业目标演进的过程中开始扮演关键角色。一方面,通过在绩效考核中引入以经济增加值(EVA)为代表的价值创造指标,强化了对国有企业的经济目标导向;另一方面,通过强化董事会和监事会建设,积极引入专职董事和专职监事、外部董事和外部监事,落实出资人代表权责,任命或选聘治理层团队重要成员等方式,为其出资人权责的履行提供运行机制方面

---

① 国资委研究室,http://www.sasac.gov.cn/n2588035/n2588320/n2588340/c4427076/content.html,2022-9-6。

的保障。

需要注意的是,由于这一时期更加强调和国际惯例接轨,强调完善国有企业的现代公司管治安排,因此对国有企业的经济属性、经济目标和经济责任的实现更加重视,而对其政治和社会方面的属性、目标及责任等的态度则有所回调,认为在政企分开的背景下这些职能应主要属于政府提供公共产品和公共服务的范畴。

(五) 新一轮深化国有企业改革时期的国有企业目标演进(2013年至今)

新一轮深化国有企业改革时期,为保证国有企业改革行稳致远、进行到底,应该更加注重顶层设计、实施路径及其可行性评价和风险管控,并及时总结、反思过去的经验和教训。在这一背景之下,新一轮国企改革更加强调国有企业在经济、政治和社会三个维度层面的属性、责任和目标的动态协调、有机整合。

经济目标的抓手体现在"以管资本为主"和推进混合所有制改革方面。2015年10月,《国务院关于改革和完善国有资产管理体制的若干意见》指出,国有资产监管机构作为政府直属特设机构,根据授权代表本级人民政府对监管企业依法履行出资人职责,科学界定国有资产出资人监管的边界,专司国有资产监管,不行使政府公共管理职能,不干预企业自主经营权。以管资本为主,重点管好国有资本布局、规范资本运作、提高资本回报、维护资本安全,更好地服务于国家战略目标,实现保值增值。发挥国有资产监管机构专业化监管优势,逐步推进国有资产出资人监管全覆盖。国资监管思路从"管人、管事、管资产"向"以管资本为主"的模式转变之后,为后续的混合所有制改革带来了很大发展空间。通过在混改过程中提高优质民营资本的持股比例,来增加民营股东的话语权,进而推动国有企业的体制机制创新,实现国企实力与民企活力的有效结合,充分释放国企活力。

政治目标和社会目标的抓手则体现在全面加强党的领导方面。党的领导和党组织建设是国有企业公司治理结构建设的基石,构建了国有企业从基层到高层、从内部到外部广泛的、贯穿式的关系治理网络,在"把方向、管大局、保落实"方面发挥重要作用,这对于各利益相关者之间的利益平衡和协调,实施利益相关者导向,具有重要价值。在"两个一以贯之"的指引之下,党委会发挥领导中心的作用,通过对重大事项的决策开展前置讨论程序来更准确地把握公司的政治方向、政策导向和战略发展,更多地关注利益相关者整体利益的平衡和公司多元化经营目标(经济目标、政治目标和社会目标)的实现;而董事会则发挥决策中心的作用,在党委会大方向的领导之下,就公司各个战略事项相关议题的经济可行性进行决策,侧重于经济目标的实现。

2015年9月,中共中央和国务院颁布的《关于深化国有企业改革的指导意见》,是新时期深化国企改革的纲领性文件,对于该文件基本要点的梳理如图2-1所示。

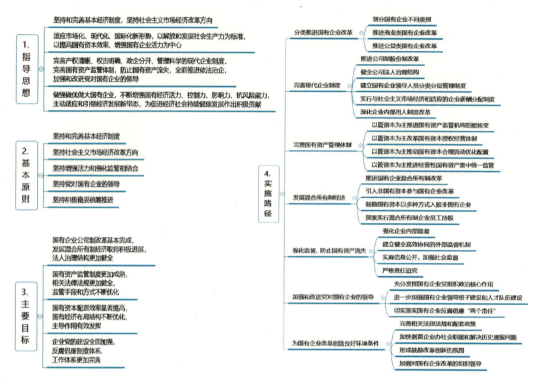

图 2-1 "十八大"以来深化国有企业改革的整体思路

第三节 产权制度改革影响企业目标演进作用机理：监管环境和顶层设计的视角

一、国有企业监管环境的变迁与企业目标演进

（一）国有企业监管环境的变迁

亚当·斯密提出市场中有只"看不见的手"这一重要论断，奠定了市场作为经济运行决定性力量的理论基础。然而，经济外部性、市场信息不对称、市场不公平竞争、机会主义行为、收入分配不均等"市场失灵"现象不断提醒着我们完全依靠市场"看不见的手"进行调节远远无法保障国家宏观经济的整体平稳发展。此时，政府有理由且有必要发挥"看得见的手"的作用，规范和约束市场微观经济主体的行为，解决其由于自身存在的功能性缺陷，如自发性、滞后性和盲目性等引发的市场失灵问题，以维护和增进公共利益和社会福利。然而，政府监管是一个长期、动态的过程，随着我国经济体制改革进程的发展，我国的政府监管呈现出以下特征：从以直接干预为主转向

以宏观调控为主,从以事前监管为主转向以事中事后监管为主。从政府的角度来说,这是其职能逐渐转变、还权于市场的过程;从市场的角度来说,这是一个从他律到自律、充分发挥其资源配置效率的过程。

我国国有企业的监管环境变迁则更为特殊。由于我国国有企业特殊的社会地位与公司体系,"所有者缺位"所带来的委托-代理关系弱化将使得国有企业管理层对公司价值进行侵害变得更有可能。在改革开放以前的计划经济体制下,以"攀关系""走后门""拿公物"为代表的"微腐败行为"非常普遍;随着改革开放及经济体制的全面转轨,政府放权改革在释放出巨大制度红利的同时,也伴随着腐败行为的进一步恶化,国有企业所面临的由于管理层私利行为而产生的权力寻租风险大大增加,贪污侵占、职务侵占、非公允关联交易等腐败行为愈发严重。与此同时,在国有企业高管货币性薪酬受限的背景下,理性经理人寻求非货币性收益的动机增强,在职消费、浪费财政补助等隐性腐败行为也屡见不鲜。作为一种普遍的社会现象,腐败不仅对市场经济的发展与基础进行了侵害,同时也严重损害了社会公平和正义。

基于上述背景,党的十八大以来,党中央深刻认识到党风廉政建设和反腐败斗争的严峻形势,把"全面从严治党"纳入中央战略布局之中,掀起了力度、广度、深度空前的反腐败斗争。对于国有企业而言,2015年起,党中央、国务院形成了"1+N"政策体系,构建了顶层设计和四梁八柱的大框架,明晰了全面深化国企改革的主要思路,将政府与市场的关系做了进一步明确部署,政府监管与市场机制进一步完成了动态演变。目前,我国的国有企业监管环境进入了一个全新的转型时期,以保障国家利益、社会利益、人民利益为主要目标,实施了诸如强化中央巡视、反腐倡廉运动和严格问责追责等一系列举措,以保障监管范围更加全面、监管对象更加精准、问责力度更加强硬。在这一动态演进的过程中,我国国有企业的监管环境随着经济体制、社会目标及国家发展战略的变化而逐步调整,对我国政治、经济与社会生活的各个方面都产生了重大而深远的影响。

(二) 监管环境变迁下的国有企业目标演进

在双重目标(政策目标与经济目标),甚至是三重目标(政治目标、社会目标与经济目标)的约束下,国有企业并不能简单地追求经济利润最大化,需要更加倾向于利益相关者,履行政治社会责任,实现社会福利的最大化,为国家的总体发展提供充足动力。

落实严格的反腐倡廉政策,一方面可以有效约束国企高管的在职消费等管理腐败行为以缓解代理问题,进而有助于防止国有资产流失、实现国有资产保值增值目标;而且"惩一儆百"所带来的溢出效应将敦促国有企业管理层更加负责地、积极地参与经营决策,提高企业运营效率、增强企业活力,从而促进国有企业经济目标的实现。

另一方面,在政治和社会目标方面,反腐败背景下陆续调整的国有企业领导人选人用人机制及评价考核机制,严格约束了国企管理层的行为模式,从源头上切断了腐败产生的来源与可能性,防止任人唯亲、裙带关系、利益输送、代理行为等问题的大面积爆发,进一步保证国有企业运营为国、经营为民,切实为国家、社会和人民作出贡献,增加社会福利,从而进一步强化了国有企业的政治目标与社会目标导向。

从我国监管环境变迁的整体趋势来看,2012年党的十八大是非常重要的时间节点。在"全面从严治党"的高压背景下,我国国有企业所面临的监管环境变得更加严厉,伴随着反腐倡廉、巡视巡察、追责问责等制度体系的建立与完善,我国政府对于国有企业及其管理层的监管更加严格,既打"老虎",也拍"苍蝇",惩一儆百。因此,反腐败背景下的监管环境变迁对国有企业的治理运营及其目标演进都带来比较明显的积极影响。此时,考察反腐败、巡视、追责问责机制等对国有企业经营决策目标的影响,对于我们理解监管环境变迁下的国有企业目标演进过程及其形成机理具有重要的现实意义。

1. 反腐败与国有企业经营决策目标

2012年11月8日召开的中国共产党第十八届全国代表大会,掀起了大规模的反腐败活动。表2-3列示了党的十八大以来我国颁布的与反腐倡廉主题相关的典型政策文件。从中可以发现,2012年以来,我国对于反腐倡廉的执行相当严格,从强化干部监管、引导示范带头作用等多个方面颁布了多达23项典型规章制度,形成了目前比较完整、全面的反腐败制度体系。

表2-3 党的十八大以来颁布的反腐倡廉典型政策文件

颁布时间	文 件 名 称
2012年	中共中央政治局审议通过《十八届中央政治局关于改进工作作风、密切联系群众的八项规定》
2013年	中共中央纪委和中央党的群众路线教育实践活动领导小组发布《关于落实中央八项规定精神坚决刹住中秋国庆期间公款送礼等不正之风的通知》
2013年	中共中央办公厅、国务院办公厅颁布《关于党政机关停止新建楼堂馆所和清理办公用房的通知》
2013年	中共中央、国务院印发《党政机关厉行节约反对浪费条例》
2013年	中共中央办公厅、国务院办公厅印发《党政机关国内公务接待管理规定》
2013年	中共中央组织部发布《关于进一步规范党政领导干部在企业兼职(任职)问题的意见》(以下简称"中组部'18号文'")

续 表

颁布时间	文 件 名 称
2014 年	中共中央办公厅、国务院办公厅印发《关于厉行节约反对食品浪费的意见》
2014 年	中共中央办公厅、国务院办公厅印发《关于全面推进公务用车制度改革的指导意见》
2014 年	中共中央组织部发布《关于加强干部选拔任用工作监督的意见》
2014 年	中共中央办公厅、国务院办公厅印发《中央和国家机关公务用车制度改革方案》
2014 年	中共中央办公厅、国务院办公厅印发《关于严禁党政机关到风景名胜区开会的通知》
2015 年	中共中央办公厅印发《推进领导干部能上能下若干规定(试行)》
2015 年	中共中央印发《中国共产党巡视工作条例》(以下简称《巡视工作条例》)
2016 年	国务院办公厅《关于建立国有企业违规经营投资责任追究制度的意见》
2017 年	中共中央关于修改《巡视工作条例》的决定
2017 年	中共中央办公厅、国务院办公厅印发《党政机关办公用房管理办法》
2017 年	中共中央办公厅、国务院办公厅印发《党政机关公务用车管理办法》
2018 年	中共中央印发《中国共产党纪律处分条例》
2018 年	中共中央办公厅、国务院办公厅印发《防范和惩治统计造假、弄虚作假督察工作规定》
2019 年	中共中央办公厅印发《中国共产党纪律检查机关监督执纪工作规则》
2019 年	中共中央办公厅印发《干部选拔任用工作监督检查和责任追究办法》
2019 年	中共中央印发《中国共产党问责条例》
2020 年	中共中央办公厅印发《党委(党组)落实全面从严治党主体责任规定》

(1) 现有研究表明,反腐败抑制在职消费与超额薪酬。反腐败从选人用人机制、考核评价机制、信息披露机制等诸多手段入手,将"权力"关进制度的"牢笼",将"腐败"埋在监督的"土壤",有效遏制了裙带关系与任人唯亲等文化对公司经营的侵蚀,有效减缓了超额薪酬与在职消费等寻租行为对公司价值的损害,从而使得国有企业能够更好地实现经济目标,防止国有资产流失。反腐通过增强各类监管职能,有效抑制了国有企业的在职消费现象,特别是针对地方国企,而这一反腐监管政策的实施进一步促进了国有企业长期绩效的改善和提升,政府审计能够对国有控股上市公司高管的超额在职消费行为进行有效抑制。此外,反腐倡廉活动有效地减少了被监管行业的国有企业对奢侈品和服务的过度消费。由此,反腐倡廉严查背景下,国有企业的

经营业绩表现将因为代理成本的减少而得到显著的提高,从而更加有利于其经济目标的实现,保障国有资产的保值增值。

(2) 现有研究表明,反腐败促进研发创新。在企业发展方面,政治关联与自主创新具有替代关系。在反腐败政策出台以后,企业谋求政治关联的成本增加,具有政治关联的企业在反腐败后,研发支出明显增加,说明反腐败能够显著提高企业创新能力。另外,2013 年颁布的中组部"18 号文"进一步严格限制党政官员到企业兼职。文件颁布后,大量具有从政经历的独立董事从上市公司辞职。官员独董辞职后,企业的研发投资显著增加;虽然企业创新效率无明显变化,但官员独董辞职能够显著增加研发投资对创新效率的正向影响。

(3) 现有研究表明,反腐败规范企业经营。2012 年反腐败政策推出以来,对上市公司形成了政治治理效应,有助于规范企业经营,有效遏制企业的违规行为。在中组部"18 号文"全面实施背景下,实际上削弱了有官员担任独立董事的公司存在的政治联系。有官员独董辞职的企业伴随着劳动力成本的增加,将面临更大的财务风险;与没有官员独董的公司相比,具有政治关联董事的公司在董事辞职后,其财务信息质量与财务透明度有所增加,并且在发达的金融市场与规范的法律环境下,改革的效果体现得更加明显。

2. 巡视与国有企业经营决策目标

巡视是我国全面从严治党的利剑,能够有效加强党内监督。中央巡视通过听取工作汇报和专题汇报、个别谈话、受理来信、抽查报告、询问情况等诸多手段,着力发现党的领导和党的建设等方面存在的问题。2003 年,中共中央颁布的《中国共产党党内监督条例(试行)》是我国首次以党内法规的形式明确建立巡视制度,并于 2006年开始对国有企业实施专项巡视工作。2016 年,正式出台的《中国共产党党内监督条例》对中央和国家机关开展巡视工作提出了原则要求。2017 年,党的十九大进一步对中央和省级党委巡视工作作出新部署;同时,新修订的《中国共产党章程》增加了关于巡视的内容,表明"中央有关部委和国家机关部门党组(党委)根据工作需要,开展巡视工作";此后,党中央发布的《巡视工作条例》也明确规定"中央有关部委、中央国家机关部门党组(党委)可以实行巡视制度"。2018 年,中共中央办公厅印发的《中央巡视工作计划(2018—2022 年)》指出,要研究制定规范中央和国家机关巡视工作指导意见,推动完善巡视巡察战略布局。

自 2018 年中央第一轮巡视以来,我国共完成了七轮巡视,并正在着力进行第八轮巡视进驻。从第一轮巡视针对 30 个地方、单位党组织的巡视,到第三轮巡视针对42 家中管企业和 3 个行业主管部门党组(党委)①的巡视,七轮巡视累计审核多达 170

---

① 国务院国有资产监督管理委员会、国家能源局、国家国防科技工业局。

家单位及企业的党组织,覆盖中央机构、中央政府、事业单位、国有企业、高校等多种主体[①],全面推动建设风清气正的政治机关,打造廉洁政府、廉洁企业。

巡视工作具有非常强的震慑效应:其一,巡视组有着足够的识别与判断能力,包括具有足够的巡视覆盖能力、专业性以及强有力的惩罚机制;其二,巡视组会及时反馈巡视过程中发现的问题并要求公司披露整改情况,从结果的处置及督促、核查与处理工作的公开等方面为企业管理层带来了足够的压力。因此,被巡视单位有动机对巡视组提出的整改建议进行深入学习与理解,并落实到实际经营中,这对于国有企业廉洁经营、防止国有资产流失、促进国有资本保值增值具有重要意义。

3. 追责问责机制与国有企业经营决策目标

由于国有企业的负责人,包括董事会成员、监事会成员和经营层成员,普遍具有党员和领导干部身份,这一情况有利于党内问责、行政问责的制度和实践跨越政府与企业之间的"鸿沟"而进入国有企业,并构成国有企业问责制度构建与实践的正当性。由于国有企业负责人同时也具有"国有资产经营者"和"企业家"等市场化身份,使得国有企业也要承担经营投资责任。党的"十八大"以来,党中央牢牢抓住落实主体责任这个"牛鼻子",倒逼责任落实,强化问责工作,形成管党治党、治国理政的鲜明特色。问责机制可以促使企业管理更加规范,更大程度调动每一位员工的积极性,避免发生"人人谈目标、人人不负责"的现象。通过问责压力的传导和问责机制的落实,企业管理层将会更加谨慎地作出决策,并将有效抑制管理层对股东利益的掏空与利益输送行为,从而有效防止国有资产流失。

但是,我们也必须认识到,由于企业董事会决策是个人决策制,党委会决策是集体决策制,且党委会往往在"三重一大"方面前置于董事会,这将造成问责机制难以追责至个人,行政化治理下的决策机制导致了问责虚化和问责失灵[②]。源自行政领域的问责机制缺乏足够的容错空间,与企业投资活动所遵循的"风险-收益"原则并不匹配,在这种情况下,国有企业负责人为了规避责任,会放弃个人决策而转向集体决策,导致决策问责成本增加,不利于公司治理水平和决策质量的提升。与此同时,我国关于问责制度的文件颁布与实施非常全面,如《中国共产党问责条例》《中央企业违规经营投资责任追究实施办法(试行)》等,形成了高压的问责态势,这将使得国有企业领导人的决策趋于保守甚至不敢作为。"避免出错""逃避问责"将覆盖国企领导人的"敢于创新""勇于担当",从"邀功"到"避责"的转变对国有企业的创新和发展非常不利,而解决这一困境的方法是建设相应的容错机制,做到容错与问责的适度平衡。

---

① 十九届中央巡视专题,http://www.ccdi.gov.cn/special/19zyxsgz/。
② 问责虚化即问责对象的符号化,表现为集体问责无法对参与决策的个体产生实质性影响;问责失灵则是决策过程受到外部行政权力干预,导致无法判断、划分责任。

"容错机制"就是要宽容干部在改革创新中的失误、错误,用制度真正为改革创新者"卸掉包袱",使他们"轻装上阵",直面改革和创新中的艰难险阻。《关于进一步激励广大干部新时代新担当新作为的意见》中明确提出了"三个区分开来":一是把干部在推进改革中因缺乏经验、先行先试出现的失误和错误,同明知故犯的违纪违法行为区分开来;二是把上级尚无明确限制的探索性试验中的失误和错误,同上级明令禁止后依然我行我素的违纪违法行为区分开来;三是把为推动发展的无意过失,同为牟取私利的违纪违法行为区分开来。这一政策的落实将会有效保障国企领导人敢于决策、敢于承担、敢于创新,促使我国问责容错机制在温度上既要严管,也要厚爱。

二、国有企业的分类管理与企业目标演进

(一)分类管理的制度背景

国有企业本质上是政府职能在经济领域的延伸,因此国有企业兼具政治和经济的双重属性。在经济目标方面,需要与我国的现实经济发展和转轨经济特征相结合,需要实现我国经济发展的"赶超"战略,保障国有资产保值增值。同时,在经济目标之外,我国国有企业肩负巩固社会主义基本经济制度、国有资产保值增值、提高社会责任与社会福利、保证国家经济安全和弥补市场缺陷等公共性功能。正因为国有企业面临着"盈利性要求"与"国家社会使命"的冲突,导致其在发展中更难以界定政府与市场的边界,产生"国企失灵"等问题。

因此,"正确厘清政府与市场关系"一直是我国政府职能调整和国有企业改革所期望解决的难题,亦是提高经济效率的重点。然而,长期以来,国有企业缺乏明确的功能界定和分类管理,导致企业自身使命和目标冲突,改革政策难以有效落实,也很难对不同功能企业实施差别化的监管政策,进而导致国资配置效率不高,同质化问题严重。由于缺乏明确的功能分类,国有企业全面深化改革受阻,"一刀切"现象严重,导致发展受限,国资整体监管和配置效率也不高。因此,只有根据国有企业功能定位的差异性进行分类治理,才能有效界定政府与市场关系:对于提供公共产品与服务的公益类国有企业而言,其具体生产经营应由政府主导;而对于商业类国有企业而言,应还权于市场,由市场机制发挥决定作用。

针对国有企业承担的多重任务所带来的"一刀切"、政资不分与政企不分、国资配置效率与监管效率不高、市场竞争不公平等现象,2011 年,国务院国资委提出将国企划分为商业类和公益类两大类。2013 年,《中共中央关于全面深化改革若干重大问题的决定》指出,要准确界定不同国有企业功能;2015 年,《中共中央、国务院关于深化国有企业改革的指导意见》进一步提出通过界定功能、划分类别,实行分类改革、分

类发展、分类监管、分类定责、分类考核,提高改革的针对性、监管的有效性、考核评价的科学性,推动国有企业同市场经济深入融合,促进国有企业经济效益和社会效益有机统一。2015年,《关于国有企业功能界定与分类的指导意见》《关于完善中央企业功能分类考核的实施方案》指出,根据主营业务和核心业务范围,将国有企业界定为商业类和公益类,商业类可以继续划分为主业处于充分竞争行业和领域的商业类国有企业(商业Ⅰ类),主业处于关系国家安全、国民经济命脉的重要行业和关键领域、主要承担重大专项任务的商业类国有企业(商业Ⅱ类),实行分类推进改革、分类促进发展、分类实施监管、分类定责考核。另外,中央和地方可以结合自身实际确定企业分类,充分考虑各地不同发展实际,在遵循国家统一分类原则的前提下,允许各地结合实际,界定国有企业的功能类别①。

(二) 分类管理与国有企业的经营目标设定

从经营目标的角度来看,新一轮分类改革对我国国有企业中存在的双重目标、多重任务现象做了"解剖",并按照对国企功能的不同定位实行侧重点不同的经营目标设定,且配套相应的改革政策。

如图2-2所示,商业类国企需要更加侧重于经济目标,需要按照市场化要求实行商业化运作,依法独立自主开展生产经营活动,在竞争中实现优胜劣汰、有序进退,以增强国有经济活力、放大国有资本功能、实现国有资产保值增值为主要目标。其中,对于主业处于充分竞争行业和领域的商业Ⅰ类国有企业,应在关注经济效益的同时

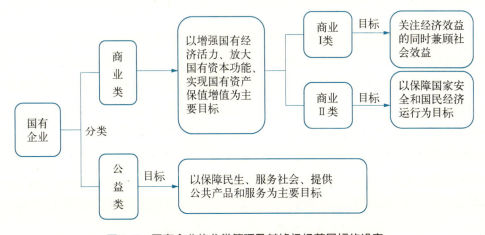

图 2-2 国有企业的分类管理及其终极经营目标的设定

---

① 例如,北京、上海等地将国有企业分为竞争类国有企业、特殊功能类国有企业和公共服务类国有企业;广东省将省属国企分为准公共类、竞争类和金控类,每一类又下分为两类。广州将企业分为商业类、公益类和功能类;深圳将企业分为商业类、公益类和功能类。

兼顾社会效益;而对于主业处于关系国家安全、国民经济命脉的重要行业和关键领域和主要承担重大专项任务的商业Ⅱ类国有企业,应实现经济效益、社会效益与安全效益的有机统一。公益类国有企业则更加侧重政治目标与社会目标,以支持企业更好地保障民生、服务社会、提供公共产品和服务为导向,坚持把社会效益放在首位,不断提高公共服务效率和能力。

此时,通过对国有企业进行分类改革、实施分类监管和分类考核,极大地缓解了以往"一刀切"式的比较僵硬的政策和制度安排,从而将政治目标与社会目标的承担主体交由公益类国企负责,而经济目标的承担主体则由商业类国企侧重实现,有效实现了"对症下药"。在将国有企业划分为商业类和公益类两类之后,国资监管部门对两者不同的经营目标要求做了更为清晰的界定和区分:一方面,使商业类国企的"逐利"潜能更加充分地得以释放,使其脱离政策性负担的束缚,进而更好地向企业价值最大化、股东财富最大化方向进行转型,以更好地匹配"实现国有资产保值增值""防止国有资产流失""提升国企活力"等考核要求;另一方面,将公益类国企定位于服务人民、服务社会、服务国家,在该类企业中将更加强调国有企业的政治属性特征以及对利益相关者利益的充分保障,从而实现"弥补市场失灵""保障人民及社会利益""服务国家战略发展需求"等政治目标和社会目标。

三、国有企业的分级管理与企业目标演进

(一)分级管理的合理性及相关政策梳理

分级管理的含义是"统一所有,分级管理"或者"统一所有,分级监管"。国家代表全国人民行使对国有资产的终极所有权,而中央政府和地方政府分别拥有对中央国有资产和地方国有资产的管理权限。分级管理是理顺中央和地方管辖内容的重要管理手段。具体而言,分级管理体现了高度的地方分权,中央政府可以借助地方政府来分散和转移社会风险。分级管理也体现了属地管理原则,属地管理能有效地激发地方政府的积极性和主观能动性,也可以使地方政府结合当地实际情况对经济发展和资源配置进行统筹考虑。然而,分级管理也会带来一些弊端,如"地方包干"带来的"诸侯经济"问题,地方政府之间的竞争导致的市场分割和地方保护问题或者国有资产处置收益权划分制度导致中央和地方政府之间目标不一致问题。

总体来看,分级管理在我国利大于弊。一方面,我国国有资产规模庞大、分布广泛,在全国实行统一垂直管理不具备可操作性;另一方面,正如哈耶克(Hayek)所指出的那样,社会存在的知识是分散的,没有任何一个单独的人或者组织能绝对汇总这些分散的知识;针对特定时间和特定地点,每个人都拥有自己独一无二的知识,也仅

有自己能够最有效地利用该知识。中央国资委对于地方国有资产的了解远不如地方国资委清楚,因而实现分级管理是更为合理的。在通常情况下,分级管理涉及我国行政管理的多个方面,国有企业的分级管理需要辅之以财政分权、税收分权等配套措施;而分级管理的实施路径一般也是从行政分权逐渐过渡到经济分权,从宏观的地区管理到微观的企业经营,财政、税收的分权实施通常会早于对国有企业的管理分权。

1993年,《中共中央关于建立社会主义市场经济体制若干问题的决定》将国有资产的管理体制表述为"国家统一所有,政府分级监管,企业自主经营"。1999年,十五届四中全会审议通过的《中共中央关于国有企业改革和发展若干重大问题的决定》,指出"按照国家所有、分级管理、授权经营、分工监督的原则,国务院代表国家统一行使国有资产所有权,中央和地方政府分级管理国有资产"。2002年,党的"十六大"提出"在国家统一所有的前提下,中央与地方分别代表国家行使出资人职责"的新型国有资产管理体制,这意味着我国在分级管理的框架下提出分级代表的国资监管思想;分级代表的提出是我国国有资产管理体制的重大突破,从"统一所有、分级管理"转向"中央与地方分别代表国家履行出资人职责"。

(二) 分级管理下的国有企业目标演进

1. 分级管理对中央国企目标演进的影响

党的十六大报告提出"对于关系国民经济命脉和国家安全的大型国有企业,由中央政府代表国家履行出资人职责",2008年国资委原主任李荣融在中央企业负责人会议上也曾讲道:"中央企业在落实国家宏观调控政策、增加财政收入、保证市场供应、维护国家经济安全和促进国防现代化建设等方面发挥了重要作用,是共和国的支柱和脊梁。"[①] 由此可知,中央国有企业作为我国国有资本中的主力军和排头兵,不仅要完成国家设定的经济目标,更要统筹兼顾起政治目标和社会目标。此时,央企的目标与中央政府的目标高度重合,集政治、经济和社会目标于一身。

从短期目标来看,国务院国资委每年会与央企确立年度经营目标,并签订经营业绩责任书。一些突发事件也会影响央企短期目标的制定。例如,2020年,面对新冠肺炎疫情的突发事件,央企制定了"三稳四保一加强"的目标,保持生产经营、产业链和企业自身的稳定,保障国计民生、重大工程建设、安全生产和高质量发展,加强党建[②]。从长期目标来看,未来几年,我国央企应勇当"六稳"和"六保"的排头兵、主力军。"六稳"是指"稳就业、稳金融、稳外贸、稳外资、稳投资、稳预期","六保"是指"保居民就业、保基本

[①] 《国资委主任李荣融在央企负责人会议上讲话》,https://www.chinanews.com/cj/gncj/news/2008/12-16/1490019.shtml。

[②] 《央企攻坚全年目标任务突出抓好"三稳四保一加强"》,http://www.sasac.gov.cn/n2588025/n2588139/c14976712/content.html。

民生、保市场主体、保粮食能源安全、保产业链供应链稳定、保基层运转任务"①。

此外，2017年，十九大报告指出"要推动国有资本做强做优做大，培育具有全球竞争力的世界一流企业"。在一个比较长的时期，央企改革发展的战略目标是成为国际"一流"企业，意味着国有企业要不断努力，发展为以自主创新为核心支撑的具有综合国际竞争力的企业。据统计，2020年我国共有48家央企进入《财富》世界500强②，这意味着我国央企正在不断地向国际一流企业迈进。

中央政府对央企的一个重要管控手段是"管人"，通过对高管的激励与约束来实现对央企的控制。在现行的"管人"手段下，我国央企的经营目标呈现出风险规避、稳增长的特征。由于国有企业的经理在一个封闭的金字塔经理劳动市场工作，不具有很好的流动性，因此他们更享受在职消费，而且规避风险。中央政府对央企的另一个重要管控手段是"管目标"。目前，虽然我国创新地使用EVA等评价手段对央企进行考核，但是传统的会计盈余依然是重要的指标之一。现有研究发现：央企的营业收入增长率的提高有利于央企领导的晋升，但是国有资本保值增值率不能产生显著的正向影响，这说明目前央企的发展方式仍然具有规模导向的特征；年度利润依然是国企高管晋升的重要参考指标，而任期业绩指标和其他年度业绩指标对高管晋升概率并无显著影响；在EVA考核方面，实施EVA评价体系可以显著降低央企的过度投资；EVA考核能在一定程度上缓解央企创新方面的委托-代理矛盾，但是其激励作用是有限的；在国资委修订EVA考核办法后，有研究发现，EVA并不能有效抑制企业的非效率投资，可见，该办法还有待进一步细化和改进。

2. 分级管理对地方国企目标演进的影响

在分级管理的制度下，地方政府受国家之托，对地方国有企业进行管理。由于部分地方政府对当地的国有资产拥有产权，我国目前倡导"国家统一所有，分级监管"的分级管理模式，而地方政府在国有产权分配的过程中拥有双重身份，既是"代理人"，又是"自利者"。因此，地方政府和地方国有企业之间的互动博弈是复杂的。

地方政府的目标与地方国有企业的目标天然存在着差异，地方政府的目标往往关乎相对经济增长率、财政盈余等地方政府的政绩诉求，而地方国有企业以企业价值最大化为目标。地方政府的政绩诉求以及政府官员的政治晋升都会显著增强其对国有企业的干预，将政策性负担或者非经济类目标内化到国有企业经营决策中，追求自身利益的最大化，此时地方政府主要扮演"计划型政府"角色。现有研究发现，随着政府行政级别的下降，政府控制权对公司价值的损害效应逐层减弱，低级别政府与国有

---

① 《中央企业勇当"六稳""六保"排头兵、主力军》，http://www.sasac.gov.cn/n2588025/n2588139/c15351869/content.html。
② 《独家解读2020年〈财富〉世界五百强上榜国企名单》，https://baijiahao.baidu.com/s?id=1674814373391823546&wfr=spider&for=pc。

企业的利益更为一致;政府放权意愿与国有企业混合所有制改革具有显著的正向关系,而且在地方国企和竞争性国企中这种关系更为显著;国有企业金字塔的层级越多,政府干预程度越低,对于国有企业决策权和经营活力具有显著的正向影响,同时有助于提高国有企业的风险承担水平,并且这种效应在地方国有企业中更明显;地方国有企业的金字塔层级与企业创新显著正相关,表明政府放权有助于提高企业的创新能力;地区市场化进程能够降低地方政府控制公司的经济动机,但是国有企业改革策略却增强了地方政府控制大规模公司和管制性行业公司的政治动机。

在地方政府与地方国有企业长期的资源交换中,政府官员和国企管理层的关系十分重要且密切,在各自利益及共同利益驱使下,"政企同谋"成为地方政企关系的主流模式,地方政府也会在政策制定以及资源支持中向地方国有企业倾斜,呈现出"保护型政府"特点。有学者通过研究宇通客车的管理层收购案例,发现当地方国有企业和地方政府存在一致的利益,两者会合谋以对抗来自中央政府的管制策略。2001年,宇通客车向中央政府申请管理层收购(MBO)的批文,但是财政部迟迟不予批准。宇通客车借助地方政府的力量,经由地方法院通过股权拍卖的方式在未经批准的情况下卖给了宇通客车的管理层。此外,现有实证研究发现,尽管受到来自中央政府的产业政策的影响,地方政府仍然向其控制且与当地经济增长联系密切的企业提供较高的借款额度,且越低层级政府控制的企业借款增长率越高。

综合以上分析,由于中央政府和地方政府对央企和地方国企在干预程度和所赋予的使命方面存在明显差异,相应地,其经营目标也必然明显不同。央企作为国家国有资本中的主力军和排头兵,要有机地统筹整合经济目标、政治目标和社会目标;而地方国企则主要受到来自地方政府的影响,受中央政府的影响相对较少。地方政府对地方国企的影响更多地体现为干预地方国企的经营目标设定,同时其放权意愿会直接影响到地方国企的经营发展情况,而当地方国企和地方政府之间存在共同利益时,地方国企和地方政府之间会存在合谋行为,此时地方国企往往会成为地方政府官员追求其政绩表现的经济工具。

第四节 产权制度改革影响企业目标演进作用机理:治理结构和激励机制的视角

一、国有企业党的建设与企业目标演进

(一)国有企业党的建设的制度背景分析

坚持党的领导、加强党的建设,是我国国有企业的光荣传统,也是国有企业的

"根"和"魂",是我国国有企业的独特优势。《中华人民共和国宪法》开篇即明确指出:"社会主义制度是中华人民共和国的根本制度。中国共产党领导是中国特色社会主义最本质的特征。"坚持中国共产党的领导,是宪法一以贯之的精神。以宪法条文的形式确认党的领导,赋予了党的领导以宪法地位,明确了党的领导的权威性。这意味着坚持中国特色社会主义,必须坚持党的领导,党的领导须落实到并体现在国家工作的全过程和各方面。国有企业是中国特色社会主义的重要物质基础和政治基础,是党执政兴国的重要支柱和依靠力量,因此,坚持党对国有企业的领导是重大政治原则。

改革开放之后,随着国有企业改革的不断推进,党组织在国有企业中扮演的角色和发挥的作用也在不断发生变化。总体上,改革开放至今,国有企业党的建设大致可以分为三个阶段:① 党组织主要发挥监督作用阶段;② 党组织处于"政治核心"地位阶段;③ 党组织处于"领导核心"阶段。在这个过程中,党组织参与公司治理不断深入,从"双向进入、交叉任职"到"组织嵌入",党组织的作用不断得到强化。

1. 监督作用阶段(1978—1988)

党的十三大和《中华人民共和国企业法》均规定,企业实行经理(厂长)负责制,党组织支持经理(厂长)的工作并且对其行为发挥监督作用。

2. "政治核心"地位阶段(1989—2015)

1989年,党中央发布《关于加强党的建设的通知》,强调党在企业基层组织中的政治核心地位;党的十四大指出,全民所有制企业中党的基层组织发挥政治核心作用;2013年发布的《关于中央企业党委在现代企业制度下充分发挥政治核心作用意见》,再次强调党的基层组织在国有企业中的政治核心作用。在这个阶段,1997年,中共中央发布的《中共中央关于进一步加强和改进国有企业党的建设工作的通知》指出,"对于国有企业根据工作需要和人员条件,党委成员可依法分别进入董事会、监事会和经理班子;董事会、监事会、经理班子中的党员,具备条件的,可按照有关规定进入党委会","双向进入、交叉任职"初具雏形。在2014年,《中共中央组织部、国务院国资委党委关于加强和改进中央企业党建工作的意见》中正式提出了"双向进入、交叉任职"的概念,指出党组织参与企业重大问题决策,要坚持和完善"双向进入、交叉任职"的企业领导体制。2015年颁布的《中共中央、国务院关于深化国有企业改革的指导意见》指出,要充分发挥国有企业党组织的政治核心作用,把加强党的领导和完善公司治理统一起来,将党建工作总体要求纳入国有企业章程。

3. "领导核心"阶段(2016年至今)

2015年6月出台的《党组工作条例(试行)》,开始探索国有企业党组领导核心的职能权限,其中第十五条规定,"涉及国家宏观调控、国家发展战略、国家安全等重大经营管理事项应当经党组研究讨论后由董事会或经理层作出决定",这是中央文件第一次明确提出在国有企业中设置"讨论前置"的决策程序。2016年10月召开的全国国企党建工作会议,将"讨论前置"的主体从党组扩展至党委(党组),"讨论前置"的客体拓展到"三重一大"事项(强舸,2019),并进一步明确了党对国有企业的政治领导、思想领导和组织领导。随后,国有企业将"讨论前置"写入公司章程,进一步确立了党委(党组)以组织形式嵌入国企治理结构的合法性。2017年10月,十九大修改党章:"国有企业党委(党组)发挥领导作用,把方向、管大局、保落实,依照规定讨论和决定企业重大事项。国有企业和集体企业中党的基层组织,围绕企业生产经营开展工作。"至此,党组织参与国有企业公司治理,在坚持和完善"双向进入、交叉任职"的基础上,持续深入到"组织嵌入"阶段。国有企业党组织发挥领导核心作用,归根结底就是"把方向、管大局、保落实"。在具体实现机制上,则表现为党委会发挥领导核心作用、党支部发挥战斗堡垒作用以及党员发挥先锋模范作用。

表2-4总结梳理了国有企业党组织建设的相关政策制度。

表2-4 国有企业党组织建设相关政策文件

时 间	相 关 文 件	核 心 观 点
1978—1988	✓ 1982年,中共十二大指出,党组织在企业事业单位中领导本单位的工作,对重大原则问题进行讨论和作出决定,保证行政负责人行使自己的权力。 ✓ 1987年,中共十三大指出,党组织在企业事业单位中保证监督,支持厂长、经理负起全面领导责任。 ✓ 1988年,颁布《企业法》,强调经理(厂长)负责制,企业党组织发挥监督作用	党组织支持厂长的权力,同时监督厂长行为
1989—2015	✓ 1989年,关于加强党的建设的通知强调党在企业基层组织中的政治核心地位。 ✓ 1992年,中共第十四次全国代表大会指出全民所有制企业中党的基层组织,发挥政治核心作用。 ✓ 1997年《中共中央关于进一步加强和改进国有企业党的建设工作的通知》,首次涉及"双向进入、交叉任职"。 ✓ 2002年,中共十六大修订《党章》明确党的基层组织在企业中的政治核心作用。 ✓ 2003年,党的十六届四中全会提出完善公司法人治理结构。 ✓ 2004年新修订的《宪法》、2005年修订的《公司法》、2007年修订的《党章》明确党的政治核心地位	党组织的"政治核心"地位得到明确和强化,并提供了法律和制度保障 提出党组织参与国有企业公司治理"双向进入、交叉任职"的模式

续 表

时间	相 关 文 件	核 心 观 点
1989—2015	✓ 2009年,中共中央办公厅、国务院办公厅发布的《中央企业领导人员管理暂行规定》强调中央企业领导人员管理必须坚持党管干部原则。 ✓ 2012年,中共十八大明确基层党组织在国有企业中的"政治核心"作用。 ✓ 2013年发布的《关于中央企业党委在现代企业制度下充分发挥政治核心作用的意见》,强调党的基层组织在国有企业中的政治核心作用。 ✓ 2013年,《中央组织部、国务院国资委党委关于中央企业党委在现行企业制度下充分发挥政治核心作用的意见》明确了党委发挥政治核心作用的内涵、要求和规则程序。 ✓ 2014年,《中共中央组织部、国务院国资委党委关于加强和改进中央企业党建工作的意见》正式提出"双向进入、交叉任职"的概念。 ✓ 2015年,《中共中央、国务院关于深化国有企业改革的指导意见》指出充分发挥国有企业党组织的政治核心作用,把加强党的领导和完善公司治理统一起来,将党建工作总体要求纳入国有企业章程	党组织发挥"政治核心"作用 正式提出"双向进入、交叉任职",党组织参与公司治理常态化
2016年至今	✓ 2016年,《在全面深化国企改革中加强党的建设工作》首次提出党委应该在董事会之前对企业的重大决策进行正式讨论和审批,即"讨论前置"。 ✓ 2016年,习近平总书记在全国国有企业党的建设工作会议上的重要讲话指出把党的领导融入公司治理各个环节,把企业党组织内嵌到公司治理结构之中,明确和落实党组织在公司法人治理结构中的法定地位。 ✓ 2017年,《国务院办公厅关于进一步完善国有企业法人治理结构的指导意见》指出坚持党的领导,发挥政治优势。 ✓ 2017年修订的《党章》,指出国有企业党委(党组)发挥领导作用,把方向、管大局、保落实。 ✓ 2019年,《中国共产党党组工作条例》指出国有企业重大经营管理事项应当经党组研究讨论后由董事会或者经理层作出决定	党组织发挥"领导核心"和"政治核心" 党组织嵌入公司治理

(二) 党的建设与国有企业目标演进

1. 党的建设对国有企业的治理效果及其经济目标演进

社会主义市场经济下的国有企业与中国共产党的领导、社会主义制度建设之间存在着深刻的政治逻辑,因而国企党建成为中国特色现代国有企业制度下的一种制度安排。作为非公有制企业的一种政治资源,共产党支部不仅为企业引入外向型政治资源,而且通过内部运作挖掘企业内向型政治资源。国有企业党组织参与公司治理可以显著降低代理成本,对公司的大股东、高管的行为均发挥了积极的监督作用。整体来看,加强党的建设,党组织参与国有企业的公司治理对于实现国有资产的保值增值具有积极作用,有利于促进其经济目标的实现。

从第一类代理问题的视角,党委会参与决策可以一定程度上缓解股东和代理人之间的利益冲突。在廉洁从业的考核要求下,国有企业纪委参与公司治理对于高管的私有收益具有显著的抑制作用。坚持党的领导,加强党的建设,遵循"党管干部"的原则,凸显党在国有企业的核心作用。通过"双向进入"和"交叉任职",党组织参与公司治理能够较好地抑制国有企业高管隐性腐败。党组织有效甄别了腐败高管利用风险信息免责的动机,对于企图利用风险信息逃避责任的高管,当党组织参与的程度越高时,其受到的惩罚越严厉。

从第二类代理问题来看,党组织参与公司治理有助于降低大股东的利益掏空行为。在共产主义的信仰约束和党中央领导的思想要求作用下,党组织参与监事会的监督能够有效地缓解大股东和中小股东之间的利益冲突。党组织参与公司治理在国有企业内部形成了一种政治治理机制,由此形成的制度压力能够显著减少大股东掏空行为。

国有企业党组织参与公司治理,"讨论前置"程序使得党委会在董事会决策之前进行政治把关,通过行使否决权阻止了一部分存在问题的议案进入董事会决策流程,因而在董事会决策过程中异议意见减少,有助于优化企业决策进而提升企业绩效。从具体的经营决策来看,现有研究发现,党组织参与公司治理能够抑制激进的税收规避行为、提高公司的信息透明度、降低过高的风险承担水平、降低公司股价崩盘风险、提高出售国有资产或股权时索要的并购溢价水平。党委会与董事会之间的交叉任职,在经济利益和政治晋升双重激励下,更倾向于聘请规模较大的会计师事务所。党委会参与公司治理,具有战略引领和监督约束作用,能够显著提高创新产出,提高实用新型专利产出和外观设计专利产出。

2. 党的建设与国有企业社会目标演进

履行社会责任是国有企业与生俱来的属性,加强党的建设将促使国有企业更加积极地履行社会责任,促进国有企业社会目标的实现。党组织参与公司治理有助于提高国有企业员工的薪酬公平。现有研究发现,通过降低公司高管的绝对薪酬和超额薪酬,国有企业党委会参与公司治理能够显著缩小高管与普通员工之间的薪酬差距,促使薪酬分配时实现"公平"与"效率"的协调统一。通过党组织参与公司治理,党委会兼具动机与能力对员工雇佣进行干预,有研究发现国有企业党委会参与公司治理会显著提高公司的雇员规模,促进和保障社会就业。

党组织参与公司治理,一方面促使企业更积极地响应党和政府的号召,积极履行社会责任;另一方面也促进先进企业文化的建立,避免企业单纯追求利润最大化而忽视社会责任。事实上,不仅对于国有企业,党组织参与公司治理,也能够显著提高非国有企业的捐赠水平,促使非国有企业更加积极地履行社会责任。

3. 党的建设与国有企业政治目标演进

习近平总书记指出,"坚持党对国有企业的领导是重大政治原则,必须一以贯之;建立现代企业制度是国有企业改革的方向,也必须一以贯之"。加强党的建设,毫不动摇坚持党对国有企业的领导,把党的领导融入公司治理各环节,把企业党组织内嵌到公司治理结构之中。坚持党的领导、加强党的建设,是国有企业履行政治责任的制度保障,将促使国有企业自觉贯彻落实党的路线方针政策和国家战略部署,促进国有企业政治目标的实现。中国共产党代表着中国广大人民和整个中华民族的利益,加强党的建设,将党组织嵌入国有企业公司治理,会促使国有企业在经济效益与社会、政治目标的追求上相协调。

从现实案例来看,自 2020 年 1 月新冠肺炎疫情暴发以来,国有企业积极主动奋战在抗疫一线,在抗疫过程中起到了不可或缺的作用。从米面粮油、水电煤气到公共交通以及火神山、雷神山医院的建设,国有企业为抗击疫情提供了坚实的"后勤保障",同时也为国家经济平稳的运行,尤其是市场供给的有条不紊提供了强有力支撑。中粮集团全力保障湖北民生物资供应,每日供应武汉米面油超过 550 吨;国家电网有限公司发挥央企骨干作用,以"战时状态"全力做好抗疫保电;武汉公交集团承担转运医疗物资和接送一线防疫人员的任务;中建集团党组强化组织领导和统筹协调,举全集团之力高效快速完成火神山、雷神山医院的建设工作。国有企业在关键时刻的挺身而出,为抗疫成功起到了重要的保障作用。

二、国有企业的混合所有制改革与企业目标演进

(一)混合所有制改革是新一轮深化国企改革的重要突破口

混合所有制经济,是指国有资本、集体资本、非公有资本等交叉持股、相互融合的一种基本经济制度的重要实现形式[①]。国有企业的混合所有制改革,则是试图通过引入非公有资本、首次公开发行股票、员工持股等方式,改变国有企业一股独大和一股独占的局面,从而促进不同类别的所有制资本取长补短、相互促进和共同发展。混合所有制改革旨在通过改善不同所有制资本的配置情况,改善资本利用效率;通过股份制的改革,变革与重塑公司治理、国资运营监管及利益分配等体制机制,进而推进国有资产经营效率提升。

党的十八大以来,混合所有制改革进入"全面深化"的阶段。十八届三中全会将

---

① 《十八届三中全会对混合所有制经济的界定》,http://www.ce.cn/xwzx/gnsz/szyw/201311/18/t20131118_1767104.shtml.

混合所有制经济确定为基本经济制度的重要形式,将混合所有制经济提高到一个新高度。2015年9月,国务院颁布的《中共中央、国务院关于深化国有企业改革的指导意见》要求到2020年,国有企业公司制改革基本完成,发展混合所有制经济取得积极进展。在此基础上,国务院进一步下发相关配套文件。随着各项政策的不断推进,混合所有制改革成为新一轮国企改革的重要突破口。

(二)混合所有制改革与国有企业的目标演进

混合所有制改革直接表现为国有资本和非国有资本的合作,不同所有制资本的"混合"实际是通过资本融合的方式实现资源的互补整合,从而最终实现资源的有效配置。此时,要实现较高的改革收益,国有资本和非国有资本需要经过较长时间的认知和行为协调,并且要综合考虑市场竞争特征、非国有产权企业的来源和类型、企业规模和控制权地位分配等因素的影响。

1. 混合所有制改革与国有企业的公司治理建设及其经济目标演进

混合所有制改革改善了国有企业的公司治理质量。国有产权"所有者缺位"容易导致国有企业出现内部人控制问题,并且由于国有股权一股独大,国有企业中尚未建立起多元投资主体之间相互监督与制衡的机制。通过混合所有制改革引入异质股东,按照《公司法》建立规范的多元投资主体的股份制企业,并促进形成规范有效的现代公司治理框架,有助于降低代理成本,提高国有企业的高管激励效果和内部控制质量,有效改善国有企业信息披露质量,激发企业活力,提高国有企业公司治理质量。具体来说,现有研究发现:

(1)混合所有制改革有利于提高国有企业的投资效率。国有企业承担着更多的政策性负担,进行过度投资的可能性更大;此外,国有企业长期存在的"预算软约束"问题,使其投融资期限错配问题严重,投资效率偏低。混合所有制改革使得企业的股权结构发生变化,非国有资本的逐利性驱使企业遵循市场竞争机制。为了降低投资风险和尽快收回投资成本,非国有股东具有较强的动机对国有企业的管理层进行监管,通过治理效应抑制超额现金持有导致的过度投资,通过完善和强化董事会建设提高国有企业的并购绩效,从而提高国有企业的投资效率。

(2)混合所有制改革有利于提高国有企业的创新投入和创新效率。创新是一项具有高度不确定和长期性的投资,而国有企业凭借其先天资源禀赋获得利润比进行创新更加方便和"稳妥",因而国有企业进行创新的动机相对较弱。另外,很多国有企业的董事长或总经理来自政府官员,缺少行业知识和市场经验,竞争意识和风险意识不足,缺乏创新才能和冒险精神。民营资本具有更强的风险承担意识,通过混合所有制改革引入非国有资本,有利于提高国有企业的创新动力,提高创新效率。

(3)混合所有制改革有利于改善国有企业的经济效益。非国有资本强烈的逐利动机促使其所有者密切监督管理层,既可以改善国有企业的公司治理水平,还能够增强国有企业的市场竞争力,从而有利于提振经济增速。因此,混合所有制改革促使不同所有制资本取长补短、相互促进和共同发展,有利于实现国有资本的放大功能,实现其保值增值、增强竞争力等经济目标。

2. 混合所有制改革与国有企业社会目标演进

我国拥有14亿人口,约占世界人口的五分之一。作为一个人口大国,就业问题直接影响着社会的稳定,因此"千方百计稳定和扩大就业"是各级政府面临的一项重要工作任务,也是政府官员的一项重要考核指标。作为政府控制的企业,国有企业成为解决就业问题的"主力军",承担着巨大的冗员负担。

国有企业承担着创造就业的政策性目标,这些政策性目标将有可能造成经济利润的下降,混合所有制带来的非国有资本将倾向于反对企业过多承担政策性任务对公司价值造成的损失。研究发现,混合所有制企业中,非国有大股东能够显著降低国有企业的超额雇员,并减弱超额雇员对公司价值的损害作用。因此,混合所有制改革一定程度上减轻了国有企业的政策性负担。

同时,混合所有制改革也有助于发挥国有资本的带动力和影响力。非国有资本参股国有资本,放大了国有资本的功能,利用国有资本带动更多的非国有资本一起承担社会责任,创造更多的就业岗位,在扶贫工作中投入更多资源,进一步调节收入差距,从而维护社会稳定。

3. 混合所有制改革与国有企业政治目标演进

混合所有制改革并没有改变国有资本的性质,这对贯彻落实党的全面领导起到了重要作用。由国有资本带动非国有资本落实党中央的指示、要求,充分发挥党组织的领导中心作用,根据国际国内形势摸清大局,把握重大发展方向,把建立规范的现代企业制度作为国有企业发展的重中之重,落实"八项规定",纠正"四风",推进反腐倡廉建设等,都是国有企业政治目标的具体体现。作为非国有资本的股东来说,其参与混改时,应该对此有清醒的认识和正确的态度,非国有资本不能一方面完全获得与国有资本混改所带来的各种收益,另一方面又不承担任何与国有资本混改所可能带来的具体成本,这恐怕是不现实的。

三、国有企业的高管激励与企业目标演进

(一)国有企业的高管激励方式及其对经营决策的影响

国有企业的高管激励一般由显性和隐性两部分组成,前者主要包括薪酬制度和员工持股计划,后者主要包括在职消费和政治晋升等。

1. 薪酬制度

促使代理人行为与委托人目标相一致是企业设计薪酬激励合约的目的所在,能够改善公司治理,提高企业经营效率。改革开放以来,为了激励国有企业职工的积极性,政府对国有企业职工的薪酬进行了多轮改革,并逐步放宽了对国有企业职工和高管的薪酬限制。为了防止收入两极分化、体现公平原则,政府又重新对国有企业高管和部分职工的薪酬进行限制,限制的方法是通过设置职工工资指导线,将职工工资与管理层收入挂钩。根据2015年中央政治局发布的《中央管理企业负责人薪酬制度改革方案》,国有企业负责人的薪酬分为三个部分,包括基本年薪、绩效年薪和任期激励,丰富了薪酬结构,引入了中长期激励工具。通过设计业绩考核与薪酬挂钩的薪酬激励制度,试图提高高管对企业业绩的敏感度,激发高管主动治理好企业的积极性。

2. 员工持股计划

员工持股计划是指公司内部员工通过持有本公司股票和期权的方式分享企业所有权,并参与公司利润分配。根据财政部和证监会最新出台的《关于国有控股混合所有制企业开展员工持股试点的意见》[①],参与国有企业员工持股的对象主要面向经营管理层和技术骨干、业务骨干。员工持股制度,其本质是一种具备经济激励和社会治理双重效应的制度安排。国有企业通过实施高管层的员工持股计划以期提高高管的积极性,进而改善国有企业的经营、提升企业价值、稳定企业的中长期发展。

高管通过员工持股计划拥有企业股权,在共享收益的同时也承担了企业的风险,这种风险共担机制激励了高管的创新能力,有利于实现生产效率的提升。有研究指出,员工持股计划将提升员工的满意度和忠诚度。高管作为企业中的高级员工,当满意度和忠诚度得到提高后,将会站在公司利益的角度来进行公司治理和经营决策;在一定范围内,管理层在员工持股计划中的参与程度与企业财务绩效的改善程度成正相关关系;现有研究表明,员工持股计划对管理层具有监督效应,提高了企业的信息披露质量和财务绩效;员工持股计划可以促进企业创新,且高管持股比例越高,对企业创新的促进程度越高,员工持股计划对管理层具有"激励"和"治理"的双重效应。

3. 在职消费

在实践中,由于政府对国有企业高管层的薪酬进行了管制,高管层缺乏足够的激励,并且由于"所有者缺位"问题,导致高管有动力去寻求更隐蔽的自我激励方式,通过过度的在职消费来满足自我激励,这实质上是一种扭曲了的激励方式。目前,学术界对在职消费所产生的经营效果的观点不一。一种观点认为,在职消费是代理成本的一部分,具有消极影响。国外证据表明,在职消费损失所带来的成本损失超过了私人收益。有研究发现,相对于非国有控股公司,国有控股公司高管人员的在职消费水

---

① 2016年,国务院国资委、财政部、证监会出台《关于国有控股混合所有制企业开展员工持股试点的意见》。

平能够显著降低公司业绩。但是,另外一部分学者则认为,在职消费作为一种隐性激励,可以提升公司价值。从某种意义上来说,在职消费是管理层所获取的隐性薪酬的一部分,能对企业经理人起到部分的正面激励作用。

4. 政治晋升

同在职消费一样,政治晋升也是一种隐性的高管激励,它从两个方面来影响国有企业的经营决策。一方面,基于对"权力"的渴望,即使没有高的货币薪酬,高管仍然有激励为了获得政治晋升而努力工作;另一方面,为了获得政治晋升,国企高管则可能以损害企业的长期绩效为代价而进行短期行为。因此,在短期内,政治晋升构成企业经理人货币薪酬激励的补充,有助于企业业绩的提升;而从长期来看,政治晋升会损害企业的经营效率,不利于实现国有企业的价值。有研究指出,在高管获得政治晋升前,企业存在严重的过度投资问题;而在其晋升成功后,企业则会出现比较严重的投资不足问题。

(二)高管激励与国有企业的目标演进

1. 高管激励与国有企业经济目标演进

员工持股计划和以绩效考核为核心的薪酬制度的初衷在于将高管与国有企业捆绑,与企业同呼吸共命运,共享收益共担风险,以期解决"委托-代理"问题从而降低代理成本,提高企业经营效率。已有不少学者通过实证研究均发现高管激励能够使企业的代理成本下降、提高投资效率、改善超额雇佣问题。通过上述分析,我们可以构建"高管激励—激励效果—公司治理"这个路径框架,来分析国有企业高管激励对企业推进经济目标的具体影响。

员工持股计划将高管利益与企业收益紧密关联在一起,在这种情况下,有助于提高管理层的忠诚度、认同感和责任感,降低高管的流动性,留住管理人才,更为积极地维护公司利益。一方面,高管会自觉减少自利行为,降低代理成本,提高企业资金运转效率,可用于企业创新的资金显著增加;另一方面,代理成本降低具有"节流"作用,减少资源浪费,有利于创新活动的进行。而以绩效考核为核心的薪酬制度对高管起到一定程度的激励效果。为了获得更高的薪酬,高管会更加努力工作,追求企业利益最大化。

在职消费和政治晋升作为两种隐性激励,是对高管激励的一种补充,也发挥了一定的作用。在员工持股比例限制在1%以内以及"限薪令"的情况下,短期内缓解了高管激励不足的困局,但从长期来看,隐性激励是激励不足衍生出来的"委托-代理"问题,不利于企业的长远发展,甚至会损害企业的价值。

2. 高管激励与国有企业社会目标和政治目标演进

除了"追求利润最大化"的经济目标外,国有企业作为政府维护社会稳定的得力助手,须承担"调节收入分配"的责任,以保障社会公平并树立国有企业的政治和道德形象。习近平总书记指出,"目前我国的发展极不平衡",要"扩大中等收入群体,增加低收入者收入,调节过高收入,取缔非法收入"①。以绩效考核为核心的薪酬制度对收入分配的初次调节直接发挥了作用,通过限制组织任命高管的最高薪酬,一方面可以防止两极分化过度,另一方面也树立了国企正面且积极的政治形象。与此同时,通过全面深化"反腐倡廉"建设,落实"八项规定"等制度规范,卓有成效地遏制住了在职消费不断异化、以权谋私等管理腐败现象比较严重、国有资产流失情况屡禁不止等不利形势,这也是高管激励中考察国有企业政治目标实现情况的另一个维度。

本 章 小 结

本章主要从理论和实践两个方面分析了产权制度改革对企业目标演进的驱动作用。理论的争鸣为中国的产权制度改革提供了理论基础,也为国有企业不同的目标导向提供了理论解释。产权改革论和超产权论分别关注企业内部要素分配和外部环境建设,为产权制度改革过程中国有企业履行经济责任和社会责任奠定了理论基础。政策工具论强调国有企业的政治属性,解释了国有企业承担政治责任和政策功能的合理性。

党的十一届三中全会开启了改革开放和社会主义现代化建设历史新时期,转换国有企业经营机制成为建立社会主义市场经济体制的中心环节。在我国社会主义市场经济的建设发展过程中,国有企业的产权制度改革经历了"放权让利、两权分离"和"建立现代企业制度"两个阶段。第一阶段,在坚持计划经济的框架下,要求国有企业继续履行计划经济的政治任务;同时,通过"放权让利""经营承包责任制"等改革措施,扩大国有企业的经营自主权、提升企业活力,强化国有企业的经济目标导向。随着社会主义市场经济的发展,产权制度改革要求国有企业更加适应市场经济的现代企业制度,特别是在十八届三中全会以来的新一轮深化国有企业改革时期,更加强调国有企业在经济、政治和社会三个维度层面的属性、责任和目标的动态协调、有机整合。

所有者缺位问题长期困扰着国有企业的发展,国有企业的产权制度改革确立了分级管理和分类管理等的顶层规划,也通过强化监督环境建设,进一步厘清了政府与市场的关系。建立"国家统一所有,政府分级监管,企业自主经营"的分级管理体制,中央和地方国有企业在不同干预程度和使命的驱动下,其经营目标和决策行为存在明显差异。通过对国有企业进行分类推进改革、分类促进发展、分类实施监管、分类定责考核,不同类型国有企业的目标导向更加清晰。

---

① 十九大报告。

党的十八大以来，国有企业产权制度改革持续深化，突出表现在监督环境建设和混合所有制改革。在"全面从严治党"的高压背景下，我国国有企业所面临的监管环境变得更加严厉。党的角色定位从监督作用到政治核心，再到领导核心，党参与公司治理的形式从"双向进入、交叉任职"到"组织嵌入"，党在国有企业中的领导地位不断强化。此时，在实现经济目标的基础上，国有企业履行社会责任和政治责任也更加明确。混合所有制改革，通过不同所有制形式的股份的"混合"，变革与重塑国有企业的公司治理、高管激励以及国资运营监管等体制机制，推进经营效率提升，增强国有资本的带动力和影响力。

复习思考题

1. 几种主要的国有企业产权制度改革理论，其侧重点有哪些不同？它们如何从不同侧面、不同阶段共同为中国的产权制度改革提供理论素养和实践方案的支持？

2. 国有企业的多元化目标是怎样形成的？如何理解其在改革开放的不同历史发展阶段所存在的侧重点方面的差异？

3. 党的十八大以来，国有企业的产权制度改革及其目标演进有着怎样的新趋势、新动态和新特点，其制度和现实背景是怎样的？

主要参考文献

1. 曹凤岐. 论国有股减持与流通——八论社会主义条件下的股份制度[J]. 北京大学学报(哲学社会科学版), 2002(04): 16-24.

2. 戴锦. 产权改革、竞争环境与政策工具: 观照国企改革理论[J]. 改革, 2013(11): 123-130.

3. 窦晴身, 王鸿鸣. 国有企业公司制改造中所有者虚置问题探析[J]. 法学, 2002(01): 65-68.

4. 韩朝华. 明晰产权与规范政府[J]. 经济研究, 2003(02): 18-26+92.

5. 黄群慧, 余菁, 王欣, 邵婷婷. 新时期中国员工持股制度研究[J]. 中国工业经济, 2014(07): 5-16.

6. 黄少安. 产权制度改革与企业制度创新[J]. 经济问题, 1992(01): 2-7.

7. 黄速建, 肖红军, 王欣. 竞争中性视域下的国有企业改革[J]. 中国工业经济, 2019(06): 22-40.

8. 黄速建, 余菁. 国有企业的性质、目标与社会责任[J]. 中国工业经济, 2006(02): 68-76.

9. 厉以宁,马国川. 股份制是过去三十年中最成功的改革之一(上)——厉以宁谈股份制[J]. 读书,2008a(05):3-15.

10. 厉以宁,马国川. 股份制是过去三十年中最成功的改革之一(下)——厉以宁谈股份制[J]. 读书,2008b(06):11-19.

11. 林毅夫,李周. 现代企业制度的内涵与国有企业改革方向[J]. 经济研究,1997(03):3-10.

12. 林毅夫,刘明兴,章奇. 政策性负担与企业的预算软约束:来自中国的实证研究[J]. 管理世界,2004(08):81-89+127-156.

13. 刘小玄. 中国工业企业的所有制结构对效率差异的影响——1995年全国工业企业普查数据的实证分析[J]. 经济研究,2000(02):17-25+78-79.

14. 罗仲伟. 中国国有企业改革:方法论和策略[J]. 中国工业经济,2009(01):5-17.

15. 吕政,黄速建. 中国国有企业改革年研究[M]. 北京:经济管理出版社,2008.

16. 綦好东,郭骏超,朱炜. 国有企业混合所有制改革:动力、阻力与实现路径[J]. 管理世界,2017(10):8-19.

17. 强舸. "国有企业党委(党组)发挥领导作用"如何改变国有企业公司治理结构?——从"个人嵌入"到"组织嵌入"[J]. 经济社会体制比较,2019(06):71-81.

18. 青木昌彦,钱颖一. 转轨经济学中的公司结构:内部人控制和银行的作用[M]. 北京:中国经济出版社,1995.

19. 唐大鹏,武威,王璐璐. 党的巡视与内部控制关注度:理论框架与实证分析[J]. 会计研究,2017(03):3-11+94.

20. 吴敬琏. 全面建设社会主义市场经济体系[J]. 法学,2003(05):3-8.

21. 赵修春. 企业的利益相关者理论及其对国有企业改革的借鉴意义[J]. 经济体制改革,2007(05):53-57.

22. 张维迎. 从现代企业理论看国有企业改革[J]. 改革,1995(01):30-33.

23. 中国社会科学院工业经济研究所课题组,黄群慧,黄速建. 论新时期全面深化国有经济改革重大任务[J]. 中国工业经济,2014(09):5-24.

24. ARMSTRONG M, COWAN S G B, VICKERS J. Regulatory reform: economic analysis and British experience [M]. MIT Press: Cambridge, MA, 1994.

25. HAYEK F V. The use of knowledge in society[J]. American economic review, 1945,35:519-530.

26. HOWLETT M, RAMESH M. Studying public policy: policy cycles and policy subsystems [M]. Toronto: Oxford University Press, 1995.

27. XIN Q, BAO A, HU F. West meets East: understanding managerial

incentives in Chinese SOEs[J]. China journal of accounting research, 2019, 12(2): 177-189.

28. YERMACK D. Flights of fancy: corporate jets, CEO perquisites, and inferior shareholder returns[J]. Journal of financial economics, 2006, 80(1): 211-242.

第三章

资本市场发展与企业目标演进

本章要点:

1. 我国企业目标随着资本市场的规范与发展,以及对外开放而不断演进。

2. 资本市场的各个参与主体在我国企业目标的演进过程中发挥了不可小觑的作用。

3. 资本市场开放对于我国企业将经济目标和社会目标并重产生了积极影响。

中国资本市场始建于20世纪90年代初。1990年12月上海证券交易所成立，1991年7月深圳证券交易所成立。三十多年来，中国资本市场逐步发展，目前已成为世界第二大资本市场（沪深两市合并市值）。从市场参与者情况看，经过三十多年的发展，投资者结构由初期的全部散户，到共同基金、养老基金、信托以及QFII等机构投资者队伍不断壮大；沪港通、深港通等内地与香港股票市场交易互联互通机制，进一步改变了上市公司的投资者结构。从上市公司大股东情况看，资本市场开始之初，全部上市公司的大股东都是国有的，逐步出现了非国有大股东控制的上市公司，到今天非国有大股东是资本市场的主流（截至2018年年底，国有和非国有上市公司的比例是30.47% vs. 69.53%）。与此同时，资本市场的监管制度也发生了诸多的变化。在本章，我们将从大股东、投资者结构、金融中介、监管制度，以及资本市场开放五个方面，讨论中国资本市场发展是如何推进企业目标演进的。

第一节 大股东与企业目标演进

一、国有企业大股东与企业目标演进

（一）国有企业大股东理念演变过程

国有企业即由国家所有、控制的企业，自然而然地，国家就是国有企业的大股东，政府的意志和利益决定了国有企业的行为。根据资本市场建立以来中国经济社会发展特征以及政府相应的发展理念，我们可以将国有企业大股东理念的演变过程划分为以下三个阶段：市场经济初期国有企业大股东理念；科学发展时期国有企业大股东理念；新时代国有企业大股东理念。

1. 市场经济初期国有企业大股东理念（1990—2002）

自党的十三大指出现阶段所面临的主要矛盾是"人民日益增长的物质文化需要同落后的社会生产之间的矛盾"，发展生产力便成为党的工作重心。对于发展生产力的具体路径，由于原有的计划经济显露出颇多不足，国家开始尝试给予国有企业更多经营自主权，但无论是放权让利，还是承包经营责任制等举措，都没有从根本上解决问题，导致20世纪90年代初的中国经济发展陷入瓶颈期。

改革的停滞不前引起了学界和实际工作者的反思，从而推动国有企业改革深入到产权制度层面。1992年，邓小平南方谈话强调了市场在发展经济中的重要作用，同年，党的十四大明确提出建立社会主义市场经济体制，标志着我国正式进入市场经济时代。

随着市场经济逐步建立,囿于计划经济时期形成的僵化体制,国有企业在市场竞争中逐渐落后,出现连年亏损。加上1997年亚洲金融危机的冲击,国有企业纷纷陷入困境。为此,国家设立了"三年脱困"的目标和建立现代企业制度的目标,力求使国有企业转变为适应市场经济的现代企业。

2. 科学发展时期国有企业大股东理念(2003—2011)

经过一系列改革,国有企业基本走出困境,中国经济持续高速增长。但是,在前期的粗放式发展过程中,经济增长的资源环境代价过大,致使生态环境不断恶化,大气污染、水域污染事件频发,可持续发展的必要性日益凸显。

2003年,党的十六届三中全会的召开翻开了我国经济发展的新篇章,科学发展观自此形成。会上通过的《中共中央关于完善社会主义市场经济体制若干问题的决定》指出,要坚持以人为本,树立全面、协调、可持续的发展观,促进经济社会和人的全面发展。2007年,党的十七大正式将科学发展观作为指导我国经济社会发展的根本指导思想,提出建设资源节约型、环境友好型社会。在此阶段,虽然国家已经意识到环境保护的重要性,但贯彻落实科学发展观的第一要务仍是发展。

3. 新时代国有企业大股东理念(2012年至今)

2012年,党的十八大首次把生态文明建设纳入中国特色社会主义事业总体布局,并强调把生态文明建设放在突出地位,融入经济建设、政治建设、文化建设、社会建设各方面和全过程。这一举措标志着我国发展理念由原先的经济发展优先正式转变为经济发展与环境保护并重。

在党的十八大基础上,我国统筹推进"五位一体"总体布局,开创了新局面,迎来了中国特色社会主义新时代。2017年,党的十九大明确提出,新时代我国社会主要矛盾是"人民日益增长的美好生活需要和不平衡不充分的发展之间的矛盾",因此,必须树立和践行绿水青山就是金山银山的理念,建设美丽中国,要构建人类命运共同体,建设持久和平、普遍安全、共同繁荣、开放包容、清洁美丽的世界。自此,"美丽"成为新时代社会主义现代化建设的重要目标,创造人民美好生活、构建人类命运共同体成为新时代的关键词。

(二)国有企业大股东与企业目标演进

在我国强调大力发展生产力的转轨时期,国有企业同时追求产值和利润等经济目标。市场经济时期国有企业开始自负盈亏,因而侧重于追求利润目标。科学发展时期,以环境保护为主的社会目标开始在国有企业生产经营中出现。对于新时代的国有企业而言,社会目标更加全面,其重要性也开始上升,并与原有的经济目标进行协调、平衡。

1. 市场经济初期的国有企业大股东与企业目标演进

20世纪90年代初,全国推行的承包经营责任制以经营合同的形式规范了企业与国家的权责,采用"包死基数,确保上交,超收多留,歉收自补"的原则,在完成国家下达的利润指标和产量、质量等技术经济指标之后,对企业实行利润留成。这一改革措施在一定程度上提高了国有企业的生产积极性,也使国有企业在生产经营中除了关心传统的产值和销售等经济目标之外,开始关注利润目标。

1992年,国务院颁布的《全民所有制工业企业转换经营机制条例》指出,转换国有企业经营机制,就是要使国有企业面向市场,使企业成为自主经营、自负盈亏、自我约束、自我发展的法人。在转换国有企业经营机制的过程中,原来负责管理国有企业的行政主管部门逐渐撤销或转型为行业协会,国有企业经营自主权逐步落实,铁饭碗、铁工资、铁交椅制度被打破,国家不再对亏损的国有企业进行补贴,厂长需要对企业盈亏负直接经营责任。在一系列改革下,国有企业更好地实现了政企分开,成为自主经营、自负盈亏的经济实体。一方面,国有企业只需履行缴税义务,税后利润可以由企业自主支配,这就使国有企业有动力将创造利润作为主要的经营目标。另一方面,国家大力推动亏损国有企业破产兼并,仅1997年实行政策性破产关闭的国有企业就有657户,被兼并的国有企业有1 022户(张文魁、袁东明,2008),这也使国有企业有压力保持盈利。激励和惩罚两相结合,国有企业逐渐淡化适用于计划经济时期的产值等经济目标,利润目标开始在国有企业生产经营中占据主导。

2. 科学发展时期的国有企业大股东与企业目标演进

2003年,国务院直属特设机构——国有资产监督管理委员会(简称"国资委")成立,代表国家履行国有企业出资人职责。自此,国有企业大股东由国家这一抽象概念具化到一个实体机构上。

2007年,国务院发布《节能减排综合性工作方案》,要求中央企业全面推进创建资源节约型企业活动。按照国务院的统一部署,国资委印发《关于加强中央企业节能减排工作的意见》《中央企业任期节能减排管理目标》,从三方面推动中央企业节能减排工作。

(1) 制定节能减排目标。制定中央企业节能减排的总体目标,并根据总体目标和行业不同特点,对石油石化、钢铁、煤炭、电力等8个行业的重点企业制定了具体实施目标。

(2) 落实节能减排责任。将节能减排目标完成情况纳入中央企业负责人第二任期(2007—2009)经营业绩考核之中,并依据考核情况,严格进行奖惩。

(3) 加强分类指导。按照企业能耗及排放情况,将中央企业划分为三类:第一类重点企业须每个季度向国资委报送有数据、有情况、有问题和建议的工作报告,第二类关注企业须每半年向国资委报送节能减排数据,第三类一般企业须每年向国资委报告节能减排工作情况。

在国资委的要求下,国有企业开始将节能减排目标纳入经营目标当中。除了原有的经济目标,以环境保护为主的社会目标在国有企业中得到强化,国有企业的社会责任意识开始觉醒。

3. 新时代的国有企业大股东与企业目标演进

为了进一步推动国有企业履行社会责任,国资委从多个方面引导国有企业自觉履行社会责任。2012年,国资委成立了中央企业社会责任指导委员会,通过召开社会责任工作会议、开展社会责任培训、推动企业发布社会责任报告等措施,不断引导中央企业自觉提升社会责任管理水平和工作能力。同时,国资委从精准扶贫、公益慈善、海外履责、抗疫稳岗扩就业等方面对国有企业持续施力[1],赋予国有企业社会责任更为丰富的内涵。在国资委的大力推动下,国有企业在履行社会责任方面取得了许多成就。2018年发布的《中央企业海外社会责任研究报告(2017)》显示,海外经营的中央企业已普遍具有海外履责意识。截至2020年年初,约90%的中央企业定点扶贫县已宣布脱贫摘帽[2]。

此外,国资委还对国有企业的社会责任履行情况进行了考核。2016年国资委和财政部联合印发《关于完善中央企业功能分类考核的实施方案》,在坚持经济效益和社会效益相结合的基本原则下,根据功能定位和企业经营性质将中央企业划分为三类,对中央企业进行分类考核。对于主业处于充分竞争行业和领域的商业类中央企业,重点考核企业经济效益;对于主业处于关系国家安全、国民经济命脉的重要行业和关键领域、主要承担重大专项任务的商业类中央企业,在考核中兼顾社会效益和经济效益;对于公益类中央企业,在考核中坚持把社会效益放在首位。

由上可见,新时代的国有企业社会责任内涵更加丰富,社会目标更为全面,国有企业不仅需要通过节能减排实现自身的可持续发展,更要为建设美好社会、美丽世界贡献力量。在这一过程中,国资委从引导和考核两端同时施力,不断提升社会目标在国有企业经营目标中的地位,逐渐弱化经济目标,从而推动国有企业实现经济效益与社会效益的有机统一。

二、非国有企业大股东与企业目标演进

(一) 非国有企业大股东理念演变过程

非国有企业即广义的民营企业,由于私营企业在其中占据主导地位,并且私营企

---

[1] 精准扶贫:《关于做好新一轮中央、国家机关和有关单位定点扶贫工作的通知》(国开办发〔2012〕78号)。公益慈善:《关于支持中央企业积极投身公益慈善事业的意见》(民发〔2015〕96号)。海外履责:《中央企业境外投资监督管理暂行办法》(国资委令第28号)、《中央企业境外投资监督管理办法》(国资委令第35号)。抗疫稳岗扩就业:《关于新冠肺炎疫情防控期间扎实做好稳岗扩就业工作的紧急通知》(国资党办干一〔2020〕8号)。

[2] 《90%定点扶贫县已摘帽 央企决战脱贫攻坚》,http://ccnews.people.com.cn/n1/2020/0316/c141677-31634100.html,2020-3-16。

业大股东即创始人的特点便于我们从企业家的视角进行讨论,故本小节提及的民营企业一概指代私营企业。根据资本市场建立以来中国经济环境变化特征以及相应时期非国有企业大股东的目标追求,我们可以将非国有企业大股东理念的演变过程划分为以下三个阶段:早期积累时期非国有企业大股东理念;矛盾爆发时期非国有企业大股东理念;繁荣发展时期非国有企业大股东理念。

1. 早期积累时期非国有企业大股东理念(20世纪90年代—21世纪00年代初期)

随着邓小平发表南方谈话和党的十四大确立了社会主义市场经济体制的改革目标,民营经济开始蓬勃发展,中国兴起一股"下海"潮流。由于当时的公务员薪资待遇较低,为了改善家庭生活条件,一大批党政干部和知识分子开始下海经商。根据国家人事部统计,1992年大约有12万名公务员辞职创业,还有1 000多万名公务员选择停薪留职创业。

1992年,国有企业开始"破三铁"。到了1993年,国家开始允许企业提前与员工解除劳动合同并发放经济补偿金。在针对国有企业的一系列人事制度改革下,社会涌现大量下岗职工,其中一部分下岗职工后来成为以创业带动就业的民营企业家。

在这一时期,民营企业家的出身决定了他们主要追求财富的积累。面对处于初创期的企业,"活下去"则成为民营企业家的主要目标。

2. 矛盾爆发时期非国有企业大股东理念(21世纪00年代中期—21世纪10年代中期)

自21世纪00年代中期开始,贫富差距拉大引起"仇富现象"的出现,以及"三聚氰胺奶粉""富士康十连跳"等负面事件的接连爆发,使得社会公众对民营企业履行社会责任的要求日益强烈。零点指标数据与润灵环球责任评级合作完成的《中国公众企业社会责任认知报告》显示,95.5%的受访者在同等价位下会优先购买社会责任好的企业的产品和服务,75.4%的受访者甚至愿意以更高价位购买;另外,近九成公众会主动为社会责任好的企业进行口碑传播[①]。

民营企业家开始认识到企业社会责任会影响企业经济效益的提高,于是民营企业家的社会责任意识随之出现。根据中国企业家调查系统(2007)的问卷调查结果,民营企业履行社会责任最主要的动因是提升企业品牌形象(70.5%),并且69.7%的被调查者认为履行企业社会责任会增加企业的成本。社会责任被视为一种负担,是因为民营企业家将社会责任简单地等同于慈善捐赠。正如传化集团董事长徐冠巨在2008年全国两会上提出:"公众对企业的社会责任、企业对自身的社会责任还存在一定的认识误区:把修桥铺路等善事等同于企业的社会责任,将做与不做作为评判企

---

① 《中国民众如何看待企业社会责任?》,http://epaper.zqcn.com.cn/content/2011-11/11/content_27268.htm,2011-11-11。

业有无社会责任的标志;把慈善捐款等同于企业的社会责任,以捐钱多少作为衡量企业承担社会责任的大小。"(周立群、谢思全,2008)

3. 繁荣发展时期非国有企业大股东理念(21世纪10年代后期至今)

经过二十多年的发展,到了21世纪10年代后期,民营企业已成为我国国民经济的重要力量,贡献了50%以上的税收、60%以上的GDP、70%以上的技术创新成果、80%以上的城镇劳动就业、90%以上的企业数量①。

随着物质上的富足,民营企业家开始有了更高的精神追求,对社会责任的履行也逐渐从被动转向主动。在2016年世界浙商上海论坛上,娃哈哈集团董事长宗庆后呼吁:"我们已经过了拼命找饭吃的阶段,已经完成了原始积累","是我们民营企业家饮水思源、履行社会责任、报效社会的时候了。"②

同时,随着大众对社会责任的认识加深,民营企业家不再将履行社会责任视为负担,而是将其内化成企业经营管理的常态。譬如,2017年美团点评创始人王兴宣称美团点评已经进入"社会企业"阶段:"当我们围绕'Eat Better,Live Better'的使命时,我们会和社会有各种各样的关联,我们影响就业,影响产业合作,也对几亿人'吃得更好'这件事情承担责任,这是我们的社会责任。"③

(二) 非国有企业大股东与企业目标演进

早期积累时期,非国有企业为了活下去只关注利润这一经济目标,社会目标被完全忽略。矛盾爆发时期,非国有企业在追求经济目标的同时,开始兼顾一些社会目标。繁荣发展时期的非国有企业,开始积极追求社会目标,并使社会目标与原有的经济目标达到平衡。

1. 早期积累时期的非国有企业大股东与企业目标演进

这一阶段的民营企业大多处于初创期和成长期,所追求的是获取利润以持续经营。随着各地政府的政策放开,民营企业在数量和规模上都出现了爆发式增长。这一"发展神话"导致民营企业在盈利预期上存在认知错位,在市场上"跑马圈地",热衷于寻找高利润率的产业。太阳神和巨人集团的多元化经营成为当时民营企业的缩影,盲目进入与主业相差较大但具有高利润率的行业,这种追求迅速扩张和高额利润的短期化行为就是当时民营企业片面追求利润目标的具体表现。

---

① 冉万祥:《民营企业的作用和贡献可以用"56789"来概括》,http://www.xinhuanet.com/politics/19cpcnc/2017-10/21/c_129724207.htm,2017-10-21.

② 宗庆后:《民营企业家报效社会的时候到了》,http://finance.sina.com.cn/meeting/2016-11-19/doc-ifxxwrwk1476073.shtml,2016-11-19.

③ 《对话王兴:撇开腾讯做支付是误解,美团要做社会企业》,http://finance.eastmoney.com/news/1355,20171020787066568.html,2017-10-20.

2. 矛盾爆发时期的非国有企业大股东与企业目标演进

由于社会责任被视为单纯的成本投入,民营企业对社会责任的履行十分被动。2005年,国家环境保护总局发布的《关于加强和改进环境统计工作的意见》开启了对重污染企业的监控,登上国家重点监控企业名单的企业将面临更为严苛的环保监管。受到国家监管的民营企业不得不进行环保投入,开始关注节能减排指标。其他民营企业则与监管部门玩起了"猫鼠游戏",因担心增加成本而不愿进行污染防治。

同时,为了在消费者中树立良好的企业形象,越来越多的民营企业开始投入到慈善捐赠事业当中。根据中国社科院发布的《中国慈善发展报告(2013)》显示,2012年进行大额捐赠的178家企业或企业家中,149家属于民营企业,无论从数量上还是从金额上看,民营企业在慈善事业中都占有"绝对优势"。

或受国家监管,或为了迎合消费者价值取向,这一阶段的民营企业开始被动关注部分社会目标,但利润等经济目标仍然占据主导。

3. 繁荣发展时期的非国有企业大股东与企业目标演进

由于民营企业家对企业社会责任的认知逐渐转变,民营企业在履行社会责任的态度上愈发积极主动,在履行社会责任的方式上愈发丰富多样。2015年,全国工商联和国务院扶贫办(现为"国家乡村振兴局")、中国光彩会等联合发起"万企帮万村"精准扶贫行动,获得了民营企业的积极响应,全国进入"万企帮万村"精准扶贫行动台账管理的民营企业从2016年年底的2.65万家一路升至2020年6月底的10.95万家,体现了我国民营企业对社会目标的积极追求。民营企业原来所热衷的"输血"式慈善逐渐转化为"造血"式慈善,通过在贫困地区开展规模化生产、现代化管理、精细化分工、产业化经营,建立产业集群,民营企业找到了社会目标与经济目标的平衡之道,最终达到"双赢"的状态。

第二节 投资者结构与企业目标演进

一、投资者结构演变过程

中国资本市场投资者结构的演变过程受机构投资者的发展主导,主要分为三个阶段:散户主导时期的投资者结构;超常规发展时期的投资者结构;培育壮大时期的投资者结构。

(一)散户主导时期的投资者结构(1990—2000)

由于特殊的历史原因,我国证券市场建立之初,上市公司就出现了股权分置的情形,上市公司股份被划分为流通股和非流通股。其中,国家和法人持有的非流通股大约占据上市公司股份的三分之二,而个人投资者几乎持有了剩下所有的流通股(Jiang & Kim,2015)。

在散户主导 A 股市场的同时,一些证券公司和私募基金也开始出现,但这一时期的机构投资者行为缺乏规范,不算真正意义上的机构投资者,且相比数量庞大的个人投资者,这些机构投资者的存在也显得微不足道。

(二) 超常规发展时期的投资者结构(2001—2011)

2001 年,中国证监会提出"超常规发展机构投资者",开启了我国机构投资者规范发展的加速器。在此期间,公募基金、QFII、阳光私募基金、保险公司、社保基金等机构投资者接连入市,机构投资者在规模上和类型上都实现了跨越式增长。

根据中国证监会 2008 年发布的《中国资本市场发展报告》,2007 年年底个人投资者占据 A 股市场 51.3% 的份额,机构投资者(除一般机构投资者外)占据 A 股市场 32.1% 的份额。然而,机构投资者的内部结构严重失衡,公募基金占比畸高,2007 年年底公募基金市场份额占据机构投资者(除一般机构投资者外)总市场份额的 80%。保险公司、QFII、社保基金等坚持长期价值投资的机构投资者占比过小,使得这一时期的机构投资者"大而不强",没有发挥出监管者所预期的稳定市场作用。

(三) 培育壮大时期的投资者结构(2012 年至今)

2012 年,时任证监会主席郭树清进一步提出"努力培育壮大机构投资者队伍"的口号,预示着我国发展机构投资者的重心转向培育专业、成熟的长期机构投资者。对机构投资者的培育壮大主要从两个方面入手。

(1) 对内,培育保险公司、养老保险基金等长期机构投资者。2015 年国务院印发的《基本养老保险基金投资管理办法》宣告养老金正式入市,对于早已入市的保险机构,则将其权益类资产投资上限从 25% 逐步放宽至 45%。

(2) 对外,大力引进成熟的外国机构投资者。2013 年正式推出 RQFII,同时不断提升 QFII 和 RQFII 的投资额度,直至 2019 年取消两者的投资额度限制。

在一系列政策引导下,长期机构投资者队伍逐渐壮大,投资者结构进一步优化。据国金证券研究所测算,截至 2020 年第二季度,A 股市场中个人投资者持股占比 30.22%,机构投资者(除一般法人外)持股占比 20.06%[①],其中公募基金、外资和保险公司分别以 6.14%、4.73% 和 3.10% 的持股比例占据机构投资者前三。外资和保险

[①] 由于股权分置改革将非流通的一般法人股转为流通股,改革后上市公司近半的流通股由一般法人持有,机构投资者持股比例被稀释。因此,我们应关注机构投资者与个人投资者持股比例的相对变化,可以看出,这一时期的机构投资者持股比例相对于个人投资者持股比例有了极大的提升。

等长期机构投资者在资本市场上逐渐获得话语权,其长期投资理念也随之影响了中国资本市场的投资风格。

二、投资者结构与企业目标演进

散户主导时期,股票市场投资者对企业影响较小,企业主要受政府主导,注重产值和销售等经济目标。超常规发展时期,机构投资者的出现,以及其对企业盈利能力的关注,促使企业开始追求利润目标。培育壮大时期,资本市场投资理念的转变推动企业关注利益相关者利益,兼顾经济目标和社会目标。

(一) 散户主导时期的投资者结构与企业目标演进

资本市场建立之初,A股投资者既没能力也没动机影响企业。一方面,通过股权分置,国家持有占绝对多数的非流通股以保持对上市公司的控制,故流通股的投资者不足以影响企业,更不用说,这些流通股几乎全是由分散的个人投资者持有的。另一方面,个人投资者主要出于投机心理买卖股票,不关心上市公司的具体经营情况,这一时期畸高的股票换手率可以作为佐证。1994年,上交所(深交所)换手率达到1 135%(584%),意味着上交所(深交所)投资者平均仅持股一个多月(两个多月)(Jiang & Kim,2015)。此时,企业目标主要受到政府影响,追求政府关心的产值、销售等经济指标。

(二) 超常规发展时期的投资者结构与企业目标演进

随着机构投资者的发展,价值投资理念开始在资本市场上出现。在这一时期,机构投资者对价值投资的理解较为粗浅,将其等同于投资业绩好的上市公司。譬如,在机构投资者中占据主导的公募基金就偏好于投资盈利能力强的上市公司(肖星、王琨,2005)。与此同时,由于考核短期化和投资者散户化的原因,公募基金频繁出现短期投机行为,表现为较高的换手率[①]和羊群行为。这就意味着,当上市公司出现亏损,短视的机构投资者将大批撤离。

2005年,股权分置改革启动,到2007年股权分置改革基本完成时,上市公司流通股比例平均达到了50%以上(Jiang & Kim,2015)。经过股权分置改革,股价表现对上市公司来说愈发重要。因此,迫于股价压力,上市公司将经营目标逐渐转向利润等股东关心的经济目标。

(三) 培育壮大时期的投资者结构与企业目标演进

2015年,中国保监会发布《关于保险业履行社会责任的指导意见》,该意见明确

---

① 根据Jiang和Kim(2015),2011年基金的平均换手率为207%,即平均持股6个月。

要求保险公司树立社会责任理念，在发展战略、经营管理、市场行为中承担促进社会公共利益的相关义务，最大限度地追求对全社会有利的长期目标，最终实现经济、环境、社会综合效益的统一。同时，中国保监会将把保险公司履行社会责任情况与保险机构服务评价体系等监管工作相结合，以确保保险业履行社会责任水平的提升。在此要求下，保险公司投资上市公司时更加强调社会效益的实现。

随着QFII投资额度的逐步放宽直至取消，更多ESG(Environmental, Social and Governance)投资资金涌入了A股市场。除了在自身的持股决策中考虑上市公司的环境和社会责任表现(李培功、沈艺峰，2011；段云、李菲，2014)，QFII还将ESG投资理念带入了中国资本市场。根据中国责任投资论坛发布的2019年《中国责任投资年度报告》显示，70%的机构投资者已经开始关注或实践ESG投资。

由于境内机构投资者投资理念发生转变，不再唯利是图，同时带有ESG投资理念的境外机构投资者获得更多话语权，兼顾社会目标和经济目标的上市公司开始得到市场认可，进而不断强化上市公司的社会责任意识。

第三节　金融中介与企业目标演进

一、金融中介的发展历程

资本市场上的金融中介包括审计师、证券公司、证券分析师等。根据我国资本市场建立以来金融中介发展的阶段性特征，我们可以将金融中介的发展历程划分为以下三个阶段：初步探索阶段的金融中介；规范发展阶段的金融中介；成熟阶段的金融中介。

（一）初步探索阶段的金融中介(1990—1996)

20世纪90年代初，会计师事务所挂靠于党政企事业单位，注册会计师在审计过程中受到不同程度的行政干预，往往需要配合地方政府对企业进行"包装上市"，因而不算真正意义上的市场中介组织。这体现在注册会计师队伍的年龄结构上，1992年，78%的注册会计师在60岁以上，80%属于离退休人员(财政部，1992)。

随着资本市场的建立，另一支金融中介队伍也逐渐出现——证券公司。1993年，中国证监会发布《关于加强证券承销商和专业中介机构在股票发行中作用的通知》，要求股票发行人必须选定一家证券主承销机构组织整个IPO过程，证券公司的承销业务步入正轨。然而，此时的证券公司只是在配合地方政府满足企业IPO合规需要，并不承担过多的责任。

因散户对证券投资咨询服务存在极大需求,股评家在此阶段陆续涌现。所谓的股评家鱼龙混杂,既包括在证券公司正式就职的分析师,也包括一些证券机构之外的个人。他们在相关媒体上发表股评,指导股民进行股票投资。

(二) 规范发展阶段的金融中介(1997—2006)

1997年,在中共中央和国务院的领导下,全国金融工作会议的首次召开以及《关于深化金融改革,整顿金融秩序,防范金融风险的通知》(中发〔1997〕19号)的发布,正式启动了对包括金融中介在内的金融市场的规范与整改。

1997年年底颁布的《证券、期货投资咨询管理暂行办法》(证委发〔1997〕96号)和《关于加强证券期货信息传播管理的若干规定》(证监〔1997〕17号)提高了证券投资咨询人员的从业门槛,维护了证券分析师的地位,将不正规的股评家挡在门外。随着机构投资者的蓬勃发展,证券分析师开始向机构投资者提供更为专业的研究报告。

自1998年开始,我国全面开展会计师事务所脱钩改制工作,使会计师事务所的人事、财务、业务、名称与挂靠单位彻底脱钩,改制成为自主经营、自担风险的市场中介组织。

同时,1998年发布的《证券法》正式确立 IPO 核准制,在 IPO 过程中赋予承销机构更大的权力,使证券公司可以自主选择和推荐股票发行人,相对应地证券公司也需要承担更大的责任。

(三) 成熟阶段的金融中介(2007年至今)

2007年,国务院发布《关于加快发展服务业的若干意见》,该意见将发展金融服务业、会计审计等商务服务业,以及提高其对外开放水平作为重大而长期的战略任务内容,推动金融中介发展步入成熟阶段。

2007年1月1日,财政部发布的39项会计准则和48项审计准则正式实施,标志着适应我国市场经济发展要求、与国际惯例趋同的企业会计准则体系和注册会计师审计准则体系正式建立。同年12月,国务院九部委联合发布的《关于支持会计师事务所扩大服务出口的若干意见》进一步推动我国审计的国际化进程。在一系列举措下,注册会计师的审计工作逐渐走向规范化、专业化和国际化。根据陆正飞等(2022)的统计,2010—2020年,执业注册会计师数量实现了稳步增长,由9.6万人增长至11万人;同时,执业注册会计师素质也在日益提高,本科及以上学历占比由44.8%大幅提升至66.8%[①]。注册会计师队伍稳定增长和结构持续优化预示着注册会计师行业已步入成熟阶段。

[①] 陆正飞、许晓芳、祝继高等:《我国注册会计师行业发展状况的分析与研究:成就与意义、问题与挑战、启示与建议》,《中国注册会计师》2022年第1期。

2007年颁布的《关于完善证券投资基金交易席位制度有关问题的通知》(证监基金字〔2007〕48号),首次将基金分仓和证券公司研究实力挂钩,推动证券分析师行业人才选拔机制市场化,使证券分析师队伍素质不断提高。根据新财富对2018—2019年参与新财富最佳分析师评选的分析师学历背景的统计,约80%的分析师拥有硕士学位,其中包含约20%的博士学位,另外,约20%的分析师拥有海外求学背景[①]。

随着资本市场开放,社会责任投资、可持续投资等理念也逐渐进入中国资本市场,一批社会责任评级机构顺应而生,具有代表性的有2007年成立的润灵环球和2015年成立的商道融绿。

二、金融中介与企业目标演进

初步探索阶段的金融中介完全由地方政府主导,企业主要关心地方政府追求的产值目标。规范发展阶段的金融中介开始对企业施加市场的力量,推动企业转向关心利润目标。成熟阶段的金融中介,开始将企业在环境和社会责任方面的表现展现给投资者,因此,企业在追求利润等经济目标的同时,愈发注重社会目标的实现。

(一)初步探索阶段的金融中介与企业目标演进

如前所述,这一阶段的企业股权融资过程完全由政府控制,政府决定企业的上市资格、新股发行价格和配股资格。企业只要获得了政府的认可,就能获得注册会计师和证券公司的合力"包装"。因此,企业更加关心如何获得政府的认可,在政府以GDP论英雄的大环境下,企业自然而然地就会把提高产值作为主要的经营目标。

(二)规范发展阶段的金融中介与企业目标演进

2001年,中国开始实行核准制下的"通道制",IPO推荐指标由地方政府转移到了证券公司手中,证券公司有了对拟上市企业的遴选权力,这一转变迅速提高了证券公司对企业的影响力。进一步地,2003年颁布的《证券发行上市保荐制度暂行办法》(证监会令第18号)明确了中介机构在企业上市过程中的法律责任,强调了中介机构对拟上市企业盈利能力的保证,譬如,若企业上市当年即亏损,证券公司将被罚失去三个月的推荐资格,负责该企业上市的保荐代表人将被取消保荐资格。同时,存在重大疏忽、遗漏或弄虚作假的注册会计师也将被依法处罚。在严格监管下,证券公司会有意识地筛选盈利能力强的企业进行推荐,注册会计师自发或出于证券公司要求,会

---

① 《荣耀、质疑与仰望星空:证券分析师的三岔口》,http://www.xcf.cn/article/6b9617e318f811ebbf3cd4c9efcfdeca.html,2020-10-19。

审慎地对企业财务报表进行审计,确保降低执业风险。因此,那些注重实现利润目标的企业更有可能进入资本市场。

与此同时,中国证监会不断提高和细化对上市公司年报中利润指标的披露要求,使得证券分析师对企业年报中会计信息的使用能力逐年提高,并尤其关注会计信息中的盈利能力指标(胡奕明等,2003)。基本面分析方法开始在分析师的研究报告中占据主导,秉持价值投资理念的机构投资者得以根据分析师的研究报告来挑选、投资盈利能力强的上市公司。证券分析师通过向投资者传递加工后的企业财务信息,进一步引导市场力量将企业推向追求利润等经济目标的道路上。

(三)成熟阶段的金融中介与企业目标演进

2007年,财政部发布《中国注册会计师审计准则第1631号——财务报表审计中对环境事项的考虑》,要求注册会计师在出具审计报告时考虑企业的环境事项影响,将企业在环境方面存在的问题反映到企业的财务报告中,从而使股东等利益相关者获知。社会责任评级机构进一步将企业的社会责任表现展现给市场其他主体。通过分析企业披露的社会责任报告和其他公开信息,评级机构将抽象的企业社会责任表现具象为企业社会责任评级,促进投资者根据社会责任表现对企业进行比较和选择。

除了注册会计师和社会责任评级机构,作为证券市场中关键的信息中介,证券分析师也开始关注企业的社会责任实践。证券分析师在评估企业社会责任活动时存在"评估关注"和"推荐评级"两个阶段:"评估关注"考察企业的"合法性",当企业社会责任活动符合相关规范,分析师就会增加对企业的关注度;"推荐评级"考察企业的"差异性",当企业社会责任活动具有自身特色并有别于其他竞争者,分析师就会提高对企业的推荐评级(Zhang et al.,2020)。鉴于证券分析师的研究报告是投资者的重要决策依据,上市公司的社会责任实践情况将通过分析师的研究报告对公司市值产生重要影响。

在这一阶段,注册会计师、社会责任评级机构和证券分析师三个重要信息中介将企业社会责任信息传递给包括投资者在内的其他市场主体,推动企业社会责任表现与企业声誉、市值等挂钩,从而倒逼企业在追求利润等经济目标的同时,更多地关注社会目标。

第四节 监管制度与企业目标演进

一、监管制度的演变过程

根据政府、市场与社会的关系,我们可以将中国资本市场监管制度的演变过程划分为以下三个阶段:行政主导下的监管制度;市场化改革中的监管制度;进一步深化改革中的监管制度。

(一) 行政主导下的监管制度(1990—1995)

资本市场建立初期,中国处于由计划经济转向市场经济的转轨时期,对"所有制"问题和"姓社姓资"问题的顾虑使得政府对市场进行了限制与干预,此时的资本市场监管具有浓厚的行政色彩。

一开始,我国对证券市场没有进行集中统一管理,由地方政府对当地的证券市场进行监管。譬如,深圳于 1990 年由深圳市政府牵头设立深圳证券市场领导小组,负责审批股份制企业公开发行股票的申请。

1993 年,国务院颁布了《股票发行与交易管理暂行条例》,标志着"总量控制""额度管理"的审批制正式确立。在审批制下,每年的股票发行先由国务院证券监督管理机构制定一个总额度,再由原国家计委将总额度分配给地方和部委,然后地方政府和各部委在分配额度内推荐企业,最后证监会发审委负责审核,以及确定股票发行规模和发行价格。由于制度不完善,地方政府往往以地方利益为主,纵容一些经营状况不佳的企业包装上市,也没有对出现问题的上市公司公正地履行监管职责。

(二) 市场化改革中的监管制度(1996—2006)

为了推动计划经济体制向社会主义市场经济体制转变,1996 年,全国人民代表大会通过了《国民经济和社会发展"九五"计划和 2010 年远景目标纲要》。这份纲要首次将发展证券市场列入了国家中长期规划,开启了证券市场的市场化改革进程。随后,上海、深圳证券交易所以及与证券相关的监管职能统一划归中国证监会,集中统一的全国证券监管体制开始形成。1998 年颁布的《证券法》进一步从法律层面确立了中国证监会在证券市场中的监管职能。

在这一阶段,监管制度的市场化改革措施先后施行,主要有三个方面。① 改革新股发行制度。即将地方政府推荐、证监会审批的审批制转变为承销商保荐、证监会审核材料的核准制,以减少政府对企业股权融资的行政干预。② 提高上市公司信息披露要求。强制要求上市公司披露中期报告和年度报告,公开经过审计的财务信息,通过缓解信息不对称来激发市场活力。③ 加大对投资者利益的保护。提高上市公司增发、配股资格的利润要求,建立亏损企业的证券市场退出机制。通过一系列改革,以政府为主导的监管制度退出舞台,市场的"无形之手"开始发挥作用。

在市场化改革中,政府与市场的关系得到重新定位,政府的行政力量逐渐弱化,表现为行政审批力度的减小和程序性监管的强化,该阶段的改革目标是要发挥市场在资源配置中的基础性作用。

(三) 进一步深化改革中的监管制度(2007年至今)

2007年,国家环境保护总局发布了《环境信息公开办法(试行)》,该办法明确了公民、法人和其他组织获取、使用环境信息以及举报不依法履行政府环境信息公开义务的环保部门的权力,标志着社会力量正式被引入政府的监管过程当中。通过不断完善信息公开制度,调动政府、市场和社会等多元主体的力量,市场监管和社会监督齐头并进,将市场导向下形成的"唯利是图"的价值观逐渐转变为全民社会追求的和谐价值观。

伴随着社会主义市场经济体制的基本建立,市场力量得到了认可。党的十八届三中全会从国家顶层设计上突出了市场的主体地位,明确指出"使市场在资源配置中起决定性作用"。这一阶段的证券市场监管是在政府宏观调控的前提下,强调市场机制作用的发挥,具体表现在以下两个方面:

(1)进一步放宽资本市场准入门槛。发展多层次资本市场,即推出创业板和全国中小企业股份转让系统,推进股票发行注册制改革。

(2)由事前监管转向事中、事后监管。建设以信息披露为核心的监管制度,加大对上市公司信息披露违法行为的稽查执法力度,同时推出上市公司重大违法强制退市规则,促进退市常态化。

在进一步深化改革中,社会力量被引入,市场的主体地位得到强调,行政力量、市场力量和社会力量相互作用,形成对企业的监管合力,引导企业走向可持续发展道路。

二、监管制度与企业目标演进

行政主导下的监管制度赋予地方政府极大的话语权,促使企业侧重于追求政府关心的产值等经济目标。在监管制度的市场化改革中,企业逐渐转向股东关心的利润等经济目标。而在进一步深化改革中,市场和社会力量的引入推动企业开始寻求社会目标与经济目标的平衡。

(一) 行政主导下的监管制度与企业目标演进

在行政主导的监管制度下,地方政府手握地方企业股权融资的生杀大权。审核制赋予了地方政府极大的自由裁量权,在规定额度内推荐哪家企业、推荐多少家企业完全由地方政府决定。然而,各地能够发行股票的企业远远大于配额允许的数量,使得企业之间竞争激烈。此时,为地方经济发展做出较大贡献的企业更可能获得地方政府的青睐,从而获得进入资本市场的机会。因此,这一时期的企业有很强的动机向地方政府"寻租",积极追求产值等地方政府关心的经济目标。

(二) 市场化改革中的监管制度与企业目标演进

为了引导资金流向优秀企业,也为了保护投资者的利益,1996—2006 年国家出台了一系列 IPO 和再融资相关政策,不断提高企业股权融资的盈利要求。中国证监会曾在 1996 年提出史上最严配股要求,即要求申请配股的企业过去三年净资产税后利润率都在 10% 以上[①]。2001 年,又进一步对申请增发的企业的过去三年利润作出要求[②]。2006 年,IPO 要求从原有的连续三年持续盈利提升为最近 3 个会计年度净利润累计超过 3 000 万元,同时企业上市后的利润实现数若未达到上市时所披露盈利预测的 50%,接下来的 3 年将失去再融资资格[③]。企业的盈利能力成为股权融资的一道门槛,将经营不善的企业挡在资本市场门外。

2001 年,中国证监会发布《亏损上市公司暂停上市和终止上市实施办法》,要求连续三年亏损的上市公司暂停上市,并要求宽限期内第一个会计年度继续亏损的上市公司终止上市。该办法通过完善证券市场的优胜劣汰机制,进一步推动上市公司提高盈利能力。

市场是逐利的,只有让证券投资有利可图,投资者才会积极主动地进入证券市场。因此,在市场化改革过程中,企业的营利性质不断得到强调,持续创造利润成为企业在资本市场"安身立命"的保证,利润指标愈发成为企业追求的目标。

(三) 进一步深化改革中的监管制度与企业目标演进

为了发挥市场和社会的力量,政府在这一时期着重建设以信息披露为核心的监管制度。2008 年,国家环境保护总局印发《关于加强上市公司环境保护监督管理工作的指导意见》,要求各级环保部门加强与证券监管机构的协调配合,合作建立上市公司环境信息披露机制。与此同时,深圳、上海证券交易所也先后发布环境信息、社会责任信息披露指引,鼓励上市公司主动接受市场监管和公众监督,履行社会责任。经过前述自愿披露要求的铺垫,2016 年中国证监会等七部委发布《关于构建绿色金融体系的指导意见》,进一步提出建立上市公司强制性环境信息披露制度,通过"三步走"计划达到 2020 年所有上市公司强制披露环境信息的目标。随着更多的企业社会责任信息在市场中公开,投资者、社会公众等利益相关者更方便也更积极地对上市公司进行监督,迫使企业开始关注利益相关者利益,并寻求社会目标与经济目标的平衡。

---

① 中国证监会:《关于 1996 年上市公司配股工作的通知》,1996.
② 中国证监会:《关于做好上市公司新股发行工作的通知》,2001.
③ 中国证监会:《上市公司证券发行管理办法》《首次公开发行股票并上市管理办法》,2006.

第五节　资本市场开放与企业目标演进

一、资本市场开放过程

中国资本市场开放是一个渐进的过程,由间接开放到直接开放,由局部开放到全面开放,整体来看主要分为三个阶段:间接开放下的资本市场;局部管道式开放下的资本市场;全面制度型开放下的资本市场。

(一)间接开放下的资本市场(1991—2000)

中国资本市场建立之初,基础制度建设不够成熟,为了在以股权投资形式吸收外资的同时,避免国际投机资本可能带来的市场风险,中国创新地推出了 B 股市场。B 股也叫人民币特种股票,是在沪深交易所上市,但只给外国投资者和中国香港、澳门和台湾地区居民认购和交易的股票。B 股市场作为对外开放、吸引外资的本土市场,与 A 股市场一道成为 20 世纪 90 年代早期中国证券市场的两大臂膀。但是,B 股以人民币标明面值并计价,以美元或港币认购和买卖,使境外投资者承担了汇率变动风险,加上后期 H 股、红筹股的大量发行,境外投资者对 B 股的兴趣逐渐减弱,B 股市场的国际融资功能不断衰退。直至 2000 年,B 股市场暂停发行,B 股基本丧失融资功能。

(二)局部管道式开放下的资本市场(2001—2016)

2001 年我国正式加入世界贸易组织(WTO),标志着我国对外开放事业进入新的阶段。加入 WTO 时,我国对证券业对外开放作出承诺:① 允许外国机构投资者直接从事 B 股交易;② 允许外国证券公司设立合资公司,外资比例不超过三分之一;③ 合资券商可以从事 A 股的承销,B 股、H 股、政府和公司债券的承销和交易,以及发起设立基金。

同时,中国也在主动探索部分开放资本市场的措施。考虑到人民币资本项目没有实现完全可兑换,此时采用的是局部管道式开放,先是 QFII 和 RQFII 的单向开放,再到沪港通和深港通的双向开放。随着政策的逐步放开,外国投资者陆续涌入中国资本市场,A 股投资者结构得到优化。然而,这一时期的资本市场开放伴随着许多约束和限制,QFII 同时拥有总额度和单家机构额度的限制,RQFII 有试点国家和地区限制,沪港通和深港通则有总额度和每日额度限制。在重重束缚之下,外资的进入并没有扭转 A 股市场上"追涨杀跌"和"快进快出"的投资风格。

(三) 全面制度型开放下的资本市场(2017年至今)

2017年,党的十九大报告中指出,建设现代化经济体系,要推动形成全面开放新格局,这一指导思想为接下来的资本市场全面开放定下了基调。在党的十九大精神指引下,2020年时任证监会副主席方星海提出,证监会将推动中国资本市场从局部管道式开放向全面制度型开放转变[①]。这一转变过程包含四方面的工作重点。

(1) 继续推进产品和市场开放。扩大现有外资进入渠道的开放程度,比如2019年取消QFII和RQFII投资额度限制,同时推出更多外资参与境内市场的渠道和方式,比如2019年推出的沪伦通。

(2) 不断提高证券基金期货行业开放水平。2018年,证券公司、基金管理公司、期货公司等机构的外资持股比例上限放宽到51%,2020年进一步取消外资在以上机构中的持股限制。

(3) 进一步深化国际监管合作。主动加强与境外监管机构的合作,严厉打击跨境上市公司的财务造假行为。

(4) 加强开放条件下监管能力建设。2020年,国家外汇管理局开始研究构建基于金融科技的跨境资本流动监测预警系统,为实现全面制度型开放提供保障。

随着中国资本市场开放程度的逐步提高,A股市场投资者结构不断优化,境外投资者的大量进入将产生"鲶鱼效应",倒逼境内投资机构和投资者走向成熟。

二、资本市场开放与企业目标演进

(一) 间接开放下的资本市场与企业目标演进

在间接开放下,A股市场与B股市场完全分割,信息互不流通。同时,境外投资者与企业之间也存在着严重的信息不对称问题。首先,20世纪90年代的中国会计准则与国际通用会计准则存在极大差异,B股上市公司的财务报表对境外投资者来说缺少可理解性和可比性,因此境外投资者难以了解企业的实际经营绩效。其次,B股上市公司的英文版年报是境外投资者了解公司信息的有限渠道中最重要的一条,而这些英文版年报十分晦涩难懂,境外投资者常常不解其意(阎达五、孙蔓莉,2002)。因此,与政策制定者预期相左,境外投资者的进入既没有提升B股上市公司的业绩(Qi et al.,2000),其在B股市场上的交易也不够活跃。受限于信息不对称,这一时期的境外投资者监督企业的积极性不高,企业的经营目标主要受到国内方面的影响,在

[①] 方星海:《推动中国资本市场从局部管道式开放向全面制度型开放转变》,http://www.cs.com.cn/sylm/jsbd/202010/t20201024_6104739.html,2020-10-24.

政府主导下追求产值和销售等经济目标。

(二) 局部管道式开放下的资本市场与企业目标演进

在局部管道式开放下,通过 QFII、RQFII、沪港通和深港通,境外投资者将价值投资理念带入 A 股市场。价值投资的关键在于确定股票的内在价值,通过聘请国际"四大"会计师事务所进行审计等方式(步丹璐、屠长文,2017),境外机构投资者着力推动 A 股上市公司提高信息披露的数量和质量,帮助其发现进而投资经营业绩较好的企业。同时,境外机构投资者作为专业投资机构的代表,在 A 股市场中被视作投资标杆,吸引了一批境内投资者的跟从,使得盈利能力较强的企业不断获得市场认可。另外,境外机构投资者以长期投资为主,股利是其投资收益的重要来源,因此外资会偏好高股利分配的上市公司,也会促进上市公司支付更多的现金股利(周县华等,2012)。外资对高股利的需求反过来推动 A 股上市公司创造更多的利润。随着价值投资理念逐渐渗入 A 股市场,追求利润的企业开始获得市场认可,从而鼓励企业将利润目标作为主要的经营目标。

(三) 全面制度型开放下的资本市场与企业目标演进

在全面制度型开放下,外国投资者进入 A 股市场的步伐不再受限,话语权得到了极大提升。在其进入中国资本市场的过程中,国际推行的 ESG、可持续发展等理念同步涌入 A 股市场。

A 股纳入国际指数推动中国上市公司开始关注利益相关者。当前,ESG 投资盛行于发达资本市场,根据全球可持续发展投资联盟(GSIA)发布的报告《2018 年全球可持续发展投资回顾》显示,考虑 ESG 因素的投资资金分别占据欧洲和美国专业资产管理总规模的 48.8% 和 25.7%。随着全球前两大指数编制公司 MSCI 和富时罗素分别于 2018 年和 2019 年将 A 股纳入旗下指数,国际评级机构对 A 股上市公司的 ESG 评级也被排上日程。为了树立良好的国际形象以吸引外资,A 股上市公司开始关注利益相关者的需求,不断提升自身的 ESG 表现。

外资全资基金公司的设立更直接有力地推动中国上市公司关注环境和社会事项。2020 年,中国彻底放开基金管理公司的外资持股比例限制,随后,全球最大资管公司贝莱德拿到了中国第一张外资全资公募基金管理公司牌照。2020 年初,贝莱德曾在致全球 CEO 的信中承诺全面实行 ESG 投资,并将行使股东权力,敦促企业提升信息披露质量,管理环境、社会、治理(ESG)风险。可以预见,未来会有越来越多的外国资管公司进入中国资本市场,通过从股东层面对中国上市公司施加压力,驱使上市公司将经济目标和社会目标并重,最终实现可持续发展。

本 章 小 结

自20世纪90年代初资本市场建立以来,我国企业目标随着资本市场的规范与发展,以及对外开放而不断演进。整体来看,我国企业目标的演进过程是从追求产值和销售等政府关心的经济目标,逐步演进为追求利润等股东关心的经济目标,再演进为兼顾利益相关者利益,即开始关注社会目标,直到现今社会目标与经济目标相平衡,从而达到"为人类创造美好生活"的高超境界。可以看出,经过三十多年的发展,我国企业从没有自主意识的国家"生产机器",逐渐发展成为多种所有制共存、有自我追求的国家"经济发动机"。

资本市场上的各个主体在我国企业目标的演进过程中发挥了不可小觑的作用。对内而言,不论是国有企业还是非国有企业,大股东作为关键决策者能够决定企业的经营目标。因此,当大股东的理念由"唯利是图"转向"义利并举"时,企业随之将单一的经济目标追求转向多元的经济目标与社会目标追求。对外而言,资本市场上的投资者、金融中介和监管机构从企业外部施力,进一步影响了企业目标的演变。从投资者结构来看,随着机构投资者的规范与发展,秉持价值投资理念的投资者逐渐掌握话语权,通过交易股票,使企业迫于股价压力先是关注经济效益,再是兼顾社会效益;从金融中介来看,证券公司能够有选择地推荐企业上市,注册会计师、证券分析师和评级机构等信息中介将更多的企业信息传递给投资者,这些行为将影响投资者的投资决策,进而通过投资者的投资行为对企业目标产生影响;从监管制度来看,随着市场化改革的推进,监管机构首先对企业提出盈利要求以吸引投资者参与,然后通过完善企业信息披露制度来激发市场活力,最终达到为投资者、金融中介与企业牵线搭桥的目的,强化两者对企业目标的作用力;从资本市场开放来看,境外投资者的涌入进一步优化了上市公司的投资者结构,价值投资、ESG投资等新理念随之进入我国资本市场,从投资者方面进一步引导我国企业走向可持续发展。

从企业内部到外部,大股东、投资者、金融中介和监管机构等资本市场主体不断发挥自己的作用,推动企业目标持续演进和变化。未来,随着我国资本市场的发展与成熟,他们将继续在我国企业目标演进历程中添上浓墨重彩的一笔。

复习思考题

1. 未来我国的国有企业和非国有企业的目标是否会趋同?原因是什么?

2. 本章讨论了资本市场发展对企业目标演进的影响。你认为企业目标演进对资本市场是否会产生影响?理由是什么?

3. 在我们国家,作为资本市场重要参与者的监管机构无疑会对企业目标产生重要影响。你认为为了促使企业目标演进更为合理,监管者可以做些什么?

主要参考文献

1. 步丹璐,屠长文. 外资持股、制度环境与审计质量[J]. 审计研究,2017(4):65-72.

2. 财政部. 加快发展会计咨询业的规划纲要和政策要点(草案)[J]. 中国注册会计师,1992(11):1-9.

3. 陈毓圭. 我国注册会计师行业发展的四个阶段[J]. 中国注册会计师,2008(11):12-17.

4. 段云,李菲. QFII对上市公司持股偏好研究:社会责任视角[J]. 南开管理评论,2014,17(1):44-50.

5. 国务院国有资产监督管理委员会. 关于加强中央企业节能减排工作的意见[R]. 2007-11-2.

6. 国务院国有资产监督管理委员会,财政部. 关于完善中央企业功能分类考核的实施方案[R]. 2016-8-24.

7. 胡奕明,饶艳超,陈月根,李鹏程. 证券分析师的信息解读能力调查[J]. 会计研究,2003(11):14-20.

8. 李培功,沈艺峰. 社会规范、资本市场与环境治理:基于机构投资者视角的经验证据[J]. 世界经济,2011(6):126-146.

9. 刘甦. 中国会计师事务所之历史回顾与未来展望[D]. 首都经济贸易大学,2001.

10. 刘亚平,苏娇妮. 中国市场监管改革70年的变迁经验与演进逻辑[J]. 中国行政管理,2019(5):15-21.

11. 陆一. 闲不住的手:中国股市体制基因演化史[M]. 北京:中信出版社,2008.

12. 王大庆. 国有资产出资人制度研究[D]. 中共中央党校,2004.

13. 肖星,王琨. 证券投资基金:投资者还是投机者?[J]. 世界经济,2005(8):75-81.

14. 许春燕. 改革开放以来的制度演变与企业家群体成长[N]. 国企网,2018年8月31日.

15. 阎达五,孙蔓莉. 深市B股发行公司年度报告可读性特征研究[J]. 会计研究,2002(5):10-17.

16. 杨团. 中国慈善发展报告(2013)[M]. 北京:社会科学文献出版社,2013.

17. 张文魁,袁东明. 中国经济改革30年:国有企业卷(1978—2008)[M]. 重庆:重庆大学出版社,2008.

18. 赵洪军. 转轨时期中国证券市场监管理念演变研究[D]. 复旦大学,2007.

19. 中国企业家调查系统. 企业家对企业社会责任的认识与评价——2007年中国企业经营者成长与发展专题调查报告[J]. 管理世界,2007(6):75-85.

20. 周立群,谢思全. 中国经济改革30年:民营经济卷(1978—2008)[M]. 重庆:重庆大学出版社,2008.

21. 周县华,范庆泉,吕长江,张新. 外资股东与股利分配:来自中国上市公司的经验证据[J]. 世界经济,2012,35(11):112-140.

22. JIANG F, KIM K A. Corporate governance in China: a modern perspective [J]. Journal of corporate finance, 2015, 32: 190-216.

23. QI D, WU W, ZHANG H. Shareholding structure and corporate performance of partially privatized firms: Evidence from listed Chinese companies[J]. Pacific basin finance journal, 2000, 8(5): 587-610.

24. ZHANG Y, WANG H, ZHOU X. Dare to be different?: conformity vs. differentiation in corporate social activities of Chinese firms and market responses [J]. Academy of management journal, 2020, 63(3): 717-742.

第四章

金融机构改革、债券市场发展与企业目标演进

本章要点:

1. 商业银行的改革历程,银行改革驱动企业目标演进的主要因素。

2. 信托公司的发展历程,金融租赁公司发展历程,非银行金融机构发展与企业目标演进。

3. 信用债券市场的发展历程;债券市场发展驱动企业目标演进的主要因素。

现代企业制度下,债权人作为企业的主要利益相关者,与股东之间的冲突是显而易见的,诸多研究表明(Jensen & Meckling, 1976; Myers, 1977; Smith & Warner, 1979; Parrino & Weisbach, 1999; 童盼、陆正飞,2005),由于股东、债权人之间的利益不一致,股东会通过歪曲投资、发放股利等方式损害债权人利益。为了维护自身利益,债权人会谨慎挑选债务人,并在债务契约中对债务人的行为进行约束,这些都会对企业的经营管理产生影响,进而影响企业目标。然而,伴随着金融机构改革和债券市场发展,债权人与债务人之间的关系、债务契约条款等都在不断演进。债权人维权意识从起初的不太在意,到有所意识,再到意识强烈;维权方法由单一向多样化、科技化转变;债务契约条款渐趋复杂,这些都推动着企业目标的动态调整。

本章从债权人利益保护角度讨论我国金融机构改革和债券(信用债券)市场发展对企业目标演进的影响。金融机构包括两类:银行与信托、金融租赁公司等非银行金融机构。两者都承担着为企业提供资金支持的作用,都是企业的债权人之一。但是,两者在改革历程、业务范围、监管要求等方面存在较大差异,所以我们以两节分别论述银行改革和非银行金融机构发展对企业目标演进的影响。

第一节 银行改革与企业目标演进

长期以来,银行一直是我国企业的主要融资渠道,银行作为主要债权人对企业的影响力不容忽视,其经营体制机制不断变革、公司治理状况不断完善、风险管控能力不断增强、服务能力和水平不断提高必然推动着企业目标的演进。

一、商业银行改革历程

(一) 计划经济下银行体系"大一统"阶段(1949—1978)

在计划经济阶段,我国银行体系实行"大一统"的管理体制,国家将信用和资金结算均集中于人民银行,由人民银行对全国资金进行统一调配和管理。人民银行既是经营全国金融业务的经济组织,又承担着货币发行和机构监管的职责,主要运用行政监管手段,监督全国信贷计划落实、现金库存等情况。

(二) 专业银行恢复与设立阶段(1978—1984)

1979年,农业银行、中国银行和建设银行陆续恢复和重建。1984年1月1日,中国工商银行从中国人民银行分离,标志着国家四大专业银行格局的形成。专业银行体系建立后,银行业务有了较大发展,经营领域明显扩大。在这一阶段,银行还只是想用好用活国家资金,并不存在商业银行的理念和经营思想,也没有风险管理的概念。

(三)专业银行的企业化改革阶段(1985—1993)

随着中国经济从"计划经济"向"有计划的商品经济"转变,银行的企业化改革也在逐步推进。一方面,股份制商业银行等新型金融机构纷纷组建;另一方面,专业银行进行着企业化改革。专业银行的企业化改革主要体现在以下三个方面。

(1)信贷资金管理体制改革。推行"统一计划、划分资金、实贷实存、相互融通"的管理体制,将中央银行与专业银行之间的资金往来由计划分配改为信贷关系,要求专业银行逐步实现资金自求平衡,并给予专业银行更多的资金融通权和信贷经营权。因此,在这段时间内,专业银行为了解决资金紧张问题,注重吸收存款;在金融市场进行横向资金融通;严控固定资产贷款等中长期贷款,适当搞活流动资金贷款,以提高贷款的资金周转效率。但是,国有专业银行仍是行政化的管理体制,信贷指标依然受行政命令约束,按照国家下达的信贷计划对体制内企业授信,且四大银行在各自领域拥有绝对垄断地位,因此银行仍然没有风险管理的意识。

(2)全面推行责、权、利相结合的企业化管理改革。各专业银行先后试行干部聘任制、目标管理责任制、行长负责制等改革措施,下放业务经营权、信贷资金调拨权、利率浮动权、干部任免权、利润留成支配权等权利,打破"铁饭碗"和"铁交椅",明确责任和权限,调动基层银行的积极性,提高金融系统活力。

(3)基层机构试点承包经营责任制。各专业银行实行了多种形式的储蓄所经营承包责任制和目标管理责任制,如财务包干、费用包干、四级核算等,同时扩大承包行在财务、信贷、人事等方面的权限,将经营成果和留利水平相挂钩。这些企业化改革措施在调动银行员工积极性、建立责权利相统一机制的同时,也导致银行员工的短期行为和银行间的恶性竞争(刘明康,2009)。

(四)银行商业化改革阶段(1994—2002)

党的"十四大"召开后,中国经济制度进入向社会主义市场经济体制转变的新阶段,银行业也面临着新的改革。1993年12月25日,国务院发布《关于金融体制改革的决定》,标志着银行商业化改革的开始。1995年7月1日,《中华人民共和国商业银行法》开始实施。此后几年,中国人民银行开始迈向真正的中央银行,审慎监管体系逐步建立;国家相继成立国家开发银行、中国进出口银行、中国农业发展银行三家政策性银行,政策性金融与商业性金融分离,国家专业银行开始向国有独资商业银行转变。

专业银行的商业化改革主要体现在以下四个方面。

(1) 强化统一法人制度。各专业银行相继明确和强化了一级法人的概念,集中资金管理权和贷款管理权,由总行作为全行资金管理调度中心,统一配置调度信贷资金和信贷总量。

(2) 实施资产负债管理。国有独资商业银行逐步建立以资产负债管理为核心的自我约束机制和风险防范机制。以资金来源制约资金运用,防止超负荷经营;保持资产与负债的期限、数量结构对应,增强资产的安全性、流动性和效益性,提高整体管理水平;设置了总量管理、流动性管理、安全性管理和效益性管理四类指标。

(3) 尝试信用风险管理。商业银行在推进资产负债管理的同时,开始关注贷款质量,初步尝试信贷风险管理,引入贷款五级分类制度,建立贷款风险管理体系。

(4) 开始重视内部控制,逐步构筑权责明确的内部治理结构。1995年后,商业银行开始逐步构筑约束和激励相结合的内部管理体制,主要是建立贷款约束机制,试行审贷分离制度,并建立和强化稽核机制,规范内部监督结构。

随着银行商业化改革的进行,国有银行规模急剧扩大,由于承担了过多的政策性负担,国有专业银行资产状况日益恶化,不良贷款剧增。针对商业银行不良贷款加剧的问题,国家采取了一系列措施,如1998年通过财政发行2 700亿元特别国债补充大型商业银行资本金;1999年成立四家金融资产管理公司剥离大型商业银行和开发银行不良资产1.4万亿元;从2001年起逐步推行贷款五级分类制度,实行审慎的金融会计原则,逐步降低商业银行营业税等(周小川,2012)。

(五) 银行股份制改造阶段(2003—2013)

随着国有独资商业银行的风险和问题日益暴露,如何进一步对银行进行改革受到各方关注。2003年,国有独资商业银行股份制改造正式启动。首先动用国家资源处理不良资产和不良贷款,对国有商业银行进行财务重组,彻底消化历史包袱;之后按照《公司法》和《商业银行法》的规定,把国有独资商业银行改组为股份有限公司;接着引进境内外合格机构投资者,促进国有商业银行建立良好的公司治理和内部控制;然后各大银行纷纷在境内外公开上市,成为公众持股公司。

股份制改造后,商业银行发生的变化主要体现在以下四个方面。

(1) 初步建立相对规范的公司治理架构。各大银行成立股东大会、董事会和监事会,建立了现代银行公司治理机制,董事会逐步成为公司治理核心,在经营管理各类重大问题上发挥全行决策机构的作用,董事会下设战略发展委员会、审计委员会、风险管理委员会等多个专业委员会,专门负责银行的各类重大事项。

(2) 经营战略逐步从"以产品为中心"转向"以客户为中心",以加强金融服务能力和提高中间业务的收入占比作为主要目标之一,非利息收入即净手续费和佣金收入有所提高。

(3) 风险控制能力增强。各银行建立垂直报告的风险管理体系,对授信工作集中管理,强化内部风险管理,使得银行不良贷款余额和不良贷款率均大幅降低,资产质量改善。

(4) 资本充足率提高。通过政府注资和上市融资,商业银行的资本实力大大增强,资本充足率达到国际一流银行水平,为防御风险提供了有力保障。

(六) 经济新常态下的转型与发展阶段(2014年至今)

近年来,我国经济呈现增速放缓、结构调整和创新驱动三大特征。面对外部环境的变化,商业银行的经营呈现四大特点。

(1) 金融风险逐渐暴露。从2014年第四季度开始,我国商业银行资产利润率和资本利润率呈下降趋势(图4-1),而不良贷款率有所反弹(图4-2)。

(2) 随着利率市场化的深入推进,银行存贷款利差逐年缩小(图4-4),净利息收入在收入结构中的占比下降,银行资金成本面临上升的压力,商业银行竞争更加激烈。

(3) 大数据、云计算、区块链等金融科技的发展促使商业银行从"经营资金"的金融产品和服务的提供者转向"经营数据"的数据驱动银行(陆岷峰、周军煜,2019)。

(4) 开始发展绿色金融。2016年,我国发布《关于构建绿色金融体系的指导意见》,提出我国绿色金融政策框架的顶层设计。接下来,探索和开发绿色金融产品、

图4-1 我国商业银行资产利润率和资本利润率趋势图

数据来源:中国银保监会网站。
注:资产利润率=净利润/资产平均余额×100%×折年系数;
资本利润率=净利润/(所有者权益+少数股东权益)平均余额×100%×折年系数。

建立强制性环境信息披露制度、推动行业环境风险压力测试等将成为银行关注的重点。

图 4-2　我国商业银行不良贷款率趋势图

数据来源：中国银保监会网站。

注：不良贷款率＝不良贷款余额/各项贷款余额×100%。

二、银行改革与企业目标演进

在银行体系"大一统"阶段，我国取消商业信用并推广"统存统贷"制度，银行贷款仅限于对工商业企业、建筑施工企业开展临时性、季节性的超定额流动资金贷款，企业更新设备和技术改造所需资金均由财政部门无偿拨款。在这种情况下，对于企业而言，银行只是其短期资金的提供者，银行作为债权人的地位并不明显，所以银行对于企业目标没有实质性影响。

改革开放后，国有专业银行恢复和组建，银行业务有了较大的拓展。1981年开始实行"拨改贷"，企业基本建设所需投资一律改由银行贷款，银行贷款由流动资金扩展到固定资产投资领域，银行逐渐成为企业资金来源的主要渠道。在这一阶段，虽然实施了"拨改贷"，银行贷款范围扩大，但银行还没有商业银行管理理念，只是想用好用活国家资金，在渐进式改革进程中代替国家财政，为企业提供金融支持，确保国有企业和国民经济的正常运行。再加上银行贷款的对象基本上是国有企业，企业与银行所有者同一，因此银行基本没有作为债权人的意识，对贷款人的财务经营状况也没有硬性要求，企业能否贷到款项更多取决于其产权性质及与银行的关系。在这种状况下，虽然由于银行资金不再是无偿划拨的，为保证银行贷款的顺利偿还，企业有了重视效益、追求利润的意识，但还没有动力去努力提高利润、增强资本实力，以提高自身的融资能力。

企业化改革后，银行逐渐成为有业绩目标和商业意识的经济实体，独立经营、自负盈亏。银行商业化改革促使商业性银行与政策性银行分开,专业银行成为国有独资商业银行,取消计划经济下的贷款限制,明确商业银行对贷款的自主决定权,实施资产负债管理和贷款风险管理制度,开始关注贷款质量。同时,逐步放弃大型商业银行必须对国有企业提供信贷支持的做法。20世纪90年代中期《贷款通则》出台,也使得银行逐步意识到在发放贷款时必须看企业自身的资本金是否充足,以便获知企业自身承担和抵御风险的能力。这些改革措施都增加了企业的融资压力,促使其重视和提高企业实际还款能力,以保证本企业贷款处于正常等级。为了提高实际还款能力,企业必须重视利润、现金流等财务指标,这就大大促进了企业目标向追求利润等经济目标的演变,对社会目标的关注开始减少。

商业银行股份制改革后,银行建立公司治理架构,完善各项风险管理制度,改进风险识别、计量和评估方法,风险控制能力得到加强。2003年银监会成立,加强对商业银行不良贷款考核和资本充足率管理,同时国务院发布《中华人民共和国银行业监督管理法》,银行业进入以风险控制为本的监管新阶段。银行作为债权人的意识苏醒,愈加重视对自身利益的保护。担保贷款和抵押贷款成为主要贷款方式,贷款人信用档案逐步建立和完善,贷款标准更加严格,贷款合同条款进一步细化,对债务人行为的要求(约束)更为明确和多样。同时,利率市场化改革促使贷款利率浮动幅度加大,不同企业间的负债资本成本形成差异且进一步加大,这些都促使企业精细化其企业目标,不仅追求能够贷到款,还追求较低的融资成本。企业目标愈发侧重于追求利润、股价、现金流等经济目标,还将这些经济指标进一步细化到盈利能力、偿债能力、成长能力等各项财务指标,并且追求全面发展,对社会目标的关注显著减少。

经济新常态下,随着大数据技术的广泛应用,银行能够获取的客户信息成倍增长,关注企业方方面面的信息成为可能,而且社会对于一个企业的评判不再只局限于经济效益,还关注社会服务、环境治理等方面的情况,污染性经济活动会直接导致企业成本和风险的大幅增加。这些都将促使银行将客户的社会责任履行情况纳入信用风险评估标准中,这反过来又将推动企业重视社会效益。

三、银行改革与企业目标演进:主要驱动因素

(一)银行(信用)风险管理

伴随着我国信贷供给的增加,商业银行的经营风险也日益增大,风险管理已经成为影响商业银行稳健经营的关键问题。银行风险管理经历了由资产风险管理—负债风险管理—资产负债风险管理—资本充足性管理—全面风险管理的演进过程,《新巴

第四章　金融机构改革、债券市场发展与企业目标演进

塞尔资本协议》的推出标志着现代商业银行风险管理由单纯的信贷风险管理模式转向信用风险、市场风险、操作风险并举，信贷资产与非信贷资产并重，组织流程再造与技术手段创新并行的全面风险管理。

信用风险是交易对方不履行到期债务的风险，它是商业银行最主要的风险类型，一直受到各个银行的关注。信用风险管理包括风险识别、风险评估、风险计量、监测和预警等。银行的信用风险管理状况对企业行为产生直接影响。

风险识别和评估要求商业银行明确客户及项目准入标准，全面梳理审批政策，制定清晰统一的信贷政策。信贷政策坚持以客户信用评级为核心，运用外部信用评估机构评级结果和建立内部评级方法对贷款企业的信用状况（贷款风险）进行评级，并依据评级结果确定贷款金额和贷款利率。1998年4月，中国人民银行参照国际惯例，结合中国国情，制定了《贷款风险分类指导原则（试行）》(2007年4月修订)，以风险为基础的贷款分类方法被正式采用。该方法要求商业银行依据借款人的实际还款能力进行贷款质量分类，推行贷款五级分类制度，即按风险程度将贷款划分为正常、关注、次级、可疑、损失五类（后三种为不良贷款），对不同类别的贷款进行分级管理，以减少不良贷款余额和比率。2003年，银监会发布《关于推进和完善贷款风险分类工作的通知》，要求从2004年起，将贷款五级分类制度逐步扩大到所有银行业金融机构。在监管部门的推动下，到2006年年底，我国所有银行业金融机构实行贷款五级分类制度，银行资产质量持续改善，不良贷款持续"双降"，我国商业银行不良贷款比率从2002年末的23.6%下降到2011年末的1.8%。经过多年的建设，各商业银行运用贷款分类方法针对贷款业务逐步建立了自己的贷款风险管理系统，拥有详细的信贷风险数据库。

风险计量针对不同风险等级的贷款采用不同的方法进行呆账准备金提取，如运用贷款风险管理系统对贷款的潜在损失进行分析和预测，进而提取贷款损失准备金。2001年5月财政部下发《金融企业呆账准备金提取及呆账核销管理办法》，允许金融企业按照贷款风险的大小即贷款内在损失程度自主确定呆账准备金的计提比例。2002年1月，中国人民银行发布《银行贷款损失准备计提指引》，要求银行按季计提一般准备，并提出针对不同类别贷款可供参照的专项准备计提比例[1]。2011年7月银监会发布《商业银行贷款损失准备管理办法》，设置贷款拨备率和拨备覆盖率指标考核商业银行贷款损失准备的充足性[2]，并且规定，商业银行应当定

---

[1]　一般准备年末余额不得低于年末贷款余额的1%。银行可以参照以下比例按季计提专项准备：对于关注类贷款，计提比例为2%；对于次级类贷款，计提比例为25%；对于可疑类贷款，计提比例为50%；对于损失类贷款，计提比例为100%。其中，次级和可疑类贷款的损失准备，计提比例可以上下浮动20%。

[2]　贷款拨备率为贷款损失准备与各项贷款余额之比；拨备覆盖率为贷款损失准备与不良贷款余额之比。贷款拨备率基本标准为2.5%，拨备覆盖率基本标准为150%。我国商业银行拨备覆盖率和贷款拨备率的走势如图4-3所示。

期对贷款损失准备管理制度进行检查和评估,及时完善相关管理制度。风险预警建立在准确的风险计量和全方位的风险监测基础上,通过预警降低贷款损失发生的比例。

图 4-3 我国商业银行拨备覆盖率和贷款拨备率趋势图

数据来源:中国银保监会网站。

注:贷款拨备率为贷款损失准备与各项贷款余额之比;拨备覆盖率为贷款损失准备与不良贷款余额之比。

随着银行间竞争加剧与银行公司治理机制的完善,我国商业银行的风险管理从最初的缺少风险管理意识,转变为设立风险控制岗位、建立贷款风险管理制度,再转变为设立专门的风险管理部门、以风险控制为本。银行风险管理系统,尤其是信用风险管理系统的完善程度影响着企业经营目标的改变,这体现在如下四个方面。首先,银行风险管理意识和水平的提高促使企业从只考虑是否可以贷到款,到考虑能否还款,再到重视甚至主动获得良好的信用记录并降低贷款成本。企业目标也随之逐步从重销售、利润到重现金流、流动性、偿债能力等指标。而且,随着互联网金融的发展和大数据技术的广泛应用,新的"银行+征信+担保"信用贷款模式将促使企业不仅关注经营状况,还需要关注工商、税收、社保等各方面的状况,企业目标更为多元化,经济效益和社会效益并重。第二,企业会主动迎合银行风险管理的需要,通过各种方式(如内部控制质量、公司治理水平)向银行传递本企业管理完善、信息披露真实可靠、经营效益较好、还款能力强、信贷风险小等信号,间接促使企业目标的演变。李晓慧、杨子萱(2013)认为内部控制质量较高时,债权人会感知到更多的保护信号,并通过放宽债务契约条件表现出来。内部控制质量较高的公司能获得相对更为宽松的债务契约,如更多的长期贷款、更长的贷款期限(杨德明、冯晓,2011),所以为了获得更多的债务资本、更低的债务资本成本和更长的债务期限，企业有动力提高内部控制质量，这也就促使企业重视内部控制质量，制定较为规范的内部控制制度，慢慢地将内部控制作为企业目标之一。第三，银行风险管理增加了贷款的信息含量。随着银行风险控制水平的提高，对贷款企业的资格审核更加严格，银行只对业绩前景良好的企业提供贷款，这就增加了企业获得贷款的难度，银行贷款的信息含量得到提升。银行续发贷款对股东特别是中小股东具有"信号效应"（王擎、蔡栋梁，2009），贷款信息披露可以降低股票投资者的逆向选择，避免高质量公司遭受价值低估的损失。陈超、甘露润（2013）研究发现，商业银行的风险管理水平整体提高后，披露贷款信息的收购公司获得了显著的并购宣告溢价。可见，加强银行风险管理不仅有助于商业银行的稳健经营，而且还对资本市场产生正的外部性影响，提高了资本市场的定价效率。第四，银行风险管理直接影响着企业的经营和财务行为。Favara（2012）经过研究发现，商业银行对贷款违约风险的控制影响企业的投资活动。

虽然近十几年来我国商业银行信用风险管理水平有了长足的进步，但仍存在诸多不足。① 风险评估数据不够全面。贷款风险评估的数据涉及企业各个方面的信息，包括公司基本信息、业务信息和财务状况，甚至涉及分布于政府、机构及社会各个领域的工商、税务、法院诉讼等信息。而传统的征信系统数据来源有限，一方面不能涵盖企业的所有信息，尤其是工商、税务、社保等政务信息；另一方面也无法覆盖没有与正规金融机构发生借贷关系的企业和个人。② 风险分类和风险识别不够准确。由于信息不对称、技术手段限制、流程制度缺陷等因素，银行无法获取客户全方位的信息，对于客户的信用评级也很难准确地反映客户的信用风险和信用水平，导致贷款分类出现误差。③ 银行的风险监测和预警尚处于初期阶段。现在风险识别和评估仍是我国商业银行信用风险管理的工作重点，风险监测和预警只是起到辅助作用。而事实上，由于社会环境和经济环境的复杂性，客户的信用情况随时可能发生变化，事中的风险监测和预警才能及时发现不良贷款。④ 银行职工的风险管理意识尚需提高。由于管理层风险管理意识淡薄，有些银行虽然建立了贷款风险管理系统，但并没有真正发挥作用。银行在实际操作中不按分类结果贷款，还是注重所有制、关系等非客观因素，引发众多呆账坏账的出现。

只有克服我国商业银行风险管理上存在的诸多不足，建立真正有效的信用风险管理系统，银行作为债权人才能掌握主动权，推动企业在贷款合同的签订和实际经营中考虑债权人利益，进而影响企业目标的演进。

（二）银行金融产品和服务创新

随着利率市场化和金融市场竞争日益加剧，我国商业银行以批发型信贷业务为主导的传统经营模式和以存贷利差收入为主导的传统盈利模式面临着巨大挑战，银行金融产品和服务创新成为大势所趋。2003年我国银行商业化改革后,金融产品和服务迅速丰富,以客户为导向,个性化、多样化的产品和服务模式正在替代单一的存贷款产品和服务方式。

  一直以来,我国商业银行的业务收入主要源于传统的存贷款利差收入,这种较为单一的收入结构在一定程度上制约了银行的发展,也加大了银行的风险。随着央行连续多次下调利率和利率市场化改革,国内商业银行的存贷款利差大幅缩水,银行传统业务收入受到严重冲击。如图4-4和图4-5所示,我国商业银行的净息差在下降,由2010年第四季度的2.5%下降到2020年第二季度的2.09%;而存贷比①在上升,由2010年第四季度的64.5%上升到2020年第二季度的74.6%。存贷比上升的同时净息差却在下降,说明我国商业银行的盈利模式在发生变化,存贷款利差对银行利润的贡献呈减少趋势。

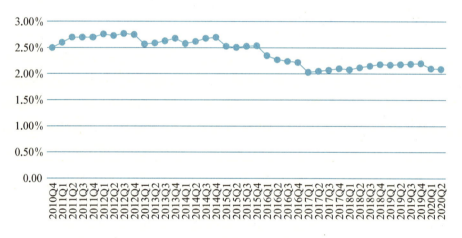

图4-4 我国商业银行净息差趋势图

数据来源:中国银保监会网站。

注:净息差=(利息净收入+债券投资利息收入)/生息资产平均余额×100%×折年系数。

  存贷款利差收入占比下降的同时,银行中间业务收入在悄然增加。2001年6月,中国人民银行发布实施《商业银行中间业务暂行规定》,明确商业银行在经过中国人民银行审查批准后,可以开办金融衍生业务、代理证券业务,以及投资基金托管、信息咨询、财务顾问等投资银行业务,为商业银行开展业务创新提供了政策支持。1994—1998年间,我国四大国有商业银行的中间业务收入在其总收入中的比重在6.7%—9.6%,仅占美国银行业1990年平均水平的22.66%(张国海、高怿,2003)。但是,2000年后,随着金融产品和服务创新的蓬勃发展,中间业务逐渐崛起,非利息收入占比上升,由2010年第四季度的17.5%上升到2020年第二季度的23.73%(见图4-6),中间

---

 ① 存贷比=各项贷款余额/各项存款余额×100%。

第四章 金融机构改革、债券市场发展与企业目标演进　115

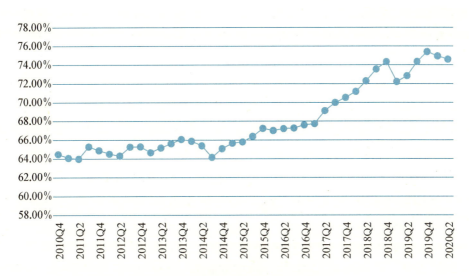

图 4-5　我国商业银行存贷比趋势图

数据来源：中国银保监会网站。
注：存贷比＝各项贷款余额/各项存款余额×100%。

业务对利润的贡献度显著提高，银行开始将中间业务看成是拓展收入来源、降低经营风险的重要手段。

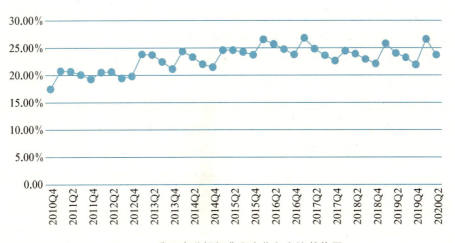

图 4-6　我国商业银行非利息收入占比趋势图

数据来源：中国银保监会网站。
注：非利息收入占比＝(手续费及佣金净收入＋其他业务收入＋投资的非利息收益)/营业收入×100%。

中间业务具有零风险或微风险、稳定性较强、灵活多样等特性。根据中国人民银行发布的《关于落实〈商业银行中间业务暂行规定〉有关问题的通知》(2002)，我国商业银行中间业务可分为九类：支付结算类业务、银行卡业务、代理类业务、担保类业务、承诺类业务、交易类业务、基金托管业务、咨询顾问类业务、其他类。这些中间业务不仅方便了企业日常经营中的资金往来,还对企业的投融资决策产生影响,促使企业目标更加精细化。具体有如下三个方面:① 商业银行的代理业务包括代理收付款、代保管、代理证券、代理资金融通等诸多项目,这些都为企业经营业务的开展提供了方便。② 银行接受委托为企业发行债券、信托产品提供服务和支持。随着企业融资需求的加大,而直接融资渠道仍较狭窄,银行作为信托产品的主要发行和销售渠道,为一些企业,尤其是其他融资渠道受限的企业提供方便,如房地产企业通过银行大量开展信托业务。③ 银行充当企业的财务顾问。一些高知识含量、高收益的中间业务,如顾问咨询业务、承诺担保类业务等,可以为企业并购业务、投资组合分析、现金管理提供咨询服务。

除了盈利模式转变带来的收入结构变化外,创新还促使差异化、特色化的产品和服务涌现。不同企业具有不同的行业背景、财务状况、信用级别,对金融产品和服务有着不同的需求。为了更好地满足客户需求,银行对客户进行细分,为高层次客户量身定制个性化和多样化的金融产品和服务,设计金融综合解决方案,解决企业实际困难,如"理财+信托"的融资方式、中小企业贷款业务、企业项目贷款等。

当然,我国商业银行的金融产品与服务创新仍任重而道远。一是中间业务的发展依然较为缓慢,在银行收入和利润结构中的占比仍较低。二是劳务型、低收益的中间业务品种多,高知识含量、高收益的中间业务品种少。我国商业银行经营的中间业务主要是一些传统型中间业务,如银行卡业务、代收代付业务、票据承兑等,该类业务占到银行中间业务收入的55%左右(刘曦腾、刘广浩,2016),而顾问咨询、承诺担保等高知识含量、高收益的中间业务却没有得到很好的发展。三是提供差异化、专业化产品和服务的能力有待提高。我国银行的自主创新能力较弱,导致模仿式创新多、自主式创新少,创新产品品种不够丰富,技术含量仍偏低,无法满足日趋多样化和个性化的产品需求。只有较好地促进金融产品与服务创新才能发挥其对企业目标演进的推动作用。

(三) 债转股

我国企业发展过程中有两次大规模的债转股,分别是1999—2002年的政策性债转股和2016年至今的市场化债转股,这两次债转股使得银行成为企业的股东之一。银行兼具股东和债权人的身份,信息不对称降低。

1. 1999年政策性债转股

20世纪90年代,我国国有企业亏损严重,负债率增高,导致我国商业银行不良贷款日益严重。为了盘活商业银行不良贷款,解决企业债务困境问题,促进企业转换经营机制,建立现代企业制度,1999年国家成立四家金融资产管理公司,剥离大型商业银行和国家开发银行不良资产1.4万亿元,将银行对企业的债权转换为金融资产管理公司对企业的股权。具体来说,银行将不良贷款转移给金融资产管理公司,金融资产管理公司将债权转换为股权。1999年实施债转股的企业共有580家,全部是国有企业,债转股总金额为4050亿元,占商业银行和国家开发银行剥离不良贷款总额的29%。债转股后,金融资产管理公司成为企业的股东,依法行使股东权利,通过向企业派出董事和监事,参与企业重大决策。

1999年债转股的实施在化解银行不良贷款风险和降低企业负债率方面发挥了重要作用。2000年债转股企业减少利息支出200多亿元,企业资产负债率由原来的73%下降到50%以下,80%的债转股企业实现了转亏为盈。但是,这次债转股基于当时的条件主要是政策性债转股,债转股对象企业、债转股债权范围、实施机构等都以政府为主确定,资金也由政府多渠道筹措①。所以,在转换企业经营机制、建立现代企业制度方面的效果并不明显,没有从实质上改善国有企业的经营业绩。甚至出现"拉郎配"现象,即为了减轻整个集团的负债而把优质企业债转股,且由于银行没有参与谈判或者谈判地位不够强,造成债权人权益在一定程度上被勾销(中国人民银行新干县支行课题组,2002)。在排除债转股对负债率和利息的影响后,2000—2002年国有工业企业的利润总额并没有实质性上升(国金证券研究所,2016)。而且金融资产管理公司对企业的股权并非完全意义的股东权利,资产管理公司往往仅参与企业的重大决策,不参与企业的正常生产经营活动,再加上考核资产管理公司的回收率指标比较困难,这都使得1999年债转股在改善国有企业公司治理方面的效果有限。

此外,90%的债转股协议把企业回购作为金融资产管理公司所持股权退出的主要途径,而没有引入新的投资者,并且财政部要求企业100%回购股权,使得企业面临较大的回购压力,财务负担并未减轻,这些都直接导致金融资产管理公司所持股权较难退出、企业资产负债率再次上升。

2. 2016年市场化债转股

2008年后我国企业的负债率再一次升高,为了防范和化解企业债务风险,降低企业杠杆率,2016年10月10日,国务院发布《关于积极稳妥降低企业杠杆率的意见》及其附件《关于市场化银行债权转股权的指导意见》,明确将市场化债转股作为降低企业杠杆率的七大举措之一。与1999年的政策性债转股完全不同,此次债转股属于市场化债转股,意见明确要求转股对象企业市场化选择,转股资产市场化定价,资金

---

① 债转股资金筹集渠道主要有:财政资金(400亿元)、央行再贷款(6000亿元)、金融资产管理公司向商业银行和国家开发银行发行的金融债券(8200亿元)。

市场化筹集,股权市场化管理和退出。截至 2019 年 6 月 30 日,市场化债转股签约金额约 2.4 万亿元,实际到位金额达到 1 万亿元,涉及资产负债率较高的 200 多家企业①。

2016 年的债转股首先解决企业特别是国有企业的高负债问题,然后才是解决银行的不良贷款。转股的贷款不一定是不良资产,而可以是银行的关注类、正常类贷款。债转股的主要目标是具有良好发展前景、但现阶段暂时处于财务困境的优质企业。通过债转股帮助化解转股企业资金链断裂的风险,提振企业发展信心,同时,引入多元化股权投资,推动国有企业混合所有制改革,完善企业治理结构。

迄今为止,这次市场化债转股取得了一定的成效。在债转股之后,"非僵尸企业"降低了财务杠杆,盈利能力、偿债能力和经营效率显著上升;而对于"僵尸企业",杠杆率有所下降,但盈利能力、偿债能力和经营效率并没有改善。而且,金融市场也能够识别不同企业的债转股消息:债券市场对"僵尸企业"宣告债转股给予了显著的负面反应,对"非僵尸企业"宣告债转股则是显著的正面反应(李曜、谷文臣,2020)。但是,降低企业财务成本,提高经营绩效,避免破产清算,保全银行资产只是债转股的短期效果。从长期效果看,只有促使企业公司治理和经营状况的改善,债转股才能达到真正优于直接破产清算的结果,实现债权人与债务人的双赢(徐忠,2018)。可见,优质、高效的债转股可以敦促企业完善治理结构,提高经营绩效,从而推动企业目标朝着兼顾多方利益方向发展。

华菱钢铁债转股

1. 公司简介

湖南华菱钢铁股份有限公司(以下简称"华菱钢铁")成立于 1999 年,并于同年 8 月在深交所上市,是湖南华菱钢铁集团有限责任公司的控股子公司,实际控制人为湖南省国资委。华菱钢铁是全国十大钢铁企业之一,主营业务是钢铁产品的生产和销售。

2. 债转股背景

华菱钢铁受 2015 年全国钢铁行业不景气的影响,当年实现净利润—40.19 亿元,在 2016 年持续亏损 15.53 亿元。随后在国家一系列政策的推动下,再加上华菱集团自身的结构调整、加大研发、降低成本等措施,2017 年实现盈利 52.96 亿元。但是,近几年来华菱钢铁资产负债率一直居高不下,在 2016 年达到了 86.9%的顶峰,尽管在 2017 年有所下降,但还是超过了 80%,远远高于行业的平均水平。资产负债率过高,给企业带来了严重的财务风险。

---

① 国家发展和改革委员会网站。

债转股前,华菱钢铁的股权结构框架如图4-7所示。

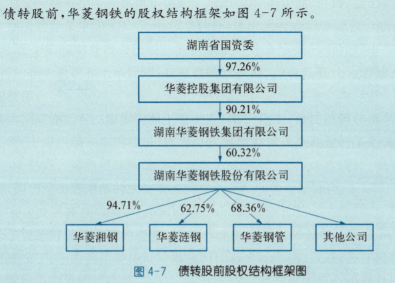

图4-7 债转股前股权结构框架图

3. 转股方案

(1)增资情况。

2018年12月,华菱钢铁发布了债转股公告,引入中国华融资产管理股份有限公司(简称"中国华融")、建信金融资产投资有限公司(简称"建信金融")、中银金融资产投资有限公司(简称"中银金融")、农银金融资产投资有限公司(简称"农银金融")、深圳招平穗达投资中心(简称"招平穗达")、湖南华弘一号私募股权基金企业(简称"湖南华弘")六家机构,对控股子公司华菱湘钢、华菱涟钢、华菱钢管(简称"三钢")增资32.8亿元。其中,湖南华弘以从浙江银行长沙分行转让取得的3亿元的债权增资,并与另外五家机构以29.8亿元的现金增资。增资价款按市场评估价格转换成"三钢"股权,取得用于增资的现金全部用于偿还银行债务,具体如表4-1所示。

表4-1 各投资者投资金额表　　　单位:万元

序号	投资者	出资方式	华菱湘钢	华菱涟钢	华菱钢管	合计
1	建信金融	现金	33 600	29 600	16 800	80 000
2	中银金融	现金	25 200	22 200	12 600	60 000
3	湖南华弘	债权+现金	25 200	25 200	12 600	60 000
4	中国华融	现金	21 000	18 500	10 500	50 000

续表

序号	投资者	出资方式	华菱湘钢	华菱涟钢	华菱钢管	合计
5	农银金融	现金	16 800	14 800	8 400	40 000
6	招平穗达	现金	15 960	14 060	7 980	38 000
	合计		137 760	121 360	68 880	328 000

数据来源：华菱钢铁债转股公告。

(2) 退出机制。

华菱钢铁将在增资后12个月内定向发行股票收购六家机构持有的标的公司股权，并且对购买股权发行的股票规定了锁定期。要求六家机构因发行股份购买资产所取得的股票在12个月内不得转让，避免了因频繁转让股票对股价的影响。在锁定期内，投资者可以持有股票取得公司分红，锁定期结束后，投资者可以在股票市场上转让完成市场化退出。此外，协议约定，如果华菱钢铁没有发行股份购买机构持有的股权，母公司则会以回购的方式协助机构转让其持有的股权。

(3) 转股模式分析。

在此次债转股方案中，有收债转股和发股还债两种方式。六家机构以29.8亿元增资"三钢"，增资价款转换成"三钢"股权，"三钢"所得现金全部用于偿还银行债务，华菱钢铁以协商的价格发行股份购买六家机构所持标的公司股权，这属于发股还债模式。而湖南华弘用浙江银行长沙分行转让的3亿元债权，向"三钢"增资，最后转成上市公司股权，属于收债转股模式。

4. 实施效果分析

(1) 偿债能力。

此次债转股最直接的效果就是标的公司资产负债率的降低，以2018年5月31日作为计算基准日，本次债转股使华菱湘钢的资产负债率从64.98%降至59.53%，华菱涟钢的资产负债率从76.29%降至71.19%，华菱钢管的资产负债率从91.01%降低至85.57%。除子公司外，此次债转股也使得华菱钢铁的偿债能力显著增加，具体如表4-2所示。

从表4-2可以发现，华菱钢铁在2018年实施债转股后，从长期偿债能力来看，资产负债率由2017年的80.54%降到2018年的65.12%，到2019年更是降低至60.78%。从短期偿债能力来看，流动比率也从2017年的0.62上升至2018年的0.8，速动比率从2017年的0.46上升至2018年的0.61。无论从短期偿债能力还是从长期偿债能力来看，均显著低于行业平均水平。因此，债转股降低了华菱钢铁的资产负债率及财务风险，提高了其偿债能力。

表4-2 债转股前后偿债能力的变化

年　　份	资产负债率	流　动　比　率	速　动　比　率
2017年	80.54%	0.62	0.46
2018年	65.12%	0.8	0.61
2019年	60.78%	0.69	0.51
2020年6月	58.64%	0.76	0.55

数据来源：公司年报。

(2) 利息费用。

从表4-3可以发现，在债转股后华菱钢铁财务费用和利息费用都有了大幅度的下降，2018年财务费用相比2017年下降18.39%，利息费用相比2017年下降3.22%。2019年度财务费用和利息费用下降更为明显，2019年相比于2018年财务费用下降了43.87%，利息费用下降了42.30%，如此大的下降幅度是偿还大量债务的结果。

表4-3 债转股前后利息费用的变化

年　　份	财务费用(万元)	同　　比	利息费用(万元)	同　　比
2017年	188 448.43	—	190 288.02	—
2018年	167 874.93	−18.39%	184 169.81	−3.22%
2019年	94 220.83	−43.87%	106 276.29	−42.30%

数据来源：公司年报。

(3) 营运能力。

债转股后，公司应收账款周转率、存货周转率、总资产周转率呈上升趋势。由于钢铁下游行业的需求复苏，上市公司经营情况大幅改善，并且公司坚持精益生产、低库存运营，营运能力有了很大提高(见表4-4)。

(4) 经营业绩。

通过表4-5可以发现，在债转股后公司经营业绩有了大幅提升，2018年净利润相比于2017年上升了62.45%，总资产收益率相比于2017年上升了61.81%，尽管2019年净利润和总资产收益率均有所下降，但也高于2017年。

表 4-4 债转股前后营运能力变化

年份	2017 年	2018 年	2019 年
应收账款周转率	29.82	30.94	31.49
存货周转率	8.10	9.91	11.63
总资产周转率	1.04	1.20	1.35

数据来源：华菱钢铁新增股份公告书。

表 4-5 债转股前后经营业绩的变化

年份	净利润(万元)	同比	总资产收益率	同比
2017 年	529 626.01	—	7.07%	—
2018 年	860 372.48	62.45%	11.44%	61.81%
2019 年	665 167.74	−22.69%	8.02%	−29.90%

数据来源：公司年报与新浪财经。

(5) 治理结构。

2020 年 2 月 7 日，华菱钢铁发布公告，向包括实施债转股的六家机构在内的 9 名交易对象发行股份购买资产，包括购买华菱湘钢的 13.68% 股权、华菱涟钢 44.17% 股权、华菱钢管 43.42% 股权。根据评估结果，标的资产总对价为 1 046 620.23 万元，其中 873 482.57 万元以发行股份的形式支付，按照发行价格每股 4.58 元计算，合计发行股份数量为 1 907 167 176 股，这次发行股份购买资产，也使"三钢"从原来的控股子公司成为全资子公司。交易完成后，六家机构将成为华菱钢铁的前十大股东。六家机构合计持有华菱钢铁 11.69% 的股权，能够参与企业的重大经营决策，投资银行也完成了从债权人向股东的转变。这种转变可以加强对企业的监督，降低企业将资金投入高风险项目的可能性。股权结构的多元化也降低了大股东"一股独大"的现象，制约公司高管的道德风险，加强公司的日常管理。此外，华菱钢铁也同意市场化债转股完成后，六家机构可以提名上市公司董事，这样可以进一步完善公司的治理结构，提高公司的内部控制质量以及治理水平。

5. 结论

总体来说，华菱钢铁此次债转股还是比较成功的，从实施到完成用了一年多时间，相比于其他债转股的企业来说，效率很高。此次参与债转股的机构包括一家金融资产管理公司、三家国有银行的全资子公司、一家私募股权基金和招平穗达

> 投资中心，在债转股中每家机构都发挥了自己的作用，分散了风险。从财务指标上来看，债转股后华菱钢铁的资产负债率以及利息费用显著降低，公司业绩有了明显上升。此外，投资机构成为上市公司股东，相比于债转股前股权结构更加多元化，股权制衡度更高，管理效率与能力更强，也使得公司治理结构更加完善。

第二节 非银行金融机构发展与企业目标演进

一、信托公司发展历程

（一）恢复发展阶段(1979—1982)

1979年以前，在高度集中的计划经济管理体制下，信托公司没有得到发展。改革开放后，随着国民经济的调整和经济体制改革的深入，为适应社会对融资方式和资金需求多样化的需要，信托作为一种重要的信用形式恢复发展。1979年10月，中国国际信托投资公司成立，揭开了信托业发展的序幕。成立之初的中国国际信托投资公司，主要任务是通过各种渠道吸收并筹措国内外资金，引进先进技术、设备和经营方法，服务于国内经济建设。

1980年7月，国务院下达《关于推动经济联合的暂行规定》中提出要"试办各种信托业务"。同年9月，中国人民银行发布《关于积极开办信托业务的通知》，提出可以按照由大到小、由简到繁、因地制宜、稳步发展的原则，逐步探索完善，并把审批信托投资机构的权限放在人民银行省级分行。之后信托业发展出现一个高潮，截至1982年年底，全国信托机构发展到620家（刘明康等，2009）。信托公司在恢复发展初期，主要开展的是类银行业务，扮演着融资窗口的角色，即通过国内吸收信托存款、拆解以及海外发债等各种渠道融资，向企业发放贷款，同时从事进出口贸易、房地产开发、租赁等多项投资经营活动，这也就造成了信托公司与银行之间业务的交叉和冲突。

（二）清理整顿、回归本业阶段(1983—2006)

1982年，国家对信托业进行了第一次清理整顿，明确提出金融信托的业务范围是主要办理委托、代理、租赁、咨询业务，以及信贷一时不办或不便办理的票据贴现、补偿贸易贷款等业务。之后，四家专业银行各省分行纷纷成立信托投资公司。截至1988年末，全国信托投资公司达到745家。随着信托公司数量的增加，业务中违章拆借、违规经营现象抬头。为加强宏观调控、规范信托行业,监管部门又先后三次(1985年、1988年和1993年)对信托投资公司进行全国范围的清理整顿,信托投资公司数量有所减少,到1998年12月底,信托投资公司减少到239家。这前后四次的清理整顿未能从根本上解决信托业功能定位不清、发展方向不明等问题。1999年第五次清理整顿的重点就是信托公司回归信托本源业务,真正办成受人之托、代人理财,以手续费、佣金为主要业务收入的中介服务组织,实施信托业与银行业、证券业严格的分业经营、分业管理。信托投资公司停止了存款业务、结算业务,剥离了证券经纪与承销资产等。到2001年末,有103家公司公告退出信托市场。

2001年1月10日,中国人民银行颁布《信托投资公司管理办法》;10月1日,《信托法》正式实施,第一次在我国确立了信托制度的法律地位。2002年7月18日,《信托投资公司资金信托管理暂行办法》开始施行。信托业"一法两规"的出台,规范了信托投资公司的经营行为,标志着信托业法律法规体系的初步建立,信托业进入有法可依、回归本业的时代。

(三) 快速发展阶段(2007年至今)

2007年1月,银监会修订并重新发布了《信托公司管理办法》和《信托公司集合资金信托计划管理办法》,将"信托投资公司"重新登记为"信托公司",压缩固有业务、限制关联交易、引入合格投资者和受益人大会制度,推动信托公司从"融资平台"向"受人之托、代人理财"的专业理财机构转型,同时鼓励信托公司开展私募股权投资信托、证券投资信托、房地产投资信托、资产证券化等创新业务。

之后,我国信托业开始进入快速发展期,信托品种及规模迅速扩大,盈利能力和抗风险能力不断增强,主要表现在以下六个方面。一是行业规模显著扩大。2006年年底信托公司固有资产总额为677.3亿元,管理信托资产总规模为3 617亿元;到2020年第三季度末两者分别达到7 909.07亿元和20.86万亿元。二是较好地实现业务重心从固有业务向信托业务的转移。2006年末,信托资产是固有资产的5.3倍,到2020年第三季度末达到26.3倍。三是经营业绩持续改善。2006年信托公司利润总额为49.76亿元,2019年为727.05亿元,增长14倍。四是资本实力明显增强。2006年信托公司所有者权益总规模519.50亿元,2020年第三季度末达到6 580.57亿元,增长12倍。五是信托资产结构发生变化。从资金来源来看,单一资金信托占比由2010年第一季度的80.5%下降到2020年第三季度的33.18%;而集合资金信托占比则由2010年第一季度的12.57%上升到2020年第三季度的49.42%。从资金运用来看,贷款类信托虽然仍是信托财产的主要运用方式,但占比已经从2010年第一季度的61.82%下降到2020年第三季度的38.55%。六是信托资金运用结构优化。信托公司对实体经济的资金投入稳步加大,着重引导资金进入工商企业和基础产业。如

图4-8所示,工商企业一直在信托资金配置中占据首位,基础产业和金融机构占比较为稳定,房地产占比持续攀升,逐渐成为信托资金投向的一大领域。

图 4-8 2015 年 Q1—2019 年 Q4 信托资金投向配置及其占比(亿元)
资料来源:中国信托业协会网站。

二、金融租赁公司发展历程

在信托公司发展的同时,租赁行业也开始起步。1981 年 7 月,中国租赁公司成立,成为我国第一家专门从事融资租赁业务的金融租赁公司。1981—1987 年是金融租赁公司的初创阶段,通过开展融资租赁业务为国家引入一些先进技术设备。1988—1995 年,在国家鼓励发展的大形势下,租赁行业规模不断扩张,金融租赁公司存款余额和业务量急剧扩张,但资本充足率普遍较低,管理混乱,缺乏风险防范意识和内部控制制度。之后,受金融危机影响,金融租赁公司隐含的风险爆发,有多家公司倒闭,行业进入清理整顿阶段。

2000 年 6 月 30 日,中国人民银行公布了《金融租赁公司管理办法》,结束了长期以来金融租赁公司监管无法可依的局面。该办法规定,符合设立条件的企业经中国人民银行批准后都可以设立金融租赁公司,并允许金融租赁公司向承租人提供租赁项下的流动资金贷款,从事有价证券投资及对金融机构股权投资。由于部分租赁公司追求高风险高回报,导致公司经营偏离主业,出现风险。

2007 年 1 月,银监会又发布了修订后的《金融租赁公司管理办法》(以下简称"2007

新办法")。为防范金融租赁公司的信用风险,2007 新办法对以下四个方面进行了修订:① 规定金融租赁公司的主要出资人必须是商业银行、租赁公司、主营业务为制造适合融资租赁交易产品的大型企业,以及银监会认可的其他金融机构,减少金融租赁公司被一些股东作为融资平台的状况;② 取消原办法中向承租人提供租赁项下的流动资金贷款、有价证券投资、金融机构股权投资等业务,促使金融租赁公司将业务范围集中在租赁本业上;③ 增加资本充足率要求,金融租赁公司资本净额不得低于风险加权资产的 8%;④ 对金融租赁公司实行风险资产五级分类制度和呆账准备制度,对于未提足呆账准备的,不得进行利润分配。加强监管后的金融租赁行业迎来新的发展机遇。2008 年末,12 家金融租赁公司资产总额达到 797.91 亿元,较 2007 年 9 月末的 198.96 亿元增长了 3 倍。2008 年实现盈利 18.01 亿元,而 2007 年前 9 个月的盈利只有 1.51 亿元(刘明康,2009)。

随着 2014 年 3 月 13 日中国银监会发布新版《金融租赁公司管理办法》(以下简称"2014 新办法")和 2015 年 9 月 7 日国务院办公厅印发《关于加快融资租赁业发展的指导意见》等文件,融资租赁进入高速发展期。2014 新办法的修订主要体现在以下四个方面。① 放宽设立金融租赁公司的准入条件。将主要出资人制度调整为发起人制度,符合条件的五类机构①均可作为发起人设立金融租赁公司,引导各种所有制资本进入金融租赁行业。② 扩大金融租赁公司的业务范围。将"吸收非银行股东 1 年期以上定期存款"改为"吸收非银行股东 3 个月以上定期存款",并增加固定收益类证券投资业务等;还允许符合条件的金融租赁公司开办发行金融债、资产证券化、为控股子公司和项目公司对外融资提供担保,以及在境内保税地区设立项目公司等升级业务。③ 强调全面风险管理。除应建立完善的公司治理架构、内部控制制度、关联交易管理制度外,金融租赁公司还应建立全面风险管理体系,对信用风险、流动性风险、市场风险、操作风险等各类风险进行有效的识别、计量、监测和控制,同时还应当及时识别和管理与融资租赁业务相关的特定风险。④ 强化股东风险责任意识,要求发起人应在金融租赁公司章程中约定,在金融租赁公司出现支付困难时,给予流动性支持,当经营损失侵蚀资本时,及时补足资本金。截至 2019 年年底,我国有金融租赁公司 70 家,金融租赁合同余额约为 25 030 亿元②。

三、非银行金融机构发展与企业目标演进

非银行金融机构的发展有效弥补了传统银行信贷的不足,为企业融资提供多种

---

① 金融租赁公司的发起人包括在中国境内外注册的具有独立法人资格的商业银行,在中国境内注册的、主营业务为制造适合融资租赁交易产品的大型企业,在中国境外注册的融资租赁公司以及银监会认可的其他境内法人机构和境外金融机构。

② 中国租赁联盟、租赁联合研发中心、天津滨海融资租赁研究院。

渠道。从其发展历程我们可以看到,无论是信托公司还是金融租赁公司都经历了十几年的无序经营,公司定位不清,管理混乱,甚至出现违规经营,经常面临清理整顿的局面,所以发展初期的非银行金融机构规模较小,对企业的影响力有限,也无法推动企业目标的转变。进入 21 世纪后,各种关于非银行金融机构的法律法规出台,银监会成立,监管力度加强,非银行金融机构逐渐回归本业,机构数量和业务规模呈现井喷式发展,不仅可以帮助解决企业资金不足、信用不够的问题,还可以促进项目投资、解决生产设备短缺问题,行业影响力和社会认同度大为提升。在自身发展壮大的同时,也成为支持实体经济发展的重要力量。比如,截至 2019 年末,信托资金投入基础设施建设、矿产能源、工商企业、农业等实体领域总额高达 13.47 万亿元,占全部信托资产的 75.12%[1];融资租赁在解决印刷、医疗、工程机械设备等行业的中小企业融资方面已经成为重要的力量。在助力实体经济的过程中,非银行金融机构作为企业债权人的地位也渐渐凸显,从以下几个方面推动着企业越来越重视债权人利益。

(1) 非银行金融机构的行业风险与所投资产业风险紧密相关,面临持续上升的压力。随着规模的扩大,非银行金融机构的风险项目数量和规模持续上升,风险资产率也有显著提高。非银行金融机构的风险直接与资金投向的产业相关,产业风险关系着机构风险,控制投资风险较高的产业是降低非银行金融机构风险的有效手段。

(2) 非银行金融机构风险管理意识加强。随着行业风险的加大和法治化、规范化管理的推进,非银行金融机构越来越注重资本充足率和强调全面风险管理,重视信托项目和承租方的资产质量、盈利状况和偿债能力,实行风险资产五级分类制度和呆账准备制度。

(3) 非银行金融机构公司治理和内部控制制度完善。不断完善的治理结构和内控制度为非银行金融机构控制风险、规范发展提供了保障,也促使企业重视项目风险、完善项目管理、提高项目收益水平,重视长期发展和价值创造。

(4) 非银行金融机构收费市场化。相对于银行借款,企业从非银行金融机构获取资金的成本较高,还需要支付手续费或者佣金。高资本成本使得非银行金融机构的债权人地位更为突出,促使企业更加重视项目回报率。

第三节 债券市场发展与企业目标演进

中华人民共和国成立后,为了尽快恢复国民经济,满足大量基础建设对资金的需要,国家在 1954—1958 年发行了 5 次"国家经济建设公债"。之后的 20 年时间,我国

---

[1] 中国信托业协会网站。

停止了所有举债活动,既无外债,又无内债。改革开放后,我国恢复债券发行,国债、金融债券、企业债券、公司债券、可转换债券等相继出现。本节关注债券市场发展对企业目标演进的影响,所以我们只回顾和讨论与企业关系更为密切的信用债券市场的发展,而忽略政府债券和金融债券市场的发展。

一、信用债券市场发展历程

信用债券包括企业债券、公司债券和非金融企业债务融资工具(短期融资券、中期票据等)。改革开放后,随着债券市场的恢复和企业融资的需要,信用债券逐步发展,形成银行间债券市场和交易所债券市场并重、场内场外市场并存的债券市场体系,市场规模不断扩大。2005年以来,债券融资比重超过股票融资,成为直接融资的重要渠道。2011年,公司信用债券融资规模是股票融资规模的3.1倍,债券融资占企业直接融资比重达75.8%。由于发展历程不同,三种信用债券分别由国资委、证监会和中国人民银行进行监管,并在不同债券市场进行交易,虽然分层有序,但也互不连通。接下来,我们分别回顾企业债券、公司债券、短期融资券、中期票据和可转换债券的发展历程。

(一)企业债券发展历程

1985年,沈阳市房地产公司向社会公开发行五年期债券,企业债券正式出现。30多年的发展历程中,企业债券主要经历了以下三个发展阶段。

1. 额度审批制阶段(1985—2007)

1987年3月,国务院颁布《企业债券管理暂行条例》,开始将企业债券的发行管理纳入正规。1988年9月开始,国内债券发行计划的编制和有关政策的制定工作由原国家计划委员会负责。由于国家计委只管政府部门和国有企业的投融资安排,所以企业债券从一开始就限制在国有经济部门内,发行主体较窄。1990年4月,国家计委与中国人民银行联合制定了《关于企业债券额度审批制度及管理办法》,开始对企业发行债券实行额度申报审批办法。也就是说,企业发行债券必须在发债上一年度的7月底前,向所在地的人民银行分行、计委申报债券发行计划,中国人民银行和国家计委根据申报情况拟定全国企业债券发行的年度规模,国务院批准后,再将年度企业债券发行控制额度下达到各省市自治区。

1993年8月,国务院发布施行了《企业债券管理条例》(以下简称《条例》),对企业债券市场进行规范,严格遵守企业发债条件和资金用途。《条例》规定,企业发行企业债券必须符合下列条件:企业规模达到国家规定的要求;企业财务会计制度符合国家规定;具有偿债能力;企业经济效益良好,发行企业债券前连续3年盈利;所筹资金用途符合国家产业政策。企业发行企业债券所筹资金主要用于本企业的生产经营，如固定资产项目投资，不得用于房地产买卖、股票买卖和期货交易等与本企业生产经营无关的风险性投资。企业债券的利率不得高于银行相同期限居民储蓄定期存款利率的40%。

在这一阶段，为了控制风险，监管部门对企业债券一直实行严格的总额控制、分级审批制度。中央企业发行企业债券，由中国人民银行会同国家计委审批；地方企业发行企业债券，由所在地人民银行分行会同同级计划主管部门审批。审查的内容主要包括发债企业是否有经批准的投资项目、发债是否得到银行的担保、发债的利率水平是否合适等。而且，企业债券发行主体基本上是国有企业，且债券发行均由"国有银行、中央级企业或者国家基金"进行担保。这种管理方式导致企业债券市场发展缓慢，融资规模有限（沈炳熙、曹媛媛，2014）。

2. 核准发行阶段（2008—2019）

2008年1月，国家发展和改革委员会发布《关于推进企业债券市场发展、简化发行核准程序有关事项的通知》，改变企业债发行管理方式，将"先核定规模、后核准发行"两个环节简化为"直接核准发行"，即国家发展改革委受理企业发债申请后，依据法律法规及有关文件规定，对申请材料进行审核，符合发债条件、申请材料齐全的直接予以核准，并明确审批时间为3个月。《通知》还对发行企业债券的条件进行了细化[①]，同时不再强制担保，允许企业发行无担保信用债券、资产抵押债券、第三方担保债券。发行债券所募集资金还可以用于收购产权（股权）、调整债务结构和补充营运资金，但仍然不得用于弥补亏损和非生产性支出，也不得用于房地产买卖、股票买卖以及期货等高风险投资。之后，企业债券迅速发展。2007年，企业债券发行规模仅为1 109.35亿元，到2018年，企业债券发行规模达到2 298.08亿元，2014年企业债券的发行规模更是达到历史顶峰6 953.98亿元（见表4-6）。

为了进一步促进企业债券市场的发展，2018年12月，国家发改委发布了《关于支持优质企业直接融资 进一步增强企业债券服务实体经济能力的通知》，积极支持优质企业发行企业债券。优化优质企业债券的发行管理方式，如批文有效期延长至两年，允许发行人灵活自主设置各期债券具体发行方案，补充营运资金比例提高至不超

---

① 《通知》规定，企业公开发行企业债券应符合下列条件：股份有限公司的净资产不低于人民币3 000万元，有限责任公司和其他类型企业的净资产不低于人民币6 000万元；累计债券余额不超过企业净资产（不包括少数股东权益）的40%；最近三年可分配利润（净利润）足以支付企业债券一年的利息；筹集资金的投向符合国家产业政策和行业发展方向，所需相关手续齐全。用于固定资产投资项目的，应符合固定资产投资项目资本金制度的要求，原则上累计发行额不得超过该项目总投资的60%。用于收购产权（股权）的，比照该比例执行。用于调整债务结构的，不受该比例限制，但企业应提供银行同意以债还贷的证明；用于补充营运资金的，不超过发债总额的20%；债券的利率由企业根据市场情况确定，但不得超过国务院限定的利率水平；已发行的企业债券或者其他债券未处于违约或者延迟支付本息的状态；最近三年没有重大违法违规行为。

过50%,允许面向机构投资者非公开发行企业债券等。在相关政策支持下,2019年以来,企业债券发行规模快速增长,主要用于支持公共服务、基础设施等社会民生关键领域和薄弱环节。2019年上半年,国家发改委共核准企业债券112支3 647.2亿元,同比增长131%,主要是优质企业债券核准规模出现了较快增长[①]。

表4-6 公司信用债券发行情况表

年份	企业债		公司债		中期票据		短期融资券		可转债	
	发行量(亿元)	发行只数	发行量(亿元)	发行只数	发行量(亿元)	发行只数	发行量(亿元)	发行只数	发行量(亿元)	发行只数
2020	3 592.49	340	32 284.57	3469	22 337.77	2 019	46 330.33	4 541	2 189.26	190
2019	3 436.89	370	25 416.51	2 464	20 108.1	1 673	36 254.19	3 516	2 707.82	155
2018	2 298.08	262	16 508.23	1 519	16 967.15	1 417	31 275.3	2 918	795.57	95
2017	3 530.25	349	11 164.13	1 254	10 351.95	909	23 365.9	2 137	949.67	53
2016	5 535.3	458	28 471.09	3 442	11 081.6	898	33 175.85	2 633	212.51	11
2015	3 342.02	295	10 586.09	2 150	12 441.46	918	32 511	2 561	98	3
2014	6 953.98	582	1 541.98	878	9 372.7	714	21 653.23	1 530	320.99	13
2013	4 752.3	374	1 749.09	408	6 778.59	538	15 934.8	1076	544.81	8
2012	6 499.31	484	2 627.11	299	8 259.32	609	14 022.47	936	163.55	5
2011	2 485.48	195	1 291.2	83	7 135.93	428	10 122.3	637	413.2	9
2010	2 827.03	174	511.5	23	4 870.57	241	6 892.35	444	717.3	8
2009	3 252.33	180	734.9	47	6 712.65	176	4 612.05	263	46.61	6
2008	1 566.9	64	288	15	1 737	41	4 338.5	269	77.2	5
2007	1 109.35	83	112	5	——	——	3 349.1	263	106.48	10
2006	615	43	——	——	——	——	2 919.5	242	43.87	7
2005	604	36	——	——	——	——	1 224	77	——	——
2004	272	17	——	——	——	——	——	——	209.03	12

---

① 国家发展和改革委员会网站。

续表

年份	企业债		公司债		中期票据		短期融资券		可转债	
	发行量（亿元）	发行只数	发行量（亿元）	发行只数	发行量（亿元）	发行只数	发行量（亿元）	发行只数	发行量（亿元）	发行只数
2003	328	17	——	——	——	——	——	——	185.5	16
2002	325	16	——	——	——	——	——	——	41.5	5
2001	125	4	——	——	——	——	——	——	——	——
2000	70.5	6	——	——	——	——	——	——	28.5	2
1999	96.5	38	——	——	——	——	——	——	15	1
1998	66.87	19	——	——	——	——	——	——	3.5	2

数据来源：东方财富 Choice 数据库.

注：2020 年数据截至 2020 年 11 月 27 日。其中，企业债券包括一般企业债券和集合企业债券；中期票据包括一般中期票据和集合票据；短期融资券包括一般短期融资券和超短期融资券，但不包括证券公司发行的短期融资券。

3. 注册制阶段（2020 年至今）

根据修订后的《中华人民共和国证券法》和《国务院办公厅关于贯彻实施修订后的证券法有关工作的通知》（以下简称《国务院通知》），2020 年 3 月，国家发展和改革委员会发布了《关于企业债券发行实施注册制有关事项的通知》，明确企业债券发行全面施行注册制。注册制下，国家发展改革委作为企业债券的法定注册机关，发行企业债券应当依法经国家发展改革委注册。国家发改委指定中央国债登记结算有限责任公司为受理机构，中央国债登记结算有限责任公司、中国银行间市场交易商协会为审核机构。企业债券发行人直接向受理机构提出申请，国家发改委对企业债券受理、审核工作监督指导，并在法定时限内履行发行注册程序。《通知》进一步明确了企业债券发行条件：企业债券发行人应当具备健全且运行良好的组织机构，最近三年平均可分配利润足以支付企业债券一年的利息，应当具有合理的资产负债结构和正常的现金流量，鼓励发行企业债券的募集资金投向符合国家宏观调控政策和产业政策的项目建设。截至 2020 年 11 月 10 日，国家发改委当年已完成核准或注册企业债券 8 288.45 亿元，完成发行 4 767.79 亿元，均比上年同期实现正增长[①]。

(二) 公司债券发展历程

相比于企业债券，公司债券起步要晚很多。虽然 1993 年的《公司法》已然规定公

---

① 国家发展和改革委员会网站。

司可以发行公司债券筹资,但直到 2007 年《公司债券发行试点办法》颁布,公司债券才真正成为公司筹资方式之一。

1. 探索阶段(2007—2014)

2007 年 8 月,证监会颁布实施《公司债券发行试点办法》(以下简称《办法》),标志着公司债券发行正式启动。2007 年 9 月,中国长江电力股份有限公司成功发行 40 亿元公司债券。

公司债券从一开始就采用核准制,由中国证监会核准。与企业债券不同的是,公司债券只适用于公司制企业,而且其在以下几个方面也与企业债券有所区别。在担保制度上,公司债券可以采取无担保和担保两种形式;在发行定价上,公司债券的发行价格由发行人与保荐人通过市场询价确定;在发行次数和时限上,发行公司债券可以申请一次核准,在 24 个月内分期发行;在募集资金用途上,发行公司债券募集的资金用途较宽,只要求符合股东大会核准的用途和符合国家产业政策。

《办法》对公司债券的发行条件做了如下规定:公司的生产经营符合法律、行政法规和公司章程的规定,符合国家产业政策;公司内部控制制度健全,内部控制制度的完整性、合理性、有效性不存在重大缺陷;经资信评级机构评级,债券信用级别良好;公司最近一期末经审计的净资产额应符合法律、行政法规和中国证监会的有关规定;最近三个会计年度实现的年均可分配利润不少于公司债券一年的利息;本次发行后累计公司债券余额不超过最近一期末净资产额的 40%。总体来说,在这一阶段,公司债券还处于起步探索阶段,监管部门对其审核较严格,采用公司债券融资的上市公司较少,公司债券发行规模较企业债券少。

2. 发展阶段(2015—2019)

2015 年 1 月,证监会发布并实施《公司债券发行与交易管理办法》,公司债券的发行更为广泛。公司债券不仅可以公开发行,还可以非公开发行。公司可以向合格投资者发行(每次发行对象不得超过 200 人)非公开发行的公司债券。相对于公开发行公司债券,非公开发行公司债券在诸多方面较为便利,如只由承销机构或发行人向中国证券业协会备案,不需经证监会核准;非公开发行公司债券的信用评级没有强制要求,是否进行信用评级由发行人确定,只需在债券募集说明书中披露;发行人的董事、监事、高级管理人员及持股比例超过 5% 的股东,可以参与本公司非公开发行公司债券的认购与转让。非公开发行公司债券为公司融资提供了方便,迅速成为公司新的融资方式。公司债券可以附认股权、可转换成相关股票等条款。公司债券公开发行的价格或利率以询价或公开招标等市场化方式确定。公司债券发行井喷式发展,由 2014 年的 1 541.98 亿元增长到 2015 年的 10 586.09 亿元,增长近 7 倍,之后一直保持高发行水平,2019 年公司债券发行规模达到 25 416.51 亿元(见表4-6)。

3. 注册制阶段(2020年至今)

根据修订后的《中华人民共和国证券法》和《国务院通知》,证监会发布《关于公开发行公司债券实施注册制有关事项的通知》,规定自2020年3月1日起,公司债券公开发行实行注册制。公开发行公司债券,应当符合修订后的《证券法》和《国务院通知》规定的发行条件和信息披露要求等。公开发行公司债券,由证券交易所负责受理、审核,并报中国证监会履行发行注册程序。截至11月27日,2020年已发行公司债32 284.57亿元。

(三)中期票据发展历程

中期票据是指具有法人资格的非金融企业在银行间债券市场按照计划分期发行的,约定在一定期限还本付息的债务融资工具。2008年4月,中国人民银行颁布《银行间债券市场非金融企业债务融资工具管理办法》,对银行间市场的非金融企业发行债务融资工具进行框架性和原则性的规范。该办法明确规定,由中国银行间市场交易商协会负责对债务融资工具进行注册,并对债务融资工具的发行与交易实施自律管理。作为非金融企业债务融资工具的一种,中期票据期限一般在1年以上。之后,中国银行间市场交易商协会发布《非金融企业债务融资工具注册发行规则》等三项规则和《银行间债券市场非金融企业债务融资工具募集说明书指引》等四项指引,正式在全国银行间债券市场推出中期票据。中期票据一经推出就受到各个企业的青睐,2019年中期票据发行规模达到20 108.1亿元。

(四)短期融资券发展历程

短期融资券是指企业依照规定的条件和程序在银行间债券市场发行和交易,并约定在一定期限内还本付息的有价证券。2005年5月,中国人民银行颁布《短期融资券管理办法》以及《短期融资券承销规程》《短期融资券信息披露规程》[①],允许符合条件的企业在银行间债券市场向机构投资者发行短期融资券,短期融资券逐步成为企业短期直接负债融资的主要方式,且发展速度惊人。如表4-6所示,2005年我国企业短期融资券融资规模只有1 224亿元,到2019年其融资规模达到36 254.19亿元,比2005年增长近30倍。

短期融资券为企业短期融资提供了便利。首先,短期融券的发行规模较大。中国人民银行对企业发行融资券实行余额管理,待偿还短期融资券余额最高不超过企

---

① 2008年4月,中国人民银行发布《银行间债券市场非金融企业债务融资工具管理办法》,上述几项规定终止执行。

业净资产的 40%。其次,发行时间可灵活掌握。企业申请的短期融资券发行额度一年内有效,发行人可根据需要在额度内自主确定每期发行数量、发行期限,每期发行只需要向中国人民银行备案。融资券的期限最长不超过 365 天。发行融资券的企业可在上述最长期限内自主确定每期融资券的期限。第三,发行利率放开。短期融资券发行利率或发行价格由企业和承销机构协商确定。第四,发行手续简单。短期融资券发行采用备案制,而不是审批制,发行人报中国人民银行备案。第五,上市交易手续简单。短期融资券在债权债务登记日的次一工作日,即可以在全国银行间债券市场机构投资人之间流通转让,无需审批。第六,募集资金用于生产经营相关的用途。2010 年年底,我国又推出发行更便捷、资金使用更灵活的超短期融资券(270 天以内),短期直接债务融资渠道进一步拓宽。

(五) 可转换债券发展历程

可转换债券作为一种介于股票和债券之间的混合金融产品,在债券市场中发挥着特殊的作用。它赋予债券持有人在规定的期限内依照约定的价格将其转换为发行公司的普通股票或者持有到期收取本息的权利。

1. 自主探索阶段(1991—1996)

1991 年 8 月,经中国人民银行海南省分行批准,琼能源向社会公开发行了我国历史上第一只可转换债券,可转换债券作为一种新的融资方式进入我国企业。之后多家公司如成都工益、宝安集团等也发行了可转换债券。一些 B 股和 H 股企业,如中纺 B 股、深南玻 B、华能国际等还在国际上发行了可转换债券。但总体来说,在此阶段,可转换债券对于大部分企业来说还是新兴事物,在选择融资方式时较少考虑,发行可转换债券的公司寥寥无几,而且国家也没有正式出台任何关于可转换债券的法规或者指导意见,发行可转换债券的公司都处于自主探索状态。

2. 规范试点阶段(1997—2000)

为了加强对可转换债券的管理,规范可转换债券的发行、上市、转换股份及其相关活动,保护当事人合法权益,1997 年 3 月 25 日,国务院证券委员会发布了《可转换公司债券管理暂行办法》,对境内符合规定的上市公司和重点国有企业发行可转换公司债券进行了规范。该办法规定上市公司或重点国有企业发行可转换公司债券,应当由发行人提出申请,经省级人民政府或者国务院有关企业主管部门推荐,报中国证监会审批。上市公司发行可转换公司债券,应当符合下列六个条件:① 最近 3 年连续盈利,且最近 3 年净资产利润率平均在 10%以上;属于能源、原材料、基础设施类的公司可以略低,但是不得低于 7%;② 可转换公司债券发行后,资产负债率不高于 70%;③ 累计债券余额不超过公司净资产额的 40%;④ 募集资金的投向符合国家产业政策;⑤ 可转换公司债券的利率不超过银行同期存款的利率水平;⑥ 可转换公司债券的发行额不少于人民币1亿元。重点国有企业发行可转换公司债券,除应当符合本办法第九条第③、④、⑤、⑥项条件外,还应当符合以下条件:最近3年连续盈利,且最近3年的财务报告已经具有从事证券业务资格的会计师事务所审计;有明确、可行的企业改制和上市计划;有可靠的偿债能力;有具有代为清偿债务能力的保证人的担保。

在这期间先后有三家国有非上市企业(南宁化工、吴江丝绸和茂名石化)和两家上市公司(上海机场和鞍钢股份)作为可转换债券试点企业发行了可转换债券,共募集资金47亿元。虽然可转换债券的发行方式选择、发行条款设计、投资者结构在逐步完善,但仍然带着浓厚的扶持重点国有企业发展的中国特色。

3. 初步发展阶段(2001—2005)

为了规范可转债市场的运营,进一步促进我国可转债的大力发展,2001年中国证监会颁布了《上市公司发行可转换公司债券实施办法》以及《公开发行证券的公司信息披露内容与格式准则第12号——上市公司发行可转换公司债券申请文件》《公开发行证券的公司信息披露内容与格式准则第13号——可转换公司债券募集说明书》《公开发行证券的公司信息披露内容与格式准则第14号——可转换公司债券上市公告书》三个相关文件。这些文件的颁布,使A股上市公司发行可转换债券有了操作细则和规范指引。办法规定,我国上市公司的可转债发行采用核准制,只有符合一定条件的上市公司才能发行可转债,标志着我国可转债市场的发展进入一个新的阶段。之后几年,上市公司发行可转换债券的较之前明显增多,2002年就有5家上市公司发行了可转换债券(阳光转债、万科转债、水运转债、燕京转债和丝绸转债),共募集资金41.5亿元。2003—2004年,虽然我国股市波动很大,但可转债融资依旧很活跃,分别有15家和13家上市公司发行可转换债券。我国可转债市场发行速度明显加快,发行数量增加,单只可转债发行规模逐渐扩大。

4. 逐步成熟阶段(2006—2014)

2006年5月发布的《上市公司证券发行管理办法》降低了可转换债券的发行条件,其中盈利能力由"最近3年连续盈利,且最近3年净资产利润率平均在10%以上;属于能源、原材料、基础设施类的公司可以略低,但是不得低于7%"变为"最近三个会计年度加权平均净资产收益率平均不低于6%",删除了"可转换公司债券发行后,资产负债率不高于70%""可转换公司债券的发行额不少于人民币1亿元"的规定。对发行可转债期限由原来的"最短三年,最长五年"改为"最短一年,最长六年"。同时,新增了"上市公司可以公开发行分离交易的可转换公司债券",对发行人的信用评级有了严格要求,需要资信评级机构每年至少公告一次跟踪评级报告。这些条款的大幅修改一方面降低了可转换债券的发行门槛,可转换债券的审核通过率有所提高,使得越来越多的企业能够通过发行可转债融资;另一方面又促使可转换债券的发行更为规范,发行人更加重视信用评级,投资人投资风险有所降低,这也在一定程度上提高了可转债发行的成功率。九年间,A 股市场共发行了 71 只可转换债券,发行总规模达到 2 434 亿元(见表 4-6)。

5. 高速发展阶段(2015 年至今)

2015 年 1 月,证监会发布并实施《公司债券发行与交易管理办法》。办法规定,上市公司、股票公开转让的非上市公众公司发行的公司债券,可以附认股权、可转换成相关股票等条款,并允许非公开发行可转换债券,为可转换债券的高速发展创造了条件。2017 年 9 月,上海证券交易所颁布《上海证券交易所上市公司可转换公司债券发行实施细则》,规范上市公司可转换债券发行行为。实施细则明确指出,上市公司发行可转债,可以全部或者部分向原持有公司股票的股东优先配售。

2019 年 8 月,深圳证券交易所和上海证券交易所联合中国证券登记结算有限责任公司和全国中小企业股份转让系统有限责任公司,发布了《非上市公司非公开发行可转换公司债券业务实施办法》,该实施办法将可转换公司债券的发行人拓宽到股票未在证券交易所上市的股份有限公司,也就是说,所有新三板的挂牌公司都被纳入可转换公司债券的发行主体范畴,使得更多的公司可以采用可转债进行融资。办法同时明确非上市公司非公开发行可转债应在沪深交易所挂牌,采用协议转让方式转让。为了配合迅速发展的可转债市场,国家同时开放了可转债投资者的申购条件,将资金申购改为信用申购,大量投资者涌入可转债市场,使得可转债市场空前繁荣。2015 年 1 月到 2020 年 11 月,我国企业发行可转债达到 507 只,发行总规模达到 6 952.84 亿元,尤其是 2019—2020 年,我国企业发行可转债金额比之前翻倍,均超过 2 000 亿元,可转债市场显现出巨大的发展潜力(见图 4-9)。

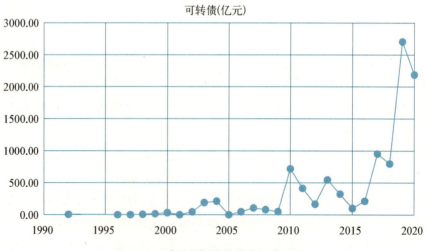

图 4-9 我国可转换债券发行情况图

数据来源:东方财富 Choice 数据库。

二、信用债券市场发展与企业目标演进

随着企业债券、公司债券、可转换债券、短期融资券、中期票据等信用债券的发展,企业直接负债融资渠道拓宽。相对于银行贷款,债券对企业的约束力更大,更能对企业形成有效监督。一方面,债券,尤其是公开发行债券,投资者众多,信息透明度较高。为了降低投资者的信息不对称,发债企业需要定期披露公司各方面的信息,这会促使企业规范内部治理、降低经营风险,以降低违约可能性,因为债券违约的影响范围广泛、影响程度巨大。另一方面,很多债券在二级市场上流通,发行人公司治理、经营状况的变化影响到企业信用状况,进而引起二级市场上债券价格的变化,甚至影响企业下一次债券发行。纵观我国公司信用债券市场的发展历程,其在以下三个方面的变化推动了企业目标的演进。

(一)发行审核机制改革

我国信用债券(尤其是企业债券)的发行审核机制经历了额度审批到发行核准,再到注册制的过程。在额度审批阶段,企业能否发行债券不仅取决于本身资质,还取决于国资委确定的额度,所以企业往往把更多精力放在争取额度上。也正因为额度限制,当时债券市场发行规模很小,大部分企业都无法争取到额度发行债券,债券融资只是小部分大型国有企业的融资渠道之一。而且,发债企业为大型国有企业,所有者是国家,企业即使违约往往也不会承担破产风险,而是由财政买单,所以债权人利益在此阶段并没有引起企业足够的重视。随着核准制的推行,对大部分企业来说,发行债券不再是遥不可及的,只要符合发行条件就可以发行债券,债券融资成为众多企业的融资方式之一。无论是哪种直接负债融资方式,都要求发行人流动性良好、具有较强的到期偿债能力、之前没有延迟支付本息的情形、具有稳定的偿债资金来源且最近几个会计年度盈利。为了融到更多的资金和降低资本成本,企业在发行债券前后必须重视自身偿债能力,以保证利息和到期债务的按期支付与偿还,以减少财务风险。

(二)发行规模成倍增长

如表4-6所示,近十年来,无论是企业债券,还是公司债券、可转换债券、中期票据和短期融资券都得到空前的发展,发行规模迅速扩大,债券市场逐渐成为企业重要的筹资平台。随着债券市场筹资能力,尤其是筹集长期资本能力的凸显,企业也就自然而然地重视债券投资者的利益。

(三)债券品种日趋多样化

从公司信用债券的品种来说,2004年前只有企业债券一种,之后短期融资券、公司债券、中期票据、非公开定向债务融资工具、中小企业私募债、中小企业集合票据、资产支持票据等相继推出,而且债券还可以附认股权、回售、提前偿还、票面利率选择权、定向转让选择权、可调换等条款,极大地丰富了公司信用债券市场,能够满足企业多维度的直接负债融资需求,促使更多企业进入资本市场进行负债融资,以减少融资约束,降低融资成本,同时也促使企业重视债权人利益。虽然公司信用债中有短期融资券这样的短期融资工具,但大部分债券的发行期限都超过一年,所以债券融资能够改善企业融资结构,增大长期负债融资比例,随着负债期限变长,企业也越来越重视长期目标。

三、债券市场发展与企业目标演进:主要驱动因素

(一)债券定价机制

我国债券的发行定价方式经历了从行政定价向市场定价,单一定价向多元化定价的演变。刚开始,我国债券的发行价格由发行主体单方面确定,即发行人确定一个价格(利率)后,就按这个价格卖给投资者。20世纪90年代中期前,我国债券发行基本采用这种定价方式。不过,当时企业发行的信用债券不多,所以单一定价方式主要是国债采用。

1993年国务院颁布的《企业债券管理条例》规定,企业债券的利率不得高于银行间相同期限居民储蓄定期存款利率的40%。1997年的《可转换公司债券管理暂行办法》规定,可转换公司债券的利率不超过银行同期存款的利率水平。可见,这一时期我国债券的定价方式是将债券利率与同期银行存款利率挂钩,这种方式限制了公司债券利率的浮动幅度,最高只能高于同期居民储蓄定期存款利率的40%,导致不同企业债券的利率差异不大,如1998年发行的22家企业债券中,有16家的票面利率为6.93%(闫屹,2012)。所以,这种定价方式下的债券利率不能很好地反映不同发债企业间的风险差异和资金供求情况,造成风险和收益不对等,限制了以债券价格衡量债券风险的能力。对于风险较大的债券,受限制的利率相当于将一部分风险转嫁给投资者,在一定程度上损害了债权人利益,也降低了企业控制违约风险的动力。

2007年证监会颁布的《公司债券发行试点办法》放松了利率管制,规定公司债券的发行价格由发行人与保荐人通过市场询价确定,将公司债券的发行定价权交给市

场。2005 年中国人民银行发布的《短期融资券管理办法》规定,短期融资券发行利率或发行价格由企业和承销机构协商确定①。2008 年的《银行间债券市场非金融企业债务融资工具管理办法》进一步提出,"债务融资工具发行利率、发行价格和所涉费率以市场化方式确定"。2015 年证监会发布的《公司债券发行与交易管理办法》规定,公司债券公开发行的价格或利率以询价或公开招标等市场化方式确定。我国债券定价方式趋向市场化和多元化,招标和簿记建档②成为债券的主要定价方式。

市场化定价方式通过利率水平反映债券信用等级和流动性的不同,能够更准确地反映债券的风险,真正体现风险与收益对等原则,便于保护债权人利益。这也就促使企业在日常经营管理中重视降低违约风险,控制会降低债券信用等级的各种不利因素,以降低发行债券时的利率水平,提高债券发行价格。

但是,市场化定价方法的有效实施有赖于各种因素的保障。如簿记管理人的公司治理结构和内部控制制度的健全程度、具体业务操作的规范程度、规则执行是否到位、招标发行前信息披露是否充分等。2020 年 4 月,中国银行间市场交易商协会发布《非金融企业债务融资工具发行规范指引》,对非金融企业在银行间市场以招标方式及簿记建档方式发行非金融企业债务融资工具进行规范。通过各种制度减少不正当利益输送、破坏市场秩序的行为,保证债券定价的公平、公正、公开。如此,市场化定价方法才能够真正推动企业重视债券投资者利益,发挥其在企业目标演变中的作用。

(二) 信用评级制度

债券信用评级是独立的第三方信用评级机构以一套相关指标体系为考量基础,利用自身的技术优势和专业经验对发行人偿付其债务的能力和意愿进行评价。信用评级是对发行企业的一种约束,能够增加发行人信用意识。债券信用评级制度的完善更有利于促进企业重视债权人利益,降低违约风险。同时,信用评级是确定债券融资成本的依据。由于信息不对称,投资者对发行债券企业不甚了解,信用评级可以帮助投资者甄别发行人的信用风险,依据评级结果进行投资决策。

我国信用评级行业的发展始于 20 世纪 80 年代末,历史较短。1987 年,《企业债券管理暂行条例》发布后,为了规范企业债券发展,各地纷纷建立资信评级机构,首批数量就达到 90 多家。之后,中国人民银行和国务院分别下发《关于设立信用评级委员会有关问题的通知》《关于进一步加强证券市场宏观管理的通知》,确立了信用评级

---

① 2006 年的《上市公司证券发行管理办法》规定,可转换公司债券的利率由发行公司与主承销商协商确定。

② 簿记建档发行是指发行人和主承销商协商确定利率(价格)区间后,承销团成员或投资人发出申购要约或申购需求,由簿记管理人(一般由承销商承担)记录承销团成员或投资人提交的认购利率(价格)及数量意愿,在考虑市场利率水平和资金充裕程度的基础上,按约定的定价和配售方式确定最终发行利率(价格)并进行配售的行为。

在债券发行审批中的地位。1997年,中国人民银行认可了中国诚信、大公国际等九家评级机构①的企业债券资信评级资格。

随后,关于债券的发行和上市规定中,都将信用评级作为一项必要条件。2000年,上海证券交易所和深圳证券交易所发布的《企业债券上市规则》中的债券上市条件之一是债券的信用等级不低于A级。2003年,国家发改委要求发债企业上报具有评级资格的评级机构出具的债券评级报告,之后,证监会也对公司债券的信用评级以及评级机构提出了明确要求。2003年保监会要求保险公司投资的企业债券只能在AA级以上。2004年后,为了保护债券投资者利益,监管部门对债券信用评级更为重视,要求企业在发行债券前由信用评级机构进行信用评级,信用评级已经成为短期融资券、中期票据等债券发行的必要条件。

我国信用评级制度的发展与债券发行审核机制的改革密不可分。随着债券发行审核机制的改革、核准制和注册制的推行,规避债券市场信用风险的手段由依赖政府对发行债券实施严格的行政审批变为主要依靠市场力量,通过建立市场约束和监督机制来控制风险。信用评级是市场监督机制的重要组成部分。无论是哪种信用债券一般都要求企业在发行前进行信用评级,独立、客观、公正的债券信用评级制度可以降低发行人与投资者之间的信息不对称,让投资者对发行人的违约可能性做出更为准确的判断,降低其所面临的信用风险。同时,完善的信用评级制度又可以对发行人行为形成有效约束,因为评级机构的评级结果直接影响债券发行价格和发行规模②。为了获得更高的发行价格、更低的筹资成本和更大的发行规模,高的信用评级必不可少,这些都会促使企业增强信用意识,将提高偿债能力、降低违约风险、最终实现公司价值最大化作为企业目标。

随着信用评级市场业务的不断拓展,我国债券市场的信用评级出现了信用评级结果普遍较高、信用评级差别不大、信用评级对有效定价作用不明显等问题。2020年,在上交所和深交所挂牌交易的公司债、企业债和可转换债券绝大部分的信用等级都是AAA和AA,只有不到2%的债券被评为A以下等级(见表4-7)。尤其是国企,由于有国有身份,违约后被政府救助的可能性大,更容易被评级机构给予较高评级,如华晨、永煤债券直到正式违约前一天,依旧是AAA评级。这一部分是因为发债企业大多实力较强、效益较好,且有担保,但很大程度上也源于信用评级行业不够规范、缺乏统一标准,信息不透明,评级结果容易受外部因素干扰等原因。也正因为评级结

---

① 这九家评级机构是中国诚信证券评估有限公司、大公国际资信评估有限责任公司、深圳市资信评估公司、云南资信评估事务所、长城资信评估有限公司、上海远东资信评估公司、上海新世纪投资服务有限公司、辽宁省资信评估公司和福建省资信评估委员会。

② 何平和金梦(2010)研究发现,债券评级和主体评级对企业债券发行成本具有解释力。王雄元和张春强(2013)发现,信用评级越高,中期票据融资成本越低。

果不能有效揭示债券风险,使得我国信用债券的评级结果对债券利率和定价的影响有限,较难发挥信用评级在债权人利益保护方面的作用。

表 4-7　2020 年上交所、深交所交易债券信用等级表　　　　单位:家

信用等级	上交所			深交所		
	公司债	企业债	可转债	公司债	企业债	可转债
A/AA/AAA	7 708	2 226	152	1 312	33	220
B/BB/BBB	10	0	0	8	0	0
C/CC/CCC	77	5	0	34	0	0
合　计	7 795	2 231	152	1 354	33	220

数据来源:东方财富 Choice 数据库。

(三) 信息披露制度

信息披露制度是债券市场监督机制的另一个重要组成部分。信息披露是发行人按照法律法规规定将其经营和财务状况等信息向社会公开,以便投资者了解发行人的情况。充分的信息披露可以降低投资者的信息不对称,帮助投资者做出更科学的决策,从而减少违约风险,保护投资者利益;同时,充分的信息披露可以提升市场透明度,使投资者在公平的环境下开展竞争,保证债券市场的公平、公开、公正,提高市场效率。

企业债券刚开始发展的时候,由于涉及的发行企业和投资者较少,且在发行前经过严格审批,所以国家并没有在相关法律法规中提出明确的信息披露要求,如 1987年的《企业债券管理暂行条例》和 1993 年的《企业债券管理条例》都没有关于信息披露的条款。随着企业债券发行规模扩大、审核机制改为核准制,以及企业债券在上海或深圳证券交易所上市流通,信息披露渐渐受到关注。2000 年,上交所和深交所发布的《上海证券交易所企业债券上市规则》《深圳证券交易所企业债券上市规则》的第五章都是"信息披露及持续性义务",对上市企业债券的信息披露提出要求。2007年,公司债券开始发行,证监会颁布的《公司债券发行试点办法》对申请发行公司债券需披露信息的真实、准确、完整、及时、公平提出了要求。2015 年的《公司债券发行与交易管理办法》除了在总则中提及发行人及其他信息披露义务人的信息披露义务外,还在第三章中专门就信息披露内容、形式等做了详细规定,需要披露的信息愈加丰富。两个交易所制定的《公司债券上市规则》[①]则将信息披露内容进一步细化,从一般

---

① 2007 年,随着公司债券的发行上市,两个交易所将《企业债券上市规则》更名为《公司债券上市规则》,并分别于 2012、2015、2018 年进行了修订。

规定、定期报告、临时报告和专业机构的信息披露四个方面对公司债券的信息披露进行了规范。

债务融资工具在银行间债券市场交易，自1997年银行间债券市场成立以来，经过二十多年的发展，也形成了较为完整的信息披露制度。早在2000年，中国人民银行颁布的《全国银行间债券市场债券交易管理办法》中首次出现了对信息披露违规行为的处罚条款。2005年，中国人民银行颁布《短期融资券管理办法》时配套出台了《短期融资券信息披露规程》，对短期融资券信息披露的内容、格式、实施程序、发布平台等进行了规定。2008年，中国人民银行发布的《银行间债券市场非金融企业债务融资工具管理办法》对企业发行债务融资工具提出了诚实信用的信息披露要求。之后，中国银行间市场交易商协会制定了《银行间债券市场非金融企业债务融资工具信息披露规则》，就非金融企业在银行间债券市场发行债务融资工具信息披露的内容、程序、处罚措施等进行了详细规定。

可见，随着信用债券市场的发展，各方对信息披露越来越重视，公开信息披露的内容越来越广泛，信息披露的程序、格式、处罚措施等越来越规范，这都推动着发债企业完善公司治理结构，改善公司经营管理，提高信息披露质量。但是，近年来诸多债券违约的事实说明了我国债券市场的信息披露还不够准确和充分，投资者依据公开披露的信息作出的价值判断与实际有偏差，导致投资决策失败。相对于股票市场的信息披露，债券市场信息披露的内容增加了信用评级的公告要求，所以债券市场的信息披露不仅涉及发行人及其承销商，还涉及资信评级机构。只有提高发行人的信息披露意识、增强承销商的责任意识、提升资信评级机构的评级水平、加大监管机构的监管力度和违规处罚机制，才能从整体上提升债券的信息披露质量，发挥其在债券市场上的作用。

此外，我国债券市场的信息披露还存在制度不统一的问题，如前所述，由于历史发展原因，我国信用债券市场"多头监管，各管一摊"，导致包括信息披露在内的各项制度没有统一建构，各种信用债券信息披露标准不统一。为了改变这种局面，2019年12月20日，中国人民银行、发展改革委、证监会联合发布关于《公司信用类债券信息披露管理办法（征求意见稿）》公开征求意见的通知。从企业信息披露和中介机构信息披露两个方面对公司信用类债券的信息披露进行了规范。征求意见稿显示，企业未按照规定履行信息披露义务，或所披露信息存在虚假记载、误导性陈述或重大遗漏的，致使债券投资者遭受损失的，应当承担赔偿责任。企业的控股股东、实际控制人以及为企业提供信息披露服务的中介机构所出具文件存在虚假记载、误导性陈述或重大遗漏的，也应当依法承担相应责任。统一构建的信用债券信息披露制度将对企业目标演进具有更大的影响力。

第四章　金融机构改革、债券市场发展与企业目标演进

本 章 小 结

作为企业的两大债权人——金融机构和债券投资者在各自的发展过程中都推动着企业重视债权人利益。

改革开放后,专业银行恢复,经历了企业化改革、商业化改革、股份制改造、经济新常态下的转型等一系列改革,逐步树立风险管理意识,构建风险控制体系,推进银行金融产品和服务创新,参与两次大规模的"债转股",在企业经营中不仅扮演着债权人的角色,还参与公司治理结构的构建,推动企业逐渐重视降低违约风险,关注债权人利益,并通过促使企业公司治理机制的完善来达到保护债权人利益,乃至兼顾多方利益的目标。

信托、金融租赁公司等非银行金融机构的发展有效弥补了传统银行信贷的不足,为企业融资提供多种渠道。非银行金融机构大多经历了从无序经营、公司定位不清、被清理整顿到逐渐回归本业、机构数量和业务规模井喷式发展、成为支持实体经济发展的重要力量的发展过程。随着非银行金融机构风险管理意识加强、公司治理结构和内部控制制度逐步完善、收费渐趋市场化,行业风险与所投资产业风险密切相关,其在推动企业关注违约风险、重视债权人利益中同样发挥着重要作用。

企业信用债券市场经历了从无到有、逐步壮大的发展过程,从最开始的审批制到之后的核准制,再到最新的注册制,信用债券发行规模成倍增长,债券品种日趋多样化。随着债券定价方式从行政定价到招标、簿记建档等市场定价方式的演变,信用债券的市场化程度越来越高。信用评级制度和信息披露制度作为债券市场监督机制的两大重要组成部分发挥越来越重要的作用,也是推动企业重视债权人利益的核心动力。

复习思考题

1. 银行改革是如何驱动企业目标演进的?银行改革驱动企业目标演进的主要因素有哪些?随着大数据、云计算、区块链等金融科技的发展,未来有可能还会发生哪些变化?

2. 与银行相比,信托、金融租赁公司等非银行金融机构在驱动企业目标演进中发挥着什么作用?这种作用随着非银行金融机构的发展是否会有所变化,为什么?

3. 我国企业发行的信用债券包括哪些?信用债券市场发展如何驱动企业目标的演进?主要驱动因素有哪些?

主要参考文献

1. 陈超,甘露润.银行风险管理、贷款信息披露与并购宣告市场反应[J].金融研究,2013(1):92-106.

2. 国金证券研究所.1999年债转股的背景、经验和启示[N].上海证券报,2016-10-13.

3. 何平,金梦.信用评级在中国债券市场的影响力[J].金融研究,2010(4):15-28.

4. 李晓慧,杨子萱.内部控制质量与债权人保护研究——基于债务契约特征的视角[J].审计与经济研究,2013(2):97-105.

5. 李曜,谷文臣.债转股的财富效应和企业绩效变化[J].财经研究,2020(7):107-121.

6. 刘明康.中国银行业改革开放30年(1978—2008)[M].北京:中国金融出版社,2009.

7. 刘曦腾,刘广浩.中美商业银行中间业务竞争力差异与成因分析[J].商业研究,2016(9):64-70.

8. 陆岷峰,周军煜.中国银行业七十年发展足迹回顾及未来趋势研判[J].济南大学学报(社会科学版),2019,Vol.29 No.4.

9. 沈炳熙,曹媛媛.中国债券市场:30年改革与发展(第二版)[M].北京:北京大学出版社,2014.

10. 童盼,陆正飞.负债融资、负债来源与企业投资行为[J].经济研究,2005(5):75-84.

11. 王擎,蔡栋梁.信息不对称、贷款公告与转移成本[J].管理世界,2009(10):168-169.

12. 王雄元,张春强.声誉机制、信用评级与中期票据融资成本[J].金融研究,2013(8):150-164.

13. 徐忠.新时代背景下中国金融体系与国家治理体系现代化[J].经济研究,2018(7):4-20.

14. 闫屹.我国公司债券市场发展滞后的制度因素研究[M].北京:人民出版社,2012.

15. 杨德明,冯晓.银行贷款、债务期限与上市公司内部控制[J].山西财经大学学报,2011(8):44-50.

16. 张国海,高怿.商业银行中间业务的国际比较与发展战略[J].金融研究,2003

(8): 129-134.

17. 中国人民银行新干县支行课题组.债转股下的权益再分配：瑞丰公司案例[J].金融研究,2002(4): 119-124.

18. 周小川.大型商业银行改革的回顾与展望[J].中国金融,2012(6): 10-13.

19. FAVARA G. Agency problems and endogenous investment fluctuations[J].The review of financial studies, 2012, 25(7): 2301-2342.

20. JENSEN M, MECKLING W. Theory of the firm: managerial behavior, agency costs and capital structure[J]. Journal of financial economics, 1976(3): 305-360.

21. MYERS S. Determinants of corporate borrowing[J]. Journal of financial economics,1977(5): 147-175.

22. PARRINO R, WEISBACH M S. Measuring investment distortions arising from stockholder-bondholder conflicts[J]. Journal of financial economics,1999(53): 3-42.

23. SMITH C, JEROLD B W. On financial contracting: an analysis of bond covenants[J]. Journal of financial economics,1979(7): 117-161.

第五章

商品市场发展与企业目标演进

本章要点：

1. 中国商品市场建立与发展的主要特征。
2. 价格双轨制阶段，商品市场发展与企业目标演进。
3. 引进来、走出去与加入 WTO 阶段的企业目标演进。
4. 互联网时代的企业目标演进。

改革开放以来,商品市场呈现出迅速发展的趋势,而商品市场的发展也会对企业目标演进产生深远的影响。本章将改革开放以来商品市场发展划分为三个阶段:价格双轨制阶段,引进来、走出去与加入 WTO 阶段,互联网阶段。这三个阶段对应的商品市场发展阶段是:供不应求阶段、供过于求阶段和商品转型升级阶段。针对不同的阶段,商品市场的发展对两类企业(国有与非国有)目标影响的方向基本一致,但影响程度存在差异。相对而言,非国有企业对市场、商品价格变动等均表现得更为敏感,其主要关注的是经济目标,故商品市场发展对非国有企业(国有企业)目标的影响程度相对更强(更弱)。

具体来说,在价格双轨制阶段,国有企业和非国有企业都开始高度关注企业的盈利,也涌现出一批优秀的企业和知名品牌。进入引进来、走出去与加入 WTO 阶段,随着商品市场总体走向供过于求,这必然倒逼很多没有很强技术优势、难以形成差异化的企业去努力控制成本;经济全球化的趋势驱使中国的很多优秀企业开始高度关注品牌建设。进入互联网时代,其一系列时代特征促使企业高度关注客户需求,客户、用户、流量等指标成为非国有企业最关注的目标之一;互联网时代个性化、差异化、极致化商品的大量涌现促使企业加大研发,创新驱动成为很多企业的重要发展目标。

第一节 企业目标演进及其驱动力量:商品市场视角的一般性分析

一、企业目标的演进

根据科斯(Coase,1937)的论述,由于市场交易需要花费一定的交易成本,借助权威指令运作的企业就成为市场的一种有效替代机制。换言之,按照科斯的观点,企业之所以存在,或者说企业的一个重要目标应当是降低交易成本。具体到个别企业,降低企业运营中的各种交易成本,也就是降低了会计学所指的费用,从而有助于形成企业的利润。尽管市场上的企业类型、企业大小、发展阶段存在很大的差异,企业目标一般都包括盈利的目的。盈利这个目标的存在,也是企业和非营利性组织的最重要区别之一。

企业的目标包括盈利,但随着企业的发展壮大,其目标往往不局限在盈利的范畴。这是因为,现代企业除了需要追求股东利益,也需要顾及企业其他利益相关者的利益诉求。根据我们的概括,尽管股东利益是企业目标形成的最基本决定因素,但债权人、员工、政府、消费者及社会公众等利益相关者的利益诉求,也都会对企业目标的形成产生一定的修正作用。

根据中国企业家调查系统(2018)的问卷调查结果,以及 2017 年关于企业家所关注的企业生产经营活动的调查结果显示,总体而言,企业家较为关注的生产经营活动依次是:利润增长(70.94%)、市场开拓(59.61%)、员工满意度(54.45%)、营业收入增长(46.78%)和新产品开发(46.78%)。此外,该项调查还发现,企业在当时的环境下需要对各类利益相关者利益进行平衡,尤其是需要注重内涵式发展,而不能仅仅关注短期利润本身。对于企业未来发展方向的展望,近七成企业首先朝着使顾客满意的方向努力,其次是使员工幸福,随后关注的分别是品牌化、造福社会、科技创新、环境友好等目标。

以上调查结果表明,随着四十多年经济的发展,中国企业较以往更好地平衡了社会目标与经济目标。需要进一步说明的是,企业目标从早期的唯利是图,到自觉满足股东之外的其他利益相关者的利益诉求,从而使企业从一个纯粹以营利为目的的经济组织,进化为平衡对待所有利益相关者利益的共生共益型的社会经济组织,并非一蹴而就,而是经历了一个漫长的历史演进过程。在演进的过程中,商品市场的发展①是其中一个非常重要的驱动力。商品市场的发展不仅仅导致了成本控制、经济化管理、品牌化、使顾客满意等企业目标的直接形成;也进一步(或间接)导致了科技创新等目标的形成与强化。

本章将在进一步阐述相关逻辑的基础上,从国有企业与非国有企业的视角,分不同历史阶段(即价格双轨制阶段,引进来、走出去与加入 WTO 阶段,互联网阶段),进一步论述和分析相关问题。本章三个历史阶段的划分,主要关注的是影响我国改革开放四十多年商品市场发展的三个重要阶段,分别对应商品市场供不应求阶段、供过于求阶段与商品市场转型升级阶段。需要指出的是,这只是一个较为粗略的划分,时间节点之间并不存在明确的界限。价格双轨制阶段的期间大致为 1979—1996 年;引进来、走出去与加入 WTO 阶段的期间大致为 20 世纪 90 年代末—2012 年;互联网时代主要是从 2012 年至今。

二、中国商品市场建立与发展的主要特征

概括地说,中国商品市场建立与发展有如下五个主要特征②。

(1) 始终坚持市场化改革方向。从改革开放伊始提出"有计划的商品经济",到党的"十四大"提出"让市场在资源配置中发挥基础性作用",再到党的十八届三中全会提出的"让市场在资源配置中发挥决定性作用"。我国的市场经济体制改革始终坚

---

① 企业通过商品与顾客紧密联系在了一起,因此本章将商品市场发展视之为企业目标的重要驱动力,实则涵盖了商品与顾客的范畴。
② 此处的分析,借鉴和参考了国务院发展研究中心市场经济研究所(2019)的研究。

持市场化的改革方向,在此基础上,不断推动商品市场的市场化发展。

(2) 坚持循序渐进、先易后难的策略,在渐进式改革中推动市场发展。在改革开放进程中,我国政府采取了先消费品后生产资料、先商品后要素、先对内开放后对外开放的渐进式改革策略。在价格机制改革方面,20世纪80年代,开始探索价格双轨制改革,这一改革也遵循了先易后难的策略。价格双轨制改革思路显然是先易后难,其具体做法是:最初放开商品价格,将商品价格推向市场;逐步放开农副产品、重要生产资料的国家指导价,实现价格并轨。例如,1993年,粮食价格双轨制基本结束;同年,钢铁、煤炭等重要生产物资也相继并轨(武力,2020)。然而,时至今日,在一些重要的领域,价格管制依然部分存在①,这也会导致一些领域矛盾的产生(于立、刘劲松,2004)。

(3) 坚持以开放促改革,实现对内改革与对外开放的联动发展。在四十多年的改革历程中,市场体系的建立和发展首先开端于对内改革,包括取消商品和要素市场对市场主体所有制的限制,激发市场的发展活力,促进市场自身的发育和发展;在市场体系发展取得一定成效的基础上,主动、稳妥、有序地实施对外开放。这种做法有利于吸引外资,增强国内市场的竞争,形成国内市场主体的良性倒逼机制,促使其提升经营管理水平,加快创新转型,促进国内市场体系更快提升(国务院发展研究中心市场经济研究所,2019)。

(4) 坚持更好地发挥政府作用。政府的作用体现在以下两个方面:① 相关基础性制度的建立与完善;② 服务、引导、监管等。例如,很多地方政府在招商引资、支持地方商品市场建设方面发挥了极其重要的作用。例如,著名的义乌小商品城的建设、建成与发展,义乌当地政府就发挥了非常重要的服务、引导作用。1983年,义乌市政府投资58万元,兴建了一个占地220亩的小商品市场,这是当时中国最先进的专业市场②。在推进兴商建市的战略过程中,政府充分发挥商贸资本雄厚、市场信息灵敏、经商人才众多等优势,积极实施引商转工、贸工联动的策略,引导民营企业家和商业资本向工业扩展,大力发展小商品制造业,形成诸多与小商品专业市场紧密联动的工业产业体系,为义乌小商品市场的繁荣提供了强大的资金、产业支撑。

(5) 基于互联网的信息技术逐渐成为影响商品市场建立与发展的重要因素之一。随着进入互联网时代,基于互联网的各种信息技术已经极大地改变了人们的消费习惯,也极大地改变了企业的很多经营管理行为。互联网的一个显著特征是交易

---

① 我们查阅了发展和改革委员会网站,网站资料显示,价格司的主要职责是:监测预测预警价格变动,提出价格调控目标和政策建议;推进重要商品、服务和要素价格改革;组织起草有关价格和收费法规草案和政策;组织拟订少数由国家管理的重要商品和服务价格、重要收费政策,调整中央政府管理的商品和服务价格、收费标准;组织重点行业、重要农产品、重要商品和服务的成本调查,按规定承担政府定价项目成本监审。不难得出,在一些关乎国计民生的重要领域,如电、重要能源等,价格管制依然存在。

② 后来,义乌小商品市场经过的多次升级发展,政府在其中依然发挥了重要的作用。

成本很低,在互联网环境下,经济时空与物理时空原本高度契合的状态发生变化,经济时空的内涵与外延突破物理时空约束向外无限拓展(冯华、陈亚琦,2016)。互联网环境下涌现出的 B2B、B2C、C2C 等平台商业模式,也在很大程度上成为影响商品市场建立与发展的重要因素之一。

三、企业目标演进的基本逻辑:商品市场发展视角的分析

从 1949 年中华人民共和国成立到 20 世纪 70 年代末,我国主要通过计划经济方式管理商品、各种生产物资的生产。党的十一届三中全会以后,党和国家的工作中心逐步转向经济工作,市场与价格在资源配置中发挥的作用得到了不断强化。在市场机制的作用下,商品与商品价格在很大程度上影响和改变了企业行为,商品市场的发展逐渐演变为影响企业目标的重要因素之一。

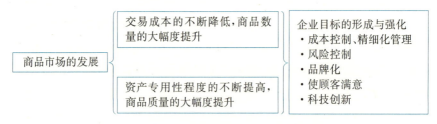

图 6-1 商品市场发展影响企业目标的逻辑图

图 6-1 是本章的分析逻辑图。我们的观点是商品市场的发展,商品市场竞争程度的加剧,促成了企业目标的形成与强化[①]。其具体的表现为:第一,商品数量的大幅度提升,这从根本上改变了我国 40 年前物资极度短缺、匮乏的状态;第二,商品质量的大幅度提升,一大批国外知名品牌进入中国市场,一大批优秀的国产品牌也不断涌现。为了阐述商品市场发展背后的逻辑,我们借助了交易成本经济学,从交易成本[②]与资产专用性[③]两个角度展开相关分析。我们认为,交易成本的不断降低是商品数量大幅度提升的重要原因;而资产专用性程度的不断提高,促成了商品质量的大幅

---

① 我们认为,改革开放 40 年,并不是所有类型的商品市场都呈现出竞争程度加剧的特征,但整体而言,商品市场呈现出竞争程度加剧的特征。

② 针对交易成本,不同学者的定义各不相同。例如,Arrow(1969)认为交易成本是经济制度的运行成本。弗鲁博顿和芮切特(2015)认为,如果将交易成本应用于个人之间转让现有财产以及建立和转让合约权方面,交易成本包括信息费用、协调费用和执行费用。弗鲁博顿和芮切特(2015)进一步把交易成本分为市场型交易成本、管理型交易成本与政治型交易成本。其中市场型交易成本包括:① 搜索和信息费用;② 讨价还价和决策费用;③ 监督和执行费用。管理型交易成本则包括建立、维持或改变一个组织涉及的费用,以及组织运行的费用。政治型交易成本则包括建立、维持和改变一个体制中的正式和非正式政治组织的费用,以及政体运行的费用。

③ 所谓的资产专用性是指该项资产被重新配置于其他替代用途或是被他人使用时,价值损失的程度;若某项资产配置于其他用途会导致价值的大量损失,则该资产具有很高的资产专用性。

度提升。进一步地,商品数量与质量的提升促成了企业相关目标的形成或强化,这些目标包括(但不局限于):① 成本控制、精细化管理;② 风险控制;③ 品牌化;④ 使顾客满意;⑤ 科技创新。

(一) 资产专用性、交易成本与商品交易

交易之所以成为交易,最为关键的条件就在于资产具有专用性(Williamson,1985)。这是因为资产专用性的存在意味着资产的需求方和供给方对某项资产的价值存在明显的差异,由此通过交易形成交换,对双方而言都是有利的。举一个简单的例子:某项资产对 A(供给方)而言,价值为 50 元;对 B(需求方)而言,价值为 100 元。假定不考虑交易成本(即零交易成本的环境),交易很容易形成,交易价格只要在 50元至 100 元之间(例如 75 元),对于双方而言都是有利可图的。不难得出,资产专用性程度越高,交易形成的可能性就越大,这是因为资产专用性越高,双方获利的空间就越大。

事实上,无论是市场交易,还是企业的内部交易,都需要花费一定的交易成本(Coase,1937,1960;Williamson,1971,1985,1996)。交易之所以成立的另一个重要条件是交易成本足够低,因为过高的交易成本会抑制各种商品交易。延续上例,假如 A、B 不在同一个城市,A 在长沙,B 在广州,假定为了形成交易,他们必然到同一地点进行交易。无论是 A 到广州交易,还是 B 到长沙交易,都至少需要花费 100 元以上的交通成本。此时,交易应无法形成,因为交易成本过高抹杀了双方获利的可能;没有获利,自然也就没了交易。概言之,交易成本过高会抑制很多商品交易行为。

(二) 交易成本与商品数量的提升

总体而言,改革开放四十多年,企业所面临的各种交易成本呈现出不断降低的趋势,前期主要表现为政治型交易成本的不断降低,后期主要表现为市场型和管理型交易成本的不断降低。相对于非国有企业,国有企业更多地表现为市场型和管理型交易成本的不断降低。

伴随着交易成本的降低,一大批个体工商户、非国有经济的各种经济形态不断发展壮大。商品生产的各种限制、门槛、成本的降低,促使商品数量不断提升,并逐步改变了改革开放以前商品、物资极度短缺的状态。随着互联网时代的来临,在连接一切的互联网环境下,交易成本进一步大幅度降低,由此催生了一大批新产品、新业务、新模式和新生态的产生(李海舰等,2014)。

(三) 资产专用性与商品质量的提升

改革开放四十多年,社会的主要矛盾从"人民日益增长的物质文化需求同落后的

社会生产之间的矛盾"①逐步过渡到"人民日益增长的美好生活需要和不平衡不充分的发展之间的矛盾"②。不难得出，在这个过程中，广大人民的需求从相对简单的物质文化需求，逐步过渡到对美好生活的差异化需求，而不平衡不充分的发展更加凸显了这种差异的存在。

改革开放四十多年中，这种差异化需求的不断产生，以及差异化需求程度的不断提升，可以理解为资产专用性程度的不断提高。例如，20 世纪 80 年代风靡全国的被誉为"中国魔水"的健力宝，在 1984 年洛杉矶奥运会后一炮而红，在 1988—1997 年连续 10 年产销量均在全国软饮料行业中排名第一。与 20 世纪软饮料行业一家独大不同，根据一份统计报告显示，近年来中国软饮料行业市场呈现出品种日趋繁多、消费更加多元化的发展趋势。

在消费多元化、差异化需求的刺激下，市场细分程度越来越高。进入互联网时代，极致化、差异化、个性化产品的大量涌现意味着市场细分程度越来越高，市场竞争程度越来越激烈（杨德明、毕建琴，2019）。市场细分意味着在某个市场很有价值的商品，在其他市场可能并不值钱。例如，某些基于网红经济所形成的产品，对于那些不关注网红的用户，这些产品价值自然会大打折扣。

这种社会整体专用性程度提高的主要逻辑应该是科学技术的提高与人民收入水平的不断提高。改革开放四十多年的一个大的发展趋势是：人民生活水平、收入不断提升；随着对外开放的不断深入，随着互联网等信息技术的发展，科学技术水平也在不断提高。生活水平、收入水平的提高激发了人民的各种差异化需求；而科学技术水平的提高，可以更好地满足人民的各种差异化需求，甚至是实现个性化、差异化产品的大规模标准化生产（吴义爽等，2016）。互联网等信息技术的发展也可以将更多的资产专用性、差异化需求展示出来。例如，共享经济的一些模式。如 A 在其居住的小区拥有一个车位，借助一些共享车位的 APP 程序，A 可以在其上班时间段（9—17 点）将车位租给 B（B 在 A 住处附近上班）；A 下班回家后，依然可以使用自己的车位。这个例子中，在上班时间段，车位这个资产对 A 无价值（因为 A 上班了），但对 B 有很大的价值；反之，下班时间段后，车位对 A 很有价值，但对 B 无价值。也就是说，借助一个 APP，借助互联互通的网络环境，资产专用性更好地被显示出来了。

Klein 等（1978）认为，与通用性资产相比，由于专用性资产具有稀缺性、不可模仿性和无法替代性，它们往往可以为企业带来一定的可占用性租金。这些租金包括：①"李嘉图租金"。这种租金是指获得异质性资源禀赋，并通过异质性资源获得的租金。专用性资产由于具有稀缺性、不可模仿性和无法替代性，也可以理解为异质性资

---

① 十三大报告。
② 十九大报告。

源,拥有这些专用性资产可以帮助企业获得"李嘉图租金"。②"熊彼特租金"。这种租金是指企业通过创新获得的经济租金,也称之为创新租金。在互联网时代,涌现出一大批与互联网融合的新技术、新产品和新业务。这些新技术、新产品和新业务一旦有了合适的应用场景,借助互联网的种种便利的传播工具与较低的边际成本,应当可以为企业带来所谓的"熊彼特租金"。③"彭罗斯租金"。企业组织内部特殊的资源和能力构成了所谓的"彭罗斯租金"。

Williamson(1985)指出,在一个资产专用性程度很高的环境下,需要大量研发的投入。对一个企业而言,一旦投入大量研发资金或专用性资产投资到位,就不能再假定其竞争对手仍然与其处于同一起跑线上;在这种情况下,该企业实现的经济利润中包含着这种专用性资产带来的超额利润(各种可占用性租金)。

在一个资产专用性程度很高的环境下,大量研发投入会促进企业技术进步与产品质量的提高,甚至会促进一些极致化产品的产生(杨德明、毕建琴,2019)。市场各类产品资产专用性的提高,意味着一系列租金(或超额收益)的产生,这种市场信号会引导更多的企业进入相关领域进行研发与生产,激烈的竞争会推动商品质量进一步提升。

(四)商品数量与质量的提升对企业目标的影响

以上我们论述了随着交易成本的降低、资产专用性程度的提升,从整体上看,商品数量与质量都呈现出不断提升的趋势;进一步地,这种趋势会影响某些企业目标的形成与强化。以下将逐一对此展开论述。

1. 成本控制与精细化管理

成本控制与精细化管理的企业目标在西方管理理论与实践中非常普遍。但在我国,在改革开放以前,该目标则较少被提及。我国的企业开始关注成本控制与精细化管理的目标,与商品市场不断发展与竞争程度的加剧有关。由于在销售方面无法获得更多的收入,为了获得盈利(或至少避免、减少亏损),企业就必须去控制成本,在管理上精益求精。

Porter(1985)的竞争战略理论认为,为了获得竞争优势,企业可以实施三种竞争战略(即差异化、成本领先和集中化)①。这意味着那些可以通过创新等方式形成差异化,或具有独特品牌的企业往往不太关注成本控制,成本控制的目标常与市场竞争激烈、毛利率低的行业有关。杨德明和刘泳文(2018)认为,在互联网环境下,在信息化、大数据的技术条件下,连接一切、信息共享已成为现实,企业成本控制的各种手段都很容易被竞争对手观察到,无论是压缩渠道、去中介化,还是控制某个业务环节成本等获得成本

---

① 由于集中化通常是指某个区域、某个市场的差异化或成本领先,实质上也就是差异化或成本领先。因此,本章的分析仅考虑两种竞争战略,即差异化和成本领先。

领先的手段都极易被学习、复制、模仿,成本领先、成本控制成为企业的一种必然的选择。

2. 风险控制

随着我国实施引进来、走出去战略与加入 WTO,我国的很多企业开始走向海外,参与海外商品生产,成为海外产业链的重要一环。在这个过程中,很多企业(尤其是国有企业)由于不适应海外的政治、法律、经济、文化环境,出现了一系列风险事件。这一系列风险事件,甚至是高风险事件的出现,使得国资委不得不认真反思在制度建设方面的缺陷。此后的若干年,国有企业改革不断推进,对国企的监督管理始终秉承防范、控制风险的思路;高度重视风险控制也成为很多国有企业的重要目标之一。

3. 品牌化

改革开放后,在 1984—1991 年,中国的企业经历了一段时间品牌的野蛮发展时期。这个阶段中,私营企业等非国有企业得到了政府的认可,迅速膨胀的消费需求催生了品牌的快速发展,但不成熟的市场环境导致这一时期的品牌发展带有很强的"野蛮性"(黄升民等,2019)。随着市场的不断发展,以及各项制度的不断完善,中国的品牌开始走向成熟,一批知名品牌实现了高端化、数字化、年轻化的转型。

改革开放四十多年,从最初不太关注品牌,到品牌建设的野蛮生长,再到将品牌建设视为企业的一个重要目标,其背后的逻辑应该是市场竞争程度的不断加剧,差异化需求与商品市场资产专用性的不断提高。商品市场资产专用性的提高意味着企业获利的空间提高。这个问题也可以结合 Porter(1985)的竞争战略理论来加以解释。竞争战略理论认为差异化是企业获取竞争优势的重要路径之一。品牌首先是建立在产品基础上的,消费者的忠诚度也是建立在对产品的功能与价值熟知基础上的选择性行为,"品牌"是具有经济价值的无形资产,用抽象化的、特有的、能识别的心智概念来表现其差异性,从而在人们的意识当中占据一定位置的综合反应。概言之,品牌是建立在各种产品功能之上的,能帮助企业形成差异化,有助于锁定特定客户群体的无形资产,从而帮助企业获得超额收益与竞争优势。

4. 使顾客满意

使顾客满意这个目标还有很多类似的表述,如"顾客就是上帝"等。改革开放四十多年,企业目标的一个重要变化是越来越多的企业开始高度关注企业客户;互联网时代的来临,进一步加速了这种趋势,在一些基于互联网的商业模式中,企业可以和相关群体实施互动,甚至可以让客户参与设计、研发相关产品,这进一步增加用户黏性,提升其他方面的竞争力。例如,小米公司在互联网上构建"MIUI"用户界面,其功能是使小米公司零距离与手机用户在互联网上进行互动,就企业的相关产品的功能等问题展开热烈的讨论,形成所谓的"米粉"现象。

高度关注顾客的利益诉求,以及相关企业目标的逐步形成,与交易成本的降低、资产专用性的提高都有关系。例如,在互联网时代,很多与互联网有关的产品的一个特征是初期的产品(或模式)需要投入大量的设计、开发、推广、调试等资金,由于信息传递几乎零成本,每增加一个用户的边际成本通常很低(甚至是趋于0)(谢平等,2015;杨德明和刘泳文,2018)。边际成本很低带来的直接后果是随着用户数量的提高,企业平均成本将大幅度降低。互联网时代很低的交易成本、零边际成本的特质在很大程度上改变了企业目标,流量、用户量等指标成为很多企业最关注的目标。

资产专用性的提高也强化了企业关于顾客方面的目标。随着市场竞争程度的提高,市场细分程度日益提升,受市场认可、关注的品牌等专用性资产往往能为企业带来超额收益,企业开始关注顾客,尤其是关注那些长期顾客,甚至开始让一些顾客参与企业的经营决策。

5. 科技创新

改革开放四十多年,我国从一个科技相对落后的国家,逐渐转变为一个科技大国,也涌现出一批具有世界影响力的高科技企业。一大批企业开始将科技创新视为企业的重要目标,与商品市场资产专用性的提升有关。由于市场细分程度不断提高,企业需要针对细分市场研发出差异化、个性化,甚至是极致化的产品;而这些新产品资产专用性的提升,会提升企业获利空间,进而刺激企业进行研发投入。

互联网的一些特征也会刺激企业加大研发。例如,网络效应理论,即梅特卡夫法则(Metcalfe's Law)强调,网络价值增长倍数是网络节点数量增长倍数的平方。也就是说,网络产品的使用者越多,网络价值就越大,这会促使更多的人愿意加入网络,进而构成了一种正反馈机制。以某移动通信平台为例,使用该交流平台的个体越多,每一个参与者获得的信息、体验等也越多、越充分,得到的正效用也随之提高;参与者正效用的提高又会进一步吸引更多的参与者。网络效应同样也会刺激企业研发,促使企业把产品做到极致。故互联网时代普遍被认为是一个创新的时代,也是一个企业高度重视研发的时代(赵振,2015)。

第二节 中国非国有企业目标演进及其驱动力量:商品市场视角

一、价格双轨制阶段

(一)国家政策和制度层面的重大转变

价格双轨制对应的是商品市场供不应求阶段,当然这个阶段并不是所有商品都供不应求。在这个阶段,从国家政策和制度层面,个体工商业、乡镇企业、私营企业等非国有企业面临着一系列重大转变,这些重大转变包括以下三个方面。

1. 私营经济的合法地位得到了确认

1982年党的十二大报告和1987年党的十三大报告再次明确私营经济"是公有制经济必要的和有益的补充"。1982年和1988年的《宪法修正案》中指出,"国家保护私营经济的合法的权利和利益"。至此,我国的私营经济、非国有企业开始进入合法发展的阶段。

2. 国家逐步放开对商品市场的管制

例如,1984年,国务院批转原国家计委《关于改进计划体制的若干暂行规定》,针对当时的计划体制,以及计划指令比重过大的问题,提出了"大的方面管住管好,小的方面放开搞活"的精神。在该精神的指导下,1985—1987年,原国家计委指令性计划工业产品由120种减少到60种;国家统配物资由259种减少到26种;国家计划管理的商品由188种减少到23种(武力,2020)。在这个阶段,一个整体的趋势是:一批重要的生产物资、重要的商品,最初受到一定程度的价格管制,即实施所谓的"价格双轨制";价格双轨制必然导致商品市场一系列矛盾的存在,随着矛盾的突出,价格改革步伐逐步加快;到2000年,市场调节价在社会商品零售总额、农副产品收购总额和生产资料销售总额所占比例分别达到了95.8%、92.5%和87.4%[①]。

3. 非国有企业在商品市场依然受到一定程度的价格歧视与准入歧视

尽管改革开放以来,非国有企业的合法地位得以确认,但依然在诸多方面受到很多的限制与约束,李稻葵、梅松(2005)将这些歧视称为"翘起的竞技场"问题。从商品市场来看,这种歧视体现在两个方面。第一,准入歧视。准入歧视是指在一些重要商品领域,如国防工业、重要战略资源等,非国有企业是无法进入的[②]。第二,价格歧视。从1981年开始,国家允许在完成计划的前提下企业自销部分产品,其价格由市场决定。这样就产生了国家指令性计划的产品按国家规定价格统一调拨,企业自行销售的产品的价格根据市场所决定的双轨制。价格双轨制也被称为生产资料的价格双轨制,因为居民消费品领域的价格改革进展顺利(华生等,2020)。华生等分析指出,到20世纪80年代末,国家不可能为非国有经济提供计划内平价调拨物资;而占主导地位的国营企业由于放权让利的不断深化,有了越来越大的独立地位和追逐利润的动机,借助于中国改革的地方放权和部门承包的特点,它们利用自销权的不断扩大,使越来越大比例的产品脱离计划调拨和计划价格的控制。一方面,国有企业享有(或部分享有)生产资料的计划性价格;另一方面,国有企业不断用各种办法缩减或赖掉自己的计划调拨指标,甚至附属于各种权力机

---

① 中央党史研究室:《中国共产党的九十年》,中共党史出版社、党建读物出版社,2016.

② 当然,随着改革开放的深入,准入限制在逐步放松。

关的"翻牌公司",也不去维护这些机关本应维护的计划行政职能,而是倒卖指标、物资,客观上也在向市场靠拢。这些都在事实上形成了对非国有企业的一种价格上的歧视。

(二)国家政策和制度层面重大转变对非国有企业的企业目标的影响

国家政策和制度层面重大转变必然会对非国有企业的企业目标产生重要的影响;在此大背景下,非国有企业形成了关注盈利、关注品牌、依附地方政府的粗放式发展模式;其企业目标的特点是高度关注盈利,开始关注品牌,不太注重其他方面的社会责任。

在改革开放以前,从法律与政策意义上来说,个体户、私营经济等事实上无权生产相关商品,也就是说个体户、私营经济等从事商品交易的交易成本非常高。当然,在价格管制与价格双轨制下,也存在较高的交易成本,其中一个重要体现是腐败的滋生。随着我国的私营经济、非国有企业开始进入合法发展的阶段,不仅集体企业得到了更好的发展,私营企业和外资企业更是从无到有,得到了快速的发展。在此背景下,商品市场也得到了迅速发展。这个阶段非国有企业普遍高度关注盈利,因为刚刚获得生存空间的非国有企业唯有盈利,才能扩大规模,才能更好地发展。

需要进一步指出,价格双轨制是具有双重性的。一方面,它开辟了在紧张经济环境里进行生产资料价格改革的道路,推动了价格形成机制的转换,把市场机制逐步引入了国营大中型企业的生产与交换中,促进了主要工业生产资料生产的迅速发展。另一方面,在经济过热、供求矛盾尖锐、计划价格与市场价格之间高低悬殊的情况下,某些不法之徒,大搞权钱交易,钻双轨制价格的空子,时而将平价的商品转为市场出售,时而又将市场的商品变为平价商品,从中渔利,大发其财,成为暴发户。加之这个阶段相关法律法规、监管规则等普遍尚不健全,市场对一些日常用品的相关商品需求量很大,故这个阶段商品质量普遍不高,市场上存在很多粗制滥造的商品。

改革开放初期,各地市场分割客观存在,关于行业进入、地区进入都有一系列复杂的行业与地方规定。在此背景下,一些企业开始关注品牌建设,以期获得更大的盈利。20世纪80年代的广告中,金奖、银奖、省优、部优等字眼非常常见,这一方面是政府促进品牌建设的一种措施;另一方面,也是企业通过品牌建设打破市场分割,获得更大市场的一种手段(黄升民等,2019)①。当然,某些外资品牌和头部企业的成功广告营销也为市场上的企业提供了重要的示范效应。然而,由于这个阶段企业品牌意识总体不强,商标保护等法律也不太健全,品牌发展中不可避免地出现了很多问题。例如,假冒伪劣产品层出不穷,虚假宣传之风盛行等。

---

① 某个产品获得一定层级的奖项,对该产品打破市场分割、获得其他地区的市场准入是大有裨益的。

在这个阶段中,非国有企业最关注的问题自然是生存与盈利,普遍比较缺乏社会责任意识;与此同时,为了使私营企业和外资企业有利可图,除了纳税等必要的法律义务,政府也没有明确要求它们承担更多的社会责任。因此,这一阶段非国有企业的社会责任目标处于基本缺失的状态。

二、引进来、走出去与加入 WTO

(一) 引进来、走出去与加入 WTO

这个阶段对应的是商品市场供过于求阶段,当然这个阶段也有部分商品供不应求或处于供需平衡的阶段。

2001年12月11日,经过了漫长的谈判,中国正式成为世贸组织第143名成员。根据经济全球化的趋势和中国改革开放的进程,中共中央在世纪之交提出并实施对外开放引进来和走出去相结合的战略(武力,2020)。2000年,时任中共中央总书记的江泽民明确把走出去概括为一项开放战略。江泽民指出:当今世界经济的发展,要求我们必须勇于和善于参与经济全球化竞争,充分利用好国外国内两种资源、两个市场。

2000年前后,我国开始实施引进来和走出去相结合的战略:一方面与我国加入WTO有关;另一方面则与我国市场从改革开放初期供不应求走向供需平衡,甚至是供过于求有关。截至1998年,除少数商品外,商品市场供需平衡或供大于求的比重达到了99%,商品市场实现了从供不应求到供过于求的历史性转变(国务院发展研究中心市场经济研究所,2019)。

实施引进来和走出去相结合的战略,对我国企业的影响无疑是十分深远的,具体包括:① 外资的大量涌入,外资的先进管理和先进技术倒逼中国企业不断转型升级;② 一批优秀的中国企业开始走向海外,扩大了与东道国利益交汇点与优势互补点,并逐步成长为具有国际竞争力的中国企业;③ 中国逐步成为世界产业链的重要一环,由于发达国家人力成本较高,而当时的中国各省普遍拥有较为廉价的人力资本,中国逐渐成为一个制造业大国。

(二) 引进来、走出去与加入 WTO 对非国有企业的企业目标的影响

1. 强化成本控制的目标

随着引进来和走出去战略的实施,国外很多优秀企业的进入,这些优秀企业的先进理念与经验自然也会对国内企业产生影响。例如,丰田公司特别关注精细化管理,该公司的理念也影响了一些与丰田合资办厂的车企。从国际产业链的视角

看,由于我国科技水平总体不高,民营企业能进入普遍属于产业链中附加值较低的那一部分。这也决定了民营企业在产业链中获利程度并不太高,必须很好地做好成本控制。

越来越多的非国有企业开始高度重视成本控制问题,和商品市场的发展阶段有关。1998年以后,我国商品市场已逐步转变为供大于求的情形。企业生产出来的商品不见得能够顺利销售出去,为了获得盈利或避免亏损,企业必须强化成本控制,以降低企业的各种费用。

在这个阶段中,由于国内劳动力成本较低等原因,国内的一批企业开始成为某些国际知名品牌某个零部件的代工企业或外包企业。这就要求这些企业按照国际质量标准去进行相关零部件的生产。同时,这些业务通常毛利率并不高,这客观上也促成了这些企业进一步做好质量控制与成本控制。

2. 高度重视品牌建设

随着经济全球化的深入,一大批国际知名品牌开始进入中国市场。这些知名国际品牌的一系列营销手段、关注品牌的理念在很大程度上影响了国内企业。与此同时,随着走出去战略的实施,大批优秀的中国企业开始实施国际化。企业国际化必然驱动品牌国际化,品牌国际化成为这一时期部分头部企业的共识。

3. 顾客至上理念的形成

顾客至上理念的形成与一大批国际知名企业进入中国市场有关。西方发达国家的商品市场已较为成熟,加之西方发达国家劳动力成本普遍较高。因此,这些国家的知名企业普遍关注顾客,关注客户,通常需要在一个细分市场形成差异化产品,锁定特定市场的长期顾客,才能获得竞争优势。随着中国市场逐步进入供过于求的阶段,企业也不太可能轻易地获得盈利,在此背景下,企业也较为容易接受顾客至上的理念。

三、互联网时代:个性化、差异化、极致化商品的大量涌现

(一)个性化、差异化、极致化商品大量涌现的原因

互联网时代大量个性化、差异化、极致化商品的涌现与交易成本很低,以及资产专用性的普遍提升有关。

根据谢平等(2015)的总结,互联网时代企业的产品普遍存在固定成本很高,但边际成本很低的特征(甚至可以接近于零)。一方面,互联网初期的产品一般需要投入大量的研发、设计、推广、制作、调试等费用;另一方面,由于互联网环境下的信息传递几乎零成本,加之大量企业具有轻资产的特性,每增加一个用户的边际成本通常很

低。零边际成本的特征会刺激企业投入大量的研发资金和其他相关资金,力求把产品研发、设计、质量等各方面做到极致。

网络外部性的特征又会进一步强化极致化产品的大量涌现。每个网络用户从使用某产品中得到的效用,与网络用户的总数量高度正相关。例如微信平台,随着使用该交流平台的个体越多,每一个参与者获得的信息、用户体验等也越多、越充分,每一个参与者得到的正效用也随之提高;每一个参与者的正效用的提高又会进一步吸引更多的参与者进入。信息可以通过互联网平台迅速传播、蔓延,互联网成为广大网民获取信息的重要工具。这种极致化的产品伴随着互联互通与大数据的精准分析,必然会走向差异化与个性化(杨德明和毕建琴,2019)。这是因为:极致化产品必然是某种程度的差异化,必然相对于市场现行的主流产品有所改进、有所差异;基于大数据的精准分析,可以清楚地发现不同消费群体的差异化需求,追求极致的厂商必然会针对差异化需求,改进和完善产品,以适应不同的、个性化需求。对于处于行业领先地位的龙头企业来说,他们必须实现创新驱动的差异化,并不断改进、完善、提高其产品质量,利用差异化,尤其是创新驱动的差异化形成自身的竞争优势;唯有如此,这类企业才不太容易被超越(杨德明、刘泳文,2018)。对于处于行业追赶者的企业,也必须走差异化,并基于某个细分市场的不同需求形成自身独特的、差异化产品。

(二)个性化、差异化、极致化商品的大量涌现对非国有企业的企业目标的影响

个性化、差异化、极致化商品的大量涌现对非国有企业的企业目标的影响主要体现在两个方面:

第一,客户变得极为重要,甚至已成为大部分企业的首要目标或生命线。当企业只有一个客户的时候,由于第一件产品成本很高,企业的平均成本也很高;随着购买产品的客户数量增加,在零边际成本的作用下,企业平均成本会大幅度降低。互联网环境下,很多企业可以采用免费模式也是源于零边际成本。通过免费模式,企业可以获得更多客户认可,而大量客户的认可、购买,又会大幅降低企业的平均成本。

第二,企业开始高度重视创新。如果某龙头企业把 A 产品做到极致,尽管研发投入会很大,但只要大量客户买入,A 产品的平均成本并不高;反之,若另一家企业把 B 产品做到尚可,尽管研发投入并不太大,但客户购买量不大,B 产品的平均成本并不见得很低。于是,很可能出现这样一种情况:A 产品性能比 B 产品好,但 A 产品的平均成本反而比 B 产品的平均成本低。这就不难理解,在互联网环境下,有些高质量的产品价格却很低。简单地说,网络效应是指网络产品的使用者越多,网络价值就越大,这会促使更多的人愿意加入网络,这是一种正反馈机制。网络效应同样也会刺激企业研发,促使企业把产品做到极致,因为这会进一步扩大极致化产品给企业带来的收益。

第三节 中国国有企业目标演进及其驱动力量：商品市场视角

一、商品市场发展对国有企业目标演进的影响：整体描述

从计划经济到商品市场不断地发展，无疑会对企业目标演进产生重要的影响。与非国有企业不同，国有企业目标显得更为复杂与多元化，需要兼顾社会目标与经济目标。政企合一状态下的国有企业，侧重于追求社会目标（也称之为非经济目标，诸如政治、治安、就业和安全等），兼及部分经济目标（诸如产量、质量和成本等）。政企分开改革中的国有企业目标演进的基本趋势是，逐渐转向利润等经济目标，但社会目标依然是该阶段国有企业目标的重要内容。市场化改革中的国有企业目标演进的基本特点是，愈发侧重于追求利润等经济目标，社会目标显著减退。进一步深化改革中的国有企业目标演进，主要表现为社会目标和经济目标得到了更好的平衡，这种平衡应更加符合社会主义市场经济体制和经济高质量发展的内在要求。

为了兼顾社会目标与经济目标，在国有企业发展进程中，国家对国有企业既有约束、监督，也有扶持、帮助。以广州发展（股票代码：600098）为例，该公司是由原国有独资的广州电力企业集团有限公司独家发起，整体改组后向社会公开募集人民币普通股设立的股份有限公司，其第一大股东、实际控制人为广州市国资委。每个年度广州市国资委会给广州发展下达一定的预算考核指标，涉及利润、收入、投资等方面，并根据考核指标完成程度对公司主要高管进行考核。广州发展在实际运营过程中，也受到政府各部门一定的指导与约束。例如，公司无法决定电价；公司的重大投资方向需要与公司主营业务相关；一些重大事项需要报相关部门审批等。广州发展事实上也享受了政府一定程度的扶持与帮助。例如，一些广州市的重大能源方面的投资项目；公司融资成本较低，应该与公司国资背景有很大关系等。

在履行社会目标的同时，广州发展也在努力进取，进行各种市场化的改革。例如，公司近年来不断加大对新能源领域的投入，并已取得不错的成果；在互联网大潮下，公司也在积极实施与互联网、数字化、智能化的深度融合，公司开始投资金燃智能等实施电表智能化的公司，公司针对很多业务流程也开展了数字化建设与数字化转型[①]。

需要指出的是，与其他国有企业类似，商品市场的发展对广州发展产生了重要的

---

① 广州发展各年度年报。

影响。我们的观点是，商品市场的发展对两类企业（国有与非国有）目标影响的方向基本一致，但影响程度存在差异。相对而言，非国有企业对市场、商品价格变动等均表现得更为敏感，商品市场的发展对非国有企业（国有企业）目标的影响程度相对更强（更弱）。

二、价格双轨制阶段

（一）国家政策和制度层面的重大转变

在这个阶段中，国家政策的基本思路是"大的方面管住管好，小的方面放开搞活"。对于国有企业，则开始实施以放权让利、扩大企业经营自主权为主要特征的国有企业改革。无论是最初的上缴利润，还是1983年开始推行的"利改税"，再到1988年之后开始实施承包经营责任制[①]，国有企业开始拥有了决定生产何种商品、生产多少商品的自主权。

与商品很快走向市场、走向流通不同，生产资料（尤其是一些重要的、涉及多方利益的生产资料）价格始终处于管制状态，也就是所谓的价格双轨制。当然，由于双轨制引发了一系列矛盾，整体而言，价格管制也处于一种不断放松的状态。

（二）国家政策和制度层面重大转变对国有企业的企业目标的影响

以放权让利、扩大企业经营自主权为主要特征的国有企业改革的实施，赋予了国有企业最基本也是最必要的经营自主权，推动了国有企业向商品生产者和经营者转变。与非国有企业类似，国有企业在这个阶段也开始高度关注盈利的目标。

在这个阶段中，国有企业也普遍比较缺乏社会责任意识，这与承包经营责任制自身的一些缺陷有关。一是无法真正实现两权分离，承包基数与承包方式往往是讨价还价的结果，该制度无法真正改变企业经营机制。二是无法克服短期行为。企业经营状况受经营者自身能力与道德制约，"短期利益至上""本位主义"等短期行为时有发生。三是国家无法对企业实施有效监督，企业权责利不对称，由此形成了往来部门、分厂之间、总厂和分厂之间的诸多矛盾（武力，2020）。

在经济过热、供求矛盾尖锐、计划价格与市场价格之间悬殊的情况下，某些不法之徒大搞权钱交易，钻双轨制价格的空子，加之这个阶段相关法律法规、监管规则等普遍尚不健全，故这个阶段国有企业生产的商品质量普遍不高，市场上存在很多粗制滥造的商品，国有企业也滋生了一些腐败现象。

---

① 1988年，根据国务院发布的《全民所有制工业企业承包经营责任制暂行条例》，国有企业开始实施承包经营责任制。

改革开放初期,随着商品市场的发展,一些国有企业也开始关注品牌建设。与非国有企业相比,国有企业拥有一些老百姓耳熟能详的知名品牌,如茅台酒等。与非国有企业类似的是,由于这个阶段企业品牌意识总体不强,商标保护等法律也不太健全,品牌发展中不可避免地出现了很多问题。例如,假冒伪劣产品层出不穷,虚假宣传之风盛行等。

三、引进来、走出去与加入WTO

在引进来和走出去相结合的开放战略下,中石油、中石化、中国建筑等一大批国有骨干企业在实施海外投资战略中发挥了龙头作用,产生了很多积极的社会效应和良好的经济效益。但是,从另一个角度来看,与非国有企业积极拥抱WTO、融入经济全球化不同的是,国有企业融入经济全球化并不完全出自经济动机。例如,在援助非洲的过程中,国有企业事实上承担了很多道义方面的责任与担当。所以,引进来、走出去与加入WTO的时代背景对国有企业目标产生了一系列的影响,具体如下所示。

(一)重视品牌建设

随着经济全球化的深入,一大批国际知名品牌开始进入中国市场,这些知名国际品牌的一系列营销手段、关注品牌的理念在很大程度上影响了国内企业。与此同时,随着走出去战略的实施,大批优秀的中国国有企业开始实施国际化,开始针对海外市场进行布局、投资。企业国际化必然驱动品牌国际化,品牌国际化成为这一时期部分头部国有企业的共识。中国的"两桶油"、四大银行、中国移动、中国人寿等开始陆续进入世界品牌500强(黄升民等,2019)。

(二)重视成本控制

一大批国有企业开始进行海外投资,而这些海外投资中有一部分属于援助性质,其收入或毛利率普遍不高;这些国有企业普遍属于上市公司(或控制若干家上市公司),并需要考量业绩等相关指标。在此背景下,很多企业开始重视成本控制,力求在成本控制上花大力气,以帮助企业在毛利率有限的情况下实现盈利。

(三)高度重视风险控制

一大批国有企业开始进行海外投资,也出现了一系列风险事件,投资失败的情况也屡有发生。例如,中航油新加坡公司。中航油新加坡公司曾经被誉为"海外中资企业的一面旗帜",2004年以来,中航油新加坡公司卷入石油衍生产品期权交易,一路卖空看涨期权,最高亏损达到了5.5亿美元,走向破产边缘。中航油巨亏的原因在于2004年下半年国际油价在40多美元时,卖出了大量的看涨期权,随着油价的不断攀升,中航油没有及时止损,反而不断追加保证金,最终导致油价攀升至每桶55.67美元时没有资金支持,不得不"爆仓"。

一系列风险事件,甚至是高风险事件的出现,使得国资委不得不认真反思在制度建设方面的缺陷。2006年,在征求各方意见的基础上,国资委发布《中央企业全面风险管理指引》,各地方国资委也参照此文件精神出台了各个地方国企风险管理的文件。此后的若干年,国有企业改革不断推进,对国企的监督管理始终秉承防范、控制风险的思路;高度重视风险控制也成为很多国有企业的重要目标之一。

四、互联网环境对国有企业目标演进的影响

党的十九大报告提出"推进互联网、大数据、人工智能和实体经济深度融合"。实践中,企业实现与互联网的深度融合早已如火如荼地展开。基于互联网的环境,很多非国有企业开始高度重视用户、流量等,因为有了用户、流量等,企业的平均成本会大幅度降低。然而,与非国有企业不同的是,鲜有国企将顾客作为企业的首要目标。当然,互联网时代也推动了国有企业对顾客或客户的重视。

互联网时代对国有企业目标影响更大的方面在于:推动了国有企业重视创新、重视研发,推动了国有企业的转型升级。零边际成本(或很低的边际成本)同样会刺激国有企业投入大量的研发资金和相关资金,把产品的研发、设计及品质做到极致,以获得更大的市场份额与利润。

本 章 小 结

在本章的分析中,我们将改革开放以来的四十多年分为三个阶段,即价格双轨制阶段,引进来、走出去与加入WTO阶段,互联网阶段。这三个阶段对应的商品市场发展阶段是:供不应求阶段、供过于求阶段和商品转型升级阶段。

针对不同的阶段,我们的观点是:商品市场的发展对两类企业(国有与非国有)目标影响的方向基本一致,但影响程度存在差异。相对而言,非国有企业对市场、商品价格变动等均表现得更为敏感,其企业目标主要关注的是经济目标,故商品市场的发展对非国有企业(国有企业)目标的影响程度相对更强(更弱)。

具体来说,在价格双轨制阶段,非国有企业的合法地位刚刚确认,国有企业也开始拥有了最基本也是最必要的经营自主权,两者开始真正意义上成为市场的主体。加上这个阶段,商品市场总体供不应求,国有企业和非国有企业都开始高度关注企业

的盈利,也涌现出一批优秀的企业和优秀的知名品牌。在这个阶段中,由于各种制度尚不健全,两类企业在品牌建设发展中不可避免地出现了很多问题;价格双轨制的存在,也诱发了一些企业的腐败行为。

进入引进来、走出去与加入WTO阶段,商品市场的总体特征是供大于求。这必然倒逼很多没有很强技术优势、难以形成差异化的企业去努力控制成本;经济全球化的趋势驱使中国的很多优秀企业开始高度关注品牌建设;在走出去方面,一些国企也产生了风险失控的问题,此后对国企的监督管理始终秉承防范、控制风险的思路,高度重视风险控制也成为很多国有企业的重要目标之一。

互联网时代具有交易成本很低(尤其是边际成本趋近于零)的特征,这个特征促使非国有企业高度关注用户,用户、流量等指标成为非国有企业最关注的目标之一;互联网时代个性化、差异化、极致化商品的大量涌现促使非国有企业加大研发,创新驱动成为很多非国有企业的重要发展目标。互联网的时代特征推动了国有企业重视创新、重视研发,通过技术创新实现转型升级成为很多国有企业的重要目标。

复习思考题

1. 商品市场发展如何影响企业目标演进?商品市场发展对两类企业(国有企业与非国有企业)的企业目标的影响存在哪些相同点与不同点?

2. 交易成本的不断降低,如何影响企业目标演进?交易成本的降低对两类企业(国有企业与非国有企业)的企业目标的影响存在哪些相同点与不同点?

3. 在互联网时代,个性化、差异化、极致化商品大量涌现的原因是什么?

4. 资产专用性程度的提高,如何影响企业目标演进?交易成本的降低对两类企业(国有企业与非国有企业)的企业目标的影响存在哪些相同点与不同点?

主要参考文献

1. 冯华,陈亚琦.平台商业模式创新研究——基于互联网环境下的时空契合分析[J].中国工业经济,2016(3):99-113.

2. 弗鲁博顿,芮切特.新制度经济学 一个交易费用分析范式[M].姜建强,罗长远,译.上海:上海三联书店,上海人民出版社,2015.

3. 国务院发展研究中心市场经济研究所.改革开放40年市场体系建立、发展与展望[M].北京:中国发展出版社,2019.

4. 华生,张宇,汲铮.中国独特的价格双轨制改革道路的成因[J].中国经济史研究,2020(4):14-29.

5. 黄升民,赵新利,张弛.中国品牌四十年(1979—2019)[M].北京:社会科学文献出版社,2019.

6. 李稻葵,梅松.中国非国有企业研究文献综述[J].经济学报,2005(1):161-178.

7. 李海舰,田跃新,李文杰.互联网思维与传统企业再造[J].中国工业经济,2014(10):135-146.

8. 武力.改革开放40年:历程与经验[M].北京:当代中国出版社,2020.

9. 吴义爽,盛亚,蔡宁.基于互联网＋的大规模智能定制研究——青岛红领服饰与佛山维尚家具案例[J].中国工业经济,2016(4):127-143.

10. 谢平,邹传伟,刘海二.互联网金融的基础理论[J].金融研究,2015(8):1-12.

11. 杨德明,毕建琴."互联网＋",企业家对投资与公司估值[J].中国工业经济,2019(6):136-153.

12. 杨德明,刘泳文."互联网＋"为什么加出了业绩[J].中国工业经济,2018(5):81-98.

13. 于立,刘劲松.中国煤、电关系的产业组织学分析[J].中国工业经济,2004(9):50-56.

14. 赵振."互联网＋"跨界经营:创造性破坏视角[J].中国工业经济,2015(10):146-160.

15. 中国企业家调查系统.成就与梦想:中国企业家40年成长之路——2018中国企业家队伍成长与发展调查综合报告[J].管理世界,2014(6):19-38.

16. 庄聪生.中国民营经济四十年:从零到"五六七八九"[M].长沙:湖南人民出版社,2018.

17. COASE R H. The nature of the firm[J]. Economica, 1937, 4(16): 386-405.

18. COASE R H. The problem of social cost[J]. Journal of Law and Economics, 1960, 3(1): 1-44.

19. KLEIN B, CRAWFORD R, ALCHIAN A. Vertical integration, appropriable rents and the competitive contracting process[J]. Journal of law and economics, 1978(21): 297-326.

20. PORTER M E. Competitive advantage: creating and sustaining superior performance[M]. New York: Free Press, 1985.

21. WILLIAMSON O E. The vertical integration of production: market failure considerations[J]. American economic review, 1971(61): 112-123.

22. WILLIAMSON O E. The economic institution of capitalism [M]. New York: Free Press, 1985.

23. WILLIAMSON O E. The mechanisms of governance [M]. Oxford: Oxford University Press, 1996.

第六章

劳动力市场发展与企业目标演进

本章要点：

1. 中国劳动力市场发展及劳动关系演化特征与企业目标演变。

2. 中国劳动力市场发展进程中驱动企业目标演进的重要因素。

3. 员工目标与企业目标的耦合机制。

人口红利推动了改革开放四十余年经济的快速增长。在过去 40 年中,我国 GDP 总量增长了近 30 倍,这在一定程度上主要由我国劳动生产率的快速增长来支撑(蔡昉,2017[①])。企业劳动生产率的飞速发展,又与我国劳动力市场和劳动关系的演进密不可分(李小荣等,2019)。随着改革开放以来中国劳动力市场的成熟与完善,中国企业的劳动关系经历了行政化—市场化—利益共同体的螺旋式发展演进历程。员工作为企业最为直接的利益相关方之一,劳动力市场发展以及企业与员工之间的劳动关系演变,成为企业目标演进的重要驱动力。随之,我国企业的总体目标亦经历了从利润最大化、股东财富最大化到社会责任意识主导下的利益相关者利益"共生共益"的发展演变。

本章首先回顾我国劳动力市场和劳动关系的演进历程,总体概述两者对我国企业目标演进的驱动作用,接着剖析其中的关键驱动因素,最后从实践发展和经验证据等角度评析劳动关系管理与企业目标的一致性。

第一节 劳动力市场发展与企业目标动态演进

在市场经济条件下,劳动力市场是在价值规律和竞争规律作用下,通过劳动力供求双方自愿进行劳动力流动,对劳动力这一生产型资源进行有效配置的机制。劳动力市场作为重要的要素市场,其发展状况会对就业、收入分配乃至经济增长产生重要影响(Topel,1999;田永坡,2016)。劳动力市场供需状况决定了供需双方的劳动关系以及劳动供给方的生产效率,进而将对企业目标产生重要影响。

本节将首先回顾改革开放以来我国劳动力市场发展和劳动行政监管的历程,以及我国劳动关系的演进,并在此基础上梳理我国企业目标演进历程。

一、我国劳动力市场发展历程

从中华人民共和国成立至改革开放前的 30 年时间里,中国劳动力市场经历一个存在、缩小直至消失的过程。改革开放进程也是我国劳动力市场逐渐形成的过程。为适应建设市场经济体制的总体要求,改革开放以后,我国对计划经济体制下的劳动力市场制度进行了全面改革,劳动力市场走上了一个改革和发展的新时期。

---

① 中国社会科学院副院长蔡昉于 2017 年 12 月 10 日在第二届国家发展论坛上的演讲内容。

(一) 初步探索阶段(1979—1991)

随着1978年党的十一届三中全会的召开,我国进入了改革开放的全新探索时期。该阶段的劳动力市场处于萌芽阶段,社会上开始出现各种劳动服务公司,重在解决下乡知青回城就业的问题,并开始打破传统的统分统配的就业模式,促进人才向急需紧缺的地区、行业和部门流动。1979年成立的"北京外企人力资源服务公司",面向外企提供人力资源服务,标志着我国劳动力市场的培育拉开序幕。这一时期,劳动力市场突破"统保统筹"的就业制度,代之以"劳动部门介绍就业、自愿组织企业就业和个人自谋职业"三结合的就业制度;为了解决失业问题,全国各地陆续建立和发展了劳动服务公司,并在招工过程中,试行考试制度,进行择优录取。由此开始,部分城市新加入就业队伍的劳动者走上了市场就业的道路。总体而言,从1979年到1984年10月中共十二届三中全会前,是我国劳动力市场发育的萌芽阶段。

从1984年10月十二届三中全会以后到1988年,是我国劳动力市场的初步成长阶段。随着国有企业经营自主权的扩大,劳动、工资、保障制度的改革,和非国有经济的蓬勃发展,劳动力市场需求主体的地位开始确立,在业劳动力资源也开始受到市场机制的调节。劳动力市场上初步形成了公私共存、双向服务的市场服务架构。在该阶段,用人单位的市场主体地位开始确立,劳动力市场流动规模逐步扩大,收入水平对劳动力市场的调节程度大大提高,劳动力市场的竞争程度明显提高,以及劳动力市场中介机构呈多样化发展。

1989—1991年,是我国劳动力市场整顿和局部发展的阶段。为了度过失业高峰期,国家采取行政措施控制劳动力供给总量,加强对企业招人的管理,使城镇劳动力的供需趋于缓和。在这种相对缓和的表象下,却隐含着许多深层次的矛盾和问题,例如企业内部富余人员过多和隐性失业问题相当严重,劳动力就业的产业结构调整较为缓慢。在此期间,劳动力市场中,劳动、工资、保障、仲裁制度的改革积极稳妥地进行,并取得一定成效。

(二) 快速发展阶段(1992—2001)

1992年,邓小平的"南方谈话"提出了发展社会主义市场经济的总体构想。1993年12月,为贯彻落实党的十四届三中全会精神,全面推进劳动体制改革,逐步建立符合市场经济要求的新型劳动体制,原劳动部研究制定了《劳动部关于建立社会主义市场经济体制时期劳动体制改革总体设想》,首次明确了"劳动力市场"的概念,认为"劳动力市场是生产要素市场的重要组成部分,是按照市场规律对劳动力资源进行配置和调节的一种机制",并指出"培育和发展劳动力市场的目标模式,是建立竞争公平、运行有序、调控有力、服务完善的现代劳动力市场",劳动力市场建设就此正式被提上日程。

在该阶段,劳动力市场进入快速发展时期,原来国家统分统配的人力资源计划体制,受到来自市场力量的冲击,民营资本进入劳动力市场领域,在市场竞争中不断发展壮大,服务于外资企业的人力资源市场,伴随着外资企业的不断涌入开始快速发展。与此同时,为了加强劳动力市场的管理,相关法律法规相继出台,如《中华人民共和国劳动法》(1995)、《人才市场管理暂行规定》(1996)、《就业登记规定》(1995)、《职业介绍规定》(1995)等,同时,逐步形成了在人事部和劳动部两大部门管理下的"人才市场"和"劳动力市场"两个市场并存的状态。

(三) 改革创新阶段(2002—2007)

2001年12月11日,我国成功加入世界贸易组织(WTO),进而要求我国全面对外开放和深化市场化改革。2003年,《中共中央国务院关于进一步加强人才工作的决定》出台,提出新世纪新阶段人才工作的根本任务是实施人才强国战略,明确建立和完善人才市场体系的具体目标。随着政府职能的转变,人事、劳动部门开始从劳动力市场的具体运作中退出,旨在通过宏观调控、政策引导和依法监管,让劳动力市场按照市场机制运行,发挥市场配置劳动力资源的基础性作用。

同时,信息化、网络化的技术进步,也在改变着传统的市场业态,出现劳动力有形市场与无形市场相互依托、互相促进的局面。民资、外资不断涌入人力资源市场,建立起各种人才服务机构,人力资源服务的内容、形式不断创新和丰富,劳动力市场的产业化、专业化、信息化趋势明显增强。与之相适应,一系列政策法规不断出台,如劳动部《劳动力市场管理规定》(2000)、人事部《人才市场管理规定》(2001)、《中外合资人才中介机构管理办法》(2003)、《全国性人才交流会审批办法》(2006)等。

(四) 统筹整合阶段(2007年至今)

2007年10月,党的十七大报告明确提出了"建立统一规范的人力资源市场"的战略部署。2007年颁布的《中华人民共和国就业促进法》,首次在法律上明确提出了人力资源市场这个概念。2008年,国务院实行大部制改革,将原人事部和劳动部统一合并为"人力资源和社会保障部",将原来两部门分别负责的"人才市场"和"劳动力市场"的管理统一到一个部门。政府开始对劳动力市场进行深入的市场化改革,逐步消除对劳动力市场的过多干预。2010年,《国家中长期人才发展规划纲要》(2010—2020)颁布,对人力资源市场建设和发展,提出长达十年的规划蓝图和战略部署。党中央、国务院的有关文件精神,明确了建设和发展人力资源市场的战略目标和任务,国务院大部制改革,整合了政府部门的人力资源管理职能,随着相关政策法规的出台和实施,加强了人力资源市场建设和管理。

2012年11月,党的"十八大"提出"劳动者自主就业、市场调节就业、政府促进就业和鼓励创业"的方针,不仅明确了市场就业机制,更是在肯定劳动者就业主体地位的同时,肯定劳动者作为创业者的用人主体地位,并将就业创业作为一个融合的主体,使劳动者既是就业主体,也是用人主体,创业促进就业进入一个新时代。

综合以上我国劳动力市场的发展历程,可以看出,改革开放四十余年来,我国劳动力市场的发育和改革促进了就业扩大和劳动力重新配置,成为推动我国经济社会发展的重要动力。通过积极培育和发展劳动力市场,逐步确立企业作为劳动力市场的用人主体、劳动者作为就业主体的地位,我国企业实现了自主用人,劳动者实现了自主择业、就业和创业的市场化机制。

二、我国企业劳动关系演进

改革开放以前,在计划经济体制下,政企不分、以政代企的现象比较突出。相应地,企业的劳动关系是一种行政隶属式的劳动关系。这种劳动关系的特点主要体现为:一方面,企业没有独立的经济利益和独立的经营自主权,也不享有独立的用人主体地位;另一方面,劳动者没有独立的劳动力所有权和择业自主权,其职业的选择要服从国家分配,与企业劳动关系的确定按照国家事先设定的规则,没有协商谈判机制。因此,这一时期的劳动关系不是雇佣关系,而是自上而下的行政隶属关系。

随着劳动力市场的培育和完善,改革开放以来,中国企业的劳动关系大致经历了下述三个阶段。

(一)劳动关系从行政隶属式向市场契约式转型的起步(1979—1991)

1980年我国首次提出"劳动部门介绍就业、自愿组织企业就业和个人自谋职业"相结合的就业方针。1983年以后,我国国有企业的用人主体地位得以确定,就业渠道也被大大拓宽。1984年10月,党的十二届三中全会通过了《中共中央关于经济体制改革的决定》,这标志着我国的经济体制改革从此进入了以城市为重点的阶段,也即进入了以国有企业改革为重点的阶段。该《决定》强调,在城市经济体制改革中,必须正确解决职工和企业的关系,真正做到职工当家作主,做到每一个劳动者在各自的岗位上,以主人翁的姿态进行工作,人人关注企业的经营,人人重视企业的效益,人人的工作成果同他的社会荣誉和物质利益密切相关联。这一时期,国家强调确立职工与企业之间的正确关系,行政性劳动关系逐步松动,逐渐强调劳动合同、职工工资与企业效益挂钩的市场化劳动关系。

在该阶段,我国不同类型企业市场化劳动关系的特征表现在两个方面。

1. 国企和职工的劳动关系开始由行政隶属式转向市场契约式

随着国企经营管理者权力和地位的逐步确立,传统的由企业和劳动者构成的利益共同体开始分化,职工吃企业"大锅饭"的局面被打破,特别是改革赋予了国企在人事安排和职工奖惩等方面的权力,使得企业和职工两大经济利益主体更加明晰,进而使国企中市场化的劳动关系逐渐萌生。

为了推进国企内部的改革,进一步落实企业用工自主权,1986年7月,国务院公布了关于劳动制度改革的4项暂行规定。其中,劳动合同制的实施带来了国企劳动关系的新变化:一方面,劳动者和国家间的行政隶属关系转变为职工和企业间的劳动契约关系,即市场化的劳动关系;另一方面,国企经营管理者与劳动者之间的关系由利益共同体转变为既对立又统一的关系。国企经营管理者不再仅仅是对职工实施生产管理职责,而是具有对职工录用、奖惩直至辞退的相对完整的用工权,经营管理者与普通劳动者成为既合作又对立的两大劳动关系主体。其中,合作性表现为双方须共同推动企业发展并从中获益;对立性表现为劳动者须服从用工方的指令,双方可能会产生冲突,职工或将面临失业的风险。在此期间,国有企业初步构建了企业内劳动关系双方的制衡机制。

2. 非国企市场化劳动关系的孕育和发展

改革开放后,随着多种所有制形式和多种经营方式的发展,个体工商户和私营企业、外资企业、乡镇企业不断发展壮大。私营企业自产生之日起,就存在雇主和劳动者两大市场化劳动关系的主体。不过,当时的劳动关系还不规范。外商投资企业中的劳动关系具有主体明确、利益分化、雇主主导等典型的市场经济特征。虽然早期投资企业中的劳动关系是一种受管制的市场化劳动关系,随着改革的深入,对外商投资企业的行政约束不断减少,进一步促使其劳动关系向市场化发展。

在此期间,乡镇企业的蓬勃发展催生了市场化的劳动关系。1984年以前,乡镇企业被称为社队企业,其劳动关系与国企相似,劳动者个人无权自行与社队企业缔结劳动关系,劳动关系的主体是社队企业及其所归属的集体经济组织。1984年以后,由于人民公社的解体打破了原有行政配置劳动力资源的机制,以及经济政策改革落实了企业的用工自主权等原因,乡镇企业的劳动关系逐渐转向雇佣制。

综上,1979—1991年是中国劳动关系转型的起步阶段,尽管在劳动关系运行和调节中行政管理仍起着主导作用,如国家对用工数量的限制等,但国企在确立劳动关系和管理中的权限不断增大,劳动关系呈现出向市场化转型的趋势;企业和劳动者的利益诉求开始分化,劳动关系中的双方利益主体逐渐形成,特别是非国企市场化劳动关系的孕育和发展给国企劳动体制改革提供了参照。

(二)市场化劳动关系的推进和确立阶段(1992—2001)

1992年,党的十四大报告提出"我国经济体制改革的目标是建立社会主义市经济体制",确立了"以公有制包括全民所有制和集体所有制经济为主体,个体经济、私营经济、外资经济为补充,多种经济成分长期共同发展"的基本经济制度。1993年12月,政府在《劳动部关于建立社会主义市场经济体制时期劳动体制改革总体设想》中提出,新型劳动体制的基本内涵是市场机制在劳动力资源开发利用和配置中起基础性作用,通过市场实现充分就业和劳动力合理流动。在新型体制下,劳动关系的建立以劳动合同为基本方式,通过劳动关系双方的自我调节和政府的适当干预,保持劳动关系的协调和相对稳定。劳动力供求主体之间通过公平竞争、双向选择确立劳动关系。

1994年7月,《劳动法》的颁布与实施,打破了企业的所有制界限,所有企业执行统一的劳动规则和标准;进一步确认了用人单位与劳动者在劳动关系中的主体身份,通过签订劳动合同建立劳动关系,明晰双方的权利和义务,以及通过集体协商调整劳动关系。所以,《劳动法》为市场化劳动关系的建立、维护和解除提供了法律依据和保障,标志着中国劳动关系法治化建设的初步完成,同时,劳动关系的企业化、契约化特征不断增强和凸显。

1997年以后,随着国企"抓大放小"改革战略的实施,国有经济战线收缩,非公有制经济进一步增长。这一阶段,是加快推进市场化劳动关系建立的阶段,劳动关系从国家化、行政化向企业化、契约化加速推进,基本实现了企业劳动关系的市场化和法治化。《劳动合同法》《劳动争议仲裁调解法》等一系列法律法规的颁布实施,为和谐稳定的市场化劳动关系阶段提供了保障。

在该阶段,不同类型企业的劳动关系特点具体如下所示。

1. 国有企业劳动关系

1992—2001年间,随着社会主义市场经济体制的建立,中国劳动关系市场化转型的任务基本完成,国企成为独立的市场竞争主体和企业法人,企业与劳动者通过签订劳动合同普遍建立起契约化的劳动关系,《劳动法》等法律法规的颁布实施为市场化劳动关系构建起了一个法治体系框架,劳动关系的法治化建设也取得了重大进展。但是,在这一过程中,国企下岗职工和失业人员的再就业,以及如何对下岗职工进行安置及补偿,成为劳动关系领域的核心与棘手问题。

2. 非国有企业劳动关系

为了推动非国有用人单位劳动合同制度的建设,1996年5月,劳动部下发了《关于私营企业和个体工商户全面实行劳动合同制度的通知》,6月,农业部和劳动部联合下发了《关于乡镇企业实行劳动合同制度的通知》。在该阶段,私营企业和乡镇企业以及非国有部门中的联营经济、股份制经济、外商投资经济等企业基本上实行市场化劳动关系的管理模式,这样就大大提升了中国市场化劳动关系的比重。同时,非国有经济领域的劳动者权益常常受到侵犯,产生诸如劳动合同虚无化和形式化、劳动安全卫生标准滞后、超时劳动等问题。同时,企业民主管理意识淡化、收入差距扩大、劳动争议案件增多、集体停工和群体性事件时有发生,劳动执法力度不足和执法不严等问题也使改革面临诸多的挑战。

(三) 构建和谐劳动关系下的利益共同体阶段(2002年至今)

随着我国市场化劳动关系的基本确立和劳动力市场进入深化发展阶段,解决市场化劳动关系中的不和谐因素,调动员工积极性、给予员工适当的激励,进而加强企业凝聚力和创造力,逐渐成为我国当今经济社会的重要主题。其中非常重要的原因在于,处于经济社会转型时期,我国劳动关系矛盾进入凸显期和多发期,资本所有者与劳动者的利益分配失衡,恶化了劳动关系,使之成为影响中国社会和谐的最主要因素之一(杨俊青、陈虹,2017;魏下海等,2013)。2002年11月,中共"十六大"首次明确提出发展"和谐劳动关系"。

2006年10月,中共十六届六中全会通过了《中共中央关于构建社会主义和谐社会若干重大问题的决定》,首次提出"发展和谐劳动关系"的主张。2011年3月,国民经济和社会发展"十二五"规划纲要提出,要"建立规范有序、公正合理、互利共赢、和谐稳定的劳动关系",标志着建立和谐劳动关系上升为国家意志。2012年11月,党的"十八大"明确提出构建和谐劳动关系,并强调在新的历史条件下,努力构建中国特色和谐劳动关系,是加强和创新社会管理、保障和改善民生的重要内容,是经济持续健康发展的重要保证。因而,形成劳动者与资本所有者利益共同体,成为新时代背景下的大势所趋。2013年2月,国务院在批转的收入分配制度改革方案中明确指出支持有条件的企业实施员工持股计划;2013年11月召开的十八届三中全会指出,允许混合所有制经济实行企业员工持股,形成资本所有者和劳动者利益共同体;2015年4月,中共中央、国务院发布《关于构建和谐劳动关系的意见》,对构建和谐劳动关系做出了顶层设计和部署,进一步推动了劳动关系协调机制的完善。

在该阶段,国企与非国企的劳动关系特点趋于同质化。致力于构建和谐劳动关系,成为各类企业进入21世纪以来,市场化程度趋于稳定阶段后的一致需求。

三、劳动力市场发展、劳动关系演化与企业目标演变

(一) 劳动力市场发展与企业目标演变

改革开放以来,劳动力市场的发育为推动我国经济持续健康发展作出了重要贡献。综合上文我国劳动力市场的发展演进历程,其从以下四个方面对企业目标产生深刻影响。

(1) 劳动力的市场化配置促进了劳动力跨地区、跨城乡、跨行业的流动,劳动力流动性逐渐增强。由于劳动力流动带来的成本成为影响企业稳定和发展的重要因素。

(2) 劳动力配置的市场化程度逐步提高,劳动力市场的产业化、专业化、信息化趋势日益增强。劳动者的就业地位空前提升,企业之间的竞争,日益演变为人才竞争。

(3) 劳动力市场建设与国家经济战略规划的结合日益紧密,劳动者在经济发展中的角色地位日益提升。人力资本在企业中的重要性日益显现。

(4) 监管部门对劳动力市场的规范程度日益提高,对劳动者就业保障水平日益重视。劳动者利益的外部监管力度上升,劳动者利益保障成为企业经营和发展中的重要内容。

综上,改革开放以来,我国劳动力市场经历了从无到有,从供需高度行政化至供需完全市场化的历程,使得劳动供给方即员工的自主权大大增强。随着劳动力市场流动性的提升、劳动者就业地位的提升以及供需结构发生的重大变化,人才竞争日益成为企业之间竞争的核心。相应地,企业在追求利润和股东财富最大化目标时,如果忽略员工利益需求或不能有效激励员工主体,企业的目标也难以得到保障。相应地,员工利益保障、员工激励和员工成长等成为企业目标中不可或缺的组成部分。

(二) 劳动关系发展与企业目标演变

随着劳动力市场的培育、完善与深化发展,我国劳动关系经历了去行政化、市场化至构建利益共同体回旋式上升的演化。我国企业劳动关系的变化将从下述四个方面驱动企业目标的演变。

(1) 劳动关系的运行日益市场化。劳动关系协调体制基本建立,市场开始发挥对劳动力资源的基础调节作用,劳动关系主体的权利和义务主要由双方按照市场规则自行决定。

(2) 劳动关系主体利益逐渐明晰化。按照劳动力市场发育发展的要求,企业与劳动者依法签订劳动合同,日益形成主体明晰、利益多元的新型劳动关系。

(3) 劳动关系日益规范法治化。劳动关系的法律制度基本健全,劳动关系的建立、变更和终止依据法律规范有序地运行。

(4) 劳动关系形式更加多样化。为构建和谐劳动关系,劳资双方的利益协调方式和实现形式不断适应就业形势的变化,而采取不同的调整方式。企业可以自主探索多种途径(如员工持股),构建多元化劳动关系。

可以看出,我国劳动关系的发展趋势是,既尊重员工劳动供给方的市场主体地位、规范化和明晰化劳动利益保障,同时又致力于构建劳动与资本方的和谐劳动关系、构建利益共同体。和谐劳动关系,旨在维持企业目标与员工目标的和谐统一。"目标"是企业与员工行为的导向和动力,处理好两者之间的关系,首要的就是要处理好两者目标的关系:一方面,当企业与员工目标相协调、相一致时,员工拥护、服从企业的组织管理,工作具有积极性和主动性;另一方面,当企业与员工目标相偏离、相冲突时,员工的工作积极性就会降低,甚至消极怠工,损害企业目标的实现。因此,随着劳动关系的演变,企业目标与员工目标相互渗透,只有将员工目标作为企业目标实现的有机组成部分,才是企业谋求可持续发展的理性选择。

第二节 劳动力市场与企业目标演进:重要驱动因素

我国劳动力市场发展、劳动关系的演变和企业目标的相应调整,受到多种因素的驱动。其中,经济体制改革、人力资本重要性演变以及立法制度完善等从内在驱动力和外在约束力等方面推动着我国企业目标的不断演进。

一、经济体制改革

国企改革以及经济所有制结构调整,是我国经济体制改革的核心内容,是我国劳动关系演变的重要动因,也是劳动力市场驱动企业目标演进的重要制度因素。与此同时,与国有企业改革相配套的企业用工制度和分配制度的改革,亦对企业目标的演变产生了深刻影响。以下我们将从国企改革和收入分配制度改革两个方面,论述经济体制改革对劳动关系及企业目标的驱动作用。

(一)国有企业改革

国有企业是中国经济改革的中心环节,概略地回顾国有企业的改革历程,可大致勾勒出国有企业劳动关系变化和员工参与企业目标演进的制度背景。改革开放以来,我国的国企改革和相应的劳动关系变化可以划分为如下三个阶段。

1. 放权让利和两权分离阶段(1979—1991)

1978年党的十一届三中全会提出要通过"放权让利"调动国有企业和职工的积极性。1981年10月,国务院转发国家经委、国务院体改办《关于实行工业生产经济责任制若干问题的意见》,提出在国家给予企业自主权的同时,要求企业承担一定的经济责任。由于实行经济责任制后产生的部门、行业各方利益冲突难以协调,1983年和1984年先后实行了两步利改税。1984年,党的十二届三中全会提出增强企业活力,特别是增强全民所有制大、中型企业的活力,确定国家与全民所有制企业的正确关系,使企业成为相对独立的经济实体,自主经营,自负盈亏,同时通过政企职责分开,使政府正确发挥管理经济的职能。1988年4月,七届人大一次会议通过的《全民所有制工业企业法》明确了国有企业的法人地位。"两权分离"成为这一阶段国企改革的主要原则,并陆续出现了对承包经营制、租赁制、股份制、资产经营责任制等各种形式的探索。

此阶段的国企改革与劳动关系问题密切相关的改革措施,一是实行奖励和计件工资制度;二是扩大企业的经营管理自主权,给予企业一定的招工和用工自主权,试图打破已经执行了二十多年的"大锅饭"制度。这一时期的主要劳动关系制度集中在"破三铁"(铁饭碗、铁工资、铁交椅),从根本上撼动了传统的劳动关系。

2. 建立现代企业制度阶段(1992—2001)

这一阶段是国有企业改革的攻坚时期,改革内容涉及转换企业经营机制、建立现代企业制度与国有企业重组等内容。1992年国务院发布《全民所有制工业企业转换经营机制条例》,赋予企业更充分的用人自主权,企业使用劳动力的数量、条件、方式等完全由企业自主决定。1993年,党的十四届三中全会通过《中共中央关于建立社会主义市场经济体制若干问题的决定》明确提出,国有企业改革的方向是建立"产权清晰、权责明确、政企分开、管理科学"的现代企业制度,提出"改革劳动制度,逐步形成劳动力市场"。

在这一时期,配合下岗分流、减员增效的劳动用工改革,一批有关社会保障的政策和法规陆续出台,启动了劳动关系从企业保障向社会保障改变的进程,以严格的规章制度为基础的市场化劳动关系,得以在国有企业中逐渐确立。

3. 深化改革阶段(2002年至今)

自2002年党的十六大《关于深化国有企业改革的指导意见》颁布以来,我国这一时期的国企改革主要涉及国有经济战略性调整、分类推进改革、发展混合所有制经济等内容。2002年党的十六大提出了"国家所有、分级行使出资人职责"的改革思想,国有企业改革进入了一个建立和完善国有资产出资人制度的新阶段。2003年10月,党的十六届三中全会提出,建立归属清晰、权责明确、保护严格、流转顺畅的现代产权制度,是构建现代企业制度的重要基础;要完善国有资产管理体制,深化国有企业改革,建立健全国有资产管理和监督体制,坚持政府公共管理职能和国有资产出资人职能分开。2007年10月,党的十七大明确提出,深化国有企业公司制股份制改革,健全现代企业制度,优化国有经济布局和结构,增强国有经济活力、控制力和影响力。2015年8月发布的《中共中央、国务院关于深化国企改革的指导意见》,要求分类推进国有企业改革、完善现代企业制度和国有资产管理体制、发展混合所有制经济等,全面提出了新时期国有企业改革的目标任务和重大举措,并提出,稳妥推进混合所有制改革,允许符合条件的混合所有制企业实行员工持股。

现阶段国企改革中的劳动关系,一方面探索实行与社会主义市场经济相适应的企业薪酬分配制度改革,深化企业内部用人制度改革;另一方面则致力于构建和谐劳动关系,鼓励国企探索各种形式的员工参与、提升员工积极性,并探索实行混合所有制企业员工持股制度等。

综合上述国企改革历程,我国的经济体制改革使劳动关系发生了重大变化。随着国家对企业和经济的干预逐步减少,以及国有企业市场化和管理自主化程度的日益提高,国有企业劳动关系的行政化特色将越来越少,更多地融入市场经济色彩。同时,企业自发的员工参与形式趋于多样化,政府的主导作用将会有所减弱。尤其是混合所有制企业员工持股制度的探索,使得劳动者与资本方的利益更加紧密地结合在一起,员工目标与企业目标得以有机融合。

与此同时,国企改革驱动我国经济结构发生了根本性的变革,在国有企业改革的同时,各种形式的非国有经济得到了快速发展。劳动力市场服务体系和社会保障体系的建立和完善,是市场化劳动关系得以确立并平稳运行的外部条件。总体而言,以国企改革为核心的经济体制改革,使得我国企业中劳动关系更加市场化、多元化和法治化,使得劳动方在企业中的地位不断提升,从而驱动企业目标中对员工利益的重视。现代企业逐步将成就员工作为新的发展阶段的主要追求,并把员工满意不满意、高兴不高兴、答应不答应,作为衡量各项工作成效的主要标准。

(二) 收入分配制度改革

改革开放初期,我国收入分配制度改革的目标主要是从平均主义向按劳分配为主体、多种分配方式并存的方式转变。党的十四大后,工资分配制度改革的目标是,坚持以按劳分配为主体,多种分配方式并存,体现效率优先、兼顾公平的原则,逐步建立起"市场机制决定、企业自主分配、政府监督调控"的工资体制。党的十五届四中全会决议提出,"建立与现代企业制度相适应的收入分配制度",确定了企业工资收入分配制度改革的目标模式,即到2010年,基本构建起"市场机制决定、企业自主分配、职工民主参与、国家监控指导"的收入分配体制。

党的十八大以来,我国经济进入新常态,逐步深化收入分配制度改革,更加注重居民收入在国民收入中的占比,进一步完善政府再分配政策的调节机制,提出了"两个同步""两个提高"的目标[①];同时,要求完善劳动、资本、技术、管理等要素按贡献参与分配的初次分配机制,加快健全以税收、社会保障、转移支付为主要手段的再分配

---

① "两个同步"是指城乡居民收入水平要和经济增长同步,以及劳动者报酬要和生产率提高同步。"两个提高"是指提高居民收入在国民收入分配中的比重,以及提高劳动报酬在初次分配中的比重。

调节机制,初次分配和再分配都要兼顾效率和公平,再分配更加注重公平。党的十八届三中全会进一步提出健全资本、知识、技术、管理等由要素市场决定的报酬机制,要求增加低收入者收入,扩大中等收入者比重,努力缩小城乡、区域、行业收入分配差距。

2017年,党的十九大报告进一步指出,坚持按劳分配原则,完善按要素分配的体制机制,促进收入分配更合理、更有序。坚持在经济增长的同时实现居民收入同步增长,在劳动生产率提高的同时实现劳动报酬同步提高。拓宽居民劳动收入和财产性收入渠道。履行好政府再分配调节职能,加快推进基本公共服务均等化,缩小收入分配差距。同时,党的十九大报告指出,当前的社会主要矛盾转变为人民日益增长的美好生活需要和不平衡不充分的发展之间的矛盾,坚持按劳分配原则,完善按要素分配的体制机制,促进收入分配更合理、更有序。当前阶段,我国的收入分配更加注重公平,尤其是保障所有国民分享经济发展成果,初次分配中不断消除分配不公的各种基础,同时增强再分配过程中的公平分配职能,不断完善收入分配体制,促进形成公平、合理的收入分配格局。

综合上述,我国收入分配制度改革经历了从平均主义大锅饭,至市场化的收入分配机制,再发展至现阶段强调收入分配的公平性等不同发展阶段。在收入分配制度改革的历程中,企业的自主性增强,员工收入的市场化程度提高,但又容易因收入分配的失衡引发内部矛盾,企业只有处理好与员工的收入分配关系,才有可能调动员工的积极性,才能更好地实现企业目标。我国收入分配制度的改革,使得企业目标更加注重员工这一重要利益相关者积极性的调动。

同时,经济体制改革伴随着经济增长战略的转型,我国企业从一味地通过压低劳动力成本来取得价格优势的传统比较优势战略,逐渐转向既重视劳动力成本优势,又重视人才竞争优势;既重视物质财富增长,又重视人的全面发展的可持续增长战略。新增长战略的核心充分体现人文关怀、以人为本和增长的可持续性等因素,其中保护职工的权益占据重要地位。可以看出,随着我国经济体制改革的推进和深化,企业的经营目标更加追求各方利益的平衡。

二、人力资本重要性演变

改革开放以来,人力资本在经济发展以及企业中的重要性日益提升。究其原因,可以归结为四个方面。

(一) 社会总体教育水平的提升

改革开放以来,我国通过不断加大对教育的投入尤其是普及义务教育,为迅速实现工业化积累了丰厚的劳动力资源。根据全国人口普查数据,我国每十万人拥有的受教育程度在大专及以上的人口由1964年的416人提升至2011年的8 930人。2019年的全国教育事业发展统计公报显示,我国高等教育毛入学率达到51.6%,是2000年的4倍,全年受教育水平和国民素质明显提升,促使我国成为世界高等教育第一大国。社会总体教育水平的提升,使得我国劳动力市场中高素质劳动力数量大幅增长。劳动力市场受教育程度的整体显著提升,使得员工需求不再局限于单一的工资、福利等薪酬待遇,被尊重、被认可、被提供更多元的发展机会等马斯洛高层次需求的追求更为明显。

(二)产业结构的调整变化

改革开放以来,我国第二、三产业快速发展。就业人员结构占比由以工农业为主,向第一、二、三产业协同发展方向转变。由图6-1可以看出,1952年就业人口在第一、二、三产业间的占比分布为83.5∶7.4∶9.1,2019年年底这一比例分布变化为25.1∶27.5∶47.4,即随着改革的深入,第二、第三产业成为拉动经济持续增长的主要力量。就业结构在产业间的变化,使得体力劳动者的比重下降,同时人力资源的重要性水平提高,从而驱动中国劳动力市场供给方重要性和地位的日益提升。

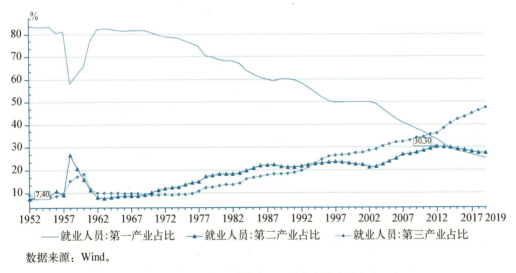

数据来源:Wind。

图6-1 我国产业结构演进:就业人员占比变化

(三)劳动力市场供需平衡结构发生重大变化

自进入21世纪以来,我国劳动力市场经历了供需平衡关系的重要变化,即在2010年前后经历了短暂的供需大体平衡后,由原来的供大于求转变为供不应求(如图6-2所示)。企业之间对人才的需求缺口日益显现,尤其对高端人才的竞争日益激烈,由此,劳动供给方在劳动力市场中的谈判力日益增强。

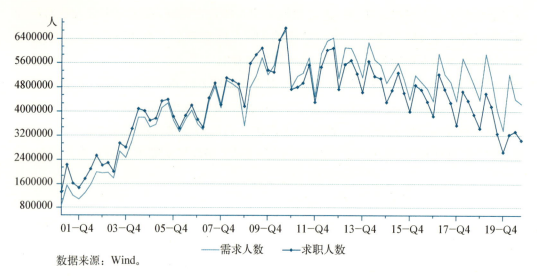

数据来源：Wind。

图 6-2　我国劳动力市场供给与需求对比趋势图

（四）科技水平的快速发展

20世纪90年代以后，以计算机为核心的信息技术得到了迅猛发展，社会生产力进入更高阶段。信息化改变了企业结构与沟通方式。企业组织结构进一步扁平化、虚拟化，生产周期缩短，经营视野变宽。员工更容易接收到新鲜信息，要求了解内幕、参与决策等的呼声不断提高。一方面，企业要不断用信息化技术来改造企业的业务流程，培训员工；另一方面，企业和员工也要共同经受网络时代民主发展新变化带来的考验，比之前更开放、更平等、更有效率地对话、交流与合作。

21世纪以来，世界经济从传统的工业经济形态向以高科技为内核的知识经济转变。传统经济增长模型中，生产规模取决于劳动、资本、设备和自然资源等所用生产要素的数量，其核心是资本积累。知识经济形态下的经济增长更直接地取决于知识的投资，企业人力资源管理与开发能力作用凸显。要想在竞争中求得生存，企业必须重视知识资源的开发和利用，实施人力资源开发，迅速将知识转化为直接生产力。企业管理的根本任务就在于不断提高员工的科技知识水平，不断创新管理措施激励员工，使员工充分施展自己的知识与技能。尤其近些年来，数字经济的快速发展，人工智能、大数据、区块链、物联网、云计算等新兴概念和技术的出现，企业数字化升级和转型进程加快，使得技术和人才的作用更加凸显。

上述教育水平的日益提升和就业在产业结构中的发展变化，加之劳动力市场流动性提升和供需均衡水平的改变，人力资本对企业发展越来越起到举足轻重的作用。Worley和Vick（2005）在"管理变革六原则"中提到，在当今快速发展的全球化商业环境中，变革已成为企业必须推行的战略，而在变革时，来自员工的支持至关重要。要成功推行变革,必须取得员工的信任和支持,才能保障变革的成功。只有使企业员工的个人目标与企业目标相一致,即将员工作为企业战略目标的一部分,才能确保企业的长期稳定发展和核心竞争力。

三、法治化建设日益完善

改革开放以来,劳动力市场发展的历程,同时也是我国劳动保护日益完善的历程。劳动利益的法治化建设,是驱动企业目标演变中对员工利益保障的重要外部约束。我国劳动立法经历了如下重要过程。

1986 年,国务院颁布《关于发布改革劳动制度四个规定的通知》,拉开了探索国营企业用工制度市场化的序幕。为解决随之而来的劳动争议问题,1987 年 7 月国务院颁布《国营企业劳动争议处理暂行规定》,恢复了中断 20 年的劳动争议处理制度,在劳动部门恢复劳动争议处理机构,以适应契约替代行政力量确立劳动关系的新形势。由此,中国的劳动关系步入新阶段。

1992 年,邓小平"南方谈话"推动我国社会经济进入快速发展期,非公有制经济组织得以快速发展。与此同时,各企业用工实践中的劳动争议日益增多。为解决这一问题,1993 年 7 月国务院发布《企业劳动争议处理条例》,扩大劳动争议处理的受案范围,奠定了"协商、一调、一裁、两审"劳动争议处理体制①。1994 年 7 月 5 日《中华人民共和国劳动法》颁布,成为中国调整劳动关系的第一部基本法律,标志着我国的劳动立法进入成熟时期。1995 年是《劳动法》实施的第一年,全国各级劳动争议仲裁委员会受理案件 10 万余件,比 1994 年增加了 70.51%,我国劳动争议进入高发期。1997 年,国有企业实施的减员增效、下岗分流和改制改革,引起工人大面积下岗,同非公有制经济快速发展引发的劳动争议一起,引起集体争议数量大幅度上升。进入 21 世纪,市场经济环境逐渐成熟,契约理念逐渐得到普及,《劳动法》实施中存在的诸多问题加剧了劳动争议频发。

为稳定经济社会发展、完善劳动者合法权益保护制度、促进劳动关系和谐稳定,2007 年 6 月,第十届全国人民代表大会常务委员会第二十八次会议通过了《劳动合同法》,这部法律自 2008 年 1 月 1 日起施行,它对调整劳动关系和完善劳动法体系具有重要作用,它的颁布标志着我国的劳动合同制度纳入了依法规范、依法调整的法治轨道。后在 2010 年 10 月颁布了《社会保险法》,同《劳动法》等一起初步形成了劳动关系法律体系。

---

① 发生劳动争议后,当事人先行协商,协商不成功时由依法设立的调解组织或劳动人事争议仲裁委员会调解;在调解不成功的情况下,由劳动人事争议仲裁委员会对劳动争议作出仲裁裁决;若当事人不服仲裁裁决,可以向人民法院提起诉讼;人民法院作出一审判决后,当事人若对判决不满,可以上诉至上一级人民法院。

目前，我国已形成了以《劳动法》为主体，有关劳动合同、集体合同、工资分配、工时休假、劳动争议、社会保险等相配套的劳动关系法律、法规体系，并建立起内容较为完善的劳动标准体系，初步实现了劳动关系调整的法治化、规范化。

法治化、规范化的劳动关系变换了企业与员工的关系结构与互动规则。同时，也对企业管理带来了深刻的变化：一是企业与员工之间由行政的隶属关系变为法律上的契约关系，企业与员工要按照市场规则处理相互间的关系；二是中国劳动法律法规更加健全，这就要求企业、员工要进一步摆脱人治思想，循法思考，依法行事；三是随着社会保障体系的不断健全，企业来自员工方面的用工成本不断提升，激发员工生产积极性和提高劳动生产率，是企业谋求价值提升的关键。

另外，由法治化所带来的劳动保护程度的提高，使得企业薪酬黏性和劳动成本上升（刘媛媛、刘斌，2014）。刘晓光、刘嘉桐（2020）通过研究发现劳动力成本显著地提高了企业受到信贷配给约束的概率，信贷对劳动力成本较高的企业具有明显的"筛选效应"。同时，法治化和劳动保护的提升，也驱动着员工目标与企业目标趋于一致。倪骁然、朱玉杰（2016）研究发现，增强劳动保护能够促进企业创新。原因在于《劳动合同法》的实施保护了能力较强的员工，使得他们更有可能为企业长期工作，这使得企业更有激励通过为员工持续投入人力资源获取长期回报。同时，劳动保护的增强使得员工议价能力增强，更有可能获得公平的事后收益，前期投身创新活动的积极性增强。廖冠民、陈燕（2014）认为，劳动保护会导致企业经营弹性下降，并且对于经营不确定性较高的企业，这种负面影响更大；当企业的劳动密集度较高时，劳动保护对企业经营弹性的负面影响更为显著。李波、蒋殿春（2019）研究发现，《劳动合同法》的实施，即劳动保护的提升会促进较高劳动密集度行业企业生产率进步，其中的机制在于，面对劳动保护加强产生的经营压力，企业会通过增加企业培训经费投入和要素替代程度而提高企业生产率。

上述研究表明，法治化所带来的劳动保护程度的提升，客观上提升了劳动方在雇佣方心里的地位，在劳动成本上升的前提下，使得企业经营更加重视员工生产效率的提升，驱动着员工利益在企业目标中成为不可或缺的一部分。

第三节　劳动利益保障与企业目标：
　　　　实践发展与经验证据

企业的本质是团队生产或长期契约的集合，而契约背后隐含的产权主体的平等性、独立性和协作性，要求企业治理结构的主体之间是平等、独立和合作的关系。在企业中，企业价值增长依赖于资源协调程度，依赖于职工等利益相关者之间的持久合作。探索持久的合作机制,就在于不断增进员工目标与企业目标的耦合机制。本节将基于我国工会设置、员工参与管理以及员工持股等几种典型的基于员工利益保障的劳资合作制度,总结其实践发展历程,并探讨它们在员工与企业目标协调一致方面扮演的重要角色。

一、工会发展与企业目标

工会是企业内部设置的代表和维护员工合法权益的机构,并在员工利益与企业目标两者协调中起着润滑剂的作用。改革开放以来,工会在经济改革中的地位逐步增强。

(一)实践发展

改革开放初期,中国工会第九次全国代表大会于 1978 年 10 月在北京召开。邓小平代表中共中央、国务院向大会致辞。他强调,工会组织"必须密切联系群众,使广大工人都感到工会确实是工人自己的组织,是工人信得过的、能替工人说话和办事的组织"。在此之后,工会逐步形成了"一个中心"(以经济建设为中心)和"两个维护"(在维护全国人民总体利益的同时,更好地表达和维护职工群众的具体利益),并承担维护、建设、参与和教育的基本职能。

后续在经济体制改革进程中,相关部门也在工会建设和完善方面做出不断革新和探索,对工会维护劳动者利益的职能与经济建设紧密结合起来。1988 年 10 月召开的全国总工会第十届执委会第六次会议和中国工会第十一次全国代表大会先后通过了《工会改革的基本设想》。这标志着中国工会改革探索正式开始。1992 年 4 月,我国颁布《工会法》,其中规定"工会必须密切联系职工,听取和反映职工的意见和要求,关心职工的生活,帮助职工解决困难,全心全意为职工服务"。1993 年 10 月 24 日,中国工会第十二次全国代表大会在北京召开。大会明确提出工会工作的方针,即坚定不移地贯彻执行党的以经济建设为中心、坚持四项基本原则、坚持改革开放的基本路线,在维护全国人民总体利益的同时,要更好地表达和维护职工群众的具体利益,全面履行各项社会职能,团结和动员全国职工,为实现社会主义现代化国家而努力奋斗。1998 年 10 月 19 日,中国工会第十三次全国代表大会在北京召开。大会明确了工会工作必须遵循的指导方针,即坚定不移地推动全心全意依靠工人阶级方针的落实,突出工会的维护职能,团结动员全国各族职工为实现中国跨世纪宏伟目标而努力奋斗。

21 世纪以来,"和谐社会"的理念提出以后,政府在政策和立法方面进行了一系列旨在保护弱势阶层的努力,中国工会在维护工人权益方面的作用进一步得以强化。

2001年10月27日,第九届全国人大常委会第24次会议通过了对《工会法》的修改。此次修改后的《工会法》第二条增加规定"中华全国总工会及其各工会组织代表职工的利益,依法维护职工的合法权益",并增加规定"维护职工合法权益是工会的基本职责"。这一法规的出台,意味着国家以法律的形式要求工会肩负起代表职工利益的重任,履行维护职工的合法权益的基本职责。中国工会在维护代表职工利益方面又实现了向前跨越。

2018年10月,中国工会十七大在总结工会工作取得的显著成绩时,指出我国工会在团结动员亿万职工充分发挥主力军作用,为决胜全面建成小康社会方面作出了重要贡献,且充分发挥了工会"大学校"作用,促进了职工队伍整体素质全面提升。在加大源头参与力度,积极推动构建和谐劳动关系方面,工会发挥了重要积极作用。中国工会十七大还提出我国工会应该在今后牢牢把握我国工人运动的时代主题,团结动员广大职工以主人翁姿态建功新时代,推动构建和谐劳动关系,切实维护职工合法权益。

(二)工会角色与企业目标:经验证据

在中国经济转型的过程中,计划经济与市场经济相互交织赋予了中国工会双重角色:在劳动力市场尚未落实的地方,工会扮演着"桥梁"的角色,被视为党和政府职能在企业内部的延伸,肩负着维护国家稳定发展的责任(孙中伟、贺霞旭,2012;纪雯雯、赖德胜,2019);在市场机制运行的部门中,工会扮演着"家长"的角色,作为劳动者权益的代表,在劳动者劳动就业、工资分配、休息休假、社会保障、劳动安全卫生、劳动争议处理等方面承担起责任(王永丽、郑婉玉,2012)。

姚先国等(2009)研究发现我国工会在改善劳动关系方面发挥着重要作用。从工资回报到各项福利,工会都在一定程度上提升了劳动者利益。研究还表明:很多雇主也乐意在企业设立工会以及给工会拨付经费,增强企业凝聚力,从而提高生产效率。魏下海等(2013)的研究表明,工会会导致企业工资率和劳动生产率显著提升。胡恩华等(2018)认为工会从维护、关怀、参与、提升和建设行为五个方面展开,通过参与企业民主化管理、收集合理化建议等形式,与企业人力资源管理高层开展沟通交流、协商谈判等,协同解决涉及员工利益的事项,增强了员工凝聚力和向心力,提升了员工的企业忠诚度,并激励员工为企业建言献策,帮助达成企业战略目标。当企业和工会两个系统互相配合、彼此协作,形成有效的耦合时,员工会把工会看作合作的整体,认为企业目标、工会目标与员工自身目标具有一致性。

总结以上实践和经验证据可以看出,工会的发展与完善,使得劳动者利益得以维护,员工参与感增强,并在参与过程中实现了员工个人目标与企业目标的有机统一。企业对员工利益的重视,使得企业目标在工会职能发挥和员工利益维护中得到保障。

二、员工参与管理和企业目标

员工是企业的核心组成要素,是企业战略决策的执行层。员工参与企业管理,能促使员工积极性的发挥,促进员工目标与企业战略目标的和谐一致,因而在很大程度上会更加有力地促进企业的发展。杨瑞龙(2006)指出,让职工参与企业治理,实现劳动与资本的和谐,不仅是有社会责任感的企业家的明智之举,也是一个企业效率的源泉之一。

(一)实践发展

改革开放以来,我国积极探索各种形式的员工参与制度建设。

职代会是最初国有企业各类员工参与活动的主线,其他形式的参与如厂务公开、民主评议、职工董事等,都在职工代表大会的基础上开展。1981年,中共中央、国务院转发了《国营工业企业职工代表大会暂行条例》,职工代表大会得以全面恢复。1986年,三大条例出台,职工代表大会是企业实行民主管理的基本形式,拥有审议建议权、审议通过权、审议决定权、评议监督权和选举推荐权五项权力。1994年以后,国有企业改革进入建立现代企业制度阶段,带来了"新三会"(股东大会、董事会和监事会),并鼓励企业自主探索各种形式的员工参与制度。

职工董事和职工监事制度的推出,是我国探索员工参与管理的重要里程碑。2006年5月,《中华全国总工会关于进一步推行职工董事、监事制度的意见》指出,职工董事、监事制度,是依照法律规定,通过职工代表大会民主选举一定数量的职工代表,进入董事会、监事会,代表职工行使参与企业决策权利、发挥监督作用的制度。凡依法设立董事会、监事会的公司都应建立职工董事、职工监事制度。《意见》指出,推行职工董事、职工监事制度,是牢固树立和落实科学发展观,加强社会主义民主政治建设,构建社会主义和谐社会的重要举措;是建立现代企业制度,完善公司法人治理结构的重要内容;也是维护职工合法权益,调动和发挥职工的积极性和创造性,建立和谐稳定的劳动关系,促进企业改革、发展、稳定的内在需要。2016年12月,全国总工会印发《中华全国总工会关于加强公司制企业职工董事制度、职工监事制度建设的意见》(以下简称《意见》),指导各级工会推动职工董事制度、职工监事制度建设。职工董事和监事制度的推出,是我国企业在追求发展和稳定中平衡各相关方利益的内在需求。按照相关政策要求,职工董事、监事所履行的主要职责如下:

(1)职工董事、职工监事享有与其他董事、监事同等的权利,他们应经常或定期深入职工群众中听取意见和建议。

(2)职工董事、职工监事在董事会、监事会研究决定公司重大问题时,应认真履行职责,代表职工行使权利,充分发表意见。

(3) 职工董事在董事会讨论涉及职工切身利益的重要决策时,应如实反映职工要求,表达和维护职工的合法权益;在董事会研究确定公司高级管理人员时,要如实反映职工代表大会民主评议公司管理人员的情况。

(4) 职工监事要定期监督检查职工各项保险基金的提取、缴纳,以及职工工资、劳动保护、社会保险、福利等制度的执行情况。

(5) 职工董事、职工监事有权向上级工会、有关部门和机构反映有关情况。

可以看出,上述对职工董事和监事的职责要求,一方面鼓励职工通过参与管理,充分发挥其在企业发展中的积极主动性;另一方面通过参与管理有机协调职工与企业的利益一致性,切实保障职工权益。所以,我国职工董事和监事的设置,是企业目标与员工个人目标协调的重要机制。劳动者通过参与决策和监督,使得劳动者利益得到最大限度的保障,同时又在参与企业决策过程中,使个人目标与企业目标做到有机统一。

(二) 学术观点

金莹、李志、唐孝云(2004)认为,如果企业内部缺乏相互的监督制约,管理者行为的随意性较大,员工心理就容易失衡,因此让员工参与管理,可以改变监督的单向性,使企业中的每个成员既是管理者又是被管理者。Lawler、Mollrman 和 Ledfbrd (1995)提出员工参与可以增加组织中的信息流动,鼓励员工更自由地分享信息而提高绩效。员工参与管理能够更有效地约束监督企业经营者,以保证经营决策的科学性和及时性。杨瑞龙(2006)认为,如果在企业经营中漠视职工的合法权益,甚至不惜以牺牲职工的利益来换取企业短暂的"效益",那么最终资产保值与增值的目标也很难实现。企业治理由传统的资本雇佣劳动或股东至上逻辑演进到物质资本与人力资本共同参与企业治理的共同治理模式,实际上表明企业不仅要重视股东的权益,而且要重视包括职工在内的其他利益相关者对经营者的监控;不仅强调经营者的权威,而且要关注包括职工在内的其他利益相关者的实际参与。

南京五洲制冷集团的员工参与制度建设

南京五洲制冷集团有限公司(简称"南京五洲制冷")始建于1958年,1994年改制为南京五洲制冷(集团)公司,2004年改制更名为中外合资南京五洲制冷集团有限公司。公司先后被确定为国家机械部定点生产半封闭制冷压缩机和制冷、空调、除湿设备的重点大型骨干企业,是中国制冷空调工业协会成套设备专业委员会副主任委员单位、中国机械工业500强企业、江苏省和南京市高新技术企业和南京市重点特色产品的生产企业。该公司把建成一个充满活力、具有强大科技创新能力的大型混合所有制企业集团作为企业使命,秉承尊重人才、尊重创造、尊重技能、尊重风险的价值观,践行"尊重每一个人的不同潜能,为每一个有识之士和卓有贡献的员工,都铺设一条到达理想彼岸的桥梁"。该公司致力于营造一种使每一个人都充分体现"自我价值"和参与实现共同目标的氛围,鼓励所有人员成为改革的推动者。

该集团从1996年开始倡导实施员工参与管理的管理模式,逐渐形成了员工参与管理的企业氛围,其员工参与管理的形式包括(不限于)如下途径[1]。

1. 质量小组

质量小组是指员工们定期开会讨论质量及相关问题的小型团体,是制造型企业组织最常用的一种员工参与管理形式。南京五洲制冷的质量小组成员通常为一线员工,对生产过程及工艺要求非常熟悉和了解,他们可通过定期的讨论交流,在生产中发现问题、识别问题并提出切实有效的解决方案,促进产品质量的提升。

2. 合理化建议

合理化建议制度是由1898年美国柯达公司创立的"职工建议制度"演变发展而来的。合理化建议,是指有关改进和完善企业生产技术和经营管理方面的办法和措施。具体地讲,就是职工根据某项事务合理化的需要,以"合理化建议书"的形式,向单位提出改进方案、方法等方面的建议措施。南京五洲制冷的合理化建议制度除提交传统形式的"合理化建议书"外,也有效融入公司的各项管理活动中。在每年的新进大学生员工入职培训考核中,其中的"演讲"环节就逐渐变为广大新员工结合对企业的了解和自身专业知识,对企业提出意见和建议的有效平台。另外,在销售岗位员工的知识考核中,也经常会被问到"你认为我公司的销售模式存在着哪些不足,应做何改进"等题目。

3. 沟通参与

南京五洲制冷在发展过程中,建立了浓厚的"五洲大家庭"氛围,以总经理为代表的公司高层领导注重与公司各层员工进行沟通交流,如总经理的办公室时常保持"开放"状态,公司员工有较多机会就工作问题与他进行交流,同时公司高层领导也经常参加员工的组织活动并能在活动中与员工同乐,拉近了公司高层与普通员工的亲近感,促进了沟通渠道的畅通。

4. 劳资协商制度

劳资协商制度即在公司内成立工会为一方,以公司资方或经营者为一方,定期召开劳资协商会议,共同协商企业生产经营管理中需要解决的问题,主要包括

---

[1] 刘伟:《员工参与管理模型的构建——以南京五洲制冷集团为例》,《人才资源开发》2007年第2期。

与员工切身利益相关的工资、福利、奖惩、劳动保护以及劳资纠纷等,是员工参与管理的主要形式。员工代表为争取员工权益与公司资方进行协商,改善工作环境及待遇,促进员工利益和公司利益的"共赢"。南京五洲制冷成立了完善的工会组织体系,定期召开职工代表大会,并结合各项管理工作实际,代表员工权利与公司管理层进行沟通交涉,如在一些高温加班安排中,工会就在公司管理层和员工之间的协商中起到了积极的促进作用。工会努力地完善自身内部建设,较好地代表员工履行了"建议、协商、监督"职能。

5. 员工董事监事制度

员工董事监事制度即员工代表进入董事会监事会,参与企业重大决策,享有决策权。此种参与形式属于较高层次的参与管理形式,对参与员工的能力素质要求较高。南京五洲制冷按照《公司法》的相关规定,吸收员工代表参加董事会、监事会,并由工会负责对员工代表的选举产生、员工代表职能履行情况进行保护和监督。

2020 年,南京五洲制冷集团有限公司获评"2019 年度南京市和谐劳动关系示范企业",表彰该公司积极参与和谐劳动关系创建活动,在职工协商共事、机制共建、效益共创和利益共享,在完善和创新劳动关系协商协调机制,依法保障和发展职工基本权益,持续加强劳动关系基础和能力建设等方面的突出表现[①]。

三、员工持股与企业目标

我国现代意义上的员工持股是改革开放以来在确立社会主义市场经济体制、培育社会主义市场经济微观主体的过程中出现并逐步发展起来的。

(一) 实践发展

改革开放之初,增强企业活力,尤其是不断提高企业适应市场经济的能力和竞争能力是极为紧迫的任务。为了增强企业活力,推进放开、搞活企业,适应商品经济发展,在国家其他配套政策支持下,1984 年 4 月国家体制改革委员会发布《城市经济体制改革试点座谈会纪要》。《纪要》提出"允许职工投资入股,年终分红",首次提出了在试点企业实施员工持股。《纪要》标志着我国探索员工持股制度的开始。1984 年 7 月,北京天桥百货公司作为我国首家股份制有限公司在北京成立,首开了我国员工持股实践的先河。之后,我国的员工持股大致经历了如下四个阶段的发展过程。

---

① 南京五洲制冷集团官方网站。

1. 自发式萌芽阶段：集资效应为主（20 世纪 80 年代初—90 年代初）

我国最初的企业内部员工持股始于 20 世纪 80 年代初开展的企业股份制改造，本质上属企业自发的内部集资行为。当时，为转换企业经营机制、筹集资本金，企业在股份制改造过程中允许内部员工购买本企业股权或者以其他形式持有本企业股票。截至 1991 年年底，我国共有各类股份制试点企业（不包括"三资"企业、联合企业在内）3 220 家，其中存在内部员工持股的有 2 751 家，占 80%，股票可上市交易的仅 37 家（王晋斌、李振仲，1998）。在该阶段，推行内部员工持股的方式主要有两种：第一种是职工以现金购买本公司股票，购买份额有最高量限制；第二种是从改制企业原有的资产中分割一部分给职工配股，配股数量依据职工的工作业绩来定。该阶段的内部员工持股具有强烈的自发性，具体形式千差万别，管理也较为松散。

2. 探索式发展阶段：积重难返（20 世纪 90 年代初—21 世纪初）

20 世纪 90 年代初期，在自发式萌芽的内部员工持股日益增多的趋势下，相关监管部门相继出台一系列规范性文件，员工持股的合法地位被认定，企业内部职工持股的普及性亦相应大大提高。在 20 世纪 90 年代初期短短的两三年时间里，我国对员工持股制度的探索式发展使得企业的内部员工持股迅速扩张和蔓延。然而，在职工持股模式快速扩张阶段，全国大量出现了超范围、超比例发行"内部职工股"的现象，定向募集公司甚至在全国范围内公开招股，内部职工股权证非法交易屡禁不止，导致监管部门对内部职工股紧急叫停[①]。随之试行的公司职工股[②]，使得上市公司持股的热度再次回升。但是，由于没有达到长期激励的目的，公司职工股于 1998 年被证监会叫停。在该阶段，随着监管部门对于员工持股的逐渐严格和约束直至明令禁止，自 1999 年始，员工持股在我国企业的热度迅速回落。在此后的相当长一段时间里，员工持股在企业中逐渐退出，直至消失。

3. 转型探索阶段：股权激励兴起（2005—2011）

2005 年之后，监管机构开始转型探索其他激励企业经营层的相关措施，主要对象为企业高级管理层。如 2005 年证监会颁布《上市公司股权激励管理办法》（试行），2006 年国资委、财政部联合发布《国有控股上市公司（境内）实施股权激励试行办法》，标志着上市公司股权激励试点启动。在该阶段的股权激励实施过程中，实施对象是以企业高管为主体，兼顾部分核心技术人员；实施形式主要有股票期权、限制性股票、虚拟股票等。

在该阶段，企业内部非高管员工在被激励对象中所占比例居高不下，且不论授予数量还是授予人数占比，高管都呈下降趋势而非高管员工呈上升趋势，亦即股权激励

[①] 1994 年 6 月，国家体改委发布通知，明确提出"立即停止定向募集股份有限公司内部职工股的审批和发行"，职工持股工作由此暂停。

[②] 即公司向社会公开募集股份时，在股票公募额度中留出 10%，供公司内部职工认购。

对象的中心呈现由高管向非高管员工转移的趋势(肖淑芳等,2006)。

4. 重新启动阶段：新时代背景下的员工持股计划(2012年至今)

2012年,国务院在批转的收入分配制度改革方案中明确指出支持有条件的企业实施员工持股计划,随后证监会发布《上市公司员工持股计划管理暂行办法(征求意见稿)》。之后,员工持股计划迎来"三重浪"：2013年11月召开的十八届三中全会指出,允许混合所有制经济实行企业员工持股,形成资本所有者和劳动者利益共同体；2014年5月份,国务院发布的《关于进一步促进资本市场健康发展的若干意见》(简称新"国九条")提出,"允许上市公司按规定通过多种形式开展员工持股计划"；2014年6月,证监会正式发布《关于上市公司实施员工持股计划试点的指导意见》,决定在上市公司中开展员工持股计划试点,这意味着员工持股正式重新启动。2014年6月至2017年12月31日期间,815家上市公司宣告实施员工持股计划(张会丽等,2020),113家公司推出两期或两期以上。

注重顶层设计是此轮员工持股计划的重要特点。从上文可知,自十八届三中全会后,从中央、国务院、国资委、证监会、财政部多个部门发布文件或联合发布文件,对此轮混合所有制企业员工持股进行规划设计。在国家的顶层设计下,此轮混合所有制企业员工持股较为完善,目标上注重通过员工持股转换企业经营机制,兼具完善国有企业治理体系、募集资金、与员工分享利润、激励员工创新积极性等多重目标。

我国员工持股的发展经历了从集资到激励再到利益共同体的目标转变,生动体现了员工在企业目标中的角色转变。

(二) 学术观点

员工持股计划的创始者,Kelso和Adler(1958)指出,员工持股的目的是分散资本所有权,从而增强资本分配的民主性,协调劳资关系,提高劳动生产率。其他相关理论如分享经济论(Weitzman,1984)、民主公司理论(Ellerman,1992)、第三条道路理论(Giddens,1998)等,均强调员工持股的社会性,认为只有通过劳动方持有资本而成为企业所有者,改变社会经济组织的产权结构,才能实现资本方与劳动者之间的共同利益。

后续的相关理论,更加注重基于员工高层次的马斯洛需求的专业人力资本投资理念,更加强调员工的组织承诺水平和员工的心理所有权效应。比较典型的观点有三种。① 人力资本投资理论。如Blaire(1995)等相关文献认为,隐形的人力资本相比有形资产重要性的日益提升,是员工持股计划涌现和增长的重要推动力量。原因在于,人力资本不可能像有形资产一样被固定在特定公司内部,股东需要寻求一种将员工的利益与企业利益直接绑定的长期机制,实现对直接生产者或者说价值创造者的激励。员工持股是留住核心人才、降低人才流失风险的重要手段(Guery,2015)。

② 共享资本理论。共享资本理论认为，员工持股能够增加员工的组织认同感，并通过提高员工的工作努力程度、履行承诺可能性和信息共享水平以及降低人员的频繁流动等途径，实现公司盈利、企业价值与员工财富同步增长，最终实现双赢目标（Blasi et al.，2010）。③ 心理所有权理论。如果一个员工对组织有着明显的心理所有权，相对于其他员工，他更有可能会产生有利于组织发展的行为，并承担更多责任。Rousseau 和 Shperling（2003）构建了员工持股对员工行为影响的理论框架。他们将所有权分解为一项核心权力——剩余控制权，和三项附属权利——利润分享权、财务信息知情权和决策参与权，并强调三项附属权利是员工心理所有权的重要来源。Kurtulus 和 Krusse（2017）也指出员工持股，不但使其得以有权分享企业利润，还可以在重要决策中拥有投票权，并提升他们在企业的决策参与度。由此心理所有权产生的权利与责任，会促使员工产生特定的行为，如组织公民行为，相应地，会对组织产生一系列影响。

赋予员工股东身份，是有效实现企业目标的重要一步。员工持股以缓解社会财富分配不公和构建劳动方与资本所有方利益共同体为目的，不仅有助于缓解员工消极情绪，相应降低离职率或延缓离职时间，而且有助于提升员工心理所有权，达到长期激励员工的效果。相关经验证据表明，我国上市公司实施的员工持股计划对于企业价值提升产生了积极作用。王砾等（2017）利用 2014 年至 2015 年 9 月 30 日之间发布员工持股计划草案公告的 A 股上市公司作为实验组样本，发现投资者对公告的反应显著为正，从而认为员工持股计划对企业员工具有激励效应。周冬华等（2019）、孟庆斌等（2019）发现员工持股有利于促进企业创新。张永冀等（2019）研究发现员工持股计划显著缩小了高管-员工薪酬黏性差距，促进了员工的股东身份认同感，有助于改善公司治理。

华为公司的员工持股与企业发展

华为技术有限公司（简称"华为"）是一家生产、销售通信设备的民营通信技术公司，于 1987 年在中国深圳正式注册成立。该公司是全球领先的 ICT（信息与通信）基础设施和智能终端提供商。其产品主要涉及通信网络中的交换网络、传输网络、无线和有线网接入网络、数据通信网络和无线终端产品，为全球通信运营商和专业网络拥有者提供硬件设备、软件、服务和解决方案。

该公司极为重视人才队伍建设，致力于营造开放包容、鼓励试错、尊重专业的氛围，焕发员工的创造力，并在企业成长中充分鼓励员工发挥个人专长，帮助员工实现个人价值，同时也注重物质与非物质并行的激励方式，提高员工的幸福感。华为公司重视员工的能力建设和职业发展，在工作中给予员工多样成长机会，并为员工提供差异化的发展通道。2019 年，华为提供的面授课程达 36 000 多门，接受面授集训的总人数超过 12 万，总人次达 30 多万，培训覆盖率约为 48%。除面授课程之外,华为还建立了 iLearning 线上学习平台,员工可以随时随地通过网络接受培训,第一时间掌握最新、最实用的工作技能,提高自身能力。2019 年全年,华为公司共 904.7 万人次参加了 iLearning 培训,公司累计发放 MOOC 培训证书 53 819 张。

更为特别的是,华为是一家 100% 由员工持有的民营企业,通过工会实行员工持股计划,参与人数为 104 572 人[①],参与人仅为公司员工,没有任何政府部门、机构持有华为股权。持股员工选举产生 115 名持股员工代表,持股员工代表会选举产生董事长和 16 名董事,董事会选举产生 4 名副董事长和 3 名常务董事,轮值董事长由 3 名副董事长担任。董事长主持持股员工代表会。持股员工代表会是公司最高权力机构,对利润分配、增资和董事监事选举等重大事项进行决策。该公司在员工持股方面的探索,经历了如下的发展历程。

1. 创业初期的员工持股探索

创业初期的华为,员工薪酬整体低于市场平均水平,员工收入的主要来源是基本工资。在尚无法支付高薪的情况下,企业尝试采用股权激励的方式来吸引和留住员工。1990 年,华为便第一次提出了内部融资、员工持股的概念。

华为 1992 年开始正式实施内部员工持股计划,基本办法是:凡是工作 1 年以上的员工均可以购买公司的股份,购买数量取决于员工的职位、绩效以及任职资格等因素;员工以工资、年终奖金出资购买股份,资金不够时公司还会协助员工取得贷款;股票的购买价格并不与公司净资产挂钩,而是确定为每股 1 元。员工购买股份后的主要收益来自与公司绩效挂钩的分红。员工离职时,公司会按照员工原来的购买价格即每股 1 元回购。工会代表员工管理持有股份,是公司真正的股东,员工自身并没有公司法上完整的股东权利。在 2001 年以前,处于"黄金成长期"的华为通过内部股票分红使员工获得了丰厚的收益。

华为采取的内部融资方式一方面降低了公司的财务风险,另一方面增加了员工对公司的参与感。在这个阶段,华为完成了"以农村包围城市"的战略任务。

2. 成长期的员工持股转型

从 20 世纪 90 年代末开始,华为进入高速成长期,并开始全面探索实施"薪酬领袖"战略,薪酬结构已变为"基本工资+股票+福利"的模式。IT 行业在 2000 年互联网经济泡沫期间遭遇前所未有的融资困难,华为在 2001 年年底遇到了其发展历史上的第一个下滑点,开始实施"虚拟限制性股票"期权改革。期权的行使期限为 4 年,年度现金限额为 1/4。从固定性股利到虚拟限制性股票,是华为实施激励的机制转变的关键点。

---

① 华为官方网站。

华为通过与国际咨询公司合作,对公司的股权制度进行调整变革,用规范的虚拟股票期权即所谓的"虚拟受限股"取代了原来的内部股权。虚拟股票是指公司授予激励对象一种虚拟的股票,激励对象可以据此享受一定数量的分红权和股价升值权,但是没有所有权,没有表决权,不能转让和出售,在离开企业时自动失效。同时,华为公司还实施了一系列新股权激励政策:

(1) 新员工不再派发长期不变1元每股的股票;

(2) 老员工的股票也逐渐转化为期股;

(3) 以后员工从期权中获得收益的大头不再是固定的分红,而是期股所对应的公司净资产的增值部分。该类期权的行权期限以4年为周期,每年1/4,并且从初创期的全员激励转向了核心技术员工以及管理层的重点激励方向上。

3. 稳定发展期员工持股的调整

2006年以后,华为开始推行薪酬改革,开发内部人才,强调团队效率。2008年的美国次贷危机给世界经济发展造成了巨大损失。因为这次经济危机,华为实行了新的股权激励措施,即推出股票"配售"方案,凡工作1年以上的员工根据级别不同对应持股。也就是说,员工获得股权,参与公司的利润分配与公司管理,使得公司价值和员工个人财富同时增值,还解决了公司现金流紧张的问题。

在2014年,华为实施了TUP计划,规定员工配股上限,每一级持股达到上限后,不再参与新配股,即饱和配股制度。这一规定限制了华为老员工的股份分配,为新员工提供更多的机会。实行TUP计划不仅提高劳动收益率,还能够避免持有大量股票的员工"小富即安"不再上进,同时也优化了员工结构,不断吸引新生力量加入公司,为公司发展输入新鲜血液。

4. 员工持股与企业发展

华为在1987年的收入只有1 200万元,利润还不到100万元。在1987—1995年,华为营业收入从1 200万元快速增长到15亿元,从不到100万元的净利润增加到1.8亿元。在全球互联网经济都处于泡沫之中的2001年,华为实施了虚拟股票激励方案后,一年的时间净利润实现增长50%,可以看出虚拟股票激励的实行促进华为盈利能力的提升。受2008年金融危机影响,华为实施改革的饱和制虚拟股票激励制度,让华为在2010年首次进入世界500强的榜单。自2014年推行TUP计划,六年之后,华为的营业收入实现了276.3%的增长,与此同时,净利润增长了124.7%(宋英芳和郭亚茹,2020)。

综上,华为的员工持股不仅发挥了巨大的激励作用,也为公司渡过一次又一次财务困境或危机融得了大量资金,支撑了公司连续多年的高速发展。该公司的企业目标与员工利益在员工持股制度中得以融合互促。

本 章 小 结

改革开放以来,我国劳动力市场经历了从无到有,从供需高度行政化至供需完全市场化的过程,使得劳动供给方即员工的自主权大大增强。随着劳动力市场流动性、劳动者就业地位的提升,以及供需结构发生的重大变化,人才竞争日益成为企业之间竞争的核心。相应地,企业在追求利润和股东财富最大化目标时,如果忽略员工利益需求或不能有效激励员工主体,企业的目标也难以保障。

随着劳动力市场的培育、完善与深化发展,我国劳动关系经历了去行政化、市场化至构建利益共同体回旋式上升的演化。其总体发展趋势表现为,既尊重员工劳动供给方的市场主体地位、规范化和明晰化劳动利益保障,同时又致力于旨在维持企业目标与员工目标的和谐统一,构建劳动与资本方的和谐劳动关系和利益共同体。随着劳动关系的演变,企业目标与员工目标相互渗透,只有将员工目标作为企业目标实现的有机组成部分,才是企业谋求可持续发展的理性选择。

经济体制改革和人力资本重要性演变等内在机制驱动和法治化建设的外部规范约束,使得企业目标和员工目标的融合进程进一步加速,工会发展、员工参与制度建设以及员工持股等员工利益保障机制的完善,为两者目标的融合互促提供了实现机制和途径。总之,劳动力市场发展,伴随着内外部改革推进和保障机制的完善,不断在驱动着员工利益在企业目标中成为不可或缺的一部分。

复习思考题

1. 如何理解中国劳动力市场发展及劳动关系的演变促使企业目标与员工目标相互渗透?

2. 以国企改革为核心的经济体制改革如何驱动企业目标中对员工利益的重视?

3. 为保障员工目标与企业目标的融合互促,未来还可以探索哪些新的可供借鉴的实现途径?

主要参考文献

1. 常凯. 劳动关系的集体化转型与政府劳工政策的完善[J]. 中国社会科学,2013(06):91-108+206.

2. 董克用. 中国经济体制改革以来劳动关系的变化与调节机制[J]. 经济理论与

经济管理,2001(04):18-21.

3. 都阳.加快建设稳定高效的劳动力市场[N].经济日报,2018-11-01(014).

4. 胡恩华,章燕,单红梅,张龙.企业承诺和工会承诺对员工建言行为的影响研究[J].管理学报,2018,15(08):1153-1160.

5. 纪雯雯,赖德胜.工会能够维护流动人口劳动权益吗?[J].管理世界,2019,35(02):88-101.

6. 金莹,李志,唐孝云.民营企业员工参与的影响因素与管理研究[J].企业活力,2004(07):54-55.

7. 李波,蒋殿春.劳动保护与制造业生产率进步[J].世界经济,2019,42(11):74-98.

8. 廖冠民,陈燕.劳动保护、劳动密集度与经营弹性:基于2008年《劳动合同法》的实证检验[J].经济科学,2014(02):91-103.

9. 刘伟.员工参与管理模型的构建——以南京五洲制冷集团为例[J].人才资源开发,2007(02):50-52.

10. 刘晓光,刘嘉桐.劳动力成本与中小企业融资约束[J].金融研究,2020(09):117-135.

11. 刘媛媛,刘斌.劳动保护、成本粘性与企业应对[J].经济研究,2014,49(05):63-76.

12. 陆瑶,施新政,刘璐瑶.劳动力保护与盈余管理——基于最低工资政策变动的实证分析[J].管理世界,2017(03):146-158.

13. 马国旺,刘思源.技术革命演进中企业劳动关系范式的变迁与对策[J].云南社会科学,2019(06):49-57+182.

14. 孟庆斌,李昕宇,张鹏.员工持股计划能够促进企业创新吗?——基于企业员工视角的经验证据[J].管理世界,2019,35(11):209-228.

15. 倪骁然,朱玉杰.劳动保护、劳动密集度与企业创新——来自2008年《劳动合同法》实施的证据[J].管理世界,2016(07):154-167.

16. 宋士云.改革开放以来中国企业劳动关系变迁的历史考察[J].当代中国史研究,2018,25(01):19-29+123-124.

17. 宋英芳,郭亚茹.员工持股对公司绩效的影响分析——以华为技术有限公司为例[J].上海商业,2020(08):55-57.

18. 孙中伟,贺霞旭.工会建设与外来工劳动权益保护——兼论一种"稻草人机制"[J].管理世界,2012(12):46-60+81.

19. 覃毅.中国收入分配七十年:改革实践与理论演进[J].产业经济评论,2020(05):109-124.

20. 田永坡. 劳动力市场发展及测量[M]. 北京：中国社会科学出版社，2016.

21. 王砾，代昀昊，孔东民. 激励相容：上市公司员工持股计划的公告效应[J]. 经济学动态，2017(02)：37-50.

22. 王永丽，郑婉玉. 双重角色定位下的工会跨界职能履行及作用效果分析[J]. 管理世界，2012(10)：130-145.

23. 肖淑芳，石琦，王婷，易肃. 上市公司股权激励方式选择偏好——基于激励对象视角的研究[J]. 会计研究，2016(06)：55-62+95.

24. 杨俊青，陈虹. 非国有企业薪酬激励能够实现劳动者、企业与社会的合作共赢吗——基于劳动生产率、盈利与吸纳劳动力视角的研究[J]. 南开管理评论，2017，20(04)：165-178.

25. 杨瑞龙. 论职工参与企业治理的经济学逻辑[J]. 经济学动态，2005(05)：24-27.

26. 张宝英. 新中国70年收入分配制度改革回眸与展望[J]. 经济研究参考，2019(18)：86-98+110.

27. 张会丽，赵健宇，陆正飞. 员工薪酬竞争力与上市公司员工持股. 工作论文. 2020.

28. 张永冀，吕彤彤，苏治. 员工持股计划与薪酬粘性差距[J]. 会计研究，2019(08)：55-63.

29. 张蕴萍，赵建，叶丹. 新中国70年收入分配制度改革的基本经验与趋向研判[J]. 改革，2019(12)：115-123.

30. 赵曙明，张敏，赵宜萱. 人力资源管理百年：演变与发展[J]. 外国经济与管理，2019，41(12)：50-73.

31. 中国特色社会主义工会发展道路研究课题组. 中国工会发展道路的历史回顾与总结[J]. 中国劳动关系学院学报，2010，24(02)：1-5.

32. 周冬华，黄佳，赵玉洁. 员工持股计划与企业创新[J]. 会计研究，2019(03)：63-70.

33. BLAIR M. Ownership and control：Rethinking corporate governance for the twenty-first century[M]. Washington DC：The Brookings Institution. 1995.

34. BLASI J R, KRUSE D L, MARKOWITZ H M. Risk and lack of diversification under employee ownership and shared capitalism [M]//Kruse D, Freeman R, Blasi J. Shared capitalism at work：employee ownership, profit and gain sharing, and broad-based stock options. University of Chicago Press, Chicago. 2010：105-136.

35. ELLERMAN D P. Property & contract in economics：the case for economic

democracy[M]. Cambridge USA: Blackwell. 1992.

36. GIDDENS A. The third way: the renewal of social democracy[M]. Cambridge: Polity Press, 1998.

37. GUERY L. Why do firms adopt employee share ownership?: bundling ESO and direct involvement for developing human capital investments[J]. Employee relations, 2015.37(3): 296-313.

38. KELSO L O, ADLER M J. The capitalist manifesto, random house[M]. New York: Random House, 1958.

39. KRUSE D L. Profit sharing and productivity: microeconomic evidence from the United States[J]. The economic journal, 1992, 102(410): 24-36.

40. KURTULUS F A, KRUSE D L. How did employee ownership firms weather the last two recessions?: employee ownership, employment Stability, and firm survival: 1999-2011[M]. WE Upjohn Institute, 2017.

41. LAWLER E E, MOHRMAN S A, LEDFORD G E. Creating high performance organizations: practices and results of employee involvement and total quality management in fortune 1000 companies [M]. San Francisco, CA: Jossey-Bass.1995.

42. OYER P, SCHAEFER S. Why do some firms give stock options to all employees?: an empirical examination of alternative theories[J]. Journal of financial economics, 2005, 76(1): 99-133.

43. PIERCE J L, KOSTOVA T, DIRKS K T. Toward a theory of psychological ownership in organizations[J]. Academy of management review, 2001, 26(2): 298-310.

44. TOPEL R. Labor markets and economic growth[J]. Handbook of labor economics, 1999, 3: 2943-2984.

45. WEITZMAN M. L. The share economy [M]. Cambridge and London: Harvard University Press, 1984.

46. WORLEY C, VICK Y. Leading and managing change[J]. Graziado business report, 2005, 7(2): 1-6.

第七章

环境社会责任与企业目标演进

本章要点：

1. 环境责任与企业目标演进，中国企业环境责任的演化背景、目标策略、驱动因素及经济后果。

2. 社会责任与企业目标演进，中国企业社会责任的背景历程、实施手段、驱动因素及经济后果。

3. 企业环境社会责任履行的制约因素、现实困境、未来路径及政策建议。

自工业革命以来,社会生产力快速发展和企业力量不断壮大促进了全球经济的高速增长,但也加剧了贫富差距,并导致日益严峻的环境和社会问题。在此背景下,如何处理好企业与环境、企业与社会、企业与个人之间的伦理关系,以及企业除了为股东赚取利润之外是否还应承担环境社会责任,受到各国政府和人民的广泛关注。作为经济活动的主要参与主体,企业应当将环境保护和管理纳入经营决策,并重视供应商/客户、员工、消费者等利益相关者的利益,在追求利润和股东利益最大化的过程中,逐步承担起对生态环境保护和社会可持续发展的环境社会责任。但是,企业环境社会责任的承担并不是与生俱来的,而是社会文明发展到一定阶段的产物。

本章拟在回顾西方国家企业环境社会责任的历史发展与目标演进的基础上,系统性地剖析中国企业环境社会责任履行的阶段特征、目标演进、驱动因素和经济后果,探讨我国企业履行环境社会责任所面临的制约因素、现实困境和未来发展路径,为协调政府、公众和企业等多方参与环境社会责任的履行提供政策启示。

第一节 环境责任与企业目标演进

一、环境责任的历史演进与阶段特征

(一)国际环境保护与可持续发展的演进历程

环境保护与经济发展的关系,归根结底是人与自然的关系。环境问题是不合理的资源利用方式和经济增长模式的产物,根本上反映了人与自然的矛盾冲突,究其本质是经济结构、生产方式和消费模式的综合问题。在工业革命之前,自然规律和环境要素是制约人类发展的重要因素,人类社会经历了由原始的狩猎和采集生产逐渐向近代农业和手工业生产过渡及发展的漫长过程,其间也在不断适应与自然和谐相处。始于18世纪60年代的工业革命为人类社会带来了生产力质的飞跃与经济的爆发式增长,同时也引发了人口暴涨、资源短缺、环境污染和生态破坏等一系列的环境问题。自此,环境保护和经济发展的关系日益成为工业化国家乃至全球需要共同面临的严峻问题。

纵观全球,由于世界各国工业发展的历史和水平不同,各国环境保护与发展目标的起点和水平存在差异。因此,无法按照传统方法从时间顺序上对全球的环境保护与经济发展的演进历程进行划分。相比而言,从工业革命的先行者——西方发达国家的视角,探讨以发达国家为主的国际环境保护与经济发展关系的演变,是目前而言最为科学的办法。工业革命以来,发达国家在解决环境污染问题上,经历了先污染、后治理,先破坏、后恢复的过程,其间付出了惨痛的代价。发达国家对环境保护和经济发展关系的认识随着经济增长、污染加剧而逐步发展,其演进历程大致可以分为以下三个阶段。

1. 经济发展优先与污染治理阶段

20世纪60年代以前,发达国家的主要目标是经济发展,对环境保护的概念还比较模糊。自20世纪60年代开始,由于实行高速增长战略,能源消耗和工业"三废"排放量不断增加,环境污染和破坏事件频频发生,导致局部环境污染问题日益突出,严重影响了居民的健康和安全。例如在该时期,因现代化学、冶炼、汽车等工业的兴起和发展而发生的震惊世界的马斯河谷烟雾事件、洛杉矶光化学烟雾事件和日本四日市气喘病事件等"八大公害事件",累计造成了上万人死亡、数十万人患病。1962年美国海洋生物学家蕾切尔·卡森(Rachel Carson)所著的《寂静的春天》一书,用大量事实描述了有机氯农药对人类和自然界所带来的危害,初步揭示了环境污染对生态系统的影响,并提出了现代生态学所面临的工业污染问题,从而使人们的环境治理意识有了初步觉醒。随后,《珍惜地球:经济学、生态学、伦理学》和《增长的极限》等著作的面世在当时的国际社会中产生了巨大影响,激发了人们对环境保护和经济发展问题的思考。

由于工业社会发展的初期环境公害事件不断发生,范围和规模不断扩大,越来越多的社会公众感到自己正处于一种不安全、不健康的环境中,加上环境科学和环保理念的不断发展,人们已不再满足于单纯的物质享受,而渴望追求更高、更有利于身心健康的生活生产环境与方式。于是,20世纪60年代以来,西方发达国家成千上万的公众自发走上街头,游行、示威、抗议,要求政府采取有力措施治理和控制环境污染,逐渐掀起了一场场声势浩大的群众性反污染、反公害的"环境运动"。面对环境恶化的实际和公众诉求的压力,在20世纪50—60年代期间发达国家开始制定各种法律法规来规范生产企业的排污行为,要求企业在追求经济利益的同时,也要进行环境污染的治理。例如1969年,日本政府在实施《烟尘限制法》和《公害对策基本法》等国家环境立法的基础上,颁布了《东京都公害控制条例》,将企业污染物的排放从浓度控制转向排放总量控制。

2. 环境保护与经济发展并重阶段

20世纪70年代,发达国家在注重经济发展的同时开始了由污染治理向环境保护观念的转变,并由此进入了环境保护时代。环境保护作为一个明确和科学的概念,在1972年的联合国人类环境会议上首次被提出,激发了人们环境意识的真正觉醒。在此期间,许多国家将环境保护写进宪法,并定为基本国策。例如,美国于1969年将《国家环境政策法》设为基本法,该法将美国环境保护的立法思想由"治理为主"转变为"预防为主,对环境进行综合保护",并成为70年代美国联邦政府及各州环境法的立法依据。日本于1970年修改了《公害对策基本法》,删除了"协调条款",确立了"保护国民生活环境"的原则;随后,日本政府进一步制定了《大气污染防治法》和《水污染防治法》等一系列环境法律。1971年瑞士在《宪法》中新增规定,"采取环境保护措施是国家的义务"。与此同时,发达国家开始在世界范围内推广环境保护的基本理念与共同合作。1970年,发达国家主导的经济合作与发展组织成立了环境委员会,以协调成员国间在经济与环境领域的合作。1972年,联合国在瑞典召开了113个国家参加的首届联合国人类环境会议,通过了《联合国人类环境宣言》及《行动规划》,并将每年的6月5日定为"世界环境保护日"。随后在1973—1979年,联合国陆续通过了针对保护野生动物、水资源、森林资源等多方面的环境保护公约。从此,环境保护的理念得到了全球范围的广泛支持与认可。

环境保护理念的兴起并没有阻碍发达国家的经济发展。相反,为了解决环境问题,20世纪70年代前后发达国家的环保类企业逐步发展,环保创新技术不断积累,原先的污染类企业也逐渐进入转型阶段。例如,从1970年代起,美国杜邦公司前后四任总裁确立了"安全、健康、职业道德、尊重待人和保护环境"的核心价值观,以制造炸药起家的杜邦公司,通过合作、收购等手段调整产品结构,逐步退出低附加值、污染严重的传统化工领域,核心产业在1990年代已转移到精细化工和高新材料方向,同时杜邦还是美国循环经济搞得最好的大企业之一。20世纪70年代前后,日本企业在积极转型并大规模投资环保设备,不仅使得70年代后期日本的公害问题基本趋于终结,污染物排放量急剧下降,而且奠定了日本环保产业在全球的领先地位。

3. 可持续发展战略阶段

20世纪80年代至今,发达国家逐渐步入了可持续发展战略阶段。20世纪70年代后期环境保护思想和运动的全球化促使人类在对工业文明进程进行反思的基础上,逐渐形成了可持续发展的思想,以进一步克服一系列环境、经济和社会问题,特别是全球性的环境污染、广泛的生态破坏和严峻的资源耗费。可持续发展是一种关于自然、科技、经济和社会协调发展的理论和战略,其最早出现于1980年国际自然保护同盟的《世界自然资源保护大纲》:"必须研究自然的、社会的、生态的、经济的以及利用自然资源过程中的基本关系,以确保全球的可持续发展。"1981年,莱斯特·布朗(Lester Brown)出版《建设一个可持续发展的社会》,提出以控制人口增长、保护基础资源和开发再生能源来实现可持续发展。1987年,挪威首相布伦特夫人在《我们共同的未来》中系统阐述了可持续发展的思想,将其定义为:"既能满足当代人的需要,又不对后代人满足其需要的能力构成危害的发展",得到了国际社会的广泛认同。1992年6月,联合国在里约热内卢召开"环境与发展大会",通过了以可持续发展为核心的《里约环境与发展宣言》和《21世纪议程》等文件,将可持续发展的战略理念在全球倡导和普及。在这样的大背景下,"污染预防"成为新的指导思想,环境标志认证、ISO14001环境体系管理认证推动的"绿色潮流"席卷全球,深刻影响着世界各国的社会和经济活动。20世纪90年代开始,发达国家政府的环境管理理念更加注重环境、资源、生态和社会等方面的协调性和可持续性;企业则开始自觉守法,由"被动治污"转向"主动治污和防污";公众逐渐通过自觉行动践行环境保护。

(二)中国环境保护与可持续发展的演进历程

与大多数西方发达国家一样,自1949年中华人民共和国成立以来,我国在工业化的进程中同样面临环境保护与经济发展关系的问题。不同的是,后发优势使得我国在整个工业化和现代化的进程中能够充分吸取发达国家的经验教训,主动认识和积极探索经济发展与环境保护的协调统一,从而形成独具中国特色的环境保护与可持续发展演进历程。

1. 环境保护阶段特征(1949—20世纪80年代中期)

在1949年中华人民共和国成立至20世纪80年代中期,由于经济发展水平还比较落后,环境压力也尚未达到严重妨碍社会经济发展和人民健康的程度,这一时期中国处于环境保护阶段。这一阶段的主要问题是生产力水平低下。该阶段初期我国产业发展不足,资源开发强度较低,环境污染物的产生与排放也处于较低水平,因此生态环境压力较低,总体上社会经济发展处于自然生态环境承载的能力范围之内。然而,随着我国社会工业经济的初步发展与人口的快速增长,环境污染物的排放逐渐上升,城市环境问题开始出现,典型的如上海苏州河污染和北京官厅水库污染。同时,在一些重化工业城市,严重的空气污染和水污染引发的重大环境事件开始局部出现。由于盲目开发和砍伐,大量原始森林、草原和湖泊、湿地被破坏,由此带来了日益严重的沙漠化和水土流失等问题。因此,这一阶段生态环境压力也开始急剧上升,社会经济发展与自然生态环境显现出不协调的趋势。

为了应对日趋严峻的环境问题,我国政府开始积极探索环境政策制度的建设。1973年8月,第一次全国环境保护会议通过了《关于保护和改善环境的若干规定(试行)》,标志着我国环境保护事业的起步。随后,环境保护逐渐得到重视,国家开始运用法律法规等手段实施环境保护,并先后出台了《工业"三废"排放试行标准》《中华人民共和国环境保护法(试行)》,环境保护开始有法可依。1983年年底,第二次全国环保会议提出将环境保护上升为基本国策,明确了环境保护在中国经济发展中的重要地位。1984年,国务院出台《关于环境保护工作的决定》,提出了环境保护的有关政策、规划,进一步推动了我国环境保护的发展。

2. 资源节约阶段特征(20世纪80年代中期—加入WTO)

20世纪80年代中期至我国加入WTO的前夕,我国工业化建设快速发展,社会经济持续增长,同时人口压力急剧增加,使得自然资源面临严重的约束,我国也因此由环境保护阶段过渡到了资源节约阶段。资源节约是指在生产、流通、消费等领域,通过采取法律、经济和行政等综合性措施,提高资源利用效率,以最少的资源消耗获得最大的经济和社会收益,保障经济社会的可持续发展。这一阶段我国的主要矛盾是人民物质文化需求与生产力不足的矛盾。在资源环境方面,我国大量的人口与生产生活资源不足的矛盾较为突出,生态问题在资源约束下被凸显,而污染问题主要发生在局部。在世纪之交,我国环境资源方面的主要矛盾已体现为庞大的生产体系与各类资源利用之间的矛盾。因此,在资源约束的严峻形势下,我国开始注重经济发展与资源节约并进,同时开始积极推动可持续发展的战略理念。

1992年,我国在联合国环境与发展大会上发布了《中华人民共和国环境与发展报告》和《关于出席联合国环境与发展大会的情况及有关对策的报告》,提出施行可持续发展战略。1994年,国务院通过《中国21世纪议程》,提出实现资源的可持续利用。1995年,党中央、国务院把可持续发展确定为国家的基本战略,可持续发展自此正式纳入中国环境治理体系。此后,国家提出建立和完善适应社会主义市场经济体系的环境政策、法律、标准和管理制度体系,进一步提升了环境保护的地位。同时,国家大力推进资源节约和清洁生产,加快环境标志制度建设,实行环保产业减税、提高排污收费等,逐渐完善了环境与经济政策协调的框架构建。

3. 节能减排阶段特征(加入WTO至今)

自2001年我国加入WTO以后,工业产值快速增加带来了严重的资源浪费、能源消耗和污染物排放问题,促使我国进入节能减排阶段。节能减排即节约能源、降低能源消耗、减少污染物排放。在加入WTO后我国随即迎来"第十个五年计划",这期间我国国内生产总值的年增长率由8.34%提升至11.4%;碳排放总量由13.70亿万吨增加至22.02亿万吨;能源消耗增长率由2001年的3.35%急剧增加至2004年的16.14%,能源对外依存度也持续增加。面对经济高速增长带来的环境和能源压力,国家在《国民经济和社会发展第十一个五年规划纲要》中提出了节能减排的理念,并在随后的经济政策指导方针中贯彻至今。节能减排使得我国能源节约取得明显成效,能源效率得到明显提高。以"十一五"期间为例,我国单位国内生产总值能耗降低20%左右,主要污染物排放总量减少10%;到2010年,二氧化硫排放量由2005年的2 549万吨减少到2 295万吨,化学需氧量(COD)由1 414万吨减少到1 273万吨;全国设市城市污水处理率不低于70%,工业固体废物综合利用率达到60%以上。

然而,现阶段实现节能减排目标面临的形势依然严峻。中国是目前世界上排在第二位的能源生产国和消费国。能源供应持续增长,为经济社会发展提供了重要的支撑;能源消费的快速增长,为资源和环境带来了压力。我国政府正加快发展现代能源产业,坚持节约资源和保护环境的基本国策,把建设资源节约型、环境友好型社会放在工业化、现代化发展战略的突出位置,努力增强可持续发展能力,建设创新型国家,继续为世界经济发展和繁荣作出更大贡献。

二、中国企业环境责任的演化背景

(一) 经济转型中政府环境诉求的演化特征

在经济转型过程中,我国政府积极贯彻和落实可持续发展战略,稳步推进经济转型升级的同时,不断强化对环境问题的认识和重视,并从指导思想、顶层制度和法律法规等诸多层面逐步深化和不断完善社会主义生态文明的建设。同时,我国政府环境诉求也充分表现出着眼长远和与时俱进的特征。

20世纪90年代开始,世界目光开始聚焦到全球生态环境问题上,国际社会逐渐达成可持续发展的全球共识。我国政府充分结合经济发展与生态环境的实际,紧跟时代潮流和步伐,先后通过《中国21世纪议程》、"十五"计划和2010年远景目标纲要,提出在促进经济增长的同时,确保资源的合理利用与环境保护,以实现社会、经济和生态环境的可持续发展。随后,在党的十五大上明确提出了"可持续发展"的战略,强调经济发展应当以保护自然资源环境、促进生态环境良好循环为基础。与此同时,在1991—2000年,我国政府对生态环保的立法高潮持续涌现,先后通过并实施了涵盖全方位、多领域和各行业的环境保护法律法规。在加入WTO后,我国政府在反思经济增长速度与规模的生态代价和资源环境弊端的基础上,提出"协调发展"的生态观,倡导环境保护与经济发展、人口发展相协调的战略方针。党的十六大将全面建设小康社会的目标扩展至四个,增加了对生态环境的新诉求。十六届三中全会至党的十七大期间,党中央通过提出并确立科学发展观的指导思想和生态文明建设的重要目标,强调统筹人与自然和谐发展,处理好经济建设、人口增长与资源利用、生态环境保护的关系,建设资源节约型和生态保护型社会。在党的十八大报告中,我国政府进一步提出"美丽中国"的概念,突出了以社会主义生态文明建设为核心的要义,融合了环境之美、社会之美、生产生活之美和时代之美等内涵要素。此后,习近平领导的党中央政府在对社会主义生态文明建设认识的基础上,陆续提出了"两座山"生态理念、命运共同体理念、系统协调和综合治理思想、保护和发展生产力新论、绿色发展理论和社会主义生态文明观,进一步从长远视角深化了新时代我国政府的环境诉求。

（二）经济转型中社会环境诉求的演化特征

随着我国经济的稳步增长及工业化和城镇化的不断推进，公众生活条件逐渐改善，人民对美好生态环境的需要也日益增长。社会公众的环境诉求作为社会性规制的重要组成部分，是我国环境管理中市场机制和政府环境规制失灵时的重要补充。在经济转型中，我国社会环境诉求经历了由表及里、由立足当下到着眼长远的演化过程。社会环境诉求的焦点、对象和方式也极具时代特色。

在经济转型的前中期，环境污染和生态破坏对人民的身心健康和生存发展的不利影响日益突出。人民生活条件的提高和生活质量的改善促使社会公众逐步重视并积极表达环境诉求。在党中央科学发展观导向下，社会环境诉求的焦点由对环境污染的及时有效治理到对环境污染的事前防范转变，环境诉求的对象由生产企业向当地政府和媒体过渡，环境诉求的提出方式则由局部抗议转向政府信访、媒体报道等。例如，根据2007年召开的第六次中国信访工作会议，2002—2007年间我国环境事件的信访量以年均30%的速度上升。在经济转型的升级阶段，国家从顶层设计角度提出了"美丽中国"和"绿色发展"等与时俱进的新理念，人民生活质量进一步提高，促使社会环境诉求焦点逐步向生态建设和绿色消费转变。近十年，各地政府和社会公众响应中央关于生态文明建设的指导方针，有序推进各级生态示范区、生态省市县和环保模范城等的落实，积极建设园林城市、低碳城市、森林城市等新型环保示范点。与此同时，社会公众的节能环保意识日益增强，具体表现为通过网络社交媒体等途径主动宣传和倡导节能环保思想，积极组织和参与节能减排全民行动、全国能源宣传周、世界地球日和世界环境日等公益活动，持续提高对高效节能产品的消费需求，逐步普及公共交通和绿色出行的理念及方式。由此可见，经济转型升级期社会环境诉求的对象已逐步由外部主体转向公众自身，诉求方式呈现多样化的发展趋势，诉求的着眼点也更加注重长远可持续发展的视角。

三、中国企业环境责任的目标演进与策略

在中国特色社会主义建设的过程中，中国企业不仅是社会经济活动的主体，而且是承担环境责任的关键力量。中国企业承担环境责任是落实科学发展观、坚持可持续发展战略的主力，是社会主义生态文明建设、美丽中国建设和绿色发展的客观要求，是响应政府和社会环境诉求的有效途径，也是促进企业自身发展、提升企业竞争力的必要手段。因此，企业需要充分结合宏观背景和微观实际，合理有序地推进适应性、主动性和战略性环境责任体系的构建与实施。

（一）适应性环境责任体系构建及实施策略

适应性环境责任体系的构建和实施是企业环境责任承担的基本要求。企业需要

在关注自身经营和发展的同时，基于国家和地方政府在环境方面的法律法规，在不污染环境的原则下，针对生产和经营过程中已经出现或可能出现的环境问题，制定完善的应对策略，从而构建适应性的环境责任体系，以满足政府和公众的基本环境诉求。适应性环境责任体系主要从以下四个方面开展和实施：第一，积极学习国家在环境保护方面的宏观政策和指引方针，加强并贯彻管理层和员工的环境保护意识，并将其落实到公司规章制度的建立上。第二，及时掌握国家和地方政府在环境保护方面的法律法规，充分认识环境污染的法律风险。第三，建立科学的公司环境问题评估及处理体系，充分把握公司的环境风险，完善对环境突发事件的应对策略。第四，严格约束生产经营中对环境污染和破坏的行为，妥善执行"预防为主，防治结合"的环境保护政策方针，争取从源头上杜绝污染。

（二）主动性环境责任体系构建及实施策略

主动性环境责任体系的构建和实施是企业环境责任承担的迫切需要。在经济转型升级的当下，建设生态文明社会、实现绿色发展是国家和人民的共同愿望。企业作为我国社会建设和经济发展的重要推动力，应当深入贯彻可持续发展的理念，积极主动地承担保护环境的责任，从资源节约、节能生产、产业升级等各个角度构建主动性环境责任体系，以充分发挥企业的社会影响力，促进企业发展与环境保护的健康循环。第一，积极落实和贯彻保护环境的行为准则，主动发现并解决污染、恢复和优化生态环境，为国家和社会的环保事业作贡献。第二，注重资源节约，增加绿色采购，降低能源消耗，完善绿色生产系统的构建。第三，加大低消耗、高品质节能产品的生产，积极引导绿色消费理念，满足消费者的绿色消费需求，构建完整的绿色产品体系。第四，努力推动绿色产业升级，提升绿色生产效率，提高产品的绿色附加值。

（三）战略性环境责任体系构建及实施策略

战略性环境责任体系的构建和实施是企业环境责任承担的发展方向。为了实现我国"十四五"规划中推动绿色发展、促进人与自然和谐共生的远景目标，提升未来企业的行业生存力和国际竞争力，企业应当立足长远发展规划，基于战略性思维构建并实施环境责任体系。具体而言，第一，深入理解贯彻国家和人民对生态环境和绿色发展的长远诉求，积极学习西方发达国家战略性环境责任的案例和经验，构建适应我国市场环境和发展需求的绿色组织体系、管理制度和治理结构。第二，加大绿色人才的战略引进与储备，提升绿色创新的投资、产出和效率，增加可持续竞争优势。第三，制定长远的产业发展规划，持续推进产业的绿色升级和转型，谋求以企业发展推动绿色升级、以绿色升级促进企业发展的良性持久循环。

四、中国企业环境责任履行的驱动因素与经济后果

（一）驱动因素

1. 监管制度驱动

由于环境的外部性、公共物品等特性，单纯的市场机制并不能驱使企业自觉承担环境责任，环境治理存在市场失灵。因此，政府成为环境规制的实施主体，环境监管制度由此成为企业环境责任履行的主要驱动因素。我国的环境监管制度主要体现在立法、行政和司法三个层面。

首先，环境立法是指立法机关通过制定相关的法律法规，明确环境污染和破坏的法律责任，规范社会主体与生态环境的关系，让环境保护有法可依、有法必依。改革开放以来，我国环境立法与时俱进、快速发展，逐步建立了以宪法为基础纲领、以各子法和地方性法规为补充，涵盖全生态、各领域、各行业和各环节的环境法律体系，明确了企业的环境保护义务，有力驱动了企业环境责任的履行。其次，环境行政是指国家通过行政权的运作，对各种影响环境的活动进行规划、引导、调整和监督，以协调生态环境保护与经济、社会发展的关系，防治生态环境的破坏和污染，维护生态环境平衡。环境行政监管内含行政强制机制和行政指导机制，综合运用经济、法律、技术、教育等手段，限制人类污染与破坏环境行为，从而以行政力量有力地保护环境，是对环境立法监管的重要补充。我国通过数十年的实践，逐步形成了包含环境行政规划（如制定《全国生态功能区划》《全国主体功能区规划》等环境规划）、环境行政许可（如审批环境影响评价文件）、环境行政征收（如收取环境税费）、环境行政监察（如"三同时"环保设施施工和运行检查）、环境行政命令（如责令违法排污者限期治理）等多种方式的环境行政监管体系，有效约束了企业的环境破坏行为。最后，环境司法是人民法院和人民检察院依照法定的权限和程序，对环境纠纷和环境犯罪案件进行侦查、起诉、审判和监督的活动，对实现环境立法目的、发挥环境法律的功能具有重要作用。因此，环境司法监管制度是环境立法和环境行政的重要保障。环境司法监管通过打击环境犯罪问题，对企业基本的环境责任起到示范效应，进而抑制企业在环境问题上的投机性动机和行为。随着我国环境法律法规的完善和司法体系的壮大，环境司法监管制度对企业环境责任的规制效应也日益凸显。

我国政府几十年的环境监管实践取得了显著的效果。潘红波和饶晓琼发现，我国 2015 年起实施的新《环境保护法》能显著改善企业环境绩效，抑制企业的排污行为，并且该影响在法治水平高、经济发达以及污染治理投资少的区域更加显著。胡婧（2017）发现 2000—2014 年我国地方环境立法在当地环境污染水平高、环境质量较差

和当地执法力度较强的前提下,能够有效抑制企业对污染物的排放。朱政霖(2013)考察了2000—2013年河南省的环境立法的进展和作用,发现在环境法规的保障下,河南省的环境污染势头得以控制,并取得了较为明显的效果。沈洪涛、周艳坤(2017)考察了原环保部2014年下半年推出的环保约谈对企业环境责任的影响,发现环保约谈显著改善了被约谈地区企业的环境绩效,降低了污染排放,但该影响仅显著存在于国有企业。王兵等(2017)发现东莞市施行的环保专业基地政策提高了基地内企业环境责任,特别在解决废水、废气等排污问题的过程中成效显著;政策的辐射效应也促进了周边企业相应环境绩效的提升。李永友、文云飞(2016),沈满洪、杨永亮(2017),齐红倩、陈苗(2020)等诸多研究发现,排污权交易对企业污染具有显著的抑制作用。

2. 内部治理驱动

内部治理是企业环境责任履行的内在驱动因素。企业内部治理,即通过加强内部制度的建设,使得"股东—管理者—员工"的管理链条清晰有效,从而达到提高企业绩效的途径。内部治理主要解决以下两个重要问题:其一,通过建立健全企业内部的监督制约机制,解决"委托-代理"问题,以切实保障股东利益;其二,依靠科学合理的治理结构提升经营决策能力,增加企业绩效,在保障股东利益的同时确保企业管理层和员工的利益。在环境责任上,企业内部治理一方面通过发挥内部监督制约机制,约束管理层和员工行为,以降低企业生产经营中的环境风险;另一方面,通过合理有效的激励机制,激发管理层和员工在节约资源、降低消耗、提升绿色生产效率等方面的环保主动性,以驱动环境责任的履行。

内部治理对我国企业环境责任的驱动有丰富的经验依据。例如,李长熙、张伟伟(2013)和宋建波等(2018)分别发现独立董事制度和内部控制能够促进企业环境信息披露质量的提升。王丹、李玉萍(2014)发现,董事会规模、股权集中度和管理层持股比例有助于提高企业环境责任的履行程度。阚京华、董称(2017)发现,在我国重污染行业中,独立董事规模越大,企业的相关环境责任履行越充分;并且企业内部控制质量同样促进了企业环境责任履行。陈璇、淳伟德(2015)揭示了管理层激励对上市公司环境绩效和环境信息披露的驱动影响。赵玥(2015)则验证了董事长特征和公司治理对企业环境治理行为的积极效应。

3. 外部治理驱动

外部治理是企业环境责任履行的外在驱动因素。外部治理主要来自利益相关者理论。利益相关者是指在企业实现其目标的过程中,任何会被企业影响或影响企业的团体或个人。利益相关者理论突破了传统的股东中心观,将企业的利害关系者延伸至供应商、债权人、消费者、中介机构和政府等外部利益群体。由于环境具有天然的外部性,因此企业除了不断追求利润最大化的目标之外,也需要考虑其他利益相关者对生态环境保护的诉求,并接受其他利益相关者的监督。因此,在企业内部治理难以发挥有效的监督治理效果时,外部治理可以及时补充对企业环境责任履行的监管。李祝平(2016)论述了消费者对企业环境责任行为的认知与响应对促进企业环境责任与营销战略的整合,有针对性地开展环境责任活动的重要影响。刘海龙(2011)发现媒体的环保参与能够有效降低企业能源消耗,抑制污染物排放行为。宋艳(2018)基于外部治理的视角,审视媒体报道和分析师在既定政府管控压力背景下对重污染企业环境治理的影响,并发现媒体负面报道对企业环境治理责任有积极影响,正面报道却不能带来更多的环境治理信息披露;同时,政府管控力度和分析师跟随能够促使企业承担环境治理责任,并与正面报道量存在互补效应。

4. 人才战略驱动

人才是企业最重要也是最稀缺的资源和核心能力,人才战略则是企业环境责任的长远驱动因素。实施人才战略有助于深化企业改革,优化管理水平,提高员工整体素质,增强企业凝聚力和吸引力,进而提升企业的竞争力。在环境责任上,通过积极引进和培养高素质的绿色人才队伍则有助于驱动企业环境责任的承担。例如,引进和培养具有战略性环境责任思维的管理层队伍,能够优化企业内部治理结构,促进企业构建战略性环境责任体系,持续推动企业的绿色产业升级转型;引进和培养具有扎实技术能力的绿色创新型人才,能够降低企业承担环境责任的成本,丰富绿色产品体系,从而提升企业的绿色竞争力。李虹、张希源(2016)基于高阶梯队理论和声誉理论,发现管理层自身能力提升有助于促进企业更好地履行环境责任。李虹等(2017)进一步揭示了管理层自身能力对公司环保投资的U形关系。蔡卫军等(2015)以江苏盐城企业转型升级的案例论述了人才对推动高新技术产业绿色发展的实践效果。

(二) 经济后果

1. 市场绩效

从利益相关者角度,环境责任的履行能够提升企业的市场绩效。任何公司的发展都离不开企业的股东、消费者、政府、媒体等利益相关者的参与。公司只有对企业内外部各利益相关者负责,才能得到投资者和消费者等的信赖,从而进一步增强企业自身核心竞争力。消费者对绿色产品的需求能够增加产品价值和企业竞争力,企业自愿去承担并履行环境责任,可以向消费者传递企业拥有绿色产品等核心竞争力的信号,进而得到消费者的青睐,由此提升企业的市场价值。处理好利益相关者的利益同样可以降低委托-代理成本,由此也能降低由利益冲突所带来的交易成本。企业积极履行环境责任可以为企业树立良好形象,这样可以减少政府和社会监管,进而避免了因企业被查出问题而必须面对公众的压力,尤其当出现财务危机时,很多企业都会选择用较好的环保名声来避免监管审查,以此也能促进企业市场价值的提升。田翠香、姜桂芝(2011)认为,企业环境绩效是影响投资者决策的重要因素,因此环境责任的履行能够借助于股票市场定价机制增加企业的市场价值。吴琳芳(2010)对我国食品行业进行了研究,发现承担环保责任可能会在短期内增加企业的成本、降低企业的经营绩效,但是从长远看有利于企业整体绩效的提高,是一种长远的效益。陈煦江(2014)发现我国国有和民营上市公司企业环境责任的履行对公司的市场绩效有显著正面影响。罗燕琴等(2016)则发现,我国制药行业企业环境责任的履行会显著提升以托宾 Q 值度量的企业价值。

2. 财务绩效

企业环境责任的履行同样会增强其财务绩效。因为履行企业环境责任避免了环境绩效不佳情况下可能产生的环境事故损失、罚款和诉讼成本,并且企业有可能因环境绩效显著而获得政府的奖励和补贴。我国目前的环境政策导向是"以奖促治",通过各种奖励措施促进企业进行环境治理的积极性。此外,企业环境责任履行有助于改善企业的社会形象,提高企业在顾客中的信誉,而顾客愿意为绿色产品支付更多,由此会带来企业经济利益的增加。企业还可能使用环境友好技术建立行业标准,并成为行业领导者,由此给企业带来长期利益。在其他方面,环境条件的改善有助于提高生产和管理人员的工作积极性,提高工作效率,减少工作失误,增加产出和销售等,进而提升财务绩效。环境责任与财务绩效的正相关同样有丰富的经验依据。吕峻、焦淑艳(2011)通过对 2007—2009 年造纸和建材行业进行分析研究,发现公司更多地履行环境责任能有效促进公司财务绩效的提高。王波等(2012)基于我国上市公司实证研究发现环境绩效与财务绩效正相关,胡曲应(2012)在此基础上研究又发现仅依靠环境治理并不能提高财务绩效,应该结合积极的预防才能实现环境和财务绩效的共同提高。刘斯佳、冯司妙(2014)基于 2000—2010 年我国规模以上国有及非国有工业企业的数据,发现工业企业积极履行环境责任对企业财务绩效具有正向影响。周方召和戴亦捷(2020)则发现上市公司的企业环境责任履行更好时,技术创新对公司未来财务绩效和股票收益的提升影响更大。

3. 融资绩效

企业积极履行环境责任,完善环境信息披露,加强环境风险管理,能够缓解其融资约束并显著降低融资成本。根据信号传递理论,一方面,环境责任的履行可以让企业利益相关者了解企业的环境管理水平以及企业生产经营活动对自然环境的影响,缓解信息不对称问题,为投资者或债权人的投融资决策提供参考依据;另一方面,环境责任的履行有助于提升企业的声誉,增加社会大众的信任度,加强企业的市场竞争力,以及通过维护政企关系获得政府补助,从而对投资者或债权人释放积极的信号,获取更多的融资。相反,如果企业缺乏环保意识,环境污染事件频发产生负面社会舆论,投资者和债权人出于风险意识将会减少对企业的投资,企业在资本市场也因环境问题面临更高的融资成本,导致融资受限,不利于其发展。杨雪(2016)发现,企业通过披露环境责任履行情况信息,提高了企业与市场的透明度,减轻了信息不对称程度,从而降低了企业的融资成本,缓解了企业的融资约束。吴慧(2020)指出,绿色信贷背景下,企业环保投入水平会降低债务融资成本。杨璐、范英杰(2016)则发现,企业环境责任履行能够降低股权融资成本,从而提升企业价值。江涛和李利(2020)认为环境处罚会通过信号理论增加企业融资成本和融资约束。

TCL集团的企业环境责任履行

我国企业积极履行环境责任的案例不胜枚举,其中TCL集团由于一直坚持"绿色经营,节能减排"的发展理念,是我国企业环境责任履行的典型。TCL集团成立于1982年,并于2004年在我国深圳股票交易所正式上市,其在我国电子行业中一直处于领先地位。TCL集团的主要产业包括半导体显示业务群和智能终端业务群,2014—2019年营业收入和净利润持续增长,为其每年上亿元的环保投入提供了支撑。

TCL集团坚持聚焦核心产业的发展战略,积极推动优化组织结构,增强绿色技术创新能力,并积极响应国家号召,以"绿色生产""循环回收""促进可持续发展"为发展理念,建设绿色工厂,采用可持续的生产模式。TCL集团的环境责任管理思路体现在以下四个方面。

第一,建立CSR创新中心。TCL集团坚持"为社会承担责任,做优秀企业公民"理念,于2016年成立了企业社会责任(CSR)创新中心,其主要职责是制定全方位的CSR战略及政策。TCL集团的CSR创新中心在环境方面有以下七方面的战略主张:① 减少原材料消耗;② 实施三废减排;③ 提高能源利用率;④ 进行水资源管理;⑤ 循环利用和回收;⑥ 积极应对气候变化;⑦ 保护生物多样性。

第二,追求环保创新。在"智能、环保、健康、变频、节能"的技术路线指导下,TCL追求环保技术创新,逐渐构建了以全净化技术、环保冷媒技术、高效节能技术、变频风冷模块热回收技术、低噪声技术等为支撑的核心环保技术体系。

第三,建设绿色供应链。TCL集团大力建设绿色供应链,要求所有供应商满足欧盟限制有害物指令、化学品限制法规及各国环保法令的要求。供应商须签订《环境保护协议》,满足《有毒有害物质管控标准》,并需要提供第三方RoHS及无卤测试报告。此外,公司要求供应商对原材料、包装材料进行回收再利用,并建立资源循环利用系统,有效减少排放。

第四，建立环保回收产业链。TCL集团通过构建"绿色循环O2O价值链"，逐渐建立了废旧电子电器的有效回收体系，完善了已有拆解处理技术及污染防治技术，同时建立了废弃线路板的整体资源化利用项目，有效促进了产品回收利用和资源节约。

随着环境责任管理的推进，TCL集团的环境绩效成果丰硕。在环保投入上，截至2018年年底，TCL集团旗下的主要产业均已通过了ISO14001认证，并且2013—2018年在环境保护上累计投入了近19亿元，其中超过10%的资金投入在环保科研方面。在废物处理上，公司2014年和2015年披露的年度工业废物处理能力达到8.4万吨，年均危险废物处理量超过7万吨，年均家电拆解数230万台。在环保科研上，公司累计获取了数万项环境方面的专利申请和5000多项的环境专利授权。在节能减排上，TCL集团在2016—2018年节电节水量逐年递增，并于2017年入选国家"第一批绿色制造示范名单"，旗下多家工厂获得"绿色工厂"认证；此外，二氧化碳、工业废水和有害废弃物的排放量逐年显著下降。

TCL集团积极的环境责任履行也促进了企业的发展。第一，环境责任履行提升了企业声誉和客户认同感，有利于降低销售费用，缓解融资约束以及更好地维护政企关系。2014—2018年，TCL集团的客户满意度由92.06%逐渐增加至97.80%。此外，通过对绿色产品、绿色供应链体系、绿色生产体系等的积极披露，TCL集团获得了良好的业内口碑，在社会大众心中塑造了绿色环保的企业形象，从而使得公司销售费用自2016年以来逐年下降；良好的声誉同样可以使得公司获得银行的信任和青睐，2014—2018年，TCL集团的短期借款和长期借款中信用借款占比持续增长，表明企业信誉逐步提升；长期积极的环境责任履行同样有效维护了政企关系，使得公司每年能够获得数十亿元的政府补助。第二，环境责任履行促进了企业创新，增加了营业收入。2014—2018年，TCL集团的研发投入由30.7亿元持续增长至56.7亿元，并获得了累计9990件国际专利，累计36389件中国专利；其中在量子点电致发光领域的公开专利数量为757件，全球排名第二，核心技术专利能力，尤其是绿色专利能力，也领先于我国同行业的平均水平。而研发创新投入和成果转化进一步使得企业的营业收入由2014年的1010亿元逐年提升至2018年的1134亿元。第三，环境责任履行极大提升了企业价值。无论是从企业整体角度还是具体财务指标角度，TCL集团在积极履行环境责任后企业价值都得到了明显提升。一方面，TCL集团总资产报酬率和净资产报酬率在2014年前后短暂下降，于2016年开始持续反弹上升，托宾Q值也缓慢增长；另一方面，TCL集团的营业收入持续保持稳定增长，营业利润率维持在20%以上，远高于同行业16%的平均水平。

> 总体来说，TCL集团通过积极的环境责任履行在一定程度上提升了企业的声誉，促进了绿色创新和产出，为企业的发展带来了更多的便利，并最终提升了企业的价值和行业竞争力，能够为我国企业环境责任管理提供借鉴经验。

第二节 社会责任与企业目标演进

一、社会责任的历史演进与阶段特征

（一）国际背景下企业社会责任的演进历程

企业社会责任是指企业在创造利润、对股东和员工承担法律责任的同时，还要承担对消费者、社会和环境等方面的责任。企业社会责任本质上与西方企业传统的利润最大化目标是相冲突的。西方企业社会责任起源于企业行为所造成的普遍社会问题，是社会与企业互动和西方社会特定历史条件的产物，也是工人阶级与资产阶级斗争的成果，有其独特的形成和发展规律，大致可以被划分为以下三个阶段。

1. 初步形成阶段（19世纪末—20世纪70年代）

西方企业自诞生至20世纪以前，追求利润最大化一直是企业坚持的目标，这也导致了资本主义企业不惜一切手段疯狂进行剥削和掠夺。20世纪前后，企业规模不断扩大，剥削程度日益加剧，同时加剧了贫富差距和道德滑坡，并带来了诸如环境污染、工人工伤、产品质量下滑等突出的社会问题。自此，人们开始反思如何处理好企业与个人、企业与社会之间的伦理关系，以及企业除了为股东赚取利润之外是否还应承担社会责任。在此背景下，美国学者谢尔顿于1924年首次提出了"企业社会责任"的概念，引起了广泛的争论。例如，著名经济学家弗里德曼坚持认为企业的社会责任就是增加利润，否则会彻底破坏自由社会本身的基础；相反，社会经济规则坚信企业的第一目标是生存，因此他们必须承担社会义务以及由此产生的社会成本。在这期间，一些首先从保护消费者权益的角度支持企业社会责任的非营利和非政府组织应运而生并逐渐发展壮大。例如，世界上第一个全国性消费者协会——美国消费者联盟于1936年在纽约成立。与此同时，美国开始出现了慈善捐助意识的萌芽。

20世纪50—70年代，西方企业社会责任运动逐渐形成。被誉为"企业社会责任之父"的鲍恩（Bowen）在1953年出版了《企业家的社会责任》一书，首次明确界定了现代企业社会责任的内涵，强调企业的决策或行动也应当充分考虑社会的价值和目标。鲍恩关于企业社会责任的观点开创了社会责任研究的新领域，并在美国掀起规

模空前的大讨论,并推动了社会责任运动的发展。各种维护消费者权益的非营利和非政府组织快速发展,如德国、英国和日本分别在20世纪50—60年代成立了消费者协会;1960年,国际消费者组织联盟在海牙成立;1962年,欧洲消费者同盟成立。此外,由于企业对环境的污染和破坏严重影响了工人健康和公众生存,一些大规模示威游行也陆续出现,迫使企业和政府都开始正视企业社会责任中的环境和劳工权益问题。例如劳工权益方面,荷兰1950年颁布的《工厂委员会法》、德国1951年颁布的《煤钢共同决定法》和1952年颁布的《企业宪法》都明确支持工人维护自身权益;1976年经济合作与发展组织(OECD)制定了《跨国公司行为准则》,要求跨国公司保护利害相关人士,包括股东、工人和消费者等的权利,并加强问责制。至此,企业应该承担社会责任的观点在西方国家初步形成。

2. 快速发展阶段(20世纪80—90年代)

20世纪80—90年代,企业社会责任进一步由理论之争转向实践,企业社会责任运动在西方国家快速发展。由于产品质量、环境污染、生态破坏、分配不公等社会问题加剧,民众对企业社会责任产生了更为强烈的诉求,新一轮影响更加广泛而深远的企业社会责任运动由此而兴起。例如在消费者权益维护方面,90年代国际消费者联盟已经吸引了100多个国家300多个消费者组织的加入,并将3月15日定为"国际消费者权益日",消费者运动从此席卷全球。同时,各国的工会组织、学生组织和人权组织都积极参加企业社会责任运动,许多国家的政府机构同样开始介入。企业社会责任运动的快速发展使企业自身也逐渐开始重视社会责任问题。例如,美国200家大企业的领导人在一次会议中指出追求利润的同时,也应该承担社会责任。到20世纪末,西方国家超过半数的企业都设有专门部门负责社会责任管理,以处理与各利益相关方的利益纠纷,甚至很多企业将实施企业社会责任列入企业工作计划之中。这一时期,跨国公司通过经济全球化将剥削转移至发展中国家,通过低工资、延时工作和高强度劳动压榨其他国家的人民,并为发展中国家带来环境污染、生态破坏等社会问题。跨国公司的劣行在西方国家掀起了"反血汗工厂"的运动。例如1991年,美国大型牛仔裤品牌商李维斯(Levi's)的海外工厂在如监狱般的工作环境中压榨年轻女工的事实被曝光后,顿时成为舆论和消费者关注的焦点,人们纷纷走上街头游行示威,反对"血汗工厂"侵犯人权的压榨行为。此后,各类跨国公司和组织纷纷制定"企业生产守则",以承诺保护海外工人权益,从而维护企业品牌形象,保持市场竞争力。据经合组织统计,截至2000年全世界已经有246个生产守则,其中118个由跨国公司制定,92个由行业协会和贸易协会制定,32个由非政府组织制定。此后,企业社会责任开始朝着全球化趋势发展。

3. 全球化阶段(21世纪以来)

进入21世纪,企业社会责任已经成为西方发达国家的共识,并伴随着经济全球化向世界各国蔓延发展。新世纪以来,各国政府、非政府组织、社会公众和企业本身都非常关注企业社会责任问题,同时积极踊跃地参与其中。随着人们消费观念、价值观念的改变以及对可持续发展观的认识加深,西方的消费者愈来愈关心企业社会责任情况,逐步形成了"用货币投票"的自觉意识。许多国际组织,包括联合国、国际劳工组织、世界银行、经合组织等都纷纷提出对企业社会责任的看法,并出台了有关政策或指导原则。2000年7月《全球契约》论坛第一次高级会议召开,联合国于2002年推出呼吁全球企业界遵守《联合国全球契约》。一些跨国公司认识到企业承担社会责任是可持续发展的必要条件,积极地推进企业社会责任履行,并对散布在全球的供应链也提出了相应要求。

(二) 中国背景下企业社会责任的演进历程

中国企业社会责任的产生和发展与中国的改革开放密切相关。改革开放以来,在充分吸取西方发达国家的历史教训,借鉴西方先进的企业组织和管理经验基础上,我国企业社会责任的发展整体上呈现"政府引导、社会参与和企业实践"的格局,走上了独具中国特色的企业社会责任演进历程。

1. 缺位错位期(1978—1993)的阶段特征

在1978年改革开放至1993年期间,我国处于社会主义市场经济的初步探索阶段,国有企业改革经历了放权让利阶段(1978—1984)和两权分离阶段(1985—1992),企业社会责任履行整体上处于缺位错位状态。

改革开放至1983年间,我国现代化的企业组织体系并没有正式形成,国家和政府依然是社会责任履行的主体。1984年,党的十三届三中全会通过了《中共中央关于经济体制改革的决定》,我国开始由计划经济体制转向社会主义市场经济体制的全面改革。其中,推动政企分开是全面改革的一项重点。自此企业开始向独立的商品生产者和经营者转变,现代化的企业组织体系逐步确立,为企业社会责任的履行奠定了基础和前提。但为了解决当时我国生产力水平发展不足的主要矛盾,经济建设是国家和人民的主要奋斗目标,而利润最大化则成了企业的唯一目标,政府也只追求高经济增长率。这一时期,由于企业公共责任的缺失,内部监管机制不完善,企业在承担社会责任上表现为对直接利益相关者责任的重视,对政府纳税的淡化,对社会、环境、劳工等问题忽略等。例如,国有企业由于管理落后等诸多原因一直效率低下,改革开放后带来的一系列冲击则导致了大量国企改革重组,引发了我国的第一轮下岗潮。因此,整体上该阶段我国企业对社会责任履行并不重视,缺位和错位现象严重。

尽管如此,我国的企业社会责任理念在这一时期开始萌芽。我国政府先后通过《中华人民共和国环境保护法》《中华人民共和国工会法》《中华人民共和国消费者权益保护法》等诸多法律法规,为企业履行社会责任奠定了法律基础和基本底线。同时,社会公众也开始参与企业社会责任的探索。袁家方于1990年发表了我国第一本关于企业社会责任的专著《企业社会责任》,对企业社会责任的定义和层次进行了详细的论述。中国儿童少年基金会于1989年组织实施一项救助贫困地区失学女童重返校园的社会公益项目"春蕾计划",通过开办"春蕾班",捐建"春蕾学校"等形式救助贫困失学女童。同年,团中央、中国青少年发展基金会发起了以救助贫困地区失学少年儿童为目的的一项公益事业"希望工程",其宗旨是建设希望小学,资助贫困地区失学儿童重返校园,改善农村办学条件。这些社会公益项目不仅吸引了我国人民的广泛参与,同样获得了部分企业的积极资助。

2. 起步探索期(1994—2005)的阶段特征

1993年12月,八届人大常委会第五次会议通过了《中华人民共和国公司法》,明确了"公司从事经营活动,必须遵守法律、行政法规,遵守社会公德、商业道德,诚实守信,接受政府和社会公众的监督,承担社会责任"。1994年7月,八届人大常委会第八次会议进一步通过《中华人民共和国劳动法》,以保护劳动者的合法权益。公司法和劳动法的通过开启了我国企业为期十多年的社会责任起步探索阶段。

在这一时期,社会主义市场经济建设的快速发展加剧了企业间的市场竞争并带来严重的社会问题,同时经济全球化带来的世界范围的社会责任运动对我国企业的全球竞争提出新要求。由于跨国公司及其供应商工厂存在的诸如低工资、延时工作、劳动强度大以及生产环境恶劣等问题,国际社会正处于"反血汗工厂"运动中。我国处于全球跨国公司供应链中的重要环节,能提供价廉物美的商品的中国劳工权益受到国内外的广泛关注,从而间接掀起了我国第一波企业社会责任运动。1995年,中共十四届五中全会通过《关于制定国民经济和社会发展"九五"计划和2010年远景目标的建议》,提出了经济增长方式从粗放型向集约型转变的新要求,为经济和企业转型指明了方向。2002年党的"十六大"提出坚持以人为本,树立全面、协调、可持续的科学发展观,促进经济、社会和人的全面发展,建设社会主义和谐社会的科学论断,确立了企业社会责任在我国发展的本土化依据。公司法、劳动法的法律基础以及"九五"计划和"十六大"会议精神推动了我国社会各界,包括学术界、行业组织和企业界等,对企业社会责任进行积极的探索实践。1994年,广大非公有经济界人士和民营企业家积极成立了"光彩事业"社会公益项目,开始开展以扶贫开发为主题,以互惠互利、自觉自愿为原则,以帮助"老、少、边、穷"地区开发资源、兴办企业、培训人才为主要内容的光彩事业。1999年,企业社会责任专题研究"跨国公司社会责任运动研究"在清华大学当代中国研究中心开展,探讨了跨国公司社会责任运动的西方经验、运作模式和对社会的影响,为我国企业社会责任实践提供了思路。2004年,我国社会各方广泛参与和辩论了以劳工标准为核心内容的SA8000企业社会责任标准,进一步促进了社会责任理念的传播。与此同时,早期重视企业社会责任的行业组织不断涌现。其中，中国纺织工业协会提出了我国第一个关于行业企业社会责任建设的管理体系。伴随着外贸经济的发展，我国企业也积极参与国际社会的企业社会责任运动。其间，73家中国组织和46家中国企业在联合国全球契约会议中承诺积极履行企业社会责任；超过10万家出口企业积极遵循相关企业社会责任的国际标准和要求，加强企业社会责任的管理和建设。2005年9月7日，在中欧企业社会责任北京国际论坛上，以海尔、长安、红豆等大型企业为代表的10家中国企业发出了履行社会责任的北京宣言，积极倡议履行社会责任，提高责任竞争力，贡献和谐社会建设。自此，我国企业社会责任体系建设在政府、社会和企业的初步探索中走出了一条与时俱进、与全球接轨的道路。

3. 快速成长期（2006—2011）的阶段特征

2006—2011年，我国企业社会责任体系快速成长，呈现出以政府顶层设计为指引，社会各行业企业积极参与，由内而外拥抱国际合作的发展趋势。首先，政府积极引导、鼓励和要求企业履行社会责任。2006年1月1日《中华人民共和国公司法》修订案正式实施，其中明确规定公司要"承担社会责任"。同年10月，中国共产党十六届六中全会审议通过《中共中央关于构建社会主义和谐社会若干重大问题的决定》，提出要增强各种组织和包括企业在内的公民的社会责任。此外，我国全程参与了ISO26000社会责任国际标准的制定，并在政府和社会各界的一致同意下于2010年对该标准投了赞成票。2006年起，国务院国资委开始研究中央企业履行社会责任的建设，并于2008年1月发布了《关于中央企业履行社会责任的指导意见》，要求中央企业从八大方面积极履行社会责任。在政府政策的指引下，各类行业组织积极进行行业工作与企业社会责任的整合。例如，以中国工业经济联合会、中国纺织工业协会等为代表的行业组织通过组织与企业社会责任相关的知识培训、研讨会议，推动行业内社会责任绩效评价体系的建立与监督，促进行业自律、诚信和合作，为社会责任建设提供专项服务。在此期间，我国企业的社会责任意识进一步加强，企业自身也积极投入社会责任实践。2006年3月，时任国务院总理温家宝充分肯定了国家电网公司发布的首份中央企业社会责任报告。2006—2011年间，我国企业发布的企业社会责任报告数量由2006年的33份快速增长到2011年的1091份，展示了企业对社会责任履行的信心和信念。越来越多的企业针对社会责任开展专项培训、建立专门部门、制定推进计划以及工作规划，循序渐进地落实社会责任体系构建。同时，企业社会责任的实践开始突破传统的慈善捐赠思维，朝着供应链管理、消费者维护、投资者关系管理、社区发展、环境保护和生态修复等多领域综合发展。随着国际贸易的深入发展，我国政府和企业也越来越重视企业社会责任的国际合作。2007年4月，中国商务部与德国联邦经济合作与发展部签署中德贸易可持续发展与企业行为规范项目，随后中瑞企业社会责任合作项目和中荷企业社会责任合作项目陆续达成。部分企业也积极加入社会责任国际组织,并参与社会责任国际标准和指南的制定,促进我国企业社会责任的国际合作、交流与对话。

4. 创新规范期(2012年至今)的阶段特征

2012年对中国企业社会责任的发展具有特殊的里程碑意义,中国企业社会责任自此进入全面的创新规范阶段。这一时期,以社会责任重塑企业管理理念、管理目标、管理对象和管理方法日益成为新的企业管理范式,国家对企业社会责任的认识上升到了前所未有的高度,企业社会责任发展也由央企示范向海外履责稳步深入推进。

2012年,国务院国资委对中央企业要加强社会责任管理作出了规定,并通过召开中央企业社会责任指引研讨会和提升培训活动等一系列的举措推动央企社会责任的履行。2014年,党的十八届四中全会审议通过的《中共中央关于全面推进依法治国若干重大问题的决定》提出"加强企业社会责任立法",体现了政府对企业社会责任的高度重视。2017年,在党的第十九次全国代表大会上习近平总书记为新时代指明了企业社会责任的发展方向,即做新时代的新企业,做贯彻新理念的企业,做生态文明建设的先锋企业,做解决民生问题的生力军企业。2018年9月,中国500强企业高峰论坛提出中央企业要打造世界一流企业,要做到三个典范,即要成为践行绿色发展理念的典范,成为履行社会责任的典范,成为全球知名品牌形象的典范。此外,政府也积极鼓励中国企业重视在海外社会责任的履行,并先后通过《企业境外投资管理办法》《中国与世界贸易组织》白皮书和《中非合作论坛——北京行动计划(2019—2021年)》等政策文件对我国企业在海外投资经营过程中履行社会责任提出新要求。中国工业经济联合会、中国对外承包工程商会、中国银行业协会、中国纺织工业联合会等40余家行业协会(联合会)发布了行业社会责任指南或公约,主动推进自身及行业内企业开展社会责任管理和实践。随着社会责任创新阶段的深入发展,我国一些中央企业,如国家电网公司、中国铝业公司、中国建筑公司、中国移动公司和中国南方电网公司等,已经在社会责任管理上形成了独特的企业社会责任文化,并取得了丰富的社会责任成果,同时积极走向世界。又如2018年,国家开发投资集团、国家电力投资集团等发布了7份海外履责相关报告,海外报告数量为历年来最多。我国央企的企业社会责任体系构建和海外履行实践将中国企业社会责任发展带入了新的境界。

二、企业社会责任发展与演进的基本逻辑

(一)国有企业社会责任体系发展与演进的基本逻辑

改革开放以来,党和国家开始把工作重心转移到社会主义建设道路上。在一系列社会主义市场经济建设改革的探索中,我国国有企业社会责任体系先后经历了缺

失、起步、发展和提升四个阶段。

1978—1993年,我国国有企业社会责任体系缺失。其间,我国社会主义市场经济建设处于"双轨制"时期,非国有企业快速发展,然而国有企业发展改革陷入滞后。在这一时期,在尚未建立有效约束效用的产权制度以保障企业归属权的情况下,就通过放权让利扩大国有企业的自主权,导致"内部人控制"问题难以解决。双轨制的内在弊端导致了国有企业严重的内部管理缺失、设租寻租普遍、盲目追求利润和改革滞后等问题。这一时期,国有企业生产经营过程产生了种种负外部性行为,带来了诸如员工下岗、环境污染、生态破坏、贫富差距扩大等多方面的社会问题。1994—2005年,随着国有企业的整体性改革的推进,国有企业社会责任发展起步。该阶段,国有企业改革的主要任务是剥离企业的社会服务和行政管理职能、建立现代化的企业经营管理制度。剥离企业"办社会"的职能对于释放企业经济活力、提高企业生产和经营效率、确保企业的市场竞争主体地位具有显著的积极影响,但同时也带来了负面问题。一方面,国有企业存在的初衷就包括多元化的社会保障目标,包括吸纳就业、维护市场稳定、提供社会福利等,而此轮改革削弱了国有企业的社会保障功能和宏观调控职能;另一方面,这次改革带来了大量的国企下岗职工,也造成了一定的国有资产流失。随着公司法和劳动法的实施,以及"九五"计划和"科学发展观"的推动,国有企业开始重视员工利益、环境保护和消费者权益等,逐渐履行应有的社会责任。2006—2011年,在党和政府的指引下,国有企业社会责任步入快速发展的阶段。在加入WTO后,随着国有企业改革的不断推进,国企市场竞争力快速提升,并开始迅速融入经济全球化。但该阶段,国有企业依然面临产品质量难以保证、劳工权益得不到有效保护、环境污染等严重问题。这些问题日益成为西方国家关注的重点和攻击、打压中国企业的借口。于是,2006年国务院国资委开始研究中央企业履行社会责任的建设,并于2008年1月发布了《关于中央企业履行社会责任的指导意见》,要求中央企业从八大方面积极履行社会责任,并积极发挥表率作用为其他所有制企业树立良好榜样。国有企业社会责任由此进入快速发展阶段。2012年至今,国有企业社会责任体系进入了全面提升阶段。我国政府、社会、行业和企业自身都开始高度重视企业社会责任体系的建设,并积极将企业社会责任融入现代化的企业管理模式。国有企业积极响应国家的"可持续发展""美丽中国""绿色发展"等战略理念,做生态文明建设的先锋企业,同时积极推动企业社会责任的海外履行实践。

(二)民营企业社会责任体系发展与演进的基本逻辑

与国有企业类似,改革开放后我国民营企业的社会责任体系发展演进有整体一致的步伐和趋势,先后经历了经济责任至上、法律责任导向、快速综合发展和高层次推进四个阶段。

1. 经济责任至上(1978—1993)

1978年改革开放后,政府开始重视发展个体经济,民营企业应运而生。早期一些有正式户口的待业、下岗失业人员开始积极从事修理、服务和手工业等个体劳动行业,并逐渐发展成数量庞大的民营企业,有效吸纳了城乡富余劳动力并解决了返城知青的工作问题,同时为当时中国经济的增长提供了源源不竭的动力。在1978—1993年期间,民企以经济效益目标为主,其历史使命就是追求利润,忽略了社会责任的承担,这是由当时我国的国情客观决定的。

2. 法律责任导向(1994—2005)

1994—2005年期间,我国民营企业社会责任体系发展整体上处于法律导向阶段。其间,我国的《公司法》通过,"九五"计划为经济增长方式转型提出了新要求,党的十五大确立了"以公有制为主体、多种所有制经济共同发展"的基本经济制度。个体、民营、外资等形式作为公有经济的补充,其重要地位和作用被充分肯定,民营企业的合法性得到了确定。然而,在利润最大化目标的驱使下,民营企业员工权益得不到保障、侵犯消费者权益、假冒伪劣产品繁多、环境污染严重等社会问题逐渐显露。于是,政府通过法律和行政手段明确规范企业的基础社会责任范畴。例如,我国政府先后于1994年和1995年颁布《消费者权益保护法》和《劳动法》,明确了企业的生产经营行为准则,规范了企业员工、雇主与工会各方的权利和义务,以强有力的法律手段维护消费者和员工的合法权益。

3. 快速综合发展(2006—2011)

2006—2011年,民营企业开始朝着供应链管理、消费者权益维护、投资者关系管理、环境保护和生态修复等多领域快速综合发展。一方面,市场竞争加剧使越来越多的民企意识到履行社会责任对释放正面外部性、树立企业形象、提高企业声誉和知名度、维护政企关系等方面的重要作用;另一方面,政府从立法和政策层面强化了对企业社会责任的诉求。例如,2006年1月修订并正式实施的《公司法》明确规定公司要"承担社会责任";同年10月通过的《中共中央关于构建社会主义和谐社会若干重大问题的决定》提出要增强各种组织和包括企业在内的公民的社会责任。在此背景下,民营企业开始转变发展理念,积极承担社会责任。例如,2008年"汶川地震"后,全国民众和企业积极捐助了近800亿元援助灾区人民,而其中超过60%的捐款来自民营企业。

4. 高层次推进(2012年至今)

2012年后,我国民营企业社会责任体系建设在前期经验积累的基础上开始向高层次目标推进。先前高速度、高消耗和高污染的经济发展模式为我国经济带来了持续30年的高速增长,但也积累了一系列资源环境方面的紧迫问题,严重阻碍了我国经济增长的可持续性。于是,政府开始对我国的经济增长模式提出新要求,引导企业进行绿色转型升级,履行社会责任,以促进经济的可持续增长。2014年习近平总书记提出"中国经济新常态"的理念,强调了经济发展和经济增长的可持续性。2017年党的十九大上习近平总书记提出了新时代企业社会责任的发展方向。另外,供应链国际化中我国企业的地位越来越突出,民营企业因此面临更加激烈的国际竞争环境和更高的国际标准要求,同时也受到西方发达国家企业社会责任管理理念和模式的影响。在此背景下,民营企业开始将社会责任管理融入企业管理体系,将企业社会责任体系构建推向更高的层次。

三、企业社会责任履行与实施的基本手段

(一) 社会扶贫

社会扶贫是为帮助贫困地区和贫困户开发经济、发展生产、摆脱贫困的一种社会工作,旨在扶助贫困户或贫困地区发展生产,改变其穷困面貌。我国由于历史和自然的原因,各地区之间和地区内部的经济发展很不平衡,特别是贫困地区的生产力发展依旧缓慢。采取积极扶持措施,帮助贫困地区和贫困户致富,加快贫困地区的经济发展,对加强社会安定团结、加速社会主义建设、正确处理民族关系、构建和谐社会、发扬革命传统等方面都有重要的作用。改革开放以来,我国政府一直致力于社会扶贫工作,在社会公众和企业的积极参与下取得了巨大的成就。根据世界银行的贫困界定标准及资料统计,1981—2008年,我国贫困人口减少了6.67亿,全球70%左右的减贫成绩来自中国。国务院扶贫办(现为"国家乡村振兴局")统计,截至2019年年底,我国贫困人口约有551万人,贫困村约有7 300个;2020年年底,我国实现了全面脱贫。作为企业社会责任履行与实施的一项基本手段,企业应当积极承担社会扶贫工作。企业履行社会责任、参与社会扶贫能够促进企业自身的发展,提升企业形象和区域影响力,有利于企业的品牌推广、销售增加,以及自身竞争力的提升。企业参与社会扶贫可以充分发挥其多样、灵活、有效的经营机制,撬动社会资源,特别是吸引资本向贫困地区汇聚,在为贫困地区"输血"的同时,强化其"造血"功能,弥补政府扶贫资金、人力等要素的不足,这不仅有助于巩固脱贫攻坚的前期成果,也为贫困地区实现可持续发展提供重要保障,从而形成对行政力量扶贫的有效补充,是落实中央扶贫开发战略的重要行动。

(二) 慈善捐赠

企业慈善捐赠是指企业在履行其基本社会责任的基础之上,将一定数额的资金、实物或者服务捐赠给需要帮助的对象。企业慈善捐赠对社会发展和企业自身都具有

重要意义。一方面,慈善捐赠有利于促进我国的社会公益事业的发展,维护社会、经济和文化现代化发展的成果,加快小康生活水平建设;另一方面,企业慈善捐赠有助于提升企业声誉和形象,维护良好的政企关系,增加企业知名度和社会影响力,有利于提高消费者对该企业产品的认可度和满意度,提升行业地位,进而促进企业的长远发展。改革开放以来,我国企业积极通过慈善捐赠履行社会责任。根据2006年中国社科院的调研,大约90%的中国企业曾有过慈善捐赠行为。《2017年度中国慈善捐助报告》显示,2017年度中国境内接收国内外款物捐赠再创新高,共计1499.86亿元。其中,来自企业的捐赠占64.23%,民营企业仍然是慈善捐赠的中坚力量,全年捐赠达482.83亿元,占企业捐赠总量的50.12%。由此可见,企业慈善捐赠是我国企业承担社会责任的重要方式之一。

(三)供应链管理

供应链管理是企业社会责任履行过程中重要的一个环节。根据ISO26000准则,供应链是指"向组织提供产品或服务的活动序列或有关各方"。供应链管理则指使供应链运作达到最优化,以最小的成本,令供应链从采购开始,到满足最终客户的所有过程。供应链社会责任管理旨在确保供应链产品和服务的生产与提供能够符合企业整体的社会责任战略和方针,以保护供应链上利益相关者(供应链上下游企业、供应链最终消费者、供应链内部员工及供应链涉及的政府、社区、外部公众、消费者和环境等)的合法利益。企业履行供应链社会责任有助于减少环境、社会和经济影响所带来的企业损害,保护企业的信誉和价值;减少物资投入、能源消耗和运输成本,增加产量,提升供应链生产效率;满足客户与企业伙伴需求的成长,更有弹性面对市场变化。随着经济全球化和一体化的不断发展,企业越来越趋向于以合作共赢为目标的供应链管理模式,企业间的竞争也逐渐转变为供应链的竞争。

(四)社区服务

社区服务是指政府、社会和企业等各方面力量直接为社区成员提供的公共服务和其他物质、文化、生活等方面的服务。随着我国经济成分、生活方式、社会组织形式和就业形式的日益多样化,越来越多的"单位人"转为"社会人",大量退休人员、下岗失业人员和流动人员进入社区,社区居民的物质、文化、生活需求日益呈现出多样化、多层次的趋势,经济社会的发展和居民的多样化需要给社区服务提出了新的、更高的要求。企业承担社区服务社会责任有利于扩大就业、解决社会问题、化解社会矛盾、促进社会和谐;有利于不断满足居民需求、提高人民生活质量、促进人的全面发展。

(五)安全生产

安全生产,是指在生产经营活动中,为了避免造成人员伤害和财产损失的事故而采取相应的预防和控制措施,使生产过程在符合规定的条件下进行,以保证从业人员的人身安全与健康,设备和设施免受损坏,环境免遭破坏,保证生产经营活动得以顺利进行。安全生产是企业社会责任承担的基本要求,是保护劳动者的安全、健康和国家财产,促进社会生产力发展的基本保证,也是保证社会主义经济发展,进一步实行改革开放的基本条件。安全生产充分揭示了其以人为本的导向性和目的性,它是我们党和政府以人为本的执政本质、以人为本的科学发展观的本质、以人为本构建和谐社会的本质在安全生产领域的鲜明体现。我国在2002年通过并实施了《中华人民共和国安全生产法》,从法律层面明确了企业安全生产社会责任的承担。因此,在生产经营过程中,企业应当积极宣扬安全文化,弘扬安全法制精神,保证安全资金投入,创新安全科技,以全面提高安全管理水平,更好地履行安全社会责任。

(六) 促进就业

千方百计地促进就业不仅是政府的责任,也是企业履行社会责任的要求。就业是民生之本。企业作为吸纳就业最基本的载体,积极承担促进就业的社会责任不仅有利于企业自身的可持续发展,而且对保障社会稳定、促进经济繁荣发展和构建和谐社会具有重要意义。对企业而言,促进就业既表现为一定的法律义务,如公平地给予劳动者就业机会和就业待遇、保证劳动者接受培训和教育的权利、禁止无正当理由解雇劳动者、为劳动者依法缴纳各种社会保险费等,也表现为一定的道德义务,如尽可能多地雇佣劳动者、给予劳动者高于法定标准的待遇、不轻易裁减雇员等。企业对于能否通过裁员、降低雇员薪金、削减劳动安全保护和雇员培训开支来降低企业的经营成本,以及通过延长雇员劳动时间来提高产量等问题应当慎重。企业应当从促进公平就业、完善雇员培训制度、保护职工权益、促进就业稳定和改善就业环境五个方面积极履行促进就业的社会责任。

(七) 诚信纳税

诚信纳税是现代市场经济条件下,把诚信规范落实到履行纳税义务上的具体体现。诚信纳税指按照法律规定自觉、准确、及时地履行税收给付义务与各种作为义务,是由规矩、诚实、合作的征纳行为所组成的一种税收道德规范。对企业而言,诚信纳税是企业的无形资产,传播着企业良好的商业信誉和诚信品格,同时有助于企业规避偷税漏税带来的法律风险。对社会而言,企业诚信纳税可以营造良好的税收法制与公平的纳税环境,促进市场经济的健康发展;提高税收征管效率,降低征收成本;保证国家财政能力,促进经济社会的可持续发展。因此,企业应当履行诚信纳税的社会责任,做到依法纳税、主动纳税、不偷税漏税,用诚信纳税回报国家和人民。

四、企业社会责任履行的驱动因素与经济后果

（一）驱动因素

1. 监管制度驱动

从政府主体出发，监管制度是对企业社会责任履行的基本驱动和保障。尽管企业是经济社会中履行社会责任的重要主体，但社会责任并不是企业的根本目标。当企业一味追寻利润最大化从而对利益相关方、政府和环境等方面产生负面外部效应时，有必要通过监管制度将社会责任法律化，以规范企业在生产经营过程中对基本社会责任的承担义务。企业必须履行的基本社会责任义务包括充分保障员工和消费者等利益相关方的基本权益、依法诚信纳税、杜绝环境污染和生态破坏、维护国家统一和民族团结等。政府通过构建关于企业基本社会责任的监管规范体系，依靠国家强制力，从立法、行政和司法三个层面保障企业基本社会责任的履行。改革开放以来，我国政府先后通过并实施了《公司法》《劳动法》《消费者权益保护法》《环境保护法》《安全生产法》等涵盖企业基本社会责任各方面的法律法规，有效强化了企业基本社会责任意识，充分保障了基本社会责任的履行和承担。杜鹏程等（2018）发现，我国2013年开始实施的新《劳动合同法》降低了农民工的工作时间长度达23%，提高了农民工拥有各项社会保险的比例为10%—26%，充分说明新《劳动合同法》的实施保障了企业对员工承担的基本社会责任。胡婧（2017）发现，地方环境立法能够有效抑制当地企业对污染物的排放。

2. 道德伦理驱动

从社会主体出发，道德伦理是驱动企业社会责任承担的非正式制度因素，是对监管制度的有效补充。道德作为社会意识形态是指调节人与人、人与自然之间关系的行为规范的总和。伦理，从本质而言，是关于人性、人伦关系及结构等问题的基本原则的概括。道德伦理强调四种道德观：功利主义道德观，为尽可能多的人提供尽可能多的利益；权力至上道德观，尊重和保护个人基本权利；公平公正道德观，公平地实施规则；社会契约道德观，妥善履行一般社会契约和特定契约。因此，道德伦理能够通过约束企业的行为规范与行为程序，驱动企业在生产经营过程中自觉主动地承担更多的社会责任。这种道德观驱动的企业社会责任贯穿于企业的战略决策与普通员工的日常行为中，具体表现为：影响管理层的个人价值观，提升管理道德，优化组织结构，完善组织文化，进而加强企业社会责任体系的构建；明确管理层和员工在生产、经营、决策过程中的道德底线，约束企业的行为规范与行为程序，保障利益相关者的切身利益；树立道德标杆与模范，从道德层面上肯定和宣扬优秀、先进的社会责任履

行个体,从而引导包括企业在内的社会整体对中高层次社会责任的积极履行;通过道德舆论形成道德成本,对突破道德底线、抛弃道德准则的企业产生道德成本,从而倒逼企业履行法律和道德层面的基本社会责任。辛杰(2014)认为,我国优良的道德文化传统,如"和""中庸""义利统一""宗族观""家国一体观""以人为本"等,通过共同价值观来影响企业家的道德观念和社会责任履行意识,从而间接消解了企业社会责任履行的困境。覃艳华(2008)和余黎峰(2009)通过"三鹿毒奶粉"事件指出,企业突破道德底线的经营行为会导致企业最终走向死亡。

3. 经济利益驱动

从企业自身出发,经济利益与企业的生存发展以及利润实现的目标相契合,是企业积极履行社会责任的内在激励因素。在我国的市场经济环境下,企业响应政府号召,积极履行慈善捐赠、社会扶贫、促进就业、保护环境和诚信纳税等社会责任,有助于维护良好的政企关系,从而获得特定的政府资源,提升企业竞争优势;保证安全生产,注重提升员工素质和福利,有助于形成良好的生产氛围,调动员工的积极性和责任心,促进生产效率和产量增长;整合供应链体系,维护合作伙伴的利益,有助于提升供应链管理和运作效率,促进企业自身的发展;提高产品和服务的质量,保护消费者权益,积极管理消费者诉求,能够提升企业声誉和形象,促进销售的增长;等等。因此,社会责任的承担,尤其是中高层次的社会责任,能够给企业带来巨大的经济利益。企业应当从长远目标和战略出发积极承担社会责任,以形成政府、社会和企业的良性互动,促进企业自身的可持续发展。

(二) 经济后果

1. 市场绩效

积极承担社会责任能够提升企业的市场绩效。结合信号传递理论,企业履行社会责任向各利益相关者释放了积极的信号,将有效缓解企业与各利益相关者之间由于委托-代理问题而带来的信息不对称,帮助利益相关者识别出值得信赖的企业,从而获得更多的支持来提升企业市场绩效。利益相关者理论同样能够说明社会责任与市场绩效的正相关关系。从供应商等合作伙伴的角度,企业承担社会责任能够增加合作伙伴的信任,提升与合作伙伴的协作效率,增加企业的行业和市场竞争优势;从员工的角度,企业社会责任的履行增强了员工对企业的认同感,降低了员工的离职倾向,提升了员工生产积极性,同时企业更具凝聚力,进而促进企业的生产效率和产量的增加;从消费者的角度,企业是否承担社会责任是消费者购买产品的一个重要参考,企业通过承担社会责任提高了企业声誉,从而影响了消费者的满意并最终影响了消费者的忠诚,使得企业能够获得更多的市场份额。我国学者对企业社会责任履行是否影响市场绩效进行了丰富的研究。冯锋、张燕南(2019)认为,企业承担社会责任能够提高公司市场绩效,主要原因在于企业承担社会责任能够使其获得竞争优势,从而帮助企业在竞争中胜出。王清刚、徐欣宇(2016)以及张汝根、王文丽(2020)发现,企业社会责任制度建设及改善措施能够显著增加以托宾 Q 值度量的企业市场价值。李文茜等(2018)发现,利益相关者的压力推动企业承担社会责任进而提升了企业市场价值。王建玲、井洁琳(2020)进一步发现,我国企业对海外社会责任的承担程度能够提升企业长期的市场绩效。

2. 财务绩效

履行社会责任同样能够提升企业的财务绩效。一方面,社会责任的履行能够调动员工积极性,提升产品和服务的质量和数量;同时提升企业声誉,获得消费者的青睐,并最终增加销售收入。另一方面,积极承担社会责任能够降低生产经营中的资源浪费,促进生产效率和产品转化率的提高,同时通过宣传效应增加企业知名度,进而降低生产成本和销售成本。学术界的研究充分支持企业社会责任对财务绩效的积极影响。易冰娜、韩庆生(2014)发现,我国民营企业对企业社会责任的积极履行会促进企业销售利润率的提升。饶鸣环(2020)以我国 2016—2018 年制造业上市公司为研究对象发现,积极履行对员工和股东的社会责任能够显著提升企业的总资产收益率。徐莉萍等(2020)的研究指出,企业履行社会责任能够增加净资产收益率;相反,企业社会责任的缺失会降低净资产收益率。

3. 融资绩效

从信号理论角度,企业承担社会责任能够提升企业声誉,向债权人或投资者释放积极的信号,从而使得企业获取更多的资金,降低融资约束。具体看来,对政府而言,企业积极履行社会责任能够减轻政府的社会责任负担,树立回报社会的积极形象,维持良好的政企关系,从而获取更多的政府支持和补助;对供应商而言,供应链社会责任的履行能够增加供应商对企业的信任度,使企业获得更多的商业信用;对债权人而言,良好的社会责任记录表明企业较强的社会责任心、经营治理的完善、资金的充裕和较低的违约风险,进而获得更多的借贷资金;对投资者而言,社会责任的履行不仅能够有效缓解委托-代理问题,而且表明企业已经具备比较完善的现代公司管理体系,因此能够获得投资者的支持。胡浩志、张秀萍(2020)发现,上市公司通过参与精准扶贫获取了更多的市场资源,缓解了企业的融资约束,同时也直接获取了政府补贴等政治资源,从而促进了企业绩效增长。徐芳、程克群(2020)以 2013—2018 年我国制造业上市公司为研究对象发现,企业社会责任的履行能够有效缓解融资约束。史敏等(2017)发现,通过履行社会责任能有效降低债务融资成本,能实现企业与利益相关者的互利共赢,有效缓解融资约束。苏武俊、晏青(2020)同样发现,积极承担社会责任的企业有着更低的债务融资成本,并且承担社会责任在债务融资成本和企业绩效之间起到显著的调节作用。

4. 创新绩效

企业履行社会责任能够提升技术创新绩效。具体而言，企业积极履行对股东的社会责任，为股东创造利润，向股东提供真实的经营和投资等方面的信息，增强股东的投资信心，吸引股东投入更多资金，为企业技术创新提供资金支持。企业履行对员工的社会责任，有利于提高员工的工作积极性，激发其创新潜力。企业通过向消费者提供优质的产品及售后服务，增强其信任；并根据消费者反馈的信息，按市场导向进行新产品开发，进而提升技术创新的成功率。此外，企业所承担的社会责任也会影响其供应商的相应行为。企业积极履行对供应商的社会责任，与供应商建立合作伙伴关系，并充分利用供应商拥有的先进技术开发更优质的新产品。企业承担对政府的社会责任，按时缴税、遵守法律法规，保持良好的政企关系，能够获得更多的政策支持与发展机会。同时，企业从政府部门获取的有效信息可能对企业的技术创新行为具有一定指引作用。最后，企业通过公益捐款等行为履行社会责任，树立积极正面的形象，提高企业声誉，有利于市场业务的拓展与技术创新活动的开展，继而提升技术创新绩效。张振刚等（2016）发现，企业通过慈善捐赠能够获取政府大量的科技资源支持，从而促进企业技术创新。陈钰芬等（2020）发现，企业通过履行社会责任积累社会资本，进而促进技术创新。李文茜等（2017）发现，高新技术企业可以通过积极履行社会责任来提升其技术创新产出转化为企业竞争力的效率，间接地说明了企业社会责任对企业创新绩效的作用。胡瑜玮（2020）以高新企业为研究对象发现，企业社会责任履行情况越好，高新企业的创新绩效就越好。颜爱民等（2020）通过对413名员工进行调查后发现，外部企业社会责任能激发员工创新行为；工作使命感、道德认同感是外部企业社会责任影响员工创新行为的重要中介机制。

中石化的社会责任履行

21世纪以来，我国企业积极投身于社会责任的履行，为构建和谐社会作出了重要贡献。其中，中央企业的社会责任履行实践取得的成果有目共睹，其不仅将社会责任管理融入现代企业管理体系，促进企业自身价值的提升，同时在社会责任履行上树立起模范标杆，为其他企业提供了宝贵的管理经验。这里我们以中国石油化工集团公司（简称"中石化"）为例，探讨我国央企在社会责任承担上的积极表现。

中石化成立于1998年7月，是国家对原石油化工总公司进行重组后建立的一家大型中央国有企业。中石化的业务范围广泛，包括石油与天然气勘探开采、运输、炼制、销售、储运，以及相关产品的生产销售和相关技术的研发、出口等。中石化的经营范围遍布全球75个国家和地区，拥有超过68.5万名员工。作为上、中、下游全产业链一体化的大型国有能源化工企业，中石化具有巨大的整体规模，其在2019年实现的营业收入高达2.97万亿元。中石化以"为美好生活加油"为企业使命,把"建设世界一流能源化工公司"作为企业愿景,并为此积极努力地践行可持续发展和履行社会责任。

中石化自2007年首次发布社会责任报告以来,持续了15年。2010年以来,中石化企业社会责任指数一直稳居中国国有企业前十名,2009—2019年企业社会责任发展指数总值901.4分,在国企中排名第四,位居石油行业第一。中石化对社会责任的履行覆盖到了股东、员工、合作伙伴、客户等诸多利益相关方,并且积极进行诚信纳税,踊跃参与社会扶贫、慈善公益,大力推行绿色生产和节能减排。对股东,作为我国大型国企,中石化自成立以来公司资产总额和营业收入增长100多倍,其在2014—2019年累计实现2 981亿元净利润,同时每年定期分配股息、支付利息。对员工,中石化始终坚持以人为本的用人理念,积极推进集体合同制度达到100%覆盖率,平均每年员工流失率仅0.6%;同时保障员工的各项权利,恪守公平公正、尊重人权的准则,构建公平合理的薪酬激励体系,拓宽员工职业发展通道,近三年来累计投入数十亿元用于员工培训;并将安全生产和员工健康放在企业发展的核心地位,年上报事故逐渐下降,在2019年仅出现1起安全生产事故。对合作伙伴,中石化以责任产业链建设为导向,实施责任采购,完善供应商与承包商管理,开展战略合作,支持民族工业发展,带动产业链协调发展,创造共赢价值。对客户,中石化积极建立和完善客户关系管理体系,不断完善售前、售中和售后全流程客户服务内容,提高服务质量,使得平均客户满意度高达90%。对政府,中石化积极履行诚信纳税义务,近五年累计纳税超过1.7万亿元,为国家财政提供了有力支撑,同时积极响应国家精准扶贫政策,30年来累计投入扶贫资金19亿元,派驻扶贫干部数万名。对公众,中石化心系民生和社会公益,利用自身产业和资源优势,开展了若干公益项目,通过服务"三农"、抢险救灾、支援国家重大活动和开展志愿服务等方式服务社会,其中"健康快车"项目近三年累计帮扶超过8 500名困难群众。此外,在环境方面,中石化将"绿色低碳"纳入企业发展战略,加强对环境保护的制度建设;坚持绿色生产,对开采、生产、销售全产业链实行绿色管理;坚持节能减排,减少生产过程中能源的浪费和污染物及最终废弃物的排放,其中2019年废弃物排放比上年降低6.7%。

在2020年抗击新冠肺炎疫情活动中,中国石化迅速组建疫情防控工作领导小组,在做好自身疫情防控工作的基础上,依托下属企业的资源优势,全力保障疫情防控物资生产和供应,捐款捐物,与人民共克时艰。在保障物资供应方面,中石化发挥产业优势,建设16条口罩原料布生产线,与合作伙伴快速组建口罩生产线,产能达200万个/日;依托全球化优势和易派客电商平台功能,针对口罩、防护服、消毒液、漂粉精、测温仪器等防疫急需物资进行全球采购。在保障能源安全稳定供应方面，疫情期间中石化确保位于武汉市的176座加油站、湖北省的1 800余座加油站正常营业；通过川气东送管道持续为湖北地区供应天然气，保障人民用气需求。在保障居民生活用品供应方面，中石化采用无接触方式，在126城市的近6 000座易捷便利店向居民供应蔬菜，缓解疫情期间居民买菜难等情况。在保护员工身体健康和生命安全方面，公司启动应急预案，实施严格的防控措施，为员工配发口罩、消毒液等防护用品，确保办公场所及时、定期消毒，利用视频会议等通信工具减少不必要的人员接触，为员工提供安全的工作环境；同时开展员工心理危机干预，保障员工的身心健康。

第三节 企业环境社会责任履行中的困境与未来路径

一、企业环境社会责任履行的制约因素

（一）环境社会责任履行的成本制约

高昂的成本是企业环境社会责任履行的主要制约因素。环境社会责任履行的成本包括两种：一种是企业承担法律法规所要求的基本环境社会责任而产生的必要成本，如污染物的处理和排放、安全生产、员工的基本培训和福利、诚信纳税等产生的成本；另一种是企业主动承担更高层次的环境社会责任所花费的成本，如慈善捐赠、扶贫脱困、责任外环境生态的主动修复等的成本。对企业而言，基本环境社会责任成本是一种必要的、可控的、可预测的并且能够立即获得收益的生产运营成本，这种成本的付出同样能够降低企业因环境社会责任缺失导致的法律风险。但是，高层次环境责任的承担所需的非必要成本通常更加高昂、不可预测，并且短期内并不能为企业带来可见的收益。因此，不论是必要成本还是非必要成本，都严重制约着企业是否以及如何履行环境社会责任。

（二）企业经济能力制约

由于环境社会责任的履行具有高昂成本，因此企业自身的经济能力则成为对履行环境社会责任的另一个客观制约因素。企业经济能力从广义上表现为企业的市场价值、盈利能力、盈利水平等因素，而狭义上可以理解为企业的可支配现金流水平。

经济能力较强的企业,尤其是可支配现金流充裕的企业,不仅能够保证法律规定的基本环境社会责任的履行,并且客观上能够支撑企业高层次环境社会责任目标的积极主动承担;相反,经济能力较弱的企业面临的紧迫问题是创造利润、保证企业生存,故而会受到可支配现金流的约束,导致对环境社会责任的履行存在心有余而力不足的现象。实际上,对于常年亏损或处于破产边缘的企业而言,基本环境社会责任的履行都不能得到保证的情况屡见不鲜。

(三)企业管理能力制约

企业自身的管理能力同样是履行环境社会责任的重要制约因素。企业管理能力制约主要体现为生产经营管理能力的制约、内部组织管理能力的制约以及环境社会责任管理能力的制约三方面。生产经营的管理能力是企业获取利润,提升盈利能力,从而增加可支配现金流的重要保障,因此也是环境社会责任履行的基本前提。内部组织的管理能力,一方面表现为以管理层为核心的企业内部管理体系和内部监督体系的组织构建,另一方面表现为包括企业员工在内的整体组织管理能力。有效的内部组织管理不仅能缓解委托-代理问题,整合管理层和股东对企业环境社会责任履行的一致信念,而且能够提升内部各层次员工对企业环境社会责任的认知和认可,确保环境社会责任的高效履行。此外,环境社会责任管理能力关系到企业应当承担哪些环境社会责任,如何承担环境社会责任,如何构建环境社会责任管理体系以及如何将环境社会责任与企业战略相结合等实际的问题。即使企业有充足的可支配现金流能够为环境社会责任的履行提供资金支持,有自上而下团结一致的环境社会责任信念,环境社会责任管理能力的缺失也会使得企业最终对环境社会责任的承担无从下手。

二、企业环境社会责任履行的困境

(一)股东利益、利益相关方利益和社会利益的协调

企业环境社会责任的履行,尤其是高层次环境社会责任的主动承担,需要大量的资金投入。因此,环境社会责任的主要困境来自如何协调股东、利益相关方和社会三方面的利益。对于股东而言,尽管环境社会责任的履行有利于企业的长期可持续发展,提升企业声誉和形象,但是短期内并不能带来直接的经济利益,相反其中的成本需要牺牲股东的利益去承担。环境社会责任的履行同样会影响利益相关方的利益:对管理层而言,履行环境社会责任会提升管理层自身声誉,但也会通过侵犯股东利益而加剧委托-代理问题,增加管理层的风险;对债权人和供应商而言,高层次环境社会

责任的主动承担会消耗企业的现金流,从而增加违约风险。然而,环境社会责任承担的直接受益方为外部的社会整体。因此,企业在履行环境社会责任时,如何妥善协调股东利益、利益相关方利益和社会利益的分配是首要困境和难题。

(二)短期成本、短期绩效和长期收益的局限

环境社会责任的短期成本、短期绩效和长期收益的局限是企业环境社会责任履行的现实困境。一方面,企业环境社会责任的履行需要企业承担确定的短期成本,并以牺牲短期财务绩效为前提;另一方面,环境社会责任的履行为企业带来的长期收益是不确定的,企业并不能精确预期承担环境社会责任后能够在多长期限内收到多大程度的回报。因此,环境社会责任的履行需要企业能够承受短期成本的增加和短期绩效的降低,并从战略性视角权衡由此为企业带来的长期利益,从而为环境社会责任的履行制定详细的规划。

(三)环境社会责任绩效的评价与认可

目前而言,不论是监管部门,还是各行业组织或者企业自身,并没有建立科学公平的环境责任绩效评价体系,同时社会公众对大部分企业环境社会责任绩效的认可度并不高。环境社会责任包含了对生态环境、利益相关者、社会公众等各方面的责任,同样也包括法律层面、道德层面和社会理想层面等多层次的履行标准。对经济能力和管理能力不同的企业而言,环境社会责任承担的绩效表现必然有较大的差异。因此,并不能仅仅通过环境社会责任各方面的履行情况,或者综合的履行情况指标,对企业环境社会责任绩效进行评价。应当根据不同行业、不同企业的实际,构建阶梯式的环境社会责任绩效评价体系,以调动各类企业履行环境社会责任绩效的积极性,促进环境社会责任绩效评价的公平性,并引导社会公众给予努力承担环境社会责任的企业的充分认可。

三、企业环境社会责任履行的未来发展路径

(一)构建基于利益相关者合作共赢的环境社会责任行为模式

现如今,政府和公众对企业是否应该履行环境社会责任已经达成共识。然而,传统的公司治理与企业环境社会责任的基础理论的不协调导致现阶段两者在实践环节的失衡。因此,企业在履行环境社会责任的同时要解决传统公司治理理论中的委托-代理问题,实现企业的可持续发展,就必须融合公司治理的强制手段与环境社会责任的柔性理念,构建基于利益相关者合作共赢的环境社会责任行为模式。企业环境社

会责任提供了非正式制度层面的关系合作；公司治理则提供了正式制度层面的契约规范。未来企业应当充分整合公司治理和环境社会责任理论，协调利益相关方的利益关系，促进利益相关方合作，从而构建公司治理与企业环境社会责任整合后系统的运行机制，以实现利益相关者的合作共赢，推动企业的可持续发展。

（二）整合企业环境社会责任与公司发展战略

从公司宏观管理角度，战略与企业目标相关联而且是支撑公司目标实现的基础，是企业积极应对组织环境的改变，最终实现组织目标的综合性计划，是管理者为实现企业价值最大化而进行的一种应对策略和选择。对于环境社会责任的实施，企业如果缺乏与公司发展战略相一致的规划，将很难发挥环境社会责任对企业价值提升的积极效应。因此，企业应当整合企业环境社会责任与整体的发展战略，构建战略性企业环境社会责任体系，利用企业环境社会责任中的机会，谋求竞争优势，形成企业成功与社会进步相辅相成的共生关系。企业环境社会责任与公司发展战略的整合能够将企业的经济功能与社会功能在履行环境社会责任时充分融合，是将企业利益和社会利益有效结合的长效机制。

（三）利用技术创新推动环境社会责任的履行

技术创新是企业取得短期绩效与长期竞争力的关键选择，是未来环境社会责任履行的重要方向。企业能够通过技术创新，不断优化自身要素来提升竞争力和竞争门槛，从而保障环境社会责任履行的经济能力前提。企业研发与技术创新应当有效反映社会需求，承担环境社会责任，其成果才会被市场接受从而实现商业化。当企业技术创新成果市场化后，通过市场机制实现商业利润，同时在一定程度上能解决某些社会现存难题，如产品安全和环保等，在产生盈利的同时也为社会带来便利和福利。因此，企业在技术创新、赋能行业的同时也带动了整个社会发展，这实际上也是履行环境社会责任的重要表现，并且完成了追求自身经济利益和促进整体社会利益的双重目标。

四、企业环境社会责任履行的政策建议

（一）明确并区分政府的主导性和引导性角色定位

在企业环境社会责任构建过程中，政府应当明确并区分自身的主导性和引导性角色定位，采取正式规则和非正式规则并进的举措，促进企业环境社会责任履行的积极性和效率。一方面，在企业基本环境社会责任履行方面，政府需要充分发挥

主导性功能,通过制定和完善相关法案,构建与基本环境社会责任一致的法律体系,以法律的形式确立在基本环境社会责任方面的强制性规定。另一方面,对于更高层次的环境社会责任的履行,政府需要明确引导性的角色定位,通过制定一系列高层次的环境社会责任的指导意见、倡议、指南等不具有强制性但具有一定约束力的制度规则,引导企业自愿实现更高层次的环境社会责任。明确并区分企业环境社会责任建设中政府的主导性和引导性角色,有利于充分发挥政府的监督和领导功能,激发不同股权性质、不同市场地位、不同行业背景和不同经济及管理能力的企业对不同层次的环境社会责任履行的积极性,进而构建和完善系统化的企业环境社会责任体系。

(二) 坚持以经济手段为主、行政手段为辅的方式

政府在监督和管理企业承担环境社会责任过程中要坚持以经济手段为主、行政手段为辅的方式。从根本上说,企业毕竟不是慈善组织,不能要求其牺牲生存和合理再发展的利益来支持公共利益,企业的根本目标必然是利润最大化。然而,企业的环境社会责任是多层面的,在遵守税收法律、遵守产品安全及环保条例、保障企业员工的基本福利待遇等基本环境社会责任方面,必须承担法律规定的强制性责任。但是,对于更高层次的环境社会责任,政府应当通过激励、引导机制激发企业自愿承担的良好动机。以此为前提,政府通过税收减免优惠、物质奖励等经济手段来激励企业主动承担环境社会责任将具有更好的效果。因此,在监督和管理企业承担环境社会责任的过程中,政府应当充分发挥行政手段和经济手段的不同优势,以行政手段监督企业基本环境社会责任承担,以经济手段鼓励和引导企业自愿承担更高层次的环境社会责任。

(三) 协调政府、企业、社会等多方的共同参与

在推进企业环境社会责任建设过程中,如何实现政府、企业和社会部门等多方的共同合作是关键。首先,政府应当积极为企业环境社会责任的履行创造良好环境,利用政府号召力呼吁社会公众、行业组织、公益组织等对企业环境社会责任进行关注、认可和监督,并引导投资和消费,使认真承担环境社会责任的企业能够得到相应的利益,不断激发企业承担环境社会责任的积极性。其次,应当在政府、企业和社会间建立有效的沟通机制,使企业能够及时把握政府和社会的环境社会责任诉求,政府和社会能够及时了解企业履行环境社会责任面临的困境,社会能够为政府和企业关于环境社会责任的建设提供与时俱进的政策建议。最后,政府应当支持行业协会、社会团体等非政府组织制定与某一行业、某一领域或地区相关的规则,确保各个行业的企业都能积极承担相应的社会责任。

本章小结

企业环境责任的发展和演进历程与经济发展过程中企业对环境的污染和破坏、社会公众和政府的环境诉求密切相关,并大致经历了由经济优先到重视环保,再到可持续发展三个阶段。由于后发优势和我国特殊的经济体制背景,我国企业的环境责任实践先后经历了环境保护、资源节约和节能减排的阶段,环境责任目标则涵盖了适应性、主动性和战略性三个层次。在此过程中,政府监管制度、企业内外部治理和人才战略产生了重要的驱动作用;同时,环境责任的履行对我国企业的市场绩效、财务绩效和融资绩效产生了积极的效果。

企业社会责任的产生和发展是企业利润最大化目标导致的一系列社会问题的产物,是企业与利益相关者间利益协调的有效途径。随着社会责任意识的国际化,我国国有企业和民营企业都越来越重视社会责任体系的构建,并通过社会扶贫、慈善捐赠、供应链管理、社区服务、安全生产和诚信纳税等措施积极承担社会责任。其中,监管制度、道德伦理和经济利益起到了重要的驱动作用;同时,企业社会责任的履行产生了积极的经济效果,有助于提升企业的市场绩效、财务绩效、融资绩效和创新绩效。

企业环境社会责任的履行受到经济成本、企业经济能力和企业管理能力的制约,并面临着如何有效协调股东、利益相关方和社会三方面利益,如何突破短期成本、短期绩效和长期收益约束,以及如何得到科学合理的评价与认可三方面的困境。因此,企业在环境社会责任的未来发展路径中,应当构建基于利益相关者合作共赢的环境社会责任行为模式,整合企业环境社会责任与公司发展战略,同时利用技术创新推动环境社会责任的履行;而政府应当更加明确并区分政府的主导性和引导性角色定位,坚持以经济手段为主、行政手段为辅的方式推动企业环境社会责任的承担,并积极协调环境社会责任履行中政府、企业、社会等多方的共同参与。

复习思考题

1. 哪些因素决定了我国企业在环境社会责任履行方面的地区差异?在我国经济转型和产业升级的背景下,东部、中部、西部地区的企业应当如何协调经济绩效与环境绩效的双重目标?

2. 为什么我国国有企业比非国有企业承担了更多的社会责任?如何正确引导非国有企业更好地履行社会责任?

3. 在新冠肺炎疫情和俄乌冲突背景下,西方企业的环境社会责任发展是否将面临巨大困境并迎来新的转折点?我国企业应当如何适应国际环境社会责任发展形势的未来变化?

主要参考文献

1. 蔡卫军,李正东,刘汉文.人才助推绿色发展——江苏盐城依靠人才推动转型升级[J].中国人才,2015(09):50-51.

2. 田翠香,姜桂芝.试论企业环境绩效的价值相关性[J].商业会计,2011(12):61-62.

3. 陈煦江.企业社会责任影响财务绩效的中介调节效应——基于中国100强企业社会责任发展指数的经验证据[J].山西财经大学学报,2014(03):101-109.

4. 陈璇,淳伟德.上市公司环境绩效与环境信息披露——对企业控制权和激励调节效应研究[J].西南民族大学学报(人文社科版),2015(10):126-130.

5. 陈钰芬,金碧霞,任奕.企业社会责任对技术创新绩效的影响机制——基于社会资本的中介效应[J].科研管理,2020(09):87-98.

6. 杜鹏程,徐舒,吴明琴.劳动保护与农民工福利改善——基于新《劳动合同法》的视角[J].经济研究,2018(03):64-78.

7. 冯锋,张燕南.社会责任承担对企业发展的影响:行业竞争的调节作用[J].山东大学学报(哲学社会科学版),2019(05):93-101.

8. 胡浩志,张秀萍.参与精准扶贫对企业绩效的影响[J].改革,2020(08):117-131.

9. 胡婧.环境立法是否能够抑制污染排放——基于面板数据倍差法和固定效应模型的实证研究[D].对外经济贸易大学,2017.

10. 胡曲应.上市公司环境绩效与财务绩效的相关性研究[J].中国人口·资源与环境,2012(6):23-32.

11. 胡瑜玮.企业社会责任与创新绩效——基于A股高新企业的经验数据[J].中国商论,2020(19):113-115.

12. 江涛,李利.环境处罚与融资效应联动机制促进企业绿色发展研究[J].理论探讨,2020(03):104-109.

13. 阚京华,董称.独立董事治理、内部控制与企业环境责任履行[J].会计之友,2017(18):80-87.

14. 李虹,王瑞珂,许宁宁.管理层能力与企业环保投资关系研究——基于市场竞争与产权性质的调节作用视角[J].华东经济管理,2017(09)136-143.

15. 李虹,张希源.管理层能力与企业环境责任关系研究——基于模仿压力和强制压力调节作用视角[J].华东经济管理,2016(08):139-146.

16. 李文茜,贾兴平,廖勇海,刘益.多视角整合下企业社会责任对企业技术创新绩效的影响研究[J]. 管理学报,2018(02):237-245.

17. 李文茜,刘益. 技术创新、企业社会责任与企业竞争力——基于上市公司数据的实证分析[J]. 科学学与科学技术管理,2017(01):154-165.

18. 李永友,文云飞. 中国排污权交易政策有效性研究——基于自然实验的实证分析[J]. 经济学家,2016(05):19-28.

19. 李长熙,张伟伟. 股权结构、独立董事制度、外部审计质量与环境信息披露——基于上市公司2012年度社会责任报告的经验证据[J]. 南京财经大学学报,2013(06):71-77.

20. 李祝平. 消费者响应企业环境责任行为的机理研究[M]. 北京:经济管理出版社,2016.

21. 刘海龙. 媒体参与企业社会责任治理:基于中国省级地区节能减排数据的实证研究[J]. 中国非营利评论,2011(02):57-75.

22. 刘斯佳,冯司妙. 工业企业环境责任与财务绩效关系的实证研究[J]. 中国市场,2014(02):44-46.

23. 罗燕琴,吴雪林,邓彦. 环境会计信息披露对企业市场绩效的影响——基于制药行业上市公司数据[J]. 会计之友,2016(15):50-53.

24. 吕峻,焦淑艳. 环境披露、环境绩效和财务绩效关系的实证研究[J]. 山西财经大学学报,2011(01):109-116.

25. 潘红波,饶晓琼.《环境保护法》、制度环境与企业环境绩效[J]. 山西财经大学学报,2019(03):71-86.

26. 齐红倩,陈苗. 中国排污权交易制度实现污染减排和绿色发展了吗?[J]. 西安交通大学学报(社会科学版),2020(03):81-90.

27. 饶鸣环. 制造业企业社会责任与财务绩效的相关关系研究[J]. 经营与管理,2020(10):34-39.

28. 沈洪涛,周艳坤. 环境执法监督与企业环境绩效:来自环保约谈的准自然实验证据[J]. 南开管理评论,2017(06):73-82.

29. 沈满洪,杨永亮. 排污权交易制度的污染减排效果研究——基于浙江省重点排污企业数据的检验[J]. 浙江社会科学,2017(07):33-42.

30. 史敏,蔡霞,耿修林. 动态环境下企业社会责任、研发投入与债务融资成本——基于中国制造业民营上市公司的实证研究[J]. 山西财经大学学报,2017(03):111-124.

31. 宋建波,唐宝,阮璐瑶. 内部控制、外部环境监管压力与环境信息披露——基于沪深A股上市公司的经验证据[J]. 国际商务财会,2018(04):12-19.

32. 宋艳. 外部治理与重污染企业的环境治理责任[J]. 天津化工,2018(01):

58-62.

33. 苏武俊,晏青. 债务融资成本、社会责任与企业绩效——基于我国 A 股上市公司的实证研究[J]. 南方金融,2020(10):13-27.

34. 覃艳华. 从三鹿事件看企业文化与企业社会责任[J]. 现代企业文化,2008(36):22.

35. 王兵,戴敏,武文杰. 环保基地政策提高了企业环境绩效吗?来自东莞市企业微观面板数据的证据[J]. 金融研究,2017(04):143-160.

36. 王波,赵永鹏. 企业环境绩效与财务绩效相关性实证研究——基于 2006 年至 2010 年上市公司的面板数据[J]. 财会通讯,2012(36):50-52.

37. 王丹,李玉萍. 治理结构与企业环境责任的相关性分析[J]. 科技和产业,2014(05):143-150.

38. 王清刚,徐欣宇. 企业社会责任的价值创造机理及实证检验——基于利益相关者理论和生命周期理论[J]. 中国软科学,2016(02):79-192.

39. 吴慧. 绿色信贷背景下企业环保投入与债务融资成本关系研究[J]. 财务管理研究,2020(10):105-109.

40. 吴琳芳. 企业社会责任与经营绩效的关系分析[J]. 财会通讯,2010(7):133-134.

41. 辛杰. 非正式制度、文化传统与企业社会责任困境的隐性消解[J]. 商业经济与管理,2014(09):25-33.

42. 徐芳,程克群. 企业社会责任信息披露、融资约束与企业绩效[J]. 合作经济与科技,2020(12):116-119.

43. 徐莉萍,邵宇青,张淑霞. 企业社会责任、社会责任缺失与企业绩效[J]. 财会通讯,2020(13):83-88.

44. 颜爱民,龚紫,谢菊兰. 外部企业社会责任对员工创新行为的影响机制研究[J]. 中南大学学报(社会科学版),2020(01):107-116.

45. 杨璐,范英杰. 环境信息披露质量、股权融资成本和企业价值[J]. 商业会计,2016(19):28-31.

46. 杨雪. 环境信息披露视阈下的企业融资约束:基于现金-现金流敏感性模型[J]. 金融发展演进,2016(08):79-82.

47. 易冰娜,韩庆兰. 民营企业社会责任与企业财务绩效关系的实证研究[J]. 中南大学学报(社会科学版),2012(01):126-130.

48. 余黎峰. 从"三鹿奶粉"事件看中国 CSR 危机[J]. 企业经济,2009(05):100-102.

49. 张汝根,王文丽. 企业社会责任信息披露对公司市场绩效影响实证分析[J]. 经济研究导刊,2020(24):50-52.

第八章

内部公司治理与企业目标演进

本章要点：
    1. 公司治理的主要内容。
    2. 控股股东、非控股重要股东、中小股东参与治理与股东财富最大化。
    3. 董事会治理与第一类、第二类代理问题。
    4. 管理层激励与股东利益诉求。
    5. 内部控制、监事会、工会与企业目标实现。

《上市公司治理准则》(证监发〔2018〕29号)(以下简称《治理准则》)指出:"上市公司治理应当健全、有效、透明,强化内部和外部的监督制衡,保障股东的合法权利并确保其得到公平对待,尊重利益相关者的基本权益,切实提升企业整体价值。"上述规定表明,公司治理应以股东利益诉求为目标,平衡债权人、员工、政府、消费者等各利益相关者的利益诉求,同时积极履行社会责任,最终实现企业的整体发展。《治理准则》主要涵盖了股东与股东大会、董事与董事会、监事与监事会、高级管理人员与公司激励约束机制、控股股东及其关联方与上市公司、机构投资者及其他相关机构、利益相关者、环境保护与社会责任、信息披露与透明度等内容。因此,本章也分别从股东治理、董事会治理、管理层激励,以及其他公司治理机制的角度探讨企业目标的演进。

第一节 股东治理与企业目标演进

一、股东类型与股东治理问题

(一) 控股股东和非控股股东

股东,是指持有公司股份的人。《中华人民共和国公司法》(2018年修正)(以下简称《公司法》)规定,"有限责任公司的股东以其认缴的出资额为限对公司承担责任;股份有限公司的股东以其认购的股份为限对公司承担责任";"公司股东依法享有资产收益、参与重大决策和选择管理者等权利"。根据股东持股的数量与对公司的控制能力划分,股东可以分为控股股东、非控股重要股东、中小股东等类型。《公司法》规定:"控股股东,是指其出资额占有限责任公司资本总额百分之五十以上或者其持有的股份占股份有限公司股本总额百分之五十以上的股东;出资额或者持有股份的比例虽然不足百分之五十,但依其出资额或者持有的股份所享有的表决权已足以对股东会、股东大会的决议产生重大影响的股东。"《公司法》还规定:"股东会会议作出修改公司章程、增加或者减少注册资本的决议,以及公司合并、分立、解散或者变更公司形式的决议,必须经代表三分之二以上表决权的股东通过。"这说明,当控股股东持有公司67%以上比例的股份时,对公司享有绝对控制权。在非控股股东中,上交所和深交所的《上市公司规范运作指引》对中小投资者(中小股东)做出了统一解释:"中小投资者是指除公司董事、监事、高级管理人员以及单独或者合计持有公司5%以上股份的股东以外的其他股东。"

不同的股权结构产生的治理效应对股东行为具有重要影响。一方面,当公司的股权较为分散,拥有较多的中小股东时,由于缺乏足够的激励,中小股东无法对管理层形成有效的监督。在缺乏监督的情况,公司的管理层有可能在最大化个人利益的动机下损害股东的利益,从而导致股东-管理层之间当股东持股比例较高时,股东则更有动机监督管理层。另一方面,当公司的股权较为集中时,甚至存在一个绝对控股股东时,大股东可以通过向公司管理层派驻高级管理人员或向董事会派驻董事的方式控制公司。在控制权所能取得的利益大于通过公司的现金收益权取得的收益,且外部环境对于中小股东的保护较弱时,大股东则有较强的动机侵占公司利益。并且,两权分离度越高,中小股东利益受到控股股东侵害的可能性越大。在我国,上市公司的股权相对集中,因此控股股东与非控股股东之间的利益冲突非常明显。已有研究表明,企业集团可以通过交叉持股结构方式、金字塔式控股方式和双重股权结构方式分离公司控制权和所有权,并进一步侵占公司利益。因此,过于分散或者过于集中的股权结构都可能会引起不同的代理问题,大股东与中小股东之间较为平衡的股权结构才会具有较好的公司治理效应。

(二)机构股东和个人股东

根据股东主体身份划分,股东可以分为机构股东和个人股东。机构股东是指持有公司股份的法人或其他组织,包括各类公司、全民和集体所有制企业、非营利法人和基金等机构和组织。个人股东是指持有公司股份的一般自然人。相比个人股东,机构股东具有更好的公司治理效应。一方面,机构股东一般持有较多的公司股份,因此在股东大会中的表决权较多,发挥的公司治理效用也更大。同时,也能通过股东大会选举向董事会派驻董事,从而对公司的经营投资决策产生重要影响,有效监督管理层和其他股东。另一方面,机构股东一般具有更加雄厚的资金,可以通过公司控制权市场的争夺来参与公司治理。例如,机构股东可以阻止管理层的反并购措施,并通过发挥"信号"作用从外部对公司治理状况施加压力。但是,关于机构股东在公司治理方面的作用,也有一些研究认为其存在一定消极影响。相比于控股股东或非控股重要股东,机构股东可能更加关注当期利润,从而导致公司管理层行为的短期化。

二、股东治理问题与企业目标演进

盈利是企业最基本的目标。股东财富最大化理论认为,公司应该通过财务上的合理经营,为股东带来更多的财富。与利润最大化目标相比,股东财富最大化目标考虑了风险因素,同时在一定程度上克服了公司在追求利润时的短期行为。但是,股东财富最大化强调得更多的是股东的利益诉求,而没有对其他利益相关者的利益诉求产生足够重视,因此仅属于较为基础的企业目标。

在改革开放以前,我国企业主要为国有企业和一小部分集体企业。由于政府直接管理和控制国有企业的资源配置,该时期的国有企业只是扮演着政府派出机构和社会基层组织等角色,承担着大量的政府治理和社会管理职能。因此,较之于有限的盈利目标,该阶段国有企业的社会目标显然更加重要。改革开放后,国有企业逐渐获得了一些面向市场的生产经营自主权,企业实现的利润也可以部分地作为奖励分配给企业经营管理者和员工,因此国有企业开始将经营目标更多地转向利润等经济目标。但是,由于缺乏规范的公司法人治理结构,股东的利益诉求仍然没有被摆到重要的位置上。1999 年,党的十五届四中全会通过了《中共中央关于国有企业改革和发展若干重大问题的决定》,提出公司法人治理结构是公司制的核心,要形成股东会、董事会、监事会和经理层各负其责、协调运转、有效制衡的公司法人治理结构。2003 年,国务院国资委成立,并根据国务院授权,依照《公司法》等法律和行政法规履行出资人职责。在市场化改革初期,国有企业主要为国有独资公司,控股股东多为各级地方政府国资委。随着市场化改革的不断深入,国有企业越来越将利润和利润增长等关键业绩指标作为主要经营目标,而社会目标则相应弱化。2005 年股权分置改革后,不同所有制资本互相融合,形成了大批的混合所有制企业。党的十八大以来,国有企业不断推进混合所有制改革,公司治理水平得到了显著提升。从单一控股股东,到控股股东与多个非控股重要股东,再到引入机构投资者,中国企业的公司治理水平不断提高,在追求股东利益最大化目标的同时,也平衡着控股股东、非控股重要股东、机构股东、中小股东等多类型股东的利益诉求。

(一) 控股股东、非控股重要股东、中小股东及其对企业目标的影响

股权制衡是制约大股东"掏空"行为、缓解第二类代理问题的重要途径。当公司存在多个大股东时,各个大股东为了获得其他股东的支持,会作出更有效地使用公司控制权的承诺,从而抑制了大股东的"掏空"行为。关于其他大股东对控股股东"掏空"行为的抑制作用,已积累了许多经验证据。已有研究表明,股权制衡对于提升财务信息质量、降低财务风险和高管机会主义具有良好的公司治理效应。

> **什么是第二类代理问题?**
> 第二类代理问题(type II agency problem),是指大股东(代理人)不能被中小股东(委托人)完全监督而做出有损于中小股东利益的行为的问题。在股权结构高度集中、且大股东控制权和现金流权严重偏离的情况下,处于优势地位的大股东

> 和中小股东之间经常出现严重的利益冲突。公司治理的主要方面是解决大股东与中小股东之间的第二类代理问题,比如在中国,公司大股东及其经理人员(大股东的代理人)控制董事会和公司的经营管理,导致公司治理结构严重失衡、缺少监督、损害中小股东利益的现象时有发生。①

为了保护投资者利益,我国出台了一系列投资者保护政策,并取得了良好的治理效果。例如,Berkman 等(2010)利用事件研究法研究了中国证监会于 2000 年出台的一系列提升中小股东权利的政策,发现提升中小股东权利能显著提高原先侵占中小股东权利较为严重的公司股价,且这一影响在不具有政治关联的公司中更为显著。Chen 等(2013)利用中国证监会于 2004 年出台的中小股东分类表决制度作为外生事件,研究发现,当公司中共同基金持股比例较高时,提升中小股东对公司的决策权能够有效阻止管理层关于折价发行股票的议案。黎文靖等(2012)的研究结果表明,网络投票制度的推出确实使中小股东的利益得到了保护。并且,大股东代理问题越严重、机构投资者持股比例越高、公司信息透明度越差,中小股东的网络投票参与率越高,而中小股东参与公司治理能够提高公司未来绩效(黎文靖等,2012;黎文靖、孔东民,2013)。

(二) 机构投资者对企业目标的影响

国有企业混合所有制改革的实质是企业产权制度改革,核心为企业治理机制的完善,目的是企业健康持续发展,国有企业与民营企业根据各自战略发展和市场竞争需要,进行多种形式(包括资本项下)的合作。国企混改能够提升员工积极性,引入市场来规范国企的行为,用价值规律带动国企发展,使企业既有国有企业的优势,又有非国有企业的优势,增强企业的资金实力,更好地在市场中发展。

> **联通混改**
> 中国联合网络通信集团有限公司(以下简称"中国联通")于 2009 年 1 月 6 日在原中国网通和原中国联通的基础上合并组建而成,在国内 31 个省(自治区、直辖市)和境外多个国家和地区设有分支机构,是中国唯一一家在纽约、香港、上海三地同时上市的电信运营企业。2016 年末,相比中国移动和中国电信,中国联通由于市场占有率低、资金缺乏、政策压力和现金流量不足,被列入第一批混改试点。从 2016 年 10 月起,受混改消息的影响,中国联通的 A 股、H 股出现大涨局面。

---

① 陆雄文:《管理学大辞典》,上海辞书出版社,2013,第 62 页。

2017年10月,中国联通正式发布混改方案。2018年,中国联通的盈利能力大幅改善,发展质量显著提升。

中国联通此次向包括百度、阿里、腾讯、京东、苏宁、光启互联、淮海方舟、兴全基金和中国人寿9位战略投资者,通过非公开发行股票形式定向增发约90.37亿股的股份,共募集资金约617.25亿元。并且,中国联通与中国国有企业结构调整基金股份有限公司签订股份转让协议,国企结构调整基金将成为中国联通的第三大股东。另外,中国联通还向激励对象授予不超过84 788万股的限制性股票,约占当前公司股本总额的2.8%。

混改之后,中国联通放弃了其绝对控股的优势,通过定向增发和协议转让旧股的方式引入机构投资者,同时通过员工持股计划,将员工股东纳入其股东范围,丰富了股东的来源。各种不同形式资本在国有企业中相互融合制衡,从而实现企业的治理结构的完善,以及企业的健康发展。在2017年定增方案完成后,公司自由现金流量有了大幅度改善,从74.2亿元陡增到492亿元。混改注资后,联通偿还了部分带息债务,资产负债率降低至40%左右的水平。2017年两项指标均有小幅回升;在混改完成后2018年净利润增加76.17亿元,净利率增加2.6个百分点。同净利率变化趋势一致,2018年权益报酬率增长至2.91%,相比2016年增加了2.71%。

中国联通通过与战略投资者在多项领域合作,形成竞合关系;利用融入资本,在发展传统业务的同时着力发展创新业务,实现经营多元化。民营资本的加入增强了企业活力,改善了公司的经营状况,从而盘活企业价值。混改之后,联通的财务状况和经营成果都迎来了新转机,为企业价值的提升带来了新机遇。

第二节 董事会治理与企业目标演进

一、董事类型与董事会治理问题

董事,是由公司股东(大)会或职工民主选举产生的具有实际权力和权威的管理公司事务的人员,是公司内部治理的主要力量。董事会对股东会负责。股东为维护自身利益最经常采取的手段就是向公司派驻董事。因此,董事和董事会成为公司治理研究的核心问题。从法律意义上来说,企业设立董事会是为了满足监管需要,但是从经济意义上来说，企业设立董事会是为了解决企业中股东和管理层之间的委托-代理问题，它是内生于企业发展的。经济合作与发展组织（OECD）发布的《公司治理原则》强调董事会对公司的战略性指导和有效监督。近年来，在"股东积极主义"的推动下，董事会在公司治理中扮演了越来越重要的角色。

公司董事会通常包括内部董事（insider director）和外部董事（outside director）。内部董事是企业的全职雇员，外部董事的主要职业则不在这个企业。通常认为外部董事是独立董事，但是也存在部分外部董事与企业存在商业联系，比如银行家或者律师，这部分外部董事被称为"灰色"董事（affiliated directors or gray directors）。鉴于独立董事独立于管理层之外，能够以维护股东利益为监督动机，因此独立董事在公司董事会中占有越来越重要的地位。学术界也通常使用独立董事在董事会中的占比来衡量其独立性，独立董事占比越高，董事会的独立性越强（谭劲松，2003；李维安、徐建，2014）。美国的公司治理实践也越来越强调外部董事尤其是独立董事的重要性，强调董事会的独立性。Fich 和 Shivdasani（2006）选取 1992 年的福布斯 500 强企业（firms that appear in the 1992 *Forbes 500 List*）自 1989—1995 年的数据进行研究，发现公司董事会中，外部董事［依据 Fich 和 Shivdasani（2006）的定义，即为独立董事］约占 55%，内部董事约占 30%，灰色董事约占 15%。Linck 等（2008）以 1990—2004 年 6 931 家美国上市企业为样本发现，大型企业董事会中外部董事比例较高，且所有企业中外部董事的占比均逐渐提升。《萨班斯法案》（*Sarbanes-Oxley Act*）出台后，美国公司的外部董事占比越来越高。

中国的公司治理实践和学术研究伴随着中国的企业改革尤其是国有企业改革而展开。为了更好地保护广大中小投资者的利益，中国的证券监管部门也在积极推动中国上市公司的公司治理改革。2002 年 1 月 7 日，证监会发布了《上市公司治理准则》（证监发〔2002〕1 号），对于我国上市公司治理的基本原则、投资者权利保护的实现方式，以及上市公司董事、监事、经理等高级管理人员所应当遵循的基本的行为准则和职业道德等内容进行了规范。为了对控股股东和管理者进行有效监督，维护中小股东利益，《关于在上市公司建立独立董事制度的指导意见》（证监发〔2001〕102 号）（以下简称《指导意见》）明确规定"上市公司董事会成员中应当有三分之一以上为独立董事"，体现出了监管部门对于中国上市公司董事会独立性的重视。相比美国等发达国家，中国上市公司，尤其是国有上市公司，股权结构较为集中，第二类代理问题更为突出。根据 Azar 等（2018）的统计，美国上市公司的第一大股东持股比例基本在 10% 以下。然而，中国 A 股上市公司的第一大股东的持股比例要超过 30%，而且国有上市公司中第一大股东持股比例显著高于非国有上市公司。因此，在中国公司董事会中，除了外部董事（独立董事）和内部董事，控股股东董事和非控股股东董事也占有一定席位。

相对于内部董事,控股股东董事和非控股股东董事由公司的股东单位派出,在公司中不担任具体的管理职位。但由于股东单位与公司间的紧密联系,控股股东董事和非控股股东董事发挥的作用也与独立董事存在较大差异。

(一) 董事会对第一类代理问题的治理效果

1. 控股股东董事的治理效果

控股股东为了对管理层进行监督和激励会向董事会派驻董事(孙光国和孙瑞琦,2018)。段云等(2011)发现,董事会中控股股东董事的比例会随着控股股东持股比例的增加而增加,而且上述效应在国有企业中更为明显。已有研究表明,控股股东董事能在一定程度上提升企业的公司治理水平,包括提高企业的投资效率(胡诗阳、陆正飞,2015)、降低企业的盈余管理水平和提高企业高管的薪酬-业绩敏感性(孙光国、孙瑞琦,2018)。但是,王斌等(2015)发现,在国有上市公司中,控股股东董事比例越高,股东-管理层间的代理成本,即第一类代理成本越高,高管薪酬-业绩敏感性越差,董事会治理效率越差。这可能是因为,大股东一方面可以控制股东大会,另一方面能通过董事选举损害董事会的独立性,削弱董事会对管理层的监督,影响董事会的治理效率。这也与股东结构的治理效应相符合。陆正飞、胡诗阳(2015)还发现,相比国有公司中的控股股东董事与非控股股东董事,非国有公司中的控股股东董事与非控股股东董事更有利于降低企业的盈余管理程度。

2. 非控股股东董事的治理效果

《治理准则》指出:"在董事的选举过程中,应充分反映中小股东的意见。股东大会在董事选举中应积极推行累积投票制度。"那么,非控股股东委派的董事的治理效果如何呢?祝继高等(2015)认为,为了保护其代表的非控股股东利益,非控股股东董事有很强的动机对管理层实施监督,从而缓解第一类代理问题。辛清泉等(2013)发现,非控股股东董事在董事会中比例越高,总经理变更对企业业绩的敏感性越强。议案投票是董事参与公司决策、有效监督管理层的重要方式。祝继高等(2015)研究了董事会中各类型董事的投票行为,发现相比其他类型董事,非控股股东董事更有可能对董事会议案投非赞成票,而且非控股股东董事投反对票能够显著提高公司业绩。许多研究表明,非控股股东董事在改善高管薪酬-业绩敏感性、抑制高管私利行为、提高公司经营投资效率方面具有较好的治理效应(蔡贵龙等,2018;逯东等,2019)。

3. 独立董事的治理效果

根据《指导意见》的规定,独立董事应当独立履行职责,不受上市公司主要股东、实际控制人,或者其他与上市公司存在利害关系的单位或个人的影响,而且独立董事比例要超过三分之一。现有的学术研究和监管实践将独立董事比例作为衡量董事会独立性的重要指标。已有研究发现董事会独立性的提高可以降低财务风险（于富生等，2008），提升企业业绩（赵昌文等，2008），提高财务信息质量（王跃堂等，2008）。当公司业绩不佳时，独立董事更有可能对董事会议案投非赞成票（叶康涛等，2011）。Zhu 等（2016）发现，董事会中独立董事排名越靠前，越有可能对董事会议案投非赞成票。而独立董事投非赞成票对公司的治理水平、业绩表现等方面均具有积极影响（叶康涛等，2011；祝继高等，2015；Zhu 等，2016）。

虽然独立董事制度已被证实能够有效监督管理层，提高公司治理水平，但也有研究表明，独立董事的监督有效性可能受到产权因素的制约（陈运森和谢德仁，2011；祝继高等，2015）。相比非国有企业，在国有企业中，独立董事的监督动机不足，投非赞成票的倾向更低，因此在国有企业中对于股东-管理层之间的第一类代理问题的治理效果更弱。

（二）董事会对第二类代理问题的治理效果

1. 非控股股东董事的治理效果

不同所有制资本的融合即为混合所有制。改革开放以来，形成了大批的混合所有制企业，其中国有企业上市是引入非国有资本实现混合所有制改革的重要方式。党的十八大以来，国有企业混合所有制改革进入了加速阶段。党的十九大报告提出："深化国有企业改革，发展混合所有制经济，培育具有全球竞争力的世界一流企业。"

国有企业引入的非国有资本（通常为非控股股东）可以在两方面对第二类代理问题发挥治理作用。

第一，非控股股东可以在股东大会上"发声"。例如，中国证监会针对上市企业出台的各种保护中小股东，监督和制约大股东的政策，包括中小股东分类表决制度（Chen 等，2013）、中小股东参与网络投票（黎文靖等，2012；黎文靖、孔东民，2013）等。

第二，非控股股东可以通过在董事会中拥有席位来保证一定的"话语权"，这更有利于非国有股东发挥改善国有企业公司治理和经营效率的作用。根据《公司法》第一百零三条规定："单独或合计持有公司3%以上股份的股东具有提名董事资格人选的权利。"Lu 和 Zhu（2020）发现，2005—2017年国有上市公司中非控股股东董事的平均占比为13.4%。非控股股东董事的比例虽然小，但是现有的学术研究却发现非控股股东董事对于第二类代理问题具有积极的治理效应（祝继高等，2015；Cheng 等，2017）。张继德和刘素含（2018）研究了中国联通的混合所有制改革进程，发现百度、阿里、腾讯和京东等民营企业超额委派的非控股股东董事在中国联通的董事会经营决策中起到了制衡作用。刘汉民等(2018)以央属具有混合所有制性质的上市公司为研究数据,研究了国有股权与非国有股权相互制衡的经济后果,发现适度增加非国有股东派出的董事能够提高企业价值。

2. 独立董事的治理效果

《指导意见》明确要求:重大关联交易(指上市公司拟与关联人达成的总额高于300万元或高于上市公司最近经审计净资产值5%的关联交易)应由独立董事认可后,提交董事会讨论。同时,《指导意见》还规定,独立董事需要对"上市公司的股东、实际控制人及其关联企业对上市公司现有或新发生的总额高于300万元或高于上市公司最近经审计净资产值5%的借款或其他资金往来,以及公司是否采取有效措施回收欠款"向董事会或股东大会发表独立意见。现有的文献也支持独立董事对于大股东占款、重大关联交易等较为突出的第二类代理问题能起到较好的治理效果。

需注意的是,虽然《指导意见》要求独立董事具有独立性,但它又规定:"上市公司董事会、监事会、单独或者合并持有上市公司已发行股份1%以上的股东可以提出独立董事候选人,并经股东大会选举决定。"这就意味着控股股东对独立董事的提名和选举依然具有重要影响,因此独立董事的独立性可能会受到影响,这会导致独立董事在解决大股东-中小股东之间的代理问题时,发挥最佳的监督作用。

二、董事会治理问题与企业目标演进

《公司法》规定:"董事会对股东会负责,行使下列职权:(一)召集股东会会议,并向股东会报告工作;(二)执行股东会的决议;(三)决定公司的经营计划和投资方案;(四)制订公司的年度财务预算方案、决算方案;(五)制订公司的利润分配方案和弥补亏损方案;(六)制订公司增加或者减少注册资本以及发行公司债券的方案;(七)制订公司合并、分立、解散或者变更公司形式的方案;(八)决定公司内部管理机构的设置;(九)决定聘任或者解聘公司经理及其报酬事项,并根据经理的提名决定聘任或者解聘公司副经理、财务负责人及其报酬事项;(十)制定公司的基本管理制度;(十一)公司章程规定的其他职权。"从董事会的职权中可以看出,董事会决策与企业的各项目标之间具有紧密联系,对内与企业的营销目标、生产目标、人力资源目标、研发目标、财务目标等密切相关,对外对企业的战略目标、社会目标具有重要影响。

在上一节中,我们对我国企业董事会包含的董事类型进行了归纳,主要有四种:控股股东董事、非控股股东董事、内部董事和独立董事。其中,控股股东董事和非控股股东董事由股东单位派出,代表股东利益,因此其监督职能主要与股东利益诉求相适应。内部董事主要由公司高管兼任,因此其监督职能主要与管理层的利益诉求相适应。在存在委托-代理问题的情况下,内部董事的行为也可能与股东利益诉求和债权人利益诉求相冲突。独立董事与企业和股东没有直接的利益联系,并且受到相关政策法规的保护,因此在保证企业行为合法合规的情况下,其监督行为能够兼顾股东、债权人、员工、政府、消费者以及社会公众等企业的众多利益相关者的利益诉求。

(一) 控股股东董事对企业目标的影响

控股股东董事由控股股东单位派出,代表控股股东的利益。因此,控股股东董事主要以解决第一类代理问题、最大化控股股东的财富为目标。该目标与企业最根本的股东利益诉求相一致。

图 8-1 展示了我国上市公司中控股股东董事比例的变化。从图中可以看出,2013 年以后,控股股东董事比例逐渐下降。这体现出在我国的制度背景下,公司董事会中各个利益方之间的博弈。随着控股股东比例的逐渐下降,控股股东利益诉求的重要性有所减弱,公司其他利益相关方的利益诉求将受到越来越多的关注。

图 8-1 控股股东董事比例变化

(二) 非控股股东董事对企业目标的影响

非控股股东董事由非控股股东单位派出,代表非控股股东的利益。因此,非控股股东董事需要同时解决第一类和第二类代理问题,以最大化非控股股东的财富为目标。该目标也与企业最根本的股东利益诉求相一致。

由图 8-2 可知,2005—2014 年,我国上市公司中非控股股东董事比例在下降;2014 年以后,非控股股东董事比例有所提升。这得益于我国混合所有制改革的推进,以及股东选举中累积投票制的实行。在中国国有上市公司中,由于第二类代理问题较为严重,非控股股东具有较强的动机去制约大股东,防止利益侵占,提高公司治理水平,而派驻董事则是非控股股东维护其自身利益的重要手段。因此,非控股股东董事比例的提升对于维护非控股股东,包括中小股东的利益诉求具有重要意义。

图 8-2 非控股股东董事比例变化

(三) 内部董事对企业目标的影响

《公司法》规定:"两个以上的国有企业或者两个以上的其他国有投资主体投资设立的有限责任公司,其董事会成员中应当有公司职工代表;其他有限责任公司董事会成员中可以有公司职工代表。"内部董事来自公司管理层,因此代表着管理层的利益诉求。满足管理层的合理诉求能够有效激励高管,使其与股东利益诉求相一致。管理层利益诉求与股东利益诉求的一致有助于降低股东-管理层之间的委托-代理成本,从而提高企业整体的经营投资效率,更好地保障股东利益,提升企业价值。

图 8-3 展示了我国上市公司内部董事比例的变化趋势。从整体上看,董事会中内部董事比例逐渐提高,这进一步体现出公司管理层在董事会中发挥着越来越重要的作用。内部董事对公司决策的监督能够有效抑制股东,尤其是控股股东对公司的"掏空"行为,从而保障管理层的合理利益诉求。

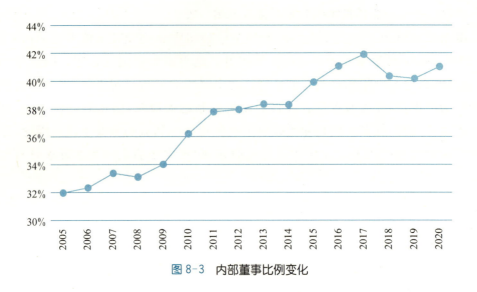

图 8-3　内部董事比例变化

（四）独立董事对企业目标的影响

《指导意见》指出，"独立董事对上市公司及全体股东负有诚信与勤勉义务。独立董事应当按照法律法规、本指导意见和公司章程的要求，认真履行职责，维护公司整体利益，尤其要关注中小股东的合法权益不受损害。独立董事应当独立履行职责，不受上市公司主要股东、实际控制人，或者其他与上市公司存在利害关系的单位或个人的影响。"从上述规定中可以看出，独立董事以公司整体利益和中小股东合法权益为责任。而公司整体利益则包括了众多利益相关者的利益，如中小股东利益、债权人利益、消费者利益、社会公众利益等。其中，中小股东利益仍然属于股东利益，但是又与控股股东利益、非控股重要股东利益有所差异。为了维护中小股东利益，独立董事需要抑制大股东对公司的掏空、约束高级管理人员的自利行为，同时解决第一类和第二类代理问题。

《指导意见》规定，独立董事必须具有独立性，与上市公司或者其附属企业任职的人员、股东具有亲属或主要社会关系的人员，以及为上市公司或其附属企业提供财务、法律、咨询等服务人员或者经公司章程、中国证监会认定的其他人员均不得担任独立董事。这使得独立董事，相比于其他类型董事，会更加关注盈利之外的企业目标，例如政府利益诉求和社会公众利益诉求。但归根结底，企业重视各类利益相关者的利益诉求都是为了获得更好的未来发展。

《指导意见》还指出，在 2003 年 6 月 30 日前，上市公司董事会成员中应当至少包括三分之一独立董事。从图 8-4 可以看出，我国上市公司独立董事比例已经达到三分之一以上。虽然 2014 年以后，《关于进一步规范党政领导干部在企业兼职（任职）

问题的意见》导致众多"官员独立董事"辞职,使得独立董事比例有所下降,但是之后独立董事比例较为平稳。这进一步体现了我国对于董事会外部性的重视,也进一步说明了未来企业需要更加关注各类利益相关者的利益诉求。

图 8-4　独立董事比例变化

第三节　管理层激励与企业目标演进

一、管理层激励方式

根据委托-代理理论,随着生产力的发展,企业的所有者限于能力和精力,可能无法有效地管理和经营企业,因此出现了委托代理人经营企业。在委托-代理关系下,企业的日常经营管理由受委托的代理人负责。理论上,代理人应该最大化委托人的利益。但是,在现实中,由于委托人和代理人之间存在利益冲突,委托人需要通过各种方式,约束和激励代理人的行为。在企业中,股东是委托人,管理层是代理人,而股东的利益目标则是提高资本报酬,增加股东财富。为了实现股东财富最大化,尽可能消除股东-管理层之间的代理问题,股东会对管理层采取多种约束和激励机制。《治理准则》规定,"上市公司应建立经理人员的薪酬与公司绩效和个人业绩相联系的激励机制,以吸引人才,保持经理人员的稳定","经理人员的薪酬分配方案应获得董事会的批准,向股东大会说明,并予以披露"。目前,我国企业中对管理层的激励机制主要包括薪酬激励和股权激励。

(一) 薪酬激励

在改革开放以前,我国处于计划经济体制下,资源配置基本由政府直接控制,企业没有形成对管理层的有效激励。改革开放以后,随着政府的放权让利,企业的管理层和员工能够获得更大的经济激励。薪酬是员工在企业中提供劳务而获得的酬劳。直接的薪酬包括工资、奖金等;间接的薪酬包括各项福利、保险、带薪节假日等。将经理人员的薪酬与公司的绩效和个人的业绩有机联系在一起,有助于提高管理层的积极性,形成管理层利益诉求和股东利益诉求的有机统一。高管薪酬的发放主要依据已签订的合同与企业的业绩表现。随着市场化改革的不断深入,我国企业的高管薪酬-业绩敏感性不断提高。研究表明,高管薪酬-业绩敏感性的提高具有良好的公司治理效应。但是,如何通过完善薪酬激励机制,抑制高管为了获得更多薪酬而采取盈余操纵损害股东利益,则需要根据企业的发展阶段,采取更加多元化的激励机制。

(二) 股权激励

股权激励是一种长期激励机制,旨在通过公司员工,尤其是高管持股,将管理层最大化个人利益的追求与公司最大化长期利益的追求紧密联系起来,从而有效缓解股东与管理层之间的利益冲突。2005年以前,我国上市公司的高管持股需要由公司申请后,由相关部门进行审批。并且,高管持有的公司股份并不能在二级市场上自由流通。2005年股权分置改革实施后,证监会于2005年12月31日颁布了《上市公司股权激励计划管理办法》(试行)(证监公司字〔2005〕151号),国资委和财政部也于2006年9月下发了《国有控股上市公司(境内)实施股权激励试行办法》(国资发分配〔2006〕175号),许多上市公司除了积极进行股改,还开始实行CEO等高级管理人员的股权激励计划。已有研究表明,我国上市公司的股权激励机制有助于抑制上市公司的非效率投资行为(吕长江和张海平,2011)。这说明,股权激励的确能够使管理层行为与股东利益诉求相一致。

根据CSMAR数据库统计的高管激励情况数据,截至2020年12月31日,在我国A股上市的公司中,共有1 835家公司实行了高管股权激励计划。激励标的物包括股票期权、限制性股票、股票增值权。激励人员包括董事、监事、高级管理人员、公司的核心骨干。表8-1列出了各年度股权激励计划的公告数量。可以看出,自2006年证监会颁布《上市公司股权激励计划管理办法(试行)》以来,越来越多的A股上市公司在管理层激励中采取了股权激励方式。2010年以前,每年只有不到100家上市公司采取股权激励计划,而到了2020年,共有1 196家公司公布了股权激励计划,约占A股全部上市公司的29%。这体现出随着我国企业治理结构的不断完善,股东越来越关注管理层激励机制的有效性,管理层激励越来越多元化。

表 8-1　中国 A 股上市公司年度股权激励计划公告数量

单位：家

年　　度	涉及公司数量	股权激励计划公告数量
2006	37	56
2007	30	45
2008	97	163
2009	57	95
2010	120	228
2011	226	475
2012	272	684
2013	373	1 061
2014	469	1 424
2015	573	1 887
2016	625	2 280
2017	822	2 823
2018	995	3 478
2019	1 040	3 699
2020	1 196	4 090

数据来源：作者根据 CSMAR 数据库整理.

（三）债权激励

股权激励的目的在于将管理层的目标与股东的目标紧密联系在一起。但是，在现代企业中，除了股东，还存在债权人。当管理层与股东目标趋于一致时，则有可能使高管在投资项目时更加偏好风险，导致冒险行为，损害债权人利益。因此，债权激励，作为一种将管理层利益与债权人利益联结在一起的方式，也被广泛应用于管理层激励中。一般的债权激励包括薪酬延期支付、养老金计划等，也有次级债务证券、资本债券等新形式的债权激励工具不断出现。这一类激励不在公告当期支付，使得管理层在实际获得激励之前，成为企业的债权人，因此将管理层的目标与债权人的目标紧密联系在一起，抑制管理层的冒险动机。

二、管理层激励方式与企业目标演进

（一）薪酬激励对企业目标的影响

薪酬激励在于提高管理层工作的积极性，使其更加高效地从事企业分配的各项经营任务，从而提升企业价值，满足股东的利益诉求。作为收入的主要来源，薪酬激励也满足了管理层的利益诉求。为了实现业绩的提高从而带动薪酬的提高，管理层可能会更加注重企业短期目标的实现。然而，在企业发展的动态过程中，不同期限类型的目标很有可能存在矛盾和冲突。虽然企业的短期目标应该遵从长期目标的指引，但是在个人利益动机下，管理层有可能只关注短期目标，而忽略长期目标，最终损害股东的利益。因此，为了使管理层的利益诉求能够更加融入企业目标中，应采取多样化的管理层激励方式。

（二）股权激励对企业目标的影响

股权激励将股东利益诉求与管理层利益诉求相统一，促使管理层在决策时更加注重长远规划。为了防止对高风险高收益项目的投资不足，股东会通过调整管理层薪酬结构的方式激励管理层投资于高风险、高收益项目。因此，在股权激励下，管理层会平衡企业的短期目标和长期目标。实际上，实施股权激励后，虽然管理层持有的公司股份在流通过程中会受到一定限制，但是持有公司股份的管理层也相当于是公司的小股东。作为小股东，该类管理层的利益诉求与股东的利益诉求更加趋向一致，同时也能在一定程度上兼顾中小股东的利益诉求。

（三）债权激励对企业目标的影响

除了股东利益诉求和管理层利益诉求，管理层的激励方式也会对债权人利益诉求产生影响。股东-债权人之间的利益冲突源于双方不同的收益方式，债权人希望企业的违约风险更低，而股东则希望企业可以实现价值最大化。当公司投资高风险、高收益项目时，若投资成功，股东将获得大部分收益；若投资失败，债权人的利息收入和本金都可能受到损失。因此，将管理层激励方式与债权人利益诉求相适应也是十分重要的。实施债权激励后，管理层相当于持有企业的"内部债务"。只有企业稳健地发展，才能保证管理层作为"债权人"的利益。因此，管理层在进行经营投资决策时，除考虑项目未来的收益以外，还需要考虑项目潜在的风险。因此，债权激励能够有效地将管理人的利益诉求与债权人的利益诉求联结在一起，保护债权人的利益。

综上所述，企业应建立有效的激励约束机制，在使薪酬与绩效挂钩的同时，将高管的利益与企业的长期利益相匹配,才能更好地平衡管理层与股东、债权人等各个利益相关者的利益诉求,帮助企业在完成一个个短期目标的基础上,实现更加长远的战略目标。

第四节 其他公司治理机制与企业目标演进

一、其他公司治理机制

公司治理文献把解决代理问题的各种途径概括为公司治理机制,既包括内部控制系统,同时也包括外部控制系统。内部控制系统(internal control systems)指的是利用公司现有的资源进行人为制度设计来降低代理成本的各种途径的总称,它通常包括董事会治理、大股东治理、激励合约设计、融资结构等。基于《治理准则》对于中国上市公司内部治理机制内容的阐述,我们主要从内部控制、监事会和工会三个角度进行分析。

(一) 内部控制

1972年,美国审计准则委员会(ASB)所做的《审计准则公告》对内部控制提出了如下定义:"内部控制是在一定的环境下,单位为了提高经营效率、充分有效地获得和使用各种资源,达到既定管理目标,而在单位内部实施的各种制约和调节的组织、计划、程序和方法。"企业建立与实施有效的内部控制,应当包括内部环境、风险评估、控制活动、信息与沟通和内部监督。2008年5月22日,我国财政部、证监会、审计署、银监会、保监会共同制定印发了《企业内部控制基本规范》(财会〔2008〕7号)。在该规范的基础上,财政部、证监会、审计署、银监会、保监会于2010年4月26日共同制定印发了18项企业内部控制配套指引。随着各项政策制度的完善,我国企业的内部控制质量逐渐提升。已有研究表明,企业的内部控制质量越高,盈余管理水平越低(方红星、金玉娜,2011;宫义飞、谢元芳,2018)、投资效率越高(李万福等,2011)、股价崩盘风险越低(叶康涛等,2015)、腐败程度越轻(周美华等,2016)、债务融资成本越低(林钟高、丁茂桓,2017)。这说明,较高的内部控制质量能产生良好的公司治理效应。

(二) 监事会

《公司法》规定:"有限责任公司设监事会,其成员不得少于三人。股东人数较少或者规模较小的有限责任公司,可以设一至二名监事,不设监事会。监事会应当包括股东代表和适当比例的职工代表,其中职工代表的比例不得低于三分之一,具体比例由公司章程规定。监事会中的职工代表由公司职工通过职工代表大会、职工大会或者其他形式民主选举产生。监事会设主席一人,由全体监事过半数选举产生。监事会主席召集和主持监事会会议;监事会主席不能履行职务或者不履行职务的,由半数以上监事共同推举一名监事召集和主持监事会会议。董事、高级管理人员不得兼任监事。"监事会或监事有以下职权:"监事会、不设监事会的公司的监事行使下列职权:(一)检查公司财务;(二)对董事、高级管理人员执行公司职务的行为进行监督,对违反法律、行政法规、公司章程或者股东会决议的董事、高级管理人员提出罢免的建议;(三)当董事、高级管理人员的行为损害公司的利益时,要求董事、高级管理人员予以纠正;(四)提议召开临时股东会会议,在董事会不履行本法规定的召集和主持股东会会议职责时召集和主持股东会会议;(五)向股东会会议提出提案;(六)依照本法第一百五十一条的规定,对董事、高级管理人员提起诉讼;(七)公司章程规定的其他职权。监事可以列席董事会会议,并对董事会决议事项提出质询或者建议。监事会、不设监事会的公司监事发现公司经营情况异常,可以进行调查;必要时,可以聘请会计师事务所等协助其工作,费用由公司承担。"

(三)工会

《公司法》规定:"公司职工依照《中华人民共和国工会法》组织工会,开展工会活动,维护职工合法权益。公司应当为本公司工会提供必要的活动条件。公司工会代表职工就职工的劳动报酬、工作时间、福利、保险和劳动安全卫生等事项依法与公司签订集体合同。公司依照宪法和有关法律的规定,通过职工代表大会或者其他形式,实行民主管理。公司研究决定改制以及经营方面的重大问题、制定重要的规章制度时,应当听取公司工会的意见,并通过职工代表大会或者其他形式听取职工的意见和建议。"西方国家强大的工会在公司治理过程中扮演着极为重要的角色,而处于转型发展阶段的中国企业工会则正在经历着由弱变强的过程。已有研究表明,工会也具有良好的公司治理效应。沈永建等(2013)发现,工会规模越大,企业的会计稳健性越高。魏下海等(2013)发现,工会规模越大,企业的工资率和劳动生产率越高。

二、其他公司治理机制与企业目标演进

(一)内部控制对企业目标的影响

内部控制质量的高低决定了企业的财务质量和风险水平。由于所有权与经营权

的分离,股东与管理层之间存在利益冲突。如果公司内部无法形成有效的内部控制体系,管理层就有可能通过故意伪造财务资料或操纵财务数据获得私利,损害股东利益。内部控制作为企业的一种内部制度安排,可以通过优化内部环境、合理评估风险、完善信息沟通,及时发现内部控制缺陷,形成对管理层的有效约束,从而最大限度地降低商业欺诈的可能性。因此,内部控制在以股东利益诉求为目标的基础上,可以通过提高企业信息质量,进一步满足债权人、政府、消费者和社会公众等利益相关方的利益诉求。

(二) 监事会对企业目标的影响

监事会对股东大会负责,主要监督董事会履行职责,所以监事会也以股东利益诉求为根本目标。但是,相比于有决策权的董事会,《公司法》仅赋予了监事会监督权,并不拥有对董事或高管选任或罢免的权利。从实际监督效果来看,监事会无法对董事会和管理层进行有效的监督。2015年,中国上市公司协会发布了《上市公司监事会工作指引》,在对监事会的设立、任免、职权进行了较为详细的说明外,还提出了若干倡导推荐和提醒关注事项,包括"根据行业特点和工作需要,公司可以从社会上遴选适当人数的会计、法律或行业专家作为外部监事和独立监事",并且着重提到了监事会在公司内部控制、风险控制的监督中应发挥良好治理作用。根据王兵等(2018)的统计,2010—2015年,平均有12.39%的公司存在审计总监兼任监事会成员的情况。

(三) 工会对企业目标的影响

工会直接体现了内部公司治理对员工利益诉求的关注。只有满足了员工的利益诉求,员工的积极性得到调动,才能进一步提高企业的劳动生产率,从而提高企业的盈利能力,实现股东利益诉求。同时,工会对劳动者的保障也在一定程度上满足了政府对于解决就业、社会稳定的利益诉求,是企业积极履行社会责任的表现,也在一定程度上实现了社会公众的利益诉求。从长期来看,企业中工会的存在有利于企业和员工的共同发展,因此有利于提升企业价值,最终实现股东和债权人的共同利益诉求。

本 章 小 结

公司治理的主要作用在于解决股东与管理层之间的第一类代理问题和控股股东与中小股东之间的第二类代理问题,平衡各个利益相关者的利益诉求。其中,第一类代理问题主要涉及股东利益诉求和管理层利益诉求;第二类代理问题主要涉及各类型股东的不同利益诉求。公司治理水平与企业发展息息相关。从中国企业公司治理结构的演变来看,公司治理结构的完善和公司治理水平的提升有助于企业更好地发展,从而在满足各类股东利益诉求和管理层利益诉求的基础上,进一步满足债权人利益诉求、政府利益诉求、消费者利益诉求和社会公众利益诉求。

我国企业的公司治理结构主要包括股东大会、董事会、管理层激励、内部控制等。其中,股东大会通过各类型股东参与投票,平衡了各类型股东之间的利益冲突,有利于实现控股股东、非控股重要股东、中小股东等不同类型股东的利益诉求。董事会中,控股股东董事、非控股股东董事、内部董事和独立董事分别代表了控股股东、非控股重要股东、管理层和中小股东,因此董事会治理平衡了股东利益诉求、管理层利益诉求以及其他利益相关者的利益诉求。另外,独立董事作为一种独立的监督机制,对于监督企业合法合规的运营具有重要影响,因此也能满足政府、消费者和社会公众的利益诉求。管理层激励主要体现在管理层激励约束机制的设计中,该机制有利于实现管理层利益诉求与股东利益诉求、债权人利益诉求的协调统一。管理层是企业经营目标的执行者,满足管理层的合理利益诉求有利于企业各类具体目标和抽象目标的实现。内部控制、监事会、工会等其他内部治理机制在提高公司治理水平的基础上,满足了债权人、员工、政府、消费者和社会公众的利益诉求。对不同利益相关者利益诉求的平衡有利于企业制定合理的短期和长期目标,实现股东财富增值,也有助于企业的可持续发展,促使企业积极承担社会责任,从而最终实现股东、债权人、政府、消费者和社会公众的共同利益诉求。

复习思考题

1. 不同类型股东的利益诉求可能存在差异,各类型股东如何通过参与公司治理实现自身的利益诉求?

2. 公司董事会一般包括几种类型的董事?不同类型的董事如何发挥治理效应?不同类型的董事会对公司代理问题和企业目标会产生什么影响?

3. 不同的管理层激励方式如何影响企业目标?如何使管理层的目标与企业目标相一致?

4. 内部控制、监事会、工会等其他公司治理机制在现代企业中发挥了怎样的作用?如何进一步提高内部控制、监事会、工会等其他公司治理机制与企业目标的契合度?

主要参考文献

1. 蔡贵龙,柳建华,马新啸.非国有股东治理与国企高管薪酬激励[J].管理世界,2018(05):137-149.

2. 陈运森,谢德仁. 网络位置、独立董事治理与投资效率[J]. 管理世界,2011(07):113-127.

3. 段云,王福胜,王正位. 多个大股东存在下的董事会结构模型及其实证检验[J]. 南开管理评论,2011(1):54-64.

4. 方红星,金玉娜. 高质量内部控制能抑制盈余管理吗?——基于自愿性内部控制鉴证报告的经验研究[J]. 会计研究,2011(8):53-60.

5. 宫义飞,谢元芳. 内部控制缺陷及整改对盈余持续性的影响研究——来自A股上市公司的经验证据[J]. 会计研究,2018(5):75-82.

6. 胡诗阳,陆正飞. 非执行董事对过度投资的抑制作用研究——来自中国A股上市公司的经验证据[J]. 会计研究,2015(11):41-48.

7. 黎文靖,孔东民,刘莎莎,邢精平. 中小股东仅能"搭便车"么?——来自深交所社会公众股东网络投票的经验证据[J]. 金融研究,2012(3):152-165.

8. 黎文靖,孔东民. 信息透明度、公司治理与中小股东参与[J]. 会计研究,2013(1):42-49.

9. 李万福,林斌,宋璐. 内部控制在公司投资中的角色:效率促进还是抑制?[J]. 管理世界,2011(2):81-99.

10. 李维安,徐建. 董事会独立性、总经理继任与战略变化幅度——独立董事有效性的实证研究[J]. 南开管理评论,2014(1):4-13.

11. 林钟高,丁茂桓. 内部控制缺陷及其修复对企业债务融资成本的影响——基于内部控制监管制度变迁视角的实证研究[J]. 会计研究,2017(4):73-80.

12. 刘汉民,齐宇,解晓晴. 股权和控制权配置:从对等到非对等的逻辑——基于央属混合所有制上市公司的实证研究[J]. 经济研究,2018(5):175-189.

13. 陆正飞,胡诗阳. 股东-经理代理冲突与非执行董事的治理作用——来自中国A股市场的经验证据[J]. 管理世界,2015(1):129-138.

14. 逯东,黄丹,杨丹. 国有企业非实际控制人的董事会权力与并购效率[J]. 管理世界,2019(6):119-141.

15. 吕长江,张海平. 股权激励计划对公司投资行为的影响[J]. 管理世界,2011(11):118-126.

16. 沈永建,梁上坤,陈冬华. 职工薪酬与会计稳健性——基于中国上市公司的经验证据[J]. 会计研究,2013(4):73-80.

17. 孙光国,孙瑞琦. 控股股东委派执行董事能否提升公司治理水平[J]. 南开管理评论,2018(1):88-98.

18. 谭劲松. 独立董事"独立性"研究[J]. 中国工业经济,2003(10):64-73.

19. 王斌,宋春霞,孟慧祥. 大股东非执行董事与董事会治理效率——基于国有上市公司的经验证据[J]. 北京工商大学学报(社会科学版),2015(1):38-48.

20. 王兵,吕梦,苏文兵. 监事会治理有效吗——基于内部审计师兼任监事会成员的视角[J]. 南开管理评论,2018(3):76-89.

21. 王跃堂,朱林,陈世敏. 董事会独立性、股权制衡与财务信息质量[J]. 会计研究,2008(1):55-62.

22. 魏下海,董志强,黄玖立. 工会是否改善劳动收入份额?——理论分析与来自中国民营企业的经验证据[J]. 经济研究,2013(8):16-28.

23. 辛清泉,梁政山,郭磊. 非控股股东派驻董事与国有企业总经理变更研究[J]. 证券市场导报,2013(4):45-49.

24. 叶康涛,曹丰,王化成. 内部控制信息披露能够降低股价崩盘风险吗?[J]. 金融研究,2015(2):192-206.

25. 叶康涛,祝继高,陆正飞,张然. 独立董事的独立性:基于董事会投票的证据[J]. 经济研究,2011(1):126-139.

26. 于富生,张敏,姜付秀,任梦杰. 公司治理影响公司财务风险吗?[J]. 会计研究,2008(10):52-59.

27. 张继德,刘素含. 从中国联通混合所有制改革看战略投资者的选择[J]. 会计研究,2018(7):28-34.

28. 赵昌文,唐英凯,周静,邹晖. 家族企业独立董事与企业价值——对中国上市公司独立董事制度合理性的检验[J]. 管理世界,2008(8):119-126.

29. 周美华,林斌,林东杰. 管理层权力、内部控制与腐败治理[J]. 会计研究,2016(3):56-63.

30. 祝继高,叶康涛,陆正飞. 谁是更积极的监督者:非控股股东董事还是独立董事?[J]. 经济研究,2015(9):170-184.

31. AZAR J, SCHMALZ M C, TECU I. Anticompetitive effects of common ownership[J]. The journal of finance, 2018, 73(4): 1513-1565.

32. BERKMAN H, COLE R A, FU L J. Political connections and minority-shareholder protection: evidence from securities-market regulation in China[J]. Journal of financial and quantitative analysis, 2010, 45(6): 1391-1417.

33. CHENG M, LIN B, LU R, WEI M. Non-controlling large shareholders in emerging markets: evidence from China[J]. Journal of corporate finance, 2020, 63.

34. FICH E M, SHIVDASANI A. Are busy boards effective monitors?[J]. The journal of finance, 2006, 61(2): 689-724.

第九章

外部公司治理与企业目标演进

本章要点：

1. 公平市场竞争，控制权市场、经理人市场和产品市场以及债权市场竞争。

2. 法律法规体系，中小股东、债权人以及其他利益主体的法律保护制度。

3. 外部独立审计，监督、信息和保险功能。

4. 其他外部公司治理机制，政府和媒体的治理角色。

企业目标的演进实际上是一个从粗放到细化的过程。在计划经济时代企业目标是产量最大化,而后演进为利润最大化、股东价值最大化和企业价值最大化。在利益相关者价值导向下,企业的目标包括企业价值最大化、社会责任以及利益相关者价值最大化。在这样的观点下,我们不能将企业单纯理解为资本所有者的企业,企业的利益也不完全等同于资本所有者的利益。这其实也就对"股东单边治理"模式提出了质疑与挑战。在利益相关者价值导向下,公司治理可以理解为利益相关者权利博弈的均衡,天然地与企业目标存在关联。公司治理包括内部公司治理与外部公司治理两个部分。外部公司治理机制主要包括公平市场竞争、法律法规体系、外部独立审计和其他外部治理机制四个方面。

本章主要讨论外部公司治理与企业目标的关系,具体有四个方面。第一,公平市场竞争与企业目标。竞争的外部市场体系对企业目标的影响在某种程度上比公司内部治理的作用还重要。公平市场竞争类型分为:控制权市场、经理人市场和产品市场,以及债权市场竞争等,我们重点分析不同类型市场竞争行为与企业目标的关系。第二,法律法规体系与企业目标。健全完善的法律法规体系,辅之以强有力的执法部门,将对公司经营行为中出现的违法违规行为形成有力的且直接的威慑,从而对企业目标产生重要影响。第三,外部独立审计与企业目标。外部独立审计是重要的外部公司治理安排,外部审计通过减轻委托人和代理人之间的信息不对称,有助于规范公司的经营行为。重点分析外部独立审计相关制度变化是如何平衡各利益相关者的利益,以及如何影响企业目标的。第四,其他外部公司治理机制与企业目标。重点关注政府和媒体等其他外部公司治理主体的治理角色对企业目标的影响。

第一节 公平市场竞争与企业目标

一、控制权市场竞争治理

(一)控制权市场作用机制

控制权市场治理主要包括三种方式,即委托书争夺战、直接购股以及企业并购,其中企业并购是控制权市场发挥治理作用最经济的形式。企业并购是指通过购买价值被低估企业以期获得收益。企业并购主要是通过替代与鞭策两种效应来达到治理效果。替代效应是指通过外部控制权市场的权力争夺赶走不合格的经营者。鞭策效应是指通过接管威胁对公司经营者形成威慑,从而迫使经营者努力提高企业的经营效益。从接管方式来看,可以分为敌意接管与善意接管两个部分。相对于协商与妥协的善意接管,敌意接管对经营者的威慑更强,在控制权市场上也得到更为广泛的使用。此外,活跃的控制权市场也存在信息传递的作用。对"坏"企业的并购,传递出事后清算的信号,可以威慑经营者的不当行为;对"好"企业的并购,向市场传递出公司发展良好的信号,对经营者产生激励作用。企业合并可能会对股东产生正向收益,但是交易与重组可能会给相关组织和人员带来痛苦,会涉及工厂的关闭、人员的辞退以及补偿合同的降低。

(二) 控制权市场竞争与企业目标

控制权市场能发挥治理作用存在一定的前提条件,即公司管理效率、经营者业绩与公司股价呈高度正相关。首先,资本市场必须是有效的。公司股价必须能够正确反映公司业绩,否则当"价值低估理论"产生作用时,并购很可能会伤及经营状况良好但股价低迷的企业。但是,国内资本市场是否真的有效或股价作为经营者业绩表现的一部分是否合理?当市场是完美市场时,这个问题的答案毫无疑问是肯定的;当股价表现与企业价值背离时,这个问题似乎有待商榷。如果企业的价值目标是股东财富导向,那么追求高股价是没有问题的。经营者将会使用各种手段提振股价。但是,如果股价与企业价值存在背离,那么实际上提振股价的操作很可能会损害企业的真实价值。其次,经营者的努力程度必须在公司业绩上有所体现。由于国企的高管通常是主管部门委任的,上市的国有企业经理人的激励与监督都不够充分。从行政权力的运行机制来说,国有企业的经理人在任期内如果可以保持企业的平稳运行的话,其职业前景不会受到不良影响;但是,如果在任期内企业遭受波折,很可能会牵连到自身的未来发展。在这样的制度环境下,很容易培养经理人"不求有功,但求无过"的经营偏好,限制了企业的改革与发展。最后,股权的性质和集中度。对于大股东绝对控股的企业,我们无法通过直接购买股票的方式对不适合的管理层进行驱逐,只能采用委托书争夺战和企业合并方式。前者可能更多用来解决企业内部资源配置问题,而后者可能需要大量资金。对于中小股东来说,通过"用脚投票"与经理人解约可能更加经济。

综合上述分析,控制权市场竞争想要通过对经理人替代和鞭策起到良好治理作用,需要股票价格能够充分反映公司业绩以及在经理人市场上进行。同时,也要求企业的股权结构有一定的分散程度,才能更好地让控制权市场发挥效果。对于国有企业来说,控制权市场治理机制对职业经理人的替代和鞭策效用还是比较弱。

二、经理人市场竞争治理

(一) 经理人市场的作用机制

经理人市场竞争是重要的外部治理机制。经理人市场的作用机制包括公平竞争机制(即淘汰不适合的竞争者)、信息传导机制(即败德行为带来的高额成本对经营者产生的约束)和信誉机制(好声誉对经营者产生的激励效果)。声誉机制与内部监督都是克服经理人短视行为的重要机制。不完全契约理论认为,经理人的未来工资流可被视为一种可以进行销售的资产,在"完全事后清算"机制的影响下,经理人市场通过声誉机制对经理人产生治理作用。声誉效应可以一定程度上解决代理人的问题,但前提是要建立一个发达的经理人市场。声誉机制发挥作用的四个前提是市场存在记忆、经营存在良好预期、经理人市场公平竞争并且统一开放。

从实践角度来看,党的十八届三中全会提出了深化国有企业改革、建立职业经理人制度的相关要求。但是从实践效果来看,经理人市场的推进可能还有很长一段路要走。除了我国自身建立职业经理人市场存在一些不足之外,一些企业内部原因实际上也干扰到了经理人市场的建设。在家族企业中存在的"隐私经营"阻碍了职业经理人进入企业的进程;由于信任的缺失,上市公司也难以吸纳职业经理人市场上的管理资源;对于国有企业而言,对高层管理人员任命的强烈行政干预也难以使经理人市场对其发挥作用。

(二) 经理人市场竞争与企业目标

由于人力资本与其所有者天然存在不可分割性,导致人力资本与非人力资本在进入企业之后面临不同的状况。由于经营者可以通过节约人力资本的使用并增加非人力资本的使用来提升自己的效益,因此,在企业中人力资本需要受到监督而非人力资本则需要受到保护。同样,在人力资本所有者中,相比于生产者经营者的努力投入更加难以量化并进行观测,因此需要经营者承担剩余风险而生产者领受固定合约,以达到经营者的控制权与剩余索取权匹配。传统理论认为,企业最理想的状态便是企业由资本家亲自进行经营。在实际情况中,拥有企业家才能的人未必拥有资本;反之,拥有资本的人未必会治理企业。从而,产生了代理成本。

从企业内部来看,代理成本是控制权与剩余索取权的分配问题。但是,从企业外部来看,可以通过声誉机制进行解决。当企业内部治理结构处于一个完美状态的情况下(董事会可以对高管进行任免,高管手中的剩余控制权与索取权相互对应),经理人市场可以对职业经理人的管理资源进行有效的配置。经理人参与企业运行的报酬可以划分为三个部分:当期固定合约薪酬、当期剩余索取和未来工资现金流。从单个企业考虑,经理人所要做的是通过自己的努力将当期剩余索取与未来工资现金流最大化。考虑两种极端情况:当经理人才能极差的情况下,预期自身未来的现金流量为0,经理人就会尽可能在当期进行"隧道挖掘"以确保自身获得最大化利益;当经理人才能很高的情况下,经理人可能会考虑牺牲当期利益(包括固定薪酬以及剩余索取权)以获得未来更大的现金流量。从整个市场考虑,只要经理人继续打算在经理人市场上供职,其未来现金流量就不可能为0,而为了避免对未来现金流量的影响,经理人当期对企业的"掏空"行为实际上就会受到约束;而在"掏空"上做得过度的经理人就会被替代,较为优秀的经理人就会努力权衡当期与未来现金流的影响。

综上所述,职业经理人市场对企业目标的影响体现在以下两点:第一,公司价值最大化,通过市场机制淘汰不适合的经营者以将"蛋糕"做大;第二,利益相关者价值均衡,在公司创造价值一定的前提下,限制经营者的剩余索取以确保其他利益相关者的分配公平。

三、产品市场竞争治理

(一)产品市场竞争的作用机制

产品市场竞争理论认为,如果有足够数量的企业参与竞争,就可以达到对经营者的约束。一个行业内如果存在足够多的市场竞争者,市场内的从业者就会利用各种手段降低产品的成本,以期获得更高的竞争能力。产品市场的竞争作为外部治理的重要机制,有利于促进经营者与股东之间的沟通以减轻信息不对称问题。产品市场竞争也能够激励管理层更加努力地工作,提高公司的效率。产品市场竞争理论认为:一方面,由于经营业绩可以反映经营者的能力水平,产品市场可以通过信誉机制对经营者产生压力;另一方面,由于企业经营业绩与经营者自身财富紧密相关,因此会通过激励机制对经营者造成威胁。

但是,产品市场是将经营者的水平反映在企业绩效而非股价上,而发挥作用的前提是企业内部设立好相对应的有效激励机制。从经理人市场治理角度来看,信誉机制对经营者产生威慑的主要原因还是未来工资现金流对其产生的影响。如果公司无法对当期经营者的任免产生足够影响的话,产品市场对经营者的治理也难以达到很好的效果。最终只能依靠控制权市场对企业的资源进行重新配置,以期达到在市场上生存的效果。所以,公司治理的各种手段其实是相互关联的。外部治理手段依靠内部治理机制达到对公司经营者的约束,当内部约束机制失效时,市场手段会通过对公司资产的重新配置达到有效率的结果。

(二)产品市场竞争与企业目标

从作用机制上分析,产品市场作为外部公司治理的一部分,主要是对企业经营者的约束和管理。但是,从交互对象上看,产品市场上交易的双方是公司和客户。我们通过市场来对经营者的自利行为进行约束,但似乎很少有人将产品市场竞争与客户权益保护联系起来。对客户的权益保护主要集中在国家层面(法律、行政、司法)、社会层面(社会舆论、消费者协会)以及个人层面(诉讼)。如果将公司视作一系列契约的集合的话,那么客户在产品市场上实际是通过"现金选票"参与公司的治理。

四、债权市场治理

(一) 债权市场的作用机制

债权市场是外部公司治理的重要组成部分,其发挥治理作用的机制主要包括激励约束理论和控制权转移理论。

1. 激励约束理论

激励约束理论认为,债权可以促进经营者努力工作,降低代理成本。Jensen(1976)认为,经营者出于税收补贴等因素使用了债权资本,因而产生了由机会财富损失、对经营者的监督费用和破产重组成本三部分组成的债权代理成本。债权持有者有动机参与限制导致债权资产损失的公司决策活动,直至其从事此类活动的"名义边际成本"等于其在此活动中感受到的边际收益。此外,企业通过资本结构向外部市场传递企业质量信息,从而影响企业市场价值。经理人作为内部的知情者,在向外传递信号时,基于声誉机制,需要在市场价值用途和自身激励之间进行权衡,从而受到约束。

2. 控制权转移理论

企业在不同状态下发生的相机治理,管理层的自由裁量权产生了两种代理成本:投资过多导致的过度投资成本;声称找不到好的项目导致缺乏信誉造成的投资不足的成本。债权人合约的要求降低了企业投资过度成本,但加剧了投资不足成本;管理权资源的增加减少了投资不足成本,但恶化了过度投资成本。

这两个理论对应企业所有权的两个方面:激励约束理论对应着经营者的剩余索取权的大小,而控制权转移理论实际上对应的是经营者控制权大小。对经营者这两方面的权力实现制约,从而让经营者努力工作,并提升公司治理效率和效果。

(二) 债权市场竞争与企业目标

债权市场治理的主体是企业的债权人,债权人对于企业的主要要求是保证本金安全,以及固定利息。因此,债权人对于企业的高风险项目是比较敏感的,从债权人市场的角度看,债权人市场会倾向于收益稳定、资金保证充足的公司。同时,债权人会在一定程度上限制公司做出高风险的投资决策,而这些投资决策往往可能是企业内部人为了自身利益做出的,比如经理人希望扩大自身的权力规模或者大股东希望通过高风险项目获得与风险不对称的高额利益。在这种情况下,债权市场的治理有助于降低企业的代理成本,也对企业中小股东间接起到了保护作用。

第二节　法律法规治理与企业目标

外部法律法规是公司正常运营的外部环境,也是影响公司治理的重要外部机制。La Porta 等(2000)认为,不同的法律体系或法源的不同对投资者保护存在明显差异,法律环境是影响公司治理的重要因素。大陆法系是条文法,这就导致了很多大股东以钻法律条文漏洞的方式采取机会主义行为,对企业产生了很不利的影响。在大陆法系当中,在判例的过程中主要依靠法官的价值判断对内部人产生威慑,进而约束内部人的机会主义行为。我国的法律是典型的大陆法系法律,在经济上重国家权力轻私人利益,对投资者的利益保护存在不完善的地方。但是,只从法律渊源的角度来说明一个国家对所有者的保护程度并不完全,法律渊源在对投资者保护进行外生性解释的时候有重要作用但并不绝对。对于其他国家的法律法规我们不可以完全照搬,不同国家的不同基础环境使得相同的法律制度发挥出了不同的效果,法律法规的绝对趋同是不可能达到的。对投资者保护有影响的机制,包括法律、移植效应、文化与宗教、环境宜居度、社会资本、经济萧条引来政府干预等因素。更重要的是,随着法律的不断借鉴,各国的法律制定都在取长补短、不断完善,法律渊源的影响也随着法律规范的进步而不断变小。

法律法规制度在实现企业目标的过程中存在基础性的作用。企业核心的利益相关者包括股东、债权人、政府、经营者以及员工。但是,考虑到利益相关者对企业的重要性、连接的紧密程度以及资本在企业中的地位,我们重点关注对中小股东、债权人以及其他利益相关者的法律保护制度对公司治理以及企业目标的影响。

一、对中小股东的法律保护制度

(一) 累积投票制度

累积投票制度起源于英国。所谓累积投票制度是指股东大会在选举两名或两名以上的董事时,股东所持有的每一股份拥有与当选董事总人数相等的投票权,股东既可以用所有的投票权集中选举一人,亦可分散选举数人,按得票数的多少决定董事人选。累积投票制的目的就在于防止大股东利用表决权优势操纵董事的选举,矫正"一股一票"表决制度存在的弊端。按这种投票制度,选举董事时每一股份代表的表决权数不是一个,而是与待选董事的人数相同。股东在选举董事时拥有的表决权总数,等于其所持有的股份数与待选董事人数的乘积。投票时,股东可以将其表决权集中投给一个或几个董事候选人,通过这种局部集中的投票方法,能够使中小股东选出代表自己利益的董事,避免大股东垄断全部董事的选任。

2005年10月修订的《公司法》第106条规定了累积投票制度,旨在应对我国企业在进行董事会选举时出现的一股独大的问题,这是对中小股东利益进行保护的一项重要法律制度。作为资本多数决[①]的补充,这种方法增加了中小股东选择候选人进入董事会的可能性。采用累积投票制的公司传递出了一个保护中小投资者权益的信号,有效调动了中小股东的积极性。

从理论上分析,累积投票制可能存在一定的缺陷。首先,累积投票制的策略性很强,而中小股东行使自己投票权的成本很高,因此很难保证中小股东能够统一得到一致意见从而发挥该制度的效力。其次,大多数公司采用的是等额选举而非差额选举,中小股东一般不会具有向股东大会提名董事的权利,这种状况很容易使该制度失效。此外,从法律的角度上讲,我国法律对累积投票选出的董事权利也缺乏保护。在选举结束后董事会大可对该董事进行辞退或架空。例如,美国禁止无理由罢免此类董事、加拿大要求采用相同的累积投票制才可将其辞退、日本把辞退该股东作为特殊决议,都在一定程度上保护了累积投票制选出的董事的权益。从实证研究的结果来分析,持正反观点的学者都有很多。一些学者认为,目前我国累积投票制的实行确实改善了董事会的水平,在长期上提高了企业的绩效。另外一些学者认为,目前我国的累积投票制度还存在很大缺陷,有待改进,而我国上市公司的股权结构也使得该制度处于一个相对尴尬的境地。

(二) 分类表决制度

2004年国务院正式颁布《关于推进资本市场改革开放和稳定发展的若干意见》(以下简称"国九条"),一系列制度变革与金融创新政策陆续出台。在2005年开始的股权分置改革中,中国证监会推出"分类表决"制度,在2004年出台的《关于加强社会公众股股东权益保护的若干规定》中,规定在股权分置情形下"试行公司重大事项社会公众股股东表决制度",重大事项必须经参加表决的社会公众股股东所持表决权的半数以上通过,重大事项包括增发、重组,以及对社会公众股股东利益有重大影响的其他事项。分类表决制度是指上市公司对有可能损害流通股股东利益的事项进行表决时,流通股股东有权利进行单独表决;如果流通股表决达到一定比例,其效力就会高于非流通股股东表决。分类表决制度的核心就是承认股东可以按其所持有股份种

---

① 资本多数决是指在股东大会上或者股东会上,股东按照其所持股份或者出资比例对公司重大事项行使表决权,经代表多数表决权的股东通过,方能形成决议。

类享有权利,目的是保护社会公众股股东的利益。流通股股东可以进行分类表决的事项有上市公司关联交易问题、上市公司分红问题、上市公司决定发行新股或者发行可转换债,以及其他有可能损害它们利益的行为。分类表决制度是"一股一权"原则的有益补充,某一类别的股东虽然没有拥有足够的份额让公司股东大会通过某项决议,但是他在必须进行分类表决的事情上有充分的话语权,从而在一定程度上约束不能流通的控股股东的行为。上市公司股东分类表决制度,使企业中的各种利益集团可以通过股权互相牵制,共同行使控制权。

在我国存在的股票分类有两种:一种是由于股权分置问题导致的流通股与非流通股,流通股的持有者是广大中小股东,相对于非流通股往往存在更高的成本与更小的权力;另一种分类是优先股与普通股,2014 年出台的《优先股试点管理办法》说明了我国立法层面意识到保护类别股东的重要性。从投票效果来看,中小股东往往存在出席率低、通过投票率高的情况。尽管现在网络的普及降低了中小股东参与投票的成本,但对于中小股东而言,用手投票的成本依然大于用脚投票的成本。此外,由于中小股东具有较强的投机性,其表决结果往往会出现短视行为。由此看来,无论是从中小投资者能力水平还是从法律法规的完善上,我国的分类表决制度都还有很长的路要走。

(三) 半强制分红制度

大股东通过金字塔结构和交叉持股控制公司,导致公司控制权与现金流权分离程度加大,使得大股东与中小股东之间产生严重的利益冲突,如何保护中小股东利益则成了公司治理的核心问题。La Porta 等(2000)认为,法律保护是缓解股东之间利益冲突的有效手段,在法律保护完善的国家公司现金股利的水平较高,可以实现股东之间的利益共享。然而,在法律制度不健全的国家,大股东通常不愿意支付股利。监管部门可以通过强制股利支付的方式来实现治理目的,以弥补法律保护的不足。

在我国,现金股利政策经历了较大的变化。早期对现金股利政策的监管较为宽松,出现了上市公司分红较少、分红意愿不强等现象,此外,理论研究也表明早期现金分红也不受市场认同。与纯股票股利和混合股利相比,现金股利不受市场欢迎,从而形成了中国上市公司分红意愿不强以及分红水平较低的现象,这也造成了市场多依靠买卖差价来实现收益,股市投资炒作较为严重,不利于证券市场健康有序地发展。为了鼓励长期投资者进入市场、推动资本市场健康良性发展,引导上市公司建立持续、清晰、透明的现金分红机制无疑具有积极意义。在此背景下,证监会在 2001 年 5 月发布《中国证监会发行审核委员会关于上市公司新股发行审核工作的指导意见》,明确规定了"发行审核委员会审核上市公司新股发行申请,应当关注公司上市以来最近三年历次分红派息情况，特别是现金分红占可分配利润的比例，以及董事会关于不分配所陈述的理由"。2006年5月8日，证监会进一步明确相关政策，在《上市公司证券发行管理办法》第八条第（五）项中规定，"最近三年以现金或股票方式累计分配的利润不少于最近三年实现的年均可分配利润的百分之二十"。2008年10月，证监会再次提高上市公司申请再融资时现金分红的标准，将征求意见稿中"现金或股票分红"的范畴缩减为单纯的现金分红方式，将《上市公司证券发行管理办法》第八条第（五）项修改为："最近三年以现金方式累计分配的利润不少于最近三年实现的年均可分配利润的百分之三十"。2012年5月证监会发布《关于进一步落实上市公司现金分红有关事项的通知》要求，上市公司应当进一步强化回报股东的意识，制定明确的回报规划，不断完善董事会、股东大会对公司利润分配事项的决策程序和机制；同时要求，保荐机构要对发行人现金分红政策或者利润分配政策和未来分红规划是否注重给予投资者合理回报、是否有利于保护投资者合法权益等发表明确意见。

然而，这种"半强制分红政策"却备受争议。一方面，先分红而后再融资的政策要求不合乎基本的"优序融资"的财务理念，会对那些有再融资需求或者有潜在再融资需求的上市公司形成不恰当的约束；大股东可以从自身利益出发发放股利，或存在"突击"分红或"钓鱼式"股利发放等行为来迎合监管要求，使得相关政策背离了保护投资者的初衷。另一方面，实践中类似巴西、智利等大陆法系的国家都存在强制分红的规定，强制分红政策也取得了一定的成效。理论上认为：为了防止公司经理层对分散股东的利益侵害，可以加强法律保护或提高股权集中度形成大股东；大股东的存在虽然可以制衡经理层，但也引发了大股东与中小股东的利益冲突。控股股东可能通过减少现金股利支付的方式来提高资本控制权以获取个人私利。然而，强制股利支付可以实现股东之间的利益共享，正所谓"有借有还、再借不难"，监管部门试图通过强制现金分红来形成良好的股东之间利益共享机制。

二、对债权人的法律保护的制度

对债权人的保护主要体现在《公司法》中。公司具有独立法人资格，即公司拥有独立于公司股东个人财产的独立财产，公司以其独立的财产作为公司债权的一般担保，并以其财产独立承担责任，而股东仅以其出资额为限，承担有限责任。也就是说，债权人在公司财产不足清偿时，不能主张向股东个人求偿。各国的法律也相应赋予债权人相应权利来保护自身利益。

（1）抑制内部人在破产清算前非法处分公司财产。比如，在公司破产时或开始前6个月内，公司隐匿、私分或无偿转让财产的行为，非正常压价出售财产的行为，对原无担保的债务提供担保的行为，对未到期的债务提前清偿的行为以及放弃自己的债权的行为,均为无效的行为。

(2) 对影响债权人利益的重大事项参与和决定权。在《破产法》中规定,债权人会议是由所有依法申报债权的债权人组成,以保障债权人共同利益为目的,为实现债权人的破产程序参与权,讨论决定有关破产事宜,表达债权人意志,协调债权人行为的破产议事机构。

(3) 追究公司董事和高级管理人员责任的权利。由于公司所有权与经营权的分离,董事会成为公司的权力中心。董事权力的扩张有可能会导致董事权力滥用从而影响债权人的利益。各国法律都有对董事权力的约束,保护债权人利益的条款。比如,德国《公司法》规定"凡董事会由于严重地违反法定的谨慎的注意义务,使公司债权人利益受到损失而后者又不能从公司获得赔偿时,董事应对其承担赔偿责任"。法国《商事公司法》规定"公司董事个人以及其他董事须连带就违反法律或经营中的过失对公司及第三人负责"。

(4) 否认公司人格的法律。公司人格否认出现于19世纪末的美国,现已为英、德、日等国仿效成为法律制度的重要组成部分。如果出资人一方面享有公司给予股东有限责任的交易安全的保障,另一方面却不足额出资或无视公司独立人格而滥用公司独立人格,那么债权人就应当享有请求司法机关否认公司独立人格,责令出资人对公司债务负无限连带责任的权利,以充分保护公司债权人的利益。在现实司法实践中,公司债权人的法律保护体系应该由《公司法》《合同法》甚至《刑法》共同协作来实现。

从现实情况来看,我国法律法规对于公司的市场准入实际上处于一个不断降低门槛的过程。这样做的好处在于可以有效地降低政府部门对于市场行为的干预,可以有效提高企业市场决策的效率。但是,在公司的脚步迈大的同时,债权人注入公司的资本势必会受到影响。更多、更快的决策意味着企业内的现金流运转得更快、更有效率,但在这些做出的决策中势必会存在一些威胁到债权人资本的交易。这种交易的风险可能是债权人在最初与企业签订合同时没有预料到的,也就没能反映在借款利率当中。当法律法规无法对债权人的利益进行完备的保护时,债权人可能就会考虑参与到企业的治理决策过程中以获取更多信息,并确保自己在公司的利益不受到损害。

三、对其他利益相关者的法律保护制度

其他利益相关者主要包括政府、员工、供应商、客户和企业周围的居民等。从某种程度上说,政府与员工都属于企业内部构成要素。政府一方面作为国家管理者维护市场运作,另一方面还以出资者的身份参与企业运作。从公司的角度考虑,政府对

公司的参与比较复杂，比如维护市场秩序（亚当·斯密的"市场的守夜人"）、稳定股票市场（"国家队"进入股市）、发展民生稳定就业（国有企业发展当地经济），以及政策引导产业发展（比如高新技术产业补贴、新能源汽车补贴）。在这种情况下，政府获得的主要回报是企业税收，但这并不是全部，还包括稳定市场、维持就业和支撑未来行业的发展。总体来说，政府对企业的参与比较复杂，期望达到的目的也很复杂。从员工的角度考虑，员工作为企业中另一类人力资本提供者，相比经营者其考核指标更加明确、可量化，因此在企业中作为被监督的一方出现。对于员工的激励与约束往往出现在企业的内部制度安排上，而对员工利益的保护则更多体现在《劳动法》的安排上。

供应商与客户是与企业生产经营活动上下游连接比较紧密的利益相关者。供应商与企业的利益相关主要体现在债权治理上，即企业的商业信用，这一部分我们在债权治理中进行了论述，主要涉及供应商给予的商业信用债权的安全问题。然而客户与企业的利益关联则更多体现在企业的产品市场上，客户通过现金选票进行企业的选择，与之比较相关的法律是《民事诉讼法》或者《消费者权益保护法》。

当地社区是企业目标中比较末端的利益相关者，他们可能并没有与企业之间存在直接的利益联系。企业在当地的入驻可能会为周边经济的发展提供一定的帮助（比如，提供一定的周边设施），但同时也可能会对周边居民的生活造成影响（比如，化工污染或者核污染）。对于当地社区的利益保护主要依靠《环境保护法》等法律法规以及当地政府与企业的协商，而企业入驻后涉及当地社区的具体事宜可能依靠舆论监督或者通过政府机关与企业再次协商。

第三节　外部审计与企业目标

注册会计师审计被誉为"经济警察"，是外部公司治理的重要组成部分。DeAngelo(1981)认为，审计质量是审计师能够发现并报告财务报表中包含的重大错报或漏报的联合概率。在很大程度上，审计师发现客户财报中重大错漏的概率取决于审计师的专业胜任能力，审计师报告该错漏的可能性则取决于其独立性。从公司治理的视角进行分析研究认为，注册会计师审计具备监督、信息和保险功能。

一、审计的监督功能

在公司治理框架下，独立审计监督是降低代理成本的重要手段。监督管理者的成本是代理成本的重要组成部分，管理层与股东之间的利益冲突越多，对审计质量的需求也越高，委托人能通过审计的监督功能来降低代理成本。在不同的股权结构下，代理成本的表现形式存在很大区别。在分散股权结构下,公司治理要解决的是分散的小股东与管理层之间的利益冲突;而在股权集中的情况下,代理问题更多地表现为控股股东与中小股东之间的利益冲突。审计监督可以缓解不同类型的代理问题。在管理层与分散股东利益冲突的文献中,对审计的需求取决于代理冲突的程度,代理冲突越大,对高质量审计的需求也越大。在非上市公司的研究中,研究发现管理层持股比例与高质量审计师选择呈倒 U 形关系,说明代理成本越高,选择高质量审计师的可能性越大。在控股股东与中小股东代理成本的文献中,研究发现代理成本越高的企业更有可能雇佣高质量的审计师;研究还发现"四大"国际会计师事务所在审计收费和审计意见中都会考虑上市公司的代理成本问题。

二、审计的信息功能

由于投资者与公司之间存在信息不对称性,公司选择高质量的审计师可以降低信息不对称性,进而降低公司的资本成本。这具体表现为选择高质量的审计师,公司的股权融资成本和债务融资成本会降低。第一,股权资本成本。在中介机构对 IPO 定价影响的文献中,研究发现公司价值较高的公司会选择高质量的审计师;而高质量的审计师可以增加公司价值。经典理论认为,代理成本越高的企业,特别是在再融资的过程中,更有可能雇佣高质量的审计师来降低信息不对称性。第二,债务融资成本。经典理论文献认为,聘请审计师审计公司财务报表,可以降低公司的债务融资成本,并且发现选择高质量的审计师其债务利率更低。如果将公司区分为具有信贷声誉的公司和没有信贷声誉的公司,发现审计师在公司初始阶段发挥的作用更大,而对具有较长信贷史的公司作用有限,说明审计师能部分替代公司的声誉机制从而降低债务的融资成本。

三、审计的保险功能

经典审计保险理论认为,由于审计师可能会因审计失败而承担法律责任,审计师"变相"提供了公司失败的部分补偿,可以降低投资者的风险。投资者不仅关注审计师对会计报表的审计能力,而且还关心审计师的赔偿能力。所以,审计师能为投资者提供经济担保,即审计具有保险作用。早期理论认为,由于审计师能了解管理层的私有信息,所以最优的合约安排是让审计师与管理当局共同分担风险,审计的保险价值会随着审计质量及企业的风险增加而增加。由于审计师以个人财富对审计质量担保,所以审计师财富越多,审计质量也就越高。虽然审计师的个人财富不可观测,但审计师的个人财富与事务所规模高度相关。因此,事务所规模越大,越具有保险价值。由于审计的监督、信息及保险功能相互依存,如何通过研究设计将其完全分离,单独来检验审计的保险功能是非常具有挑战性的。Menon 和 Williams(1994)利用美国 Laventhol 和 Horwath 会计师事务所(L&H)破产(被称为"事件")为样本来研究审计的保险功能,即由于 L&H 破产故对投资者来说不具备保险功能。Menon 和 Williams(1994)发现在事件期内 L&H 客户出现显著的负向异常收益,且事件前股票下跌的公司在事件日内更为明显。但是,这种下跌也可能是审计监督职能丧失所导致的。Brown 等(2008)利用毕马威(KPMG)因税收业务而导致调查这一与监督功能无关的事件来验证审计保险假说。研究发现,在 KPMG 被调查期间,客户的股价出现显著的正向超额回报率。Brown 等(2013)进一步研究发现诉讼风险越高、财务困境越大的公司的股价在事件窗口累计超额回报率越高。在国内,伍利娜等(2010)首次检验了中国资本市场上审计的保险假说,她们研究发现公司股票的累计超额回报率与审计师的特征及其他诉讼因素显著相关,说明在中国资本市场上,投资者已经意识到审计具有保险功能。此外,从审计收费角度来看,审计师会补收相关的审计保险费,且这部分收费与股价中的保险价值正相关。

四、外部审计制度变迁与公司目标

会计信息是一种公共产品,企业的利益相关方都需要利用会计信息做决策。真实公允的会计信息有助于维护企业相关方利益,而注册会计师可以为会计信息的生成提供监督,为信息的传递提供增信,并且事后还能提供保险的补偿,从而有利于企业目标的实现,特别是利益相关者价值最大化的企业目标的实现。从企业目标视角来看,注册会计师行业的制度变迁也是紧紧围绕实现公司价值最大化而不断深化改革的过程。

1980 年,我国恢复了注册会计师制度。在事务所设立之初,由于缺少足够的财力等原因,通常让其挂靠于某一政府机关,政府机关通过其行政管理权力和所有权来分配事务所审计其控制的上市公司。DeFond 等(1999)研究表明,约 70% 的中国上市公司是由有政府关系的事务所审计的。1999 年财政部为了增强审计师的独立性,颁布了《注册会计师事务所脱钩改制实施意见》,规定所有会计师事务所必须在 1999 年 12 月 31 日前进行脱钩改制。改制完成后,注册会计师的独立性得到了较大提高。审计师发现客户财报中重大错漏的概率取决于审计师的专业胜任能力,审计师报告该错漏的可能性则取决于其独立性。独立性的提高有助于审计师发挥更大的作用,可以为股东更好地监督管理层,实现股东价值的最大化,同时也提高了会计信息的质量,有利于维护利益相关方的利益进而实现公司价值最大化。

但是,由于国内事务所规模较小,市场集中度不高,导致审计市场竞争激烈,"低价揽客""炒鱿鱼,接下家"的事件时有发生。根据Chen等(2010)的统计,如果按客户规模计算市场占有率,"四大"所2005年的市场占有率为36.7%,2006年略有上升为40.51%;到2007年大约为50%,但如果以客户数为标准则都不足10%;截至2006年,具有证券业务资格的会计师事务所为73家,资本市场已经有上市公司1400家左右,即平均每家事务所审计的上市公司数不足20家。为了改变审计市场的结构,促进审计市场有序竞争,政府推动事务所"做大、做强",审计市场合并加速。2006年10月8日,北京信永中和事务所和中兴宇事务所合并;2006年10月28日,上海立信长江、北京中天华正、广东羊城事务所合并;2007年1月1日,北京华证、厦门天健华天、北京中洲光华、重庆天健合并。2007年5月13日,中注协印发了《中国注册会计师协会关于推动会计师事务所做大做强的意见》,表示"积极支持会计师事务所在依法、自愿、协商的基础上进行合并"。2009年10月3日,国务院办公厅转发财政部《关于加快发展我国注册会计师行业的若干意见》,表示鼓励事务所"优化组合、兼并重组、强强联合",从而加速了国内事务所合并的浪潮。2008年1月16日,中瑞华恒信、岳华所合并;2008年12月6日,万隆会计师事务所、亚洲会计师事务所合并;2008年12月21日,安徽华普、辽宁天健、北京高商万达所合并;2008年12月26日,北京京都、北京天华所合并;2009年1月3日,浙江天健、浙江东方所合并。合并之后审计市场结构得到较大改善。经过合并重组之后,截至2010年12月31日,具有证券期货资格的事务所53家,事务所的总体实力不断增强。规模更大的事务所,更有能力加大对事务所内部质量管理和相关从业人员培训的投入,并由于大所出现审计质量问题将损失更多的获取未来准租金的机会,故大所比小所有更强动机提供高质量审计以维护品牌声誉。"做大做强"政策也间接促进企业目标的实现,提高了注册会计师在维护股东和利益相关者利益方面的作用。

2007年之后审计市场在制度环境建设上有较大改进,审计师的法律责任得到了清晰的界定。自2007年6月15日起施行的最高人民法院《关于审理涉及会计师事务所在审计业务活动中民事侵权赔偿案件的若干规定》(以下简称《规定》)对审计师的法律责任做出了更为明确的规定:① 举证责任倒置。"会计师事务所因在审计业务活动中对外出具不实报告给利害关系人造成损失的,应当承担侵权赔偿责任,但其能够证明自己没有过错的除外。"② 受理程序改变。2007年之前,受理程序主要是根据2003年1月最高人民法院颁布的《关于审理证券市场因虚假陈述引发的民事赔偿案件的若干规定》:投资人以自己受到虚假陈述侵害为由,依据有关机关的行政处罚决定或者人民法院的刑事裁判文书,对虚假陈述行为人提起的民事赔偿诉讼,符合《民事诉讼法》第一百零八条规定的,人民法院应当受理。也就是说,在民事诉讼之前必须有证监会、财政部或司法机关生效的处罚决定或判决这一前置程序。然而,2007年出台的《规定》对这一前提修正为:利害关系人以会计师事务所在从事《注册会计师法》第十四条规定的审计业务活动中出具不实报告并致其遭受损失为由,向人民法院提起民事侵权赔偿诉讼的,人民法院应当依法受理。③ 免责条款。2007年出台的《规定》第七条规定,在"已经遵守执业准则、规则确定的工作程序并保持必要的职业谨慎,但仍未能发现被审计的会计资料错误"等5种情形下会计师事务所不承担民事赔偿责任,从而进一步厘清了审计师的法律责任。2007年最高人民法院司法解释规定事务所在民事诉讼中举证责任倒置并变更了事务所民事诉讼受理的程序,大大提高了事务所的法律诉讼风险。2007年《规定》的出台提高了事务所的民事诉讼风险,也变相要求审计师提供更多的保险功能,从而为股东特别是中小股东的利益提供了更多的保障,有利于股东价值和公司价值最大化企业目标的实现。

在事务所组织形式上也出现较大的改变。2008年1月财政部颁布了《注册会计师法(修正案)(征求意见稿)》,对有限责任事务所和普通合伙的设立条件做出了严格的规定,增加了特殊普通合伙,并对其极力推行。《注册会计师法(修正案)(征求意见稿)》第二十六条规定:"特殊的普通合伙会计师事务所的一个合伙人或者数个合伙人在执业活动中因故意或者重大过失造成合伙会计师事务所债务的,应当承担无限责任或者无限连带责任,其他合伙人以其在合伙会计师事务所中的财产份额为限承担责任。合伙人在执业活动中非因故意或者重大过失造成的合伙会计师事务所债务以及合伙会计师事务所的其他债务,由全体合伙人承担无限连带责任。"而且,在2012年2月7日《关于调整证券资格会计师事务所申请条件的通知》将第一条第二款第一项修改为,"依法成立5年以上,组织形式为合伙制或特殊的普通合伙制",进一步推动了事务所的组织建设,有利于降低事务所的执行风险。事务所组织形式的变革有利于事务所形成人合的文化,也提高了审计师个人的法律责任,不仅有利于审计质量的提高,而且提供了更多的保险功能,更有利于审计师发挥经济警察的作用,从而有助于公司价值最大化目标的实现。

第四节 其他外部治理机制与企业目标

一、媒体与企业目标

媒体作为一种信息中介,可以让公众了解到企业的更多相关信息。媒体监督作为一种非正式的外部治理机制,在公司的治理中扮演了越来越重要的角色。媒体监督作为一种外部公司治理机制具有公开指向、传播及时、社会警示和效果威慑的功能。媒体监督会给企业绩效带来舆论压力,同时通过信息披露影响公司形象和投资者决策。首先,媒体关注存在显著的治理效应。一旦企业受到的报道变多,就会在无形之中加大对企业经营者的约束与监督,特别是媒体负面报道可以约束管理层控制公司腐败,也可以抑制大股东的"隧道挖掘"行为。其次,媒体监督也会引起外部其他治理机构的协同作用。例如,网络舆论将引起监管部门的重视,从而起到公司治理的作用;当出现负面报道时,供应商就会考虑收缩付款政策从而防范可能出现的风险;媒体的持续关注可以增加审计师出具非标准审计意见的可能性。总之,媒体的报道可以引起利益相关者的关注,有利于信息的传递,同时媒体也可以通过提示相关风险影响利益相关者的决策,从而间接促进企业目标的实现。

但是,媒体报道对公司带来的治理效果并不一定都是正面的,可能会对上市公司产生不良影响。首先,"市场压力假说"认为,媒体给公司带来的压力会诱发经营者的短视行为,会给企业带来不良影响。比如,媒体关注会给企业带来压力促使其产生盈余管理行为;媒体的负面报道将会给企业带来短期的业绩压力,从而降低了企业创新的动力。其次,"媒体报道偏差假说"认为,媒体在报道时并不能完全做到客观中立,其追求的"轰动效应"有可能给企业带来巨大损失或政府的媒体管制会削弱媒体监督作用。媒体报道存在偏差,会导致投资者对企业的风险认知不足,从而对公司产生不利影响。

二、政府与企业目标

经典国家理论认为,国家是以契约为纽带的联合体。洛克认为,"国家和政府存在的目的正是为了更好地保护人的生命、自由、财产等自然权利"。阿尔色修斯提出:"国家是许多城与省联合成的公共团体,在这个团体中,城及省合并他们的财产与活动,以契约建立、维持并保障一个主权。"显然,国家作为一种联合体是以契约为纽带的。国家治理的总目标是达到"善治",因此党的十八届三中全会报告《中共中央关于全面深化改革若干重大问题的决定》将"推进国家治理体系和治理能力现代化"作为全面深化改革的出发点和落脚点。俞可平(2000)认为,国家治理主体存在多元化的特征,现代国家治理是由政府、市场和公民社会共同参与的。从宏观国家治理的视角来说,主要是处理好政府与市场以及公民社会的关系。然而,市场最主要的参与主体即企业,因此政府与企业的关系是我国深化改革过程中最为重要的关系之一。

从微观视角来分析,政府也是公司外部治理的重要组成部分。政府监督可以提升企业的信息透明度,并在市场失灵时起到改善企业低效的作用。作为社会管理者、其他利益相关者的代理人,政府实际上发挥着引导和维护公司运营过程中弱势者利益的作用。一般而言,良好的公共治理可以降低企业的代理成本,政府治理水平提高会提升资本的配置效率,政府干预程度高,以及腐败程度高的政府会被认为是低质量的政府。其一,政府干预会影响市场机制发挥作用。政府干预会导致财务报告质量降低,减少政府干预与治理腐败可以提升企业的信息透明度。其二,政府干预会影响企业的正常经营。研究表明,高质量政府有助于促进企业的投资活动,政府干预将导致企业低效率的投资。

综上,一方面,政府本身就是企业重要的利益相关者,对企业决策有重要影响,进而影响企业目标。政府颁布了一系列保护公众利益的法律,如《公司法》《环境保护法》《合同法》《保护消费者权益法》和有关产品质量的法规等。政府为企业提供了服务,理应分享企业的收益,即要求企业依法纳税。另一方面,作为社会管理者、其他利益相关者的代理人,政府实际上发挥着引导和维护公司运营过程中弱势者利益的作用,从而间接影响企业目标的实现。

本 章 小 结

企业的价值导向,决定了企业的基本目标追求。在股东价值导向下,企业的基本目标追求表现为利润最大化或股东财富最大化,以最大限度地满足股东的利益要求。但是,在利益相关者价值导向下,不能将企业单纯理解为股东等出资人的企业,企业的利益追求也不能局限于满足股东等出资人的利益要求。因此,现代企业的公司治理,可以理解为利益相关者权利博弈的均衡。公司治理包括内部公司治理与外部公司治理两个部分。其中,外部公司治理机制主要包括公平市场竞争、法律法规体系、外部独立审计和其他外部治理机制等方面。

本章从上述外部公司治理机制角度,系统分析和讨论外部公司治理对我国企业目标演进的驱动作用,具体有四个方面的内容。第一,公平市场竞争。公平市场竞争主要包括控制权市场、经理人市场和产品市场以及债权市场竞争等,不同类型的市场竞争行为对企业目标的影响可能比内部公司治理机制更为重要。第二,法律法规体系。外部法律法规是公司正常运营的外部环境,也是影响公司治理的重要外部机制。在立法方面"有法可依",法律法规体系的建立和完善直接影响企业目标的演进;在执法方面"有法必依、执法必严",严格执法会对企业违法违规行为形成强有力的威慑,从而对企业目标产生重要影响。第三,外部独立审计。外部独立审计被誉为"经济警察",它是重要的外部公司治理安排,从公司治理的视角来看,外部独立审计具备监督、信息和保险功能,这些不同的职能都会影响企业目标的实现。第四,媒体和政府等其他外部公司治理机制。媒体监督作为一种非正式的外部治理机制,在公司的治理中扮演了越来越重要的角色。媒体监督作为一种外部公司治理机制具有公开指向、传播及时、社会警示以及效果威慑的功能。政府也是公司外部治理的重要组成部分。政府监督可以提升企业的信息透明度,并在市场失灵时起到改善企业低效的作用。作为社会管理者、其他利益相关者的代理人,政府实际上发挥着引导和维护公司运营过程中弱势者利益的作用。

复习思考题

1. 请举例说明,外部公司治理机制与内部公司治理机制的区别与联系。
2. 不同类型市场竞争行为在企业目标演进中发挥的作用是什么?
3. 请结合具体的法律法规的修订,阐述法律环境变化对企业目标演进的影响。
4. 外部独立审计如何平衡各利益相关者的利益,以及如何影响企业目标的实现?

主要参考文献

1. 伍利娜,郑晓博,岳衡. 审计赔偿责任与投资者利益保护——审计保险假说在新兴资本市场上的检验[J]. 管理世界,2010(03):32-43.

2. 俞可平. 治理与善治[M]. 北京:社会科学文献出版社,2000:1-15.

3. BROWN D L, SHU S Z, SOO B S, et al. The insurance hypothesis: an examination of kpmg's audit clients around the investigation and settlement of the tax shelter case[J]. Auditing a journal of practice & theory, 2013, 32(04):1-24.

4. CHEN S, SUN S, WU D. Client importance, institutional improvements, and audit quality in China: an office and individual auditor level analysis[J]. The accounting review, 2010, 85(1):127-158.

5. DEANGELO L. Auditor size and audit quality[J]. Journal of accounting and economics, 1981, 3(3):183-199.

6. JENSEN M C, MECKLING W H. Theory of the firm: managerial behavior, agency costs, and capital structure[J]. Journal of financial economics, 1976(76):323-339.

7. DEFOND M L, WONG T J, LI S. The impact of improved auditor independence on audit market concentration in China[J]. Journal of accounting and economics, 1999(28):269-306.

8. LA PORTA R, FLORENCIO L D S, SHLEIFER A, et al. Agency problems and dividend policies around the world[J]. Journal of finance, 2000(55):1-33.

9. MENON K, WILLIAMS J. The insurance hypothesis and market prices[J]. The accounting review, 1994, 69(02):327-342.

第十章

中国企业目标演进：基于多案例的研究

本章要点：
1. 改革开放以来中国市场经济的发展历程。
2. 市场经济发展与中国国有企业目标演进。
3. 市场经济发展与中国民营企业目标演进。
4. 市场经济发展与中国外资企业目标演进。
5. 中国国有、民营、外资企业目标演进的相互作用以及共生关系。

改革开放四十多年来,我国经济建设取得了显著成效,国内生产总值由1978年的3 679亿元增长到2017年的82.7万亿元,年均实际增长9.5%,多年来对世界经济增长贡献率超过30%。一大批有胆识、勇创新的企业茁壮成长,形成了具有鲜明时代特征、民族特色、世界水准的中国企业。在此过程中,中国企业的发展目标也发生了显著变化:从单一谋求市场生存到积极承担社会责任,从"引进来"到"走出去",从技术追赶到创新引领。

本章旨在探讨市场经济发展与中国企业目标演进之间的逻辑关系。本章首先简要介绍改革开放以来我国市场经济的发展历程,然后选择若干有代表性的民营企业、国有企业和在华外资企业,梳理其目标演进过程。在此基础上,总结提炼我国民营企业、国有企业和在华外资企业发展目标演进的共性特征,并探讨这三者目标演进之间的互动关系,以及与我国市场经济发展的联系。

第一节 改革开放以来我国市场经济发展历程

四十多年来,我国市场经济体制渐进式改革取得了辉煌成就。1978年,党的十一届三中全会拉开了改革开放的序幕。1984年,党的十二届三中全会通过了《中共中央关于经济体制改革的决定》,提出建立商品经济体制,改革开放的重点由农村转向城市。华为、联想、海尔等一大批民族企业应运而生。

1992年,党的十四大首次提出使市场在国家宏观调控下对资源配置起基础性作用,并对全面加快经济发展作出了战略部署。1990年代我国对外开放的目标是"按产业政策吸引外商投资",实施"以市场换技术"的引资战略,鼓励和大力发展工业、制造业、科学技术产业,但对第一和第三产业仍维持限制政策。

1995年,随着我国经济和科技实力的快速发展,一批经济和技术基础较强、具有一定竞争力的企业在国内市场趋于饱和的状况下,寻求开辟国外市场。1997年,党的十五大正式提出"更好地利用国内国外两个市场、两种资源,积极参与区域经济合作和全球多边贸易体系,鼓励能够发挥我国比较优势的对外投资",引导企业"走出去"。

2001年,中国正式加入世界贸易组织(WTO),进入全面对外开放的新阶段。我国开始实施"走出去"与"引进来"共同发展的战略,吸收外资的目的主要是"优化资源配置、促进技术进步和推动市场经济体制的完善",引资策略转变为"吸引高质量外资推动产业结构调整",资本流动从单向流动向双向流动转变。2002—2012年,我国贸易进口总额从2 952亿美元增长至18 178亿美元,出口总额从3 256亿美元增长至20 489亿美元[①]。外资进入渠道更加畅通导致国内市场竞争进一步加剧,产业资源禀赋结构端的调整升级成为新竞争环境下提升我国国际竞争力的重要举措。

2008年,世界金融危机导致全球经济格局产生了深刻变革,受关键领域重大政策的不确定性影响,全球资本流动出现波动性下滑,利用外资从"高速增长"进入"调整分化、低速平稳增长"阶段。

面对转型压力,我国于2014年正式提出经济发展新常态。经济增长从高速增长转为中高速增长;经济结构不断优化升级,第三产业、消费需求逐步成为主体,城乡区域差距逐步缩小,居民收入占比上升,发展成果惠及更广大民众;发展动力从要素驱动、投资驱动转向创新驱动。认识新常态,适应新常态,引领新常态,成为较长时期内我国经济发展的大逻辑。

改革开放四十多年,中国对外开放经历了由"出口导向与以外国直接投资扩大为动力的进口替代相结合的外向型经济"向"引进来和走出去"共同发展的转变,经济发展也经历了由"高速增长"向"高速可持续发展"的转变。图10-1总结并展示了改革开放四十多年来,我国市场经济的发展历程。

现代权变理论认为,企业组织是社会系统中的开放型子系统,受环境的影响。企业目标与行为应适应环境;企业活动是变化着的环境下以反馈形式趋向组织目标的过程,管理的功效体现在管理活动和组织的各要素相互作用的过程中。因此,企业家必须依势而行地选择企业目标和恰当的管理方式以保证企业对环境的最佳适应。中国经济的高速增长和市场经济环境的快速迭代变化,深刻影响并塑造了中国企业的发展目标。本章旨在基于若干代表性民营企业、国有企业和外资企业的发展目标演进历程,探讨外部市场环境与企业发展目标之间的互动共生关系。

第二节 市场经济发展与中国民营企业目标演进

1984年,随着我国改革开放的重心由农村转向城市,以华为、联想、万科为代表的一大批民营企业(或原先为国有企业后改制为民营企业)发展起来并逐步成长为世界一流的企业。

---

① 参见《中国统计年鉴—2003》《中国统计年鉴—2013》。

第十章　中国企业目标演进：基于多案例的研究　285

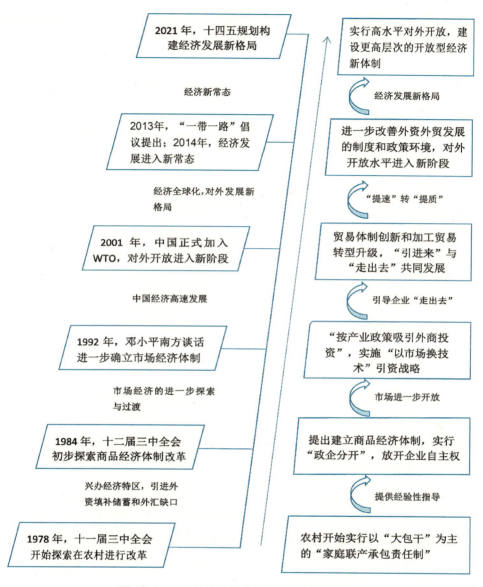

图 10-1　改革开放以来我国市场经济发展历程

一、华为技术有限公司①

1987年，华为以"民间科技企业"身份正式获得工商局核准，次年正式营业。相较于国有背景企业，华为两万元创始资金更似白手起家。"公司成立之初，资金短缺、

---

① 华为技术有限公司成立于1987年，是全球领先的通信基础设施和智能终端提供商，主要经营程控交换机、传输设备、数据通信等设备。2011—2019年，华为技术有限公司连续9年入选中国民营企业500强前三位，其中2016—2020年连续4年蝉联中国民营企业500强榜首。

经验有限,这些都成了发展的阻力。任正非和好友只能打'游击战',什么赚钱就做什么,比如养生保健领域中的减肥药品、安保设施中的火灾报警器和气浮仪等,颇有饥不择食的味道。"

1980年代末,华为敏锐地觉察到通信市场的商机。仅需成为代理商就可攫取近1倍的利润,这让内地企业趋之若鹜般地涌向我国香港地区,华为便是其中之一。但是,与其他泯然众人的企业不同的是,华为以质量更加上乘的产品和服务成为行业的佼佼者,至1992年华为代理销售额已破亿元,利润过千万元。虽然彼时华为已不再为生计而奔波,但国内通信业市场环境仍不容乐观。

我国在技术落后的情况下打开市场,必然导致技术受制于人,交换机市场一度形成"七国八制"①的局面。这是我国以"市场换技术"的必然结果,也是改革所必须面对的阵痛。战争的硝烟虽然已经过去,但西方将"中国人能造出交换机"视为饭后谈资,这与如今"中国造不出光刻机"的论断是何其相似。痛心疾首却又无可奈何,缺少核心技术何谈生存,何谈竞争?

庆幸的是,以华为为代表的中国民族企业一刻也没有停止追赶的步伐,创始人任正非早已清楚地认识到:

"单纯地代理或者仿制别人的产品,只会让民族品牌的竞争力越来越差,会导致市场越来越混乱,最终导致整个行业被外商垄断和控制。要想改变现状,就要发展与外商相抗衡的民族品牌,就要提高产品质量,提高产品性价比,并将假货一网打尽。"

实际上,华为并不是第一家自主研发交换机的企业。自1991年起,解放军信息工程学院、深圳中兴通讯公司、巨龙公司均成功研制出交换机。其中,解放军信息工程学院成功研制出国内第一台万门数字程控交换机更是一举打破了我国通信业受制于人的局面。

1992年,华为销售额刚刚突破亿元大关,任正非便决定将全部利润投入研制万门交换机。1993年,华为"C&C08"型万门机研制成功并于一年后成功投放市场,探索出了依靠市场需求驱动技术创新的研发模式。从此,"七国八制"局面开始瓦解,取而代之的是以"巨大中华"②为代表的中国企业的崛起。有了开疆拓土的武器,华为开

---

① 1980年代,国内所用的所有通信设备均依赖进口,美、欧及日本等发达国家掌控核心技术。国内通信市场流行七个国家八种制式的机型或网络,分别是:日本的NEC和富士通、美国的朗讯、加拿大的北电、瑞典的爱立信、德国的西门子、比利时的BTM以及法国的阿尔卡特。直至80年代中后期,中兴、华为等中国企业崛起才改变进口设备垄断市场的局面。

② "巨大中华"即巨龙通信、大唐电信、中兴通讯和华为技术的简称。

始了攻城略地的步伐。1994年,华为"C&C08"交换机成功收获第一张订单。随后,任正非提出:

"用10年时间,将华为建成与AT&T、阿尔卡特①三足鼎立的公司。"

任正非的信心来自核心技术的突破。成功研制万门交换机技术让华为在市场竞争中有了一席之地,但国内巨龙通信、大唐电信、中兴通讯等通信企业的迅速崛起似乎仍在昭示竞争尚未结束。在弱肉强食、适者生存的准则下,只有将企业"做大做强"才能立于不败之地。

国内市场上,华为洞悉巨龙通信"股权分散,股东各自为战"的弱点,以空间上的局部骚扰蚕食其市场份额,最终取代巨龙通信成为西北、东北和华南的市场领导者。而大唐电信在成功研制出3G通讯一方面标准②后便停滞不前,华为以技术创新实现后来居上,在较短时间内攻克"三大标准",使大唐电信的竞争优势不复存在。至2001年,华为销售额达255亿元,中兴通讯销售额140亿元,而大唐电信、巨龙通信的销售额分别为20亿元和3亿元。国内通信市场初步形成了华为与中兴通讯两足鼎立的局面。

然而,华为最重要的利润获取渠道并非来自国内。1990年代末,国内电信运营商市场竞争态势呈白热化。为促进经济发展,政府积极引导中国企业走出国门,利用国内国际两个市场的资源实现发展。在政府的政策支持下,华为提出"跟着国家的外交路线拓展国际市场""以国家品牌提携企业品牌""先国家、再公司""新丝绸之路"等国际化战略。1996年,中俄两国战略协作伙伴关系展开会谈,华为设立莫斯科办事处。1999年,华为在巴西开设了拉美首家海外代表处。自21世纪,华为开始在泰国、新加坡、马来西亚、中东、非洲、欧洲、美国市场开展业务。2005年,华为海外销售额首次超过国内合同销售额,标志着华为"农村包围城市"的国际化战术获得成功。

2010年,华为销售额达218.21亿美元,净利润26.72亿美元③,正式成为世界第二大移动通信供应商、世界500强企业。但是,华为前进的脚步并不止于此。

进入21世纪,互联网掀起了世界范围内的科技革命,创新越来越成为企业发展的驱动要素,对于原本就是通过与市场互动提升自主技术研发能力的华为更是如此。2011年1月,任正非在意大利西西里岛华为董事会上提出了新时代的企业发展目标。

---

① 美国电话电报公司(AT&T)是美国最大的本地和长途电话公司;阿尔卡特公司(Alcatel)是法国一家电信设备制造商,是电信系统和设备以及相关的电缆和部件领域的世界领导者。2006年,阿尔卡特与朗讯科技宣布完成合并,新成立的公司为阿尔卡特-朗讯(Alcatel-Lucent)。

② 3G通讯的主要标准包括:W-CDMA(主要适用于欧洲以及日本部分地区运营商)、CDMA2000(主要适用于美国、韩国部分地区运营商)和TDS-CDMA(主要适用于中国地区运营商)三大主流无线接口标准,其中大唐电信率先研制出TDS-CDMA准则。

③ 财富中文网,http://www.fortunechina.com/fortune500/c/2010-07/09/content_38195_4.htm。

"在未来10年内,华为不仅希望成为一家技术领先者,还要成为一家营业收入高达1 000亿美元的科技公司,与思科、惠普、IBM等西方科技巨头并驾齐驱。"

这一1 000亿美元营收的目标于2018年就提早实现了。从世界最大LTE移动通信供应商到世界"5G"革命的领导者;从电信为主的设备制造商,到全能型IT供应商的转型;从聚焦运营商转向为企业和消费者提供智能设备,经过四十多年的发展,华为已经成功将市场需求导向与研发创新有机统一起来,形成了企业独特的核心竞争力。华为创始人任正非认为:"没有基础技术研究的深度就没有系统集成的高水准;没有市场和系统集成的牵引,基础技术研究就会偏离正确的方向。"华为以技术和市场双因素为基础,铸成了互联网革命时代下的企业核心竞争力。

2016年,华为荣获国家质量领域最高荣誉"中国质量奖";2018年,联合国下属世界知识产权组织(WIPO)公布数据,华为以5 405项专利申请位居世界第一;2020年,据incoPat专利数据库公布《2020年公告发明授权专利年报》,华为再次以6 393个专利授权位居中国第一。种种证据表明,华为作为中国科技企业取得了产品研发能力的历史性蜕变。而企业的目标则反映了任正非将华为进一步"做大、做强,做世界有影响力公司"的诉求,未来华为将持续以"中国质量"贡献世界发展,以"中国创新"引领科技革命。

二、万科企业股份有限公司[①]

1984年5月,深圳现代科教仪器展销中心(以下简称"深展销",万科集团前身)在蛇口筹建,起初隶属于深圳特区发展公司,负责进口办公设备与视频器材。然而,由于当时我国仍处于市场经济的探索阶段,制度政策尚不健全,公司仍面临着巨大的经营风险。创始人王石在其自传《道路与梦想:我与万科的风雨征程(1983—1999)》中描述了公司成立初期的生存焦虑:

"我内心感到个人前途、公司前途是如此渺茫——任何一个政策的变化[②]都有可能决定你的生死。公司能不能发展下去,市场经济能走多远?明年公司应该朝何处去?我想不清楚,更谈不上规划。"

[①] 万科企业股份有限公司(简称万科或万科集团)成立于1984年,1988年进入房地产行业。经过三十余年的发展,万科已经成为国内领先的房地产公司。2011—2019年,万科连续9年入围中国500强企业前100位。2019年,万科入选《财富》世界500强第254位。

[②] 1985年,中国人民银行宣布:人民币同美元贬值18%,从1美元兑换2.8元人民币贬值为1美元兑换3.3元人民币,深展销因汇率波动实际亏损400万元。

除政策不确定性带来的经营风险,母公司深圳特区发展公司为调用深展销外汇余额,将王石调离①。内忧外患之下,深展销寻求股份制改革。1987 年,王石及其他管理层正式提出:

> "推行股份制改造,分离企业所有权和经营权,是防范企业人事风险的最佳选择。公司管理层很快统一思想,要将科仪中心②改造成一家符合现代企业规范的股份公司。"

万科与华为均以贸易起家,均面对着巨大的市场和政策不确定性风险。但万科的国营身份为企业初期的成长争取了资金来源,公司所面对的最大风险来自集团内部的人事风险。深圳特发公司的调令使王石警醒,这也成为推动万科股份制改革最客观的因素。1986 年,《深圳特区国营企业股份化试点暂行规定》颁布,万科觅得股份制改革的制度基础。

1988 年,科仪中心股份化改造方案正式获批,公司定名为"深圳万科企业股份有限公司",公开募集社会资金 2 800 万元,原深圳特区发展公司由上级主管公司变为持股 30% 的第一大股东。

在成功推行股份制改革并募集 2 800 万元资金、获得企业自主经营权后,万科开始第一轮扩张。1988 年,第七届全国人民代表大会第一次会议通过了《中华人民共和国宪法修正草案》,将"禁止出租出售土地"修改为"土地的使用权可以照法律规定转让",万科开始拓展房地产业务。随后,万科与来自意大利、美国、日本等的外企建立广泛合作关系,成立合资公司并涉足家电器材、珠宝首饰、铸币加工、仪器维修等多个行业。1991 年,万科务虚会③正式提出建立"综合商社"的发展目标:

> "要建立以商贸为主导,兼顾金融、制造、运输业等多种经营的超大型公司。"

为支撑企业多元化发展,万科进行新一轮增资扩股。1991 年末,万科总股本增加至 7 796 万股。1992 年,万科成立香港银都置业等多家房地产公司、万科文化传播有限公司以及贸易经营本部,国内股权投资公司达 13 家。"综合商社"的框架初步

---

① 1984 年夏,深圳特区发展公司(即深展销母公司)决定兴建 165.3 米特区发展大厦。还款期将至,特发公司决定调用深展销的 800 万美元额度。时任深展销总经理的王石坚决反对,后特发公司将王石调离。深展销与特发公司的冲突也成为日后王石决心推动公司股份制改造的导火索。
② 1987 年,"深圳现代科教仪器展销中心"更名为"深圳现代科仪中心"。
③ 20 世纪,"务实会"主要讨论企业发展细节的规划及战略;"务虚会"主要聚焦于企业的宏观发展方向。

建成。

然而,万科的投资热情并没有持续。1993年,中央发出"防止经济过热"的警告。6月24日,中共中央、国务院下发《关于当前经济情况和加强宏观调控的意见》,即1993年中央6号文件,提出一系列加强和改善宏观调控的措施。"6号文件"刹车效应明显。7—9月,国内投资膨胀得到控制,新开工项目大幅减少,万科感受到资金短缺的压力。1993年,万科务虚会对公司自1988年年底公开发行A股以来的发展历程进行了总结反思,决定:

> "放弃以'综合商社'为目标的发展模式,加速资本积累、迅速形成经营规模,并确立城市大众住宅开发为公司的主导业务。"

虽然1993年万科通过成功发行B股,融资45亿港元,艰难渡过了银根收紧,但仍无法维持多元化发展,成都万兴苑等全国多个项目因资金短缺烂尾。面对巨大压力,万科选择收缩产品线,以专业化战略滋养房地产的主业地位。1995年,万科宣布"重返深圳",房地产重点经营深、沪、京、津四大城市。随后,万科转让深圳怡宝食品有限公司、深圳万科工业扬声器制造厂和深圳万科供电服务公司,基本完成对"房地产、连锁商业、影视文化"以外非核心业务的调整。2001年出售万佳,标志万科结束战略调整,企业实现由"多元化"向"专业化"转型,进入新一轮发展。

同样在2001年,中国正式加入WTO。随后,政府再次确认房地产产业在我国的支柱地位[①],万科迎来了快速发展阶段。2004年,万科实现销售收入76.67亿元。在季度例会上,万科明确第三个十年中长期发展规划:

> "决定实施'均好中加速'策略,提出未来十年,万科的战略目标是'有质量增长',计划2014年实现1 000亿元[②]的销售额。"

"均好中加速"体现企业未来发展的两方面要求。

第一,将企业"做大"。万科第三个十年发展规划中提出,企业销售额要突破1 000亿元规模,而销售年复合增长率则要保持在30%,这对于一家年收入不过百亿元的企业来说似乎有些好高骛远,但实际上却也反映出管理层对我国经济发展的乐

---

① 1998年,为贯彻党的"十五大"精神,进一步深化城镇住房制度改革,加快住房建设,《国务院关于进一步深化城镇住房制度改革加快住房建设的通知》明确"加快住房建设,促使住宅业成为新的经济增长点,不断满足城镇居民日益增长的住房需求";随后,2003年,《国务院关于进一步深化城镇住房制度改革加快住房建设的通知》指出"房地产业关联度高,带动力强,已经成为国民经济的支柱产业"。

② 2004年,万科销售额为76.67亿元,而2010年,万科销售额已经突破1 000亿元。

观估计。万科管理层认为,以美国和日本等发达国家的经验,市场前五名地产企业总份额为16%—20%,平均每家企业占有3%。以3%的市场占有率和市场总量作平均估计,万科1 000亿元的目标理论上可行。

第二,要将企业"做强",实现"有质量的增长"。体现在战略上就是全面提高占用资源回报率(投资回报率和人均效率)、客户忠诚度、产品与服务创新三个方面指标。我国经济迅速发展,房地产业作为支柱产业带动效应更强,在加入WTO后,产业竞争更为激烈。2001年,我国房地产开发企业个数为29 552个,而2004年增加至59 242个,其中外商投资房地产企业由1 084个增加至2 108个[①]。万科集团虽已经成为地产的龙头企业,但仍面对来自产业内部的挑战。上海陆家嘴金融贸易区开发股份有限公司2004年实现销售额75.2亿元,万科76.67亿元的竞争优势并不明显。此外,1998—2004年,万科的主营业务收入虽然上涨了近四倍,但其现金流却似乎没有追上主营业务的步伐。公司内部不健康盈利与外部环境的暗流涌动,使得万科管理层不得不将目光从发展的规模转移到发展的质量上来,而占用资源回报率、客户忠诚度、产品与服务创新从企业、顾客、供应商等多个维度评价公司发展效能,恰是反映企业有质量成长的关键指标。

2010年,万科集团房地产销售额突破1 000亿元。随后,在政府限贷、限购、行政审批新一轮管控措施下,房地产业面临存量化转型,产业红利由"资本红利"时代转变为"管理红利"。

2014年,万科将公司的"三好住宅供应商"定位延展为"城市配套服务商"[②],在2018年将这一定位进一步迭代升级为"城乡建设与生活服务商"。随后,深圳地铁集团成为万科的基石股东,万科着力布局"轨道+物业"以及全国物流冷链板块。万科"城市配套服务商"与"城乡建设与生活服务商"更似经济集约化增长的战略体现,正是凭借以"人民美好需要为中心"的服务价值,以市场环境为导向,万科才能一次次在产业变革中生存下来并实现成长。

三、联想集团[③]

1984年10月,中国科学院计算技术研究所新技术发展公司(即"联想集团"的前

[①] 国家统计局,https://data.stats.gov.cn/easyquery.htm? cn=C01。
[②] 2006年,万科提出全新产品定位"三好住宅供应商",三好即"好房子、好服务、好社区";2012年,万科首次提出"城市配套服务商"战略,着力推动地产与物业、商业、物流在内的多个业务深度融合;2018年,万科提出"城乡建设与生活服务商",将更加重视居住体验和乡村地产建设。
[③] 联想成立于1984年,主要致力于持续研究、设计与制造端到端智能设备与智能基础架构产品组合,引领和赋能智能化新时代的转型。2011—2019年,联想集团连续9年入围中国500强企业前25位。2019年,联想集团实现营收507亿美元,位中国500强第21位,《财富》世界500强第212位。

身)于北京正式成立。创业之初,中关村的科技企业已有 40 家,以京海、科海、信通、四通为代表的"两通两海"已经在行业内站稳了脚跟,而作为后起之秀的联想(新技术发展公司)启动资金仅为 20 万元,招募人才、寻找利润点,在商品经济中生存下来成为公司思考的首要问题。

依靠计算所的金字招牌,联想将"LX-80 联想式汉字系统"①产业化;招募李勤,开拓计算机的组装业务。经过两年的发展,1986 年联想初步摆脱了生存危机:

> "公司向员工描述两年来的种种甘苦,展示六大业绩。公司成立第一年营业额为 350 万元,到了 1986 年就增加到 1 745 万元。这也许可以证明公司已经渡过了最初的艰难期。"

1980 年代,我国在探索中打开市场,释放了微机市场的需求。但是,由于技术落后,中国微机主要依赖进口,国内厂商可以直接向拥有进口权的中间商购货但需缴纳约 15% 中介费;或者,内地企业可以选择直接在我国香港地区设立个体公司,只需获得代理权便可节省中介费支出。联想选择了后者。1998 年,香港联想正式成立,新联想成为 AST 公司②的代理商。

然而,代理销售始终无法形成企业核心竞争力。香港联想成立之初,便提出:"早晚有一天要取代 AST。"1990 年,联想第一台微机"联想 286"问世。凭借强大的市场掌控力,1990 年,联想实现销售利润 32 680 万元。

"联想 286"与"华为 C&C08"的故事有些许相似之处,两者都是中国民营企业自主研制并量产的第一款产品,都是政府"以市场换技术"的直接实现者。对于企业来说,它们意味着核心竞争力;对国家来说,它们的背后镌刻着一个技术落后民族求振兴、一个经济落后国家求富强的轨迹。虽然单凭拥有一项技术的突破就认为能与西方列强一较高下还为时尚早,但从"0"到"1"的蜕变意味着中国企业拥有了站起来刺透垄断阴霾的利刃,在此后的 6 年中,联想用这把尖刀做到了。

1992 年,中央政府宣布立即取消微机的"进口许可证",刚刚经历了黑色风暴③的 IBM、AST、康柏等国际知名微机品牌进入中国市场,期待能够挽回亏损。山雨欲来风满楼,市场环境愈加不容乐观:

---

① LX-80 联想式汉字图形微型机系统依托一块集成电路与软件系统实现键盘输入信息与标准汉字输出的转换,是当时性能最优越的汉卡之一。

② AST 公司,成立于 1980 年,总部坐落于美国加利福尼亚州。1990 年代 AST 跻身为世界 PC 业前五名,但随后由于缺乏之前进动力走向末路,最终被三星电子收购。

③ 1992 年,芯片行业的后起之秀 AMD 向 Intel 发起挑战,以价格优势打破了 Intel 的产销平衡,双方大打价格战,芯片价格一降再降,致使此前以原价甚至高价购买 Intel 产品的厂商血本无归,全球几百家电脑组装厂家亏损甚至倒闭。IBM 一举裁员 4 万人才得以保全;康柏公司股票大跌,总裁被迫引咎辞职。

第十章　中国企业目标演进：基于多案例的研究

"狼来了，不是把狼打死，就是被狼吃掉，我们只能横下心，和狼拼了。"

联想管理层迅速调整公司战略，紧跟"振兴民族品牌"的冲锋号，利用"价格战"快速扩大市场。年末，联想微机市场份额达8%，位列国产微机品牌第一，但进口微机仍占据78%的市场份额。1994年联想吹响了反攻的号角，公司瞄准低端市场，以不到外商一半的价格提供相同配置，推出具有划时代意义的国产经济型"E"系列微机，引起了轩然大波。1996年，联想首次位居国内微机市场占有率第一。1997年，联想宣布微机市场占有率连续两年全国第一，微机市场被外商垄断的时代一去不复返。

2001年，中国正式加入WTO，市场更加开放。国内微机高端市场戴尔、惠普、IBM等知名品牌持续施压，低端市场TCL、海尔、海信等新兴品牌穷追不舍，面对"两头夹"威胁，将企业做强成为唯一的出路：

"2000年以前与外国厂商的第一轮竞争中，我们大获全胜，家电业也是大获全胜，可是这个'大获全胜'里有虚假的成分。我们低估了'中国沼泽地'对我们的保护作用。现在不同了，沼泽地成了高速公路，国外厂商可以原封不动地把它的业务模式和竞争力移植到中国来。所以，现在的国内市场也是国际市场。无论你在哪里，你都必须是一家具有国际竞争力的企业，所以国际化将是我们的一个重点。"

与华为依托强大的自主研发能力实现创新驱动不同，联想主要凭借并购提升企业竞争力以融入全球品牌价值链。自2003年开始，联想开始布局国际市场，着力提升品牌的国际影响力。2005年联想成功收购IBM全球PC业务，成为全球PC行业第三大供应商。联想的并购不仅迈出了国际化实质性一步，而且为中国企业并购发展提供了一个参照系。随后，联想相继收购德国Medion公司、日本电气股份有限公司PC业务、巴西CCE、日本富士通等公司，全球市场的影响力不断扩大。2013年，在"一带一路"倡议下，联想加快沿线国家的产品布局，在巴西、阿根廷、匈牙利等多个国家设有制造基地和研发中心。2018年联想"一带一路"沿线制造基地产值超过30亿美元，销售网络遍及亚洲、欧洲、非洲和美洲等地。

2010年，联想以216亿美元首次跻身世界500强第449位。2020年，据国际数据公司IDC公布的数据，联想集团以7 266.9万台出货量以及24%的市场份额成为全球最大的PC供应商，全年联想以3 531亿元人民币的营收列世界500强企业第224位。从1990年联想第一台286微机诞生，打破了中国微机受制于人的局面，到1994年"E"系列微机脱颖而出一举击碎了外资企业垄断中国市场的野心，再到2003年成功收购IBM公司PC业务成为世界第三大微机制造商，最终成为世界最大的PC

供应商，联想的成长历程，正是中国企业从站起来到强起来的真实写照。未来，联想将持续为世界发展贡献中国企业的力量和智慧。

四、中国平安集团[①]

1988年，中国平安诞生于深圳蛇口。若将深圳比作中国改革开放的先遣队，那么蛇口可以被认为是这支先遣队的急先锋。华为、万科、腾讯以及中国平安均诞生于蛇口。

1984年，商品经济在我国确立起来。彼时，全国仅有一家保险公司"中国人民保险公司"（简称"中国人保"），且只有单一的服务和定价。随着国内市场的进一步开放，越来越多的外商进入中国市场，衍生出保险行业的多种需求。在供需矛盾冲突之下，中国平安保险的诞生成了必然。1988年，经过创始人马明哲团队的不懈努力，中国第一家非国有保险公司——"深圳平安保险有限公司"正式营业。草创之初，平安保险的首要目标仍是扩大规模以实现生存：

> "30多年前（1988年），公司在蛇口招商路租来的一间440平方米办公室开业，扣除洗手间和通道，办公使用面积仅200平方米左右。平安提出一年完成500万元的保费目标，这一目标仅是中国人保保费的几千分之一。"

平安保险成长的阻力来自多个方面。受限于认知水平，1980年代大多数消费者对"保险"是什么尚存疑惑，平安需耗费大量时间进行业务推销。同时，平安在初创阶段由于规模较小，甚至难以取得员工的信任，人们认为"靠平安的资本，根本存活不了多久"。中国人保在深圳仍控制着大部分保险市场份额，作为新生儿的平安保险想要分得一杯羹无异于虎口拔牙。

但是，平安保险以对待客户的真心和忘我的工作证明了其顽强的生命力。1988年年底，平安保险用了不到一年的时间就完成了500万元保额的目标，中国人保对市场的垄断被掀起了一角。1989年，在经历了短暂的生存期后，创始人马明哲提出：

> "（平安要）立足深圳，辐射全国。"

[①] 成立于1988年的中国平安保险集团是全国第一家由企业与专业金融机构合办的保险公司。中国平安保险2018—2020年连续三年进入世界500强企业名单，其中2020年中国平安以184.3亿美元的销售收入列世界500强企业第21位。中国平安集团是地方性股份制企业发展起来的混合所有制的现代公司，亦是随着中国改革开放的脚步成长起来的企业集团。

走出蛇口,将公司做大,对于这个刚刚成立不到一年的年轻企业看似有些操之过急,却也恰恰反映出新生企业的活力。1989年5月,中国平安保险外省第一家分公司即海南分公司正式成立,平安迈出了进军全国的第一步。

1992年,邓小平视察深圳,在肯定了深圳改革开放的成就后,我国更加坚定地开启了市场化的步伐,全国经济再次升温。同年,国务院正式批准"深圳平安保险公司"更名为"中国平安保险公司",平安保险业务范围扩大至全国。同年,公司首次提出建立"综合性企业集团":

> "建成以保险业为主,兼营投资、融资、证券、租赁、实业、贸易、旅游等多功能的综合性企业集团。"

建立综合性企业集团的目标体现了马明哲将平安做大做强的愿望。在"综合性企业集团"的目标指引下,1993年末,平安保险已经在全国17个地区设置代理处并走出国门,业务范围涉及美国、英国、新加坡等国家。2003年,平安正式获批成立以保险为核心的综合金融集团,其以保险为主,包括投资、融资、证券、租赁、实业、贸易在内金融集团框架已经形成。2008年,平安集团首次进入世界500强,列第462名。

然而,仅仅"做大"无法支撑企业长期发展。在危机面前"大而不强,大而无当"的企业注定会被历史淘汰。2008年,次贷危机引起全球经济大萧条。中国平安(601318)股价由2007年10月31日的65.12元跌至2008年10月31日的0.78元,中国平安香港(HK2318)股价由2007年10月31日的42.5港元跌至2008年10月31日的5.32港元。在股民的抱怨声中,平安发布再融资公告,称拟申请增发不超过12亿股A股股票以及不超过412亿元分离交易可转债。公告声称:

> "本次新募集资金将主要用于支撑保险、银行等主营业务高速发展,同时也将为互联网金融业务布局提前做好资本规划。"

21世纪,最夺人眼球的行业莫过于互联网。当"互联网+"成为行业的弄潮儿,眼前的经济危机却也带给了企业转型的机会。再融资获得的资金中,平安将500多亿元投入科技研究,以至于等到行业变革真正来临时,平安能够以领头羊的姿态出现在竞争者和公众面前。2010年,平安基于3G通信技术的进步,推出移动展业新模式(Mobile Integrated Terminal),将原本需要5天的业务压缩至几十分钟。2015年,平安首创空中签名的投保模式。随后,平安将"AI""云计算""人工智能""区块链"与保险产品深度融合,实现了"互联网+金融"的转型调整。

2018年11月7日,平安集团提出"打造成以传统金融业务为核心,五大生态圈业务为补充,充分利用三大核心的科学技术来形成整个集团的'金融+生态'"的发展战略。从"成为一家综合性金融公司"到"成为一家科技公司",变革时代下的平安正在以惊人的魄力实现企业转型,同时也让人们看到中国企业在互联网时代的责任和担当。未来,科技将成为平安新的引擎和利润增长点,平安集团将持续以创新赋能,为世界的发展贡献中国动力。

第三节 市场经济发展与中国国有企业目标演进

我国自1949年以来,通过没收官僚资本以及财政投资等方式建立了一大批实力雄厚的国有企业。随着我国自1979年启动改革开放,在新的市场环境中,我国的国有企业发展目标也在不断地动态演进。

一、中兴通讯股份有限公司[①]

1984年中共中央发布了《中共中央关于经济体制改革的决定》,正式拉开了市场经济改革的序幕。1985年,中兴通讯前身深圳市中兴半导体有限公司成立,起初依靠内地与我国香港地区的贸易以及承接玩具、电扇等产品的来料加工业务获取利润。

然而,在"七国八制"的市场环境下,中国科技企业面对西方厂商的垄断却无能为力。没有独立的技术,就没有独立的工业,中国企业家们深知只有实现技术突破才能逃离西方资本的虎口,只有靠自主研发才能守住民族工业的底线。中兴通讯创始人侯为贵以最朴实的语言描述出创业的初衷:

> "我们是搞技术出身的,所以总想搞一点高科技的东西,为国家的振兴出一点力。"

于是,在技术突破的目标指引下,1987年,中兴通讯成功研制出第一款68门的模拟空分用户交换机;两年后,中兴通讯成功研制出国内第一款商用化数字程控交换机;1990年,中兴通讯第一款万门交换机"ZX500"正式研发成功。

[①] 中兴通讯股份有限公司,是全球领先的综合通信解决方案提供商。迄今为止,中兴通讯为全球160多个国家和地区的电信运营商提供创新技术与产品解决方案,通过全系列的无线、有线、业务、终端产品和专业通信服务,满足全球不同运营商的差异化需求。2011—2019年,中兴通讯连续9年入选中国500强企业名单。

第十章　中国企业目标演进：基于多案例的研究

至 1998 年，中兴通讯实现销售收入超 40 亿元。彼时，中兴虽早已与 10 年前为生存而奔波的形象相去甚远，但在技术快速迭代的通信业，"不进则退、不进则亡"的历史定律时刻鞭策着企业寻找持续进步的动力：

> "生存的焦虑与创业的激情归于平静，中兴迫切需要新的前进动力，以便从优秀走向卓越。上市公司①本身必须遵守的短期报告制度的确是一个动力，但还不够，它还需要更为积极的、能够支持一家公司将目光放得更长远的动力。"

随后，以"巨大中华"为代表的中国企业崛起彻底终结了"七国八制"的乱局。中兴通讯最直接的竞争对手则是华为。虽然中兴率先研发出商业化的数字程控机，但在万门交换机和移动通信领域，华为这位后起之秀却走在了前头。1993 年，华为成功研制 C&C08 万门交换机，而中兴集团直到 1996 年才实现万门交换机的技术突破。1998 年，华为 GSM 移动通信系统成功地在国内推广，而中兴的竞品仍处于攻坚阶段，全年华为实现销售收入 80 多亿元，这一数字两倍于中兴。

国内通信业市场趋于饱和。然而，时代的灯塔为中兴从"优秀"走向"卓越"指明了方向。1990 年代末，党和政府提出"充分利用国内国外两个市场、两种资源"，积极引导企业"走出去"。在此背景下，中兴通讯决定以国际化破解企业发展困境，转嫁国内竞争矛盾，实现企业"卓越"发展的目标。1995 年，中兴代表中国企业首次参加日内瓦电信展，并成立了国际事业部；1997 年获得了海外第一笔合同孟加拉国电信 150 万美元；1998 年获得了巴基斯坦电信价值 9 700 万美元巨额订单，是当时中国通信制造企业在海外获得的最大通信工程项目。

至 2007 年，中兴集团整体营业收入达到 60.1 亿元人民币，其中海外销售业务占比由 2004 年的 23% 上升至 60%，外销业务首次超过国内销售额。而"巨大中华"格局也逐步瓦解，中国通讯业形成中兴、华为两强对峙的格局。在实现规模化的背后，中兴集团再一次迈开走向卓越的步伐。

> "对于已经高度全球化和集中化的电信设备行业来说，除非成为世界一流，否则注定将被淘汰。这也让侯为贵意识到，成为'世界卓越'已经关乎中兴通讯未来生存的底线。"

---

① 1997 年中国航天工业总公司所属的深圳航天广宇工业公司、航天系统 691 厂与深圳市中兴维先通设备有限公司共同投资组建了"深圳市中兴新通讯设备有限公司"，首创"国有民营"经营机制。11 月 18 日，"中兴通讯"正式在 A 股上市。

促使中兴成为世界一流的动力仍来自国内最大的竞争对手——华为。早在"C&C08"获得成功后的1994年,创始人任正非便瞄准了世界一流的通信设备制造商的宝座。自1995年起,华为坚定地迈出国际化的步伐。虽然中兴集团也及时作出了回应,成立了国际事务部,但中兴的国际化却显得相对乏力。

2002年以前,中兴集团仅仅向每一个国家派出一两位业务人员,承担招标信息采集以及市场机会发掘等工作,整个公司的国际化几乎处于一种投机交易的状态,缺乏统一的规划和长远的打算,以至于在市场竞争中,中兴总是不能实现快速响应:"与全球一流企业相比,我们在经验共享、资源共享方面存在很大差距,特别是在技术方面,低层次的技术开发仍然很多。"

此外,华为在产品研发方面的投入专注度远高于中兴。自2003年起,华为的年申请专利数量均高于中兴,年专利自应用率(self-citation ratio)均高于中兴;2007年起,华为年均研发人员数均高于中兴。缺乏及时响应的直接后果就是与竞争对手的差距越来越大。2005年,中兴收入为216亿元,同比增长1.68%,而华为销售收入增至452亿元,同比增长40%。2006年,中兴与华为的销售收入差距进一步拉大至2.8倍。

在巨大的竞争压力之下,中兴以世界一流企业为目标,开启矩阵式管理模式转型,公司内部被重新划分为六大平台体系(市场、销售、研发、物流、财务、人事行政),并进行财务共享化转型。随后,中兴集团搭上了"5G"通讯的快车,至2020年,中兴通讯5G专利技术位列全球第三,紧跟华为、三星。在科技日新月异的时代,中兴正在以世界一流企业为参考,努力建设具有世界意识的中国企业。

二、绿地控股集团有限公司[①]

绿地集团诞生于1990年代初的上海。彼时,以深圳为代表的珠江三角洲快速发展,而上海市却陷入经济发展困境[②]。1992年,为改善人均居住面积和人均绿化面积,上海市农业委员会和上海市建筑委员会共同出资2 000万元组建上海市绿地总公司,主要使命是改善城市绿化,但尚待依赖市场竞争获取资金来源。

因而,诞生之初的绿地集团便肩负双重使命:其一,服务于城市绿化与住房工

---

① 绿地控股集团有限公司成立于1992年7月18日,是中国市场化改革浪潮中诞生的代表性企业之一,目前已形成了"以房地产、基建为主业,金融、消费、健康、科创等产业协同发展"的综合经营格局。2012年以来,绿地已连续9年跻身《财富》全球企业500强行列,2019达沃斯论坛期间发布的全球最具价值500强品牌榜中绿地列第165名。

② 1980年,上海社会科学院沈峻坡在上海市委机关报《解放日报》发表题为《十个第一和五个倒数第一说明了什么——关于上海发展方向的探讨》的署名文章,其中包括工业总产值在内的"十个第一"以及"五个倒数第一"分别是:市区人口密度全国之最;人均拥有道路面积和绿化面积仅为1.57平方米和0.47平方米;市区人均居住面积仅4.3平方米,4平方米以下缺房户91.8万,占全市户数的50%左右,缺房户比重为全国大城市之最。文章引起了社会的广泛关注,解决上海市的环境和市民居住问题迫在眉睫。

作,即"做政府所想";其二,参与市场竞争以实现利润最大化,即"为市场所需"。"做政府所想,为市场所需"也成为贯穿绿地集团发展始终的经营理念。

然而,成立初期2 000万元资金对于城市绿化无异于杯水车薪,生存成为此时上海绿地总公司的首要目标。时任绿地集团总经理的张玉良这样描述企业初期的焦虑:

> "从机关下海做企业后,觉得特别难……你必须自我加压,今天过了,就想明天怎么过,这个月过了,就想下个月怎么过。压力大得很难想象,以前在机关没这个感觉。"

在生存危机之下,绿地总公司首先选择与乡镇合作,以绿地出资、乡镇出地的运作模式获得第一桶金。在获得三个项目的利润后,绿地总公司旋即投入城市绿化服务。1993年,绿地公司以1 700万元承建上海市沪闵路道路绿带工程,在三个月内投入19 500个劳动力,平整61 600多平方米土地,使上海市人均公共绿化面积增加0.03平方米。1994年《人民日报》在《大上海的"绿地效应"——记上海市绿地总公司》对绿地形成的"以房养绿、以绿促房"的滚动发展模式进行了详尽刻画,获得了社会舆论的广泛关注。

1993年,房地产业迎来新一轮发展高潮,城市商品房市场竞争空前激烈但郊区地产由于多为动迁用地且利润较低,鲜有企业问津。绿地觅得商机,进军郊区地产并陆续获得6 000多亩土地。至1995年年底,上海绿地总公司资产总额达11.95亿元,俨然已经走在"做大"的道路上。

1990年代末,亚洲金融危机爆发,房地产成为拉动国内需求的支柱产业。1997年,上海市政府积极推动旧城区改造,绿地集团布局多年"农村包围"战略终于吹响进军城市的号角。1997年,绿地集团承接长宁区曹家堰北块的拆迁与兴建工程,获得政府认可,随即承建上海陆家嘴金融中心地块,标志着绿地集团正式打通了从"城乡接合部"到"市中心"的道路。2001年,绿地集团实现销售额达15.23亿元,位列上海市销售总额第一。同年,绿地集团提出下一个阶段的发展目标:

> "至2005年,年销售收入力争超过150亿元,集团资产规模将突破200亿元,进入中国企业200强行列。"

2001年中国正式加入世界贸易组织,经济迅速发展带来房地产业升温的连锁效应。绿地集团虽已是上海地产巨头但仍缺乏全国影响力,竞争对手万科却早已实现房地产跨区域布局[①]。于是,在房地产发展向好、产业竞争激化的双重压力作用下,绿

---

① 2001年,万科已经在深圳、上海、北京、天津等多个城市开展房地产业务,但绿地集团仍未走出上海。

地集团提出以全国扩张拉动企业增长的发展战略。2001年,绿地进驻首个沪外城市江西南昌。随后,"合肥上海城""长春上海城"、昆山市"绿地21城"等多个项目破土动工加快了绿地集团全国化的步伐。至2006年,绿地集团已经在南京、成都、重庆、西安等14个城市拓展业务。

2005年,"中国房地产TOP10研究组"[①]公布房地产百强企业开发报告,绿地集团综合实力列全国地产企业第四名。随后,在《冲刺世界企业500强发展纲要》一文中,绿地集团正式提出冲刺世界500强的目标:

> "到2011年前后,绿地集团力争成为一家国际知名、实力雄厚、管理科学、发展有序,以市场为导向、以效率为中心、以先进文化为支撑、以房地产和资本为纽带,跨地区、跨行业、跨国经营,具有世界一流价值创造力和可持续发展力,由多个在国内外相关行业中占有领先地位的产业集团组成的富有竞争力的大型企业集团。集团销售收入超过1 200亿元人民币,位居世界最大综合性房地产开发经营企业之列,并力争冲刺世界企业500强。"

2005年以前,绿地集团已经依靠房地产业务实现了将企业"做大"的目标。但是,房地产业具有较强的顺周期性,受政策牵制作用较强,不确定风险较大[②],不能长期作为支撑企业发展的唯一动力,企业易陷入"大而不强"的发展怪圈。2005年,绿地集团正式提出将"冲刺世界500强"作为企业发展目标,亦是在房地产业政策不稳定背景下谋求企业转型,以多产业多动力替代单一房地产驱动,真正实现将企业规模"做大",实力"做强"。

《纲要》从组织架构、人员薪酬、考核机制等多个方面对绿地集团冲刺世界500强提供了计划指引。2005年,绿地集团整合企业资源,成立绿地商业集团、绿地建设集团、绿地能源集团和绿地汽车服务集团四大产业集团。截至2011年,绿地能源产业销售额超过房地产业销售额,成为集团第二大支柱产业。2012年,绿地集团主营业务经营收入达2 445.75亿元,正式跻身世界500强。两年后,绿地房地产业务预销售额达2 408亿元,首次超过万科,成为中国房地产销量冠军。

然而,我国经济在飞速发展中进入了新常态,房地产逐渐由增量市场转变为存量市场,宏观政策提倡"去库存",产业也已经从"土地红利""金融红利"时代进入"管理

[①] 国务院发展研究中心企业所、清华大学房地产研究所和中国指数研究院三家研究机构共同组成的"中国房地产TOP10研究组"于2004年在北京人民大会堂发布了"2004年中国房地产百强企业研究成果",获得社会公众认可。2005年,"中国房地产TOP10研究组"再次启动2005年中国房地产百强企业研究计划。

[②] 2003—2005年,我国相继出台《紧急调控土地市场的通知》《进一步治理整顿土地市场秩序工作方案》《关于促进房地产市场持续健康发展》《关于继续开展经营性土地使用权招标拍卖挂牌出让情况执法监察工作的通知》旨在加强对房地产业发展的宏观调控。

红利"时代。竞争对手万科于2013年提出"均好中加速"旨在实现由粗放式规模增长向集约型效益增长的转变。在产业转型的时代背景下,绿地集团提出"两大市场""三大产业"的发展目标:

> "坚持创新转型主线,对接国内外两个市场,使用产业经营与资本经营两种手段,聚焦大基建、大金融、大消费三组产业集群,绿地誓以澎湃气势再度挑战自我,成为一家持续成长、效益卓著、全球经营、多元发展、不断创新、引领时代的跨国公司,全面完成从'中国绿地'向'世界绿地'的重大转变。"

在国内市场,绿地集团形成"一主三大"的经营格局,即以房地产为主要业务支撑,加快推进"大基建、大金融、大消费"的产业布局。在国际市场,绿地集团自2013年起,先后在韩国济州岛、澳大利亚悉尼、德国法兰克福、美国洛杉矶、英国伦敦、加拿大多伦多等全球多个城市开拓房地产业务。至2019年,绿地集团实现营业收入4 278亿元,列全球500强企业第202位,绿地集团的足迹正从中国走向世界。

三、格力集团[①]

1985年,珠海市政府为"将空调做大做强,成为珠海市的一项支柱产业"。成立珠海经济特区工业发展总公司(格力集团的前身)。然而,在商品经济催生的竞争浪潮中[②],格力并不是最有优势的选手。时任格力集团总经理的朱江洪如此说道:

> "正在襁褓之中的格力,要加入这强手林立、你死我活的争夺之中,无疑具有很大的风险。在这种情况下,循规蹈矩,死路一条;不思进取,死路一条;不大胆地改革创新,杀出一条血路,也是死路一条。"

格力在残酷的市场环境中步步为营,在面对时刻都有可能被市场淘汰的风险下,改革创新成为唯一的出路。朱江洪决定全面推行"精品战略",以最快的速度提升空调质量,随即停产整顿,成立"质量监督小组"攻克产品质量难关。

1992年,我国经济进入新一轮增长期,空调市场供不应求。得益于生产效率和

---

① 格力珠海电器有限公司(下文简称格力电器)成立于1991年。其前身为成立于1985年的珠海经济特区工业发展总公司。2011—2019年,格力集团连续9次入选中国企业500强前100名。2019年7月,在《财富》世界500强中,格力集团排名414位,格力列2019中国制造业企业500强第37位,"一带一路"中国企业100强榜单排名第82名。
② 格力空调成立时,中国已有春兰、华宝、蓝波希岛、三菱、松下、三洋、东芝、日立、夏普等品牌,国内空调企业已达数百家。

产品质量的提高,格力市场占有率节节攀升,至 1995 年年底,格力空调通过国家 ISO9000 质量体系认证,产销量已跃居全国首位。

在 1992 年空调发展的大潮中,格力虽然用精品战略创出了名声,但全部产能仅有 12 万台,远远无法满足全国空调市场的巨大需求,同时也就直接导致了格力空调全国覆盖率较差,知名度、美誉度与"大企业"距离仍十分遥远。于是,扩大产能、将格力建成现代化的大型企业集团成为下一阶段的发展目标,朱江洪在其自传中将推动格力空调股份制改革的动机描述为:

> "(公司成功上市)对促进企业规范化经营,提高公司的信誉度和知名度方面发挥了独特的作用,并有机会在资本市场进行低成本融资。"

1994 年年底,格力一期技改项目落成,形成年生产 100 万台空调的生产能力;1995 年,格力进行二期、三期工程扩建;1996 年 11 月,珠海格力电器股份制有限公司正式成立;2001 年,格力空调第四期工程动工,形成全国单体产量最大的"空调王国"。

2001 年中国正式加入 WTO,贸易壁垒的消失将中国企业置于国际竞争的汪洋。时任格力电器总经理朱江洪说:

> "当时(加入 WTO),一大批国企,不管你会不会游泳,都被赶到市场的大海中,面对波涛汹涌的大海,又有多少企业能适应这种恶劣的环境?由于环境的截然不同,吃的自己找,找不到的就得挨饿,环境要自我适应,不仅要抗击风浪,还要随时提防'鲨鱼'等大鱼的袭击,每一分钟都提心吊胆,诚惶诚恐。"

市场开放引入了更加激烈的竞争,但中国企业进入国际市场的道路也更加通畅。当开放市场成为不可避免的客观事实,主动转型相比坐以待毙更加切实,更何况政府也积极引导中国企业"走出去"。在新的市场环境下,格力确立了国际化和品牌建设两条发展路线。2001 年,格力在巴西建立了海外第一个生产工厂,至 2010 年年底,格力电器海外市场销售额占总销售额的比例达 17.3%。

然而,在走出国门的过程中,朱江洪敏锐地意识到品牌建设的重要性:

> "我们要把企业竞争力、国家竞争力、产业竞争力转化为品牌竞争力,这才是维系我们企业未来、民族未来的长治久安之道。"

品牌建设之所以重要,是因为品牌能够传递出中国企业的精神、态度和看待世界的价值观。这些因素一方面能够影响消费者的购买决策,直接决定中国企业参与国际竞争的结果;另一方面则代表着中国的形象和价值,影响着中国的国际竞争力。格力通过品牌传输的是企业对待产品的精品意识、对待科技的创新意识、对待员工的文化意识,最终也决定了格力集团能够在强手云集的世界竞争浪潮中脱颖而出,成为世界500强企业的一分子。

第四节 市场经济发展与中国外资企业目标演进

一、丰田汽车公司[①]

丰田是世界著名的汽车制造商,也是最早进入中国的外资企业之一。早在20世纪60年代,丰田已经开始向中国出口汽车。1964年,丰田第一次向中国出口"皇冠"汽车。然而,直至80年代后期,受制于我国汽车工业基础设施不完备、生产要素不健全、政策不支持的客观条件,丰田在我国仍然以汽车销售业务为主。

中华人民共和国成立之初,我国虽然在苏联的帮助下初步建立起汽车工业基础,但仅限于货车生产且基础配套设施尚不健全,随后我国经历特殊的历史时期,汽车工业停滞不前。直到1978年改革开放,我国才重新将汽车工业作为国家发展的核心产业。80年代末,中国政府逐渐放开对工业企业的合资限制。1994年,国务院批准《汽车工业产业政策》,其中首次提出"鼓励利用外资发展汽车工业",时任丰田公司董事长奥田硕开始考虑进入中国,并建立生产基地:

> "从这一意义来说(汽车进口会快速消耗外汇储备),我们向全世界传递了这样的信息:最好是在销售地生产汽车。如果不是这样的话,汽车产业就无法拓展和拥有未来。"

一方面,奥田硕更多从政府的角度思考引入汽车制造工业的益处,发展汽车产业确实能够提供更多的就业岗位以及维持外汇储备的目标;另一方面,中国作为发展中国家拥有相对廉价的劳动力资源,相比于日本国内高昂的生产成本和进口关税,丰田

[①] 丰田汽车公司成立于1937年,是日本著名的跨国汽车制造商之一。2020年,《财富》世界500强企业名单中,日本丰田汽车公司列第十位。

能够以更低的价格获得更大的利润空间,在中国建立汽车生产基地确实能够给丰田带来更高的效益。

在中国政府产生引资意愿、国外厂商萌发合作需求的环境下,1993年中国丰田有限公司正式成立。1993—2007年,丰田先后在天津、四川、广州、吉林建立生产基地,引入包括"斯考特""威驰""皇冠""普拉多""雷克萨斯"在内的多种子品牌,形成了完整的汽车生产体系。

然而,20世纪末环境问题日益成为国际焦点。1997年,《京都议定书》在日本签署。《议定书》对世界各国的碳排放量作出削减规划,中国作为世界最大的发展中国家在2006年"十一五"规划中规定:中国政府将每年减少4%的每单位产能耗值。车企追逐利润最大化的产能扩大需要与节能减排互斥效应愈加明显。

在汽车排放量一定的条件下,车企研发主要有两个方向。其一为提高能源消耗效率,即打造耗油量更低、里程更远的混合动力汽车;其二为新能源汽车,即寻求石油的替代资源(如电力资源)。实际上,丰田集团于1997年便推出了全球第一辆量产混合动力汽车"普锐斯",获得了市场认可。而在中国市场,自2010年起,丰田开始注重与中国合作解决新能源汽车难题。

2010年10月28日,丰田汽车公司与中国汽车技术研究中心在天津市达成共识,将使用普锐斯外插充电式混合动力车(以下简称"普锐斯PHV")联合开展实证行驶实验,同年11月丰田汽车研发中心(中国)有限公司[①]成立。2012—2020年,丰田中国先后与上海交通大学、同济大学、清华大学、吉林大学等国内知名高校开展合作,促进了混合动力、汽车产业高新技术、智能交通运用等新能源领域的合作。丰田在中国已经逐渐由技术单方引入转向技术双方合作,丰田中国也开始实现由制造基地向创新基地的转型。

二、中国惠普有限公司[②]

中国惠普有限公司成立于1985年,是中美合资的第一家高科技有限公司。1972年,美国总统尼克松访华,中美关系逐步缓和。七年后,美国国务卿基辛格访问中国,邓小平在与其见面会上表示希望西方能够提供技术支持以帮助中国实现四个现代化。随后,受基辛格推荐,时任惠普总裁的戴维·帕卡德访问中国。1985年,在多方

[①] 丰田汽车研发中心(中国)有限公司(简称TMEC)坐落于江苏省常熟市,短期内面向中国进行产品研发,长期可能将研发项目拓展全球,主要研发技术包括混合动力技术、插电式混合动力技术、纯电动技术、燃料电池车技术等。

[②] 惠普(Hewlett-Packard,HP)是信息科技(IT)公司之一,成立于1939年,总部位于美国加利福尼亚州帕洛阿尔托市。1985年,惠普与中国电子进出口公司、长城计算机公司共同出资成立中国惠普有限公司。

努力之下，中美合资的第一家高科技企业中国惠普有限公司正式成立。

作为合资企业，惠普进入中国的合资目标流程为研究开发、生产制造、市场销售，即在充分了解中国市场需求的条件下进行产品研发和生产，最终实现销售。而中国政府则希望惠普能够加速实现先进计算机技术的国产化攻坚，通过返销的方式赚取外汇从而达到外汇平衡。然而，现实的情况却是，高新科技要求以大规模集成电路为基础，而我国几乎没有与之相配套的电子产业，以至于计算机技术国产化攻坚一直停滞不前，更谈不上产品研究与开发。因此，直到1998年上海惠普有限公司成立专注于PC的研发、生产与销售，在此之前，中国惠普的主营业务仍为测量仪器以及激光打印机。

公司成立一年后，中国惠普设立北京测量仪器内销生产线。1988年，美国惠普公司决定将最新的色谱积分仪全球生产权转移至中国，基于美国先进技术，中国惠普建立起化学分析仪器的返销生产线。1989年年底，中国惠普的色谱分析仪产量已达8 000台，其中80％进入全球销售，创汇2 000万美元。20世纪80年代末至90年代初，美国惠普向中国惠普转让多达12项技术，中国逐渐成为其世界产品的生产工厂。

经过多年的销售积累，中国惠普已经较为准确地把握了不同层次的用户需求，同时国内工业生产配套设施逐渐完善。在此背景下，中国惠普开始布局产品研发。1990年，中国惠普于北京成立第一个研究部，主要研究数字示波器和逻辑分析仪。两年后，数字示波器等多项产品研发成功并投入生产，收获超500万美元的外汇订单。1991年，中国惠普正式成立研究开发实验室。

1995年，中国开始筹备进入WTO，大幅度减少关税，惠普的国际品牌优势逐渐丧失。先前惠普在中国的PC销售主要依靠新加坡转运中国香港地区再运至中国内地的供应链，然而面对具有生产性投资的竞争者，惠普PC出货时间更晚且配置更新不及时。同等价格区间内，联想微机可配置128M内存，而惠普只能配置64M内存。竞争压力之下，惠普决定在中国内地建立PC生产基地。1996年，惠普上海金桥PC工厂、上海浦东外高桥喷墨打印机厂成立，中国惠普基本实现了本地采购、本地生产的模式。1998年，惠普PC业务进入中国市场前三，上海PC工厂具备年均生产40万台PC的能力。

然而，随着中国加入WTO，市场竞争愈加激烈，单凭价格战无法获得较大市场收益，技术创新愈发成为企业核心竞争力。面对市场的风云突变，惠普一方面开始考虑创新管理方式，第一个将知识管理引入中国；另一方面惠普开始在中国建立起研发中心。2005年，惠普中国实验室（院）成立[①]。在惠普看来：

[①] 成立于1966年的惠普实验室可以被认为是惠普创新的大脑。2005年以前，惠普已经陆续在美国、英国、以色列、日本、印度建立实验室。

"来自中国的创新应用需求，孕育着足以影响未来的实验室创新研究课题。更好地满足中国用户，不仅有助于惠普中国区业务的健康发展，同时也将对惠普实验室的全球战略发展提供重要的帮助。"

自成立以来，惠普（中国）实验室与北京大学、清华大学等高校建立起密切的合作关系，"可调式信息管理""大数据量实时时空信息数据处理"以及"视频数据库管理系统"①等多个项目研究取得了显著成效。2013 年，惠普在上海、广州、成都等地成功召开"惠普创新论坛 2013"，"旨在进一步向全国各地的核心客户/合作伙伴展示惠普将如何通过科技创新来改进 IT、业务和我们的世界，并且帮助企业实现业务突破、达到前所未有的高度"。未来，惠普中国也将努力实现由中国制造向中国创造的转变。

第五节　中国国有、民营与外资企业目标共生演进

从上述具有代表性的民营、国有与外资企业目标演进过程可以得到启示：由"生存"到"国内一流"再到"世界一流"始终是我国民族企业目标演进的大逻辑；在市场经济迭代发展的过程中，我国企业始终保持目标与宏观环境的实时对话和动态调整，即服从螺旋式上升的趋势。

一、市场经济发展与民营企业目标演进

改革开放初期，由于银行的歧视性贷款政策，加之市场竞争愈烈，民营企业生存环境不容乐观，多数企业以寻找短期利润增长为主要目标。随后，产业政策逐渐明晰，民营企业实现生存后，开始寻找自身定位并培育核心竞争力。进入 21 世纪，中国经济迅猛发展，中国民企开始努力成为世界一流的企业集团。

1980 年代，华为以贸易起家，在商品经济的探索中以"扩大利润，实现生存"为首要目标。1990 年代，在"七国八制"的市场环境下，华为志在以技术突破打造"与外商相抗衡的民族品牌"，随后凭借着"C&C08"交换机的研制成功，迅速成长为国内通信巨头。1994 年，以振兴中华为己任，华为正式提出建成与"AT&T""阿尔卡特"比肩的世界一流通信企业的发展目标。2010 年，华为正式跻身世界 500 强企业，成为世界第二大移动

---

①　"可调式信息管理"即针对大量信息进行有效管理和数据挖掘的计算机技术；"大数据量实时时空信息数据处理"即针对黄河水文信息的管理与预报系统；"视频数据库管理系统"能够帮助用户便捷、有效地存储视频数据。

通信供应商。随后,华为提出"营业收入破千亿元"、追赶"世界一流企业"发展目标。

万科成立之初作为深圳特区发展公司的子公司,负责进出口贸易。然而在我国制度政策尚不健全、市场经济仍处于探索阶段的背景下,公司面临着较大的经营风险和人事风险,因而将万科"改造成一家符合现代企业规范的股份公司"成为创业初始的首要目标。1980年代末,万科成功完成股份制改造,并提出了建立"综合商社"的第一轮扩张目标。然而,盲目多元化增加了企业在不确定环境下的经营风险,在艰难渡过1990年代初的严格宏观调控后,万科随即放弃"综合商社"的经营目标转而确定了以"房地产为主业"的长期发展方向。21世纪初,房地产业经历"黄金十年",万科以专业化保持行业的龙头地位。随后,中国经济进入新常态,房地产出现转型趋势,万科提出实现"有质量的增长"的目标。

联想草创之初以实现"LX-80式汉字系统"产业化攫取利润,随后成为AST公司微机代理商,迅速形成联想汉卡和代理销售为核心的两大支柱。然而,面对国内微机市场长期被进口产品垄断的局面,联想旨在通过自主研发"取代AST"成为微机制造商。随后,第一台"联想286微机"的诞生击碎了"中国企业无法制造微机"的谬言,划时代的"E"系列微机更是使得联想一跃成为国内最大的PC制造商。进入21世纪,在中国进一步开放市场的刺激下,联想开始努力成为"具有世界竞争力"的一流企业。2003年,联想成功收购IBM公司PC业务,成为世界第三大微机制造商;2010年,联想首次跻身世界500强;至2020年,联想以7 200多万台出货量成为世界最大的微机制造商。

中国平安诞生的背景是国内保险需求多样化与单一供给的矛盾。创业之初,面对中国人民保险公司在国内市场的垄断,平安保险首先以争取"500万元保单"为生存目标,凭借新生企业的活力,平安保险渡过了创业初期的艰难。随后,平安"立足深圳,辐射全国",至1992年年底,平安保险在全国范围内已经粗具规模。1990年代初,平安集团提出建立"综合性商业集团",平安保险在将企业"做大"之后,走在了"做强"的道路上。21世纪,互联网掀起了全球范围内的科技革命,以2008年全球经济危机为契机,平安集团率先开启"互联网+金融"的科技化转型。从"成为一家综合性金融公司"到"成为一家科技公司",科技在未来将成为平安新的引擎和利润增长点,平安集团将持续以创新赋能,为世界发展贡献中国动力。

二、市场经济发展与国有企业目标演进

国有企业由于通常以国有资本为支撑,大额资金的可获得性、便利性放大了企业的懈怠情绪,加剧了企业目标在市场竞争中的滞后反应。以中兴通讯为例,作为中国通信业双子星之一,中兴通讯亦以加工贸易起家。与华为不同的是,中兴于1990年代末完成了股份制改造,首创"国有民营"的经营模式。成功上市后,中兴通讯于1999

年提出成为"国内一流企业",2007年正式提出冲刺"世界一流企业"。中兴通讯与华为的成长历程有些许相似之处,两者都经历了以加工贸易等低附加值劳务起家,以技术突破求生存,追求中国一流、世界一流的目标演进过程,但从时间维度和战略执行力来看,华为对市场环境变化的反应更加灵敏、战略执行更加果断。

早在1994年第一台"C&C08"交换机研制成功后,华为便提出"建成与'AT&T''阿尔卡特'三足鼎立的公司",随即坚决开启国际化战略,以先发展中国家后发达国家的战略思路打造国际影响力,最终于2010年成功跻身世界500强企业。而中兴集团的发展目标却相对滞后。1990年代,成功上市明显使中兴通讯上下普遍弥漫着"一种产品只要公司能够研出来就不愁没有市场"的自负情绪,国际化战略也只向每一个国家派出一两个业务人员,承担招标信息采集以及市场机会发掘等工作。缺乏前进动力的后果也只能是中兴目睹华为的异军突起,一路高歌猛进之后实现两倍于自身的营业收入。

孙立科所著《华为传》中描述,华为以两万元起家,虽以代理销售实现利润但仍不足以支撑研制万门交换机所需的资金缺口,走投无路之下华为不得已向大企业拆借高利贷。直至1994年,华为破釜沉舟之作"C&C08"万门交换机方才研制成功。相较于华为,中兴通讯在1990年代以前却是一帆风顺。早在1989年,中兴依靠国有背景取得的融资便利率先研制出商用化数字程控交换机,而后成功上市使中兴再次获得了充足的市场资源。"成功"的喜悦将企业置于温室之中,遮蔽了即将到来的风云巨变。面对竞争对手的懈怠,华为毫不犹豫地把握住后来者居上的机会。至20世纪末,华为已经将与中兴销售额的差距拉大至一倍,中兴由行业领先成为追赶者。亡羊补牢,为时未晚,中兴幡然醒悟之后亦迈开改革的步伐,从引入矩阵化管理模式到整体业务重组,中兴吹响了冲刺世界百强企业的号角。

绿地集团和格力集团作为服务于政府特定需求而创办的国有企业,其发展目标具有鲜明的营利和非营利特性。绿地总公司诞生于上海市亟待改善城市绿化和居住环境的需求缺口之下,其创始2 000万元国有资本属一次性投入,无后续行政拨款。企业运营和绿化投入资金均来源于自主经营所得。于是,1990年代之初绿地便确立了"以房养绿、以绿促房"的创新模式。随后在房地产第一轮发展高潮中,绿地把握住了机会,立足偏郊进军城市,最终成为上海地产的龙头企业。然而,进入21世纪,我国市场更加开放,产业内竞争对手万科早已实现全国布局。作为上海市地产龙头企业,绿地集团提出"150亿"以及"中国200强"的企业发展目标。但房地产业的政策牵制作用较强,不确定风险较大,不能长期作为支撑企业发展的唯一动力,2005年,绿地集团正式提出将"冲刺世界500强"作为企业发展目标,亦是谋求以多产业、多动力替代单一房地产驱动,从而真正将企业规模"做大",实力"做强"。直至2012年,绿地集团首次进入世界500强企业名单。与万科房地产专业化战略模式不一致的是,绿地在冲刺世界500强的过程中形成了"一主三大"的经营格局,即以房地产为主要业务支撑,加快推进"大基建、大金融、大消费"的产业布局,旨在借此实现由"中国绿地向世界绿地"的转变。

格力成立之初肩负着珠海市政府将"空调产业做大做强"的使命。1980年代商品经济浪潮中,朱江洪以精品战略革新挽救连年亏损的格力空调总厂,虽初创名声却无法掩盖空调产能不足、产品覆盖率较差的客观事实。于是,扩大产能、将格力建成现代化的大型企业集团成为迫切需要。1990年代中期,格力电器成功登陆A股,随即开始产品线一期、二期、三期和四期改造,至21世纪初,格力已经形成全国单体产量最大的"空调王国"。随后,中国正式加入WTO,在愈发激烈的市场竞争中,格力确立了发展世界品牌的战略目标。凭借着对待产品的精品意识、对待科技的创新意识、对待员工的文化意识,格力最终在强手云集的世界竞争浪潮中脱颖而出,成为世界500强企业的一员。

三、市场经济发展与外资企业目标演进

外资企业在中国的发展目标受市场环境的牵制作用较大,尤其受政策环境和生产条件的限制。丰田是最早进入中国的外资企业之一。在改革开放前的较长时间内,由于我国保持对汽车产业的合资限制且工业基础较差、生产配套设施不完备,丰田以出口"皇冠"汽车为主,将中国视为其销售基地;随后,自1980年代起,我国逐步放开汽车产业的合资限制,明确鼓励利用外资发展我国汽车工业。在具备制度条件和生产条件的背景下,丰田开始在中国建立生产基地。至21世纪初期,丰田已经在中国形成了完备的汽车生产体系。而后,环境污染愈加成为全球问题,自2010年起,丰田开始注重与中国合作解决新能源汽车难题。2012—2020年,丰田中国与国内知名高校开展合作,促进了新能源领域的共同研发,丰田在中国已经逐渐由技术单方引入转向技术双方合作,丰田中国也开始实现由制造基地向创新基地的转型。

中国惠普是中美合资的第一家高科技有限公司。1980年代,受限于我国工业落后的宏观条件,惠普只能将测量仪器以及激光打印机引入中国。20世纪80年代末至90年代初,美国惠普向中国惠普转让多达12项技术,中国逐渐成为其世界产品的生产工厂。1990年代,在中国政府开放关税导致进口品牌优势尽失的背景下,惠普决定在中国本土进行高端PC业务的生产化投资以缩短供应链较长导致的竞争滞后。1990年代末,中国惠普已经具备完备的生产线。进入21世纪,惠普开始重视中国的创新应用。在惠普看来,本土化创新不仅能够更好地满足本土化的用户需求,还能服务于全球范围内的产品完善。于是,2005年惠普中国实验室(院)成立,2013年"惠普创新论坛2013"成功召开。未来,惠普中国也将以更加主动的态度推动由"中国制造"向"中国创造"的转变。

第六节　中国国有、民营、外资企业目标演进总结

虽然由于产权性质和行业差异,不同个体企业在市场经济迭代发展过程中的目标演进路径不尽相同,但整体而言,从"活下来"到"谋发展"再到"创一流"构成了过去四十多年我国民族企业的发展主线。而中国市场经济的发展,以及中国企业竞争力的提升,也驱使在华外资企业目标实现了从"销售基地"到"生产基地"再到"研发基地"的演进。

1980年代,由于工业匮乏、技术落后,以及缺乏资金等,中国民营企业只能从事产品附加值较低的工作实现生存,目标是活下来;而国有企业在这个阶段虽然具有技术和资金等优势,但受制于体制束缚,主要目标是通过改制和机制创新激发企业活力。1990年代,伴随着我国市场经济的高速发展,经过激烈的市场竞争大浪淘沙存活下来的一批民营企业开始快速成长,同时残酷的市场竞争极大磨炼了其参与竞争的能力,逐步成为国内领先企业,这反过来也倒逼原来的行业老大(国有企业)加快了机制变革和技术创新的步伐,民营企业和国有企业相互竞争、共同成长,借助中国改革开放所带来的市场经济大发展的有利外部环境,极大提升了中国企业的国际竞争力。

进入21世纪,中国企业利用加入WTO的有利契机,基于其快速提升的国际竞争力,开始"走出去"参与国际竞争,一大批民族企业开始冲刺成为世界500强企业。2010年代以后,新常态成为以后较长时间内经济发展的大逻辑,在构建人类命运共同体意识的时代背景下,越来越多的中国企业以成为世界一流企业为目标,并日益以跨国企业的心态承担起国际责任。未来,面对百年未有之大变局,越来越多的中国企业将以中国智慧贡献于世界发展。

中国民族企业的快速发展也倒逼在华外资企业的目标演进。过去外资企业只是把中国看成一个销售市场,并不是很重视。随着中国人力资本和基础设施优势日益凸显,更重要的是,随着中国经济快速发展所提供的巨大国内市场,以及中国企业的发展为有关制造业提供了良好的配套产业,越来越多的外资企业开始将制造基地设立于中国,以利用中国巨大的消费市场和中国企业强大的制造能力,但研发基地一般仍设立于发达国家。进入21世纪,随着中国企业国际竞争力日益增强,外资企业日益意识到需要专门针对中国市场进行研发,以更好地应对中国企业在技术和产品质量上的挑战,同时,中国高等教育培养出来的优秀人才也为外资企业在华设立研发基地提供了人才条件。

图10-2具体展示了本章选取的具有代表性的民营、国有与外资企业发展目标演进过程。图10-3则展示了我国市场经济发展与各类企业发展目标演进的过程。

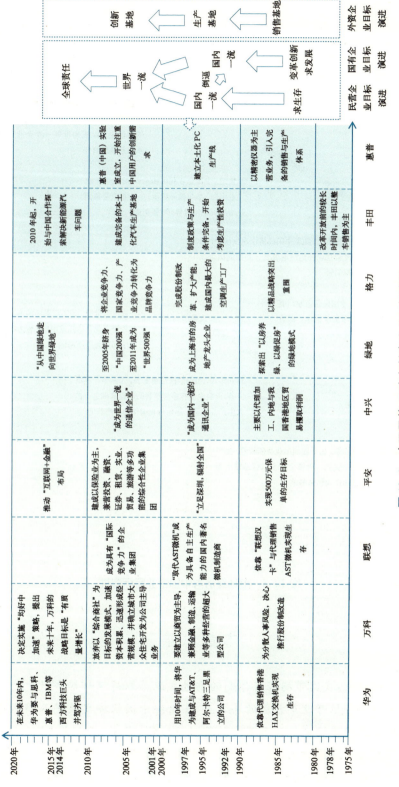

图 10-2 中国民营、国有与外资企业目标演进

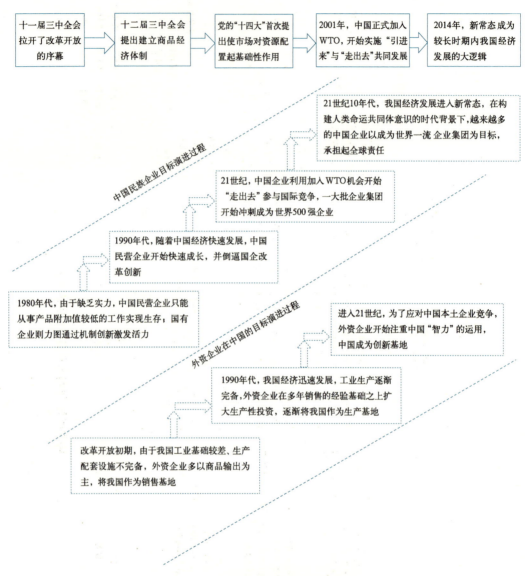

图 10-3　市场经济与中国企业目标演进

本 章 小 结

改革开放以来,我国市场经济体制的渐进式改革取得了辉煌成就。自1978年党的十一届三中全会拉开改革开放的序幕至21世纪中国经济发展进入新常态,四十余年中国先后确立了市场在资源配置中的基础性地位、明确了"走出去"的大方向、厘清了引导经济高质量发展的大逻辑。中国四十余年的经济成就,见证了一大批有胆识、勇创新的企业茁壮成长,成为具有鲜明时代特征、民族特色的世界级企业。而中国经济的高速增长也在中国企业目标迭代演进的轨迹上留下了深刻的烙印。

受经济体制和资源配置限制,改革开放初期中国的民营企业不具备直接进入高竞争性市场的能力,"求生存"成为这一阶段我国民企的普遍目标;随着市场经济改革的持续推进,我国逐步确立了市场在资源配置中的基础性地位,民营企业获取经济资源的渠道随之被打通。在前期技术和经验累积的基础上,中国民营企业开始主动参与国内市场竞争,争做龙头企业;进入21世纪,中国政府基于提升国际竞争力的考虑,做出了引导中国企业"走出去"的重大战略方针转移。在政策引导下,中国民营企业开始走出国门,以建设"国际竞争力"作为企业的核心目标;21世纪10年代以来,新常态开始成为经济发展的大逻辑,在构建人类命运共同体意识的时代背景下,中国民营企业一方面开始转变企业发展模式,另一方面开始积极承担国际责任。

国有企业与民营企业目标演进轨迹存在诸多相似之处。绿地、格力等大型国有企业在成长过程中,也不断保持企业目标与宏观环境的实时互动。从立足本土到建设世界品牌,"活下来""谋发展"再到"创一流"成为过去四十余年我国民族企业发展的主线。然而,华为与中兴的竞争事实表明,国有企业与民营企业目标调整的步伐并不一致,但两者通过市场的竞争机制相互作用、相互影响,最终实现趋同。

外资企业在中国的发展目标受市场环境的影响较大,尤其受政策环境和生产条件的限制。改革开放初期,由于我国工业基础较差、生产配套设施不完备,外资将我国视为"销售基地"。随着我国工业基础不断发展,生产配套设施逐渐丰富,外资将我国视为"生产基地"。进入21世纪,为了应对中国本土企业竞争,外资开始重视利用中国的创新"智力"。丰田、惠普等外资企业均开始在中国建立创新实验室。中国也由生产基地成为外资企业的创新、创造基地。

改革开放四十余年来,中国经济创造了增长奇迹。而中国民营企业、国有企业、外资企业的发展目标,在保持与宏观经济环境的动态对话过程中相互影响、共同促进。在百年未有之大变局的时代背景下,相信越来越多的中国企业将会以中国智慧贡献世界发展,以中国力量助力世界繁荣。

复习思考题

1. 我国市场经济发展历经了几个阶段?为什么市场经济环境的变化对企业目标选择是重要的?

2. 改革开放以来,我国国有企业目标如何演变?市场经济发展如何驱动这一变化?在经济新常态的时代背景下,未来还可能发生哪些变化?

3. 改革开放以来,我国民营企业目标如何演变?市场经济发展如何驱动这一变化?民企与国企的目标演化过程之间存在什么样的联系?

4. 改革开放以来,我国外资企业目标如何演变？市场经济发展如何驱动这一变化？为什么中国能从"生产基地"变成外资企业的"创新基地"？

主要参考文献

1. 蔡昉,王德文,王美艳.工业竞争力与比较优势——WTO框架下提高我国工业竞争力的方向[J].管理世界,2003(02)：58-63+70.
2. 张建平,刘桓.改革开放40年："引进来"与"走出去"[J].先锋,2019(02)：37-40.
3. 习近平.谋求持久发展 共筑亚太梦想[N].人民日报,2014-11-10(002).
4. 张建平,刘桓.改革开放40年："引进来"与"走出去"[J].先锋,2019(02)：37-40.
5. 孙力科.任正非传[M].杭州：浙江人民出版社,2017.
6. 朱瑞博,刘志阳,刘芸.架构创新、生态位优化与后发企业的跨越式赶超——基于比亚迪、联发科、华为、振华重工创新实践的理论探索[J].管理世界,2011(07)：69-97+188.
7. 白长虹,刘春华.基于扎根理论的海尔、华为公司国际化战略案例相似性对比研究[J].科研管理,2014,35(03)：99-107.
8. 武亚军.中国本土新兴企业的战略双重性：基于华为、联想和海尔实践的理论探索[J].管理世界,2009(12)：120-136+188.
9. 任正非.华为的红旗到底能打多久——向中国电信调研团的汇报以及在联通总部与处以上干部座谈会上的发言[J].华为人报,1998(71).
10. 王石.道路与梦想：我与万科的风雨征程(1983—1999)[M].北京：中信出版社,2014.
11. 乐居网.万科30年发展史上具有代表性的100件事：1983—1993年[Z/OL].http://news.leju.com/focus/6095247729087527962.shtml.
12. 乐居网.万科30年发展史上具有代表性的100件事：2004—2014年[Z/OL].http://news.leju.com/focus/6095247630626242515.shtml.
13. 王石.大道当然：我与万科(2000—2013)[M].北京：中信出版社,2014.
14. 王国军,刘水杏.房地产业对相关产业的带动效应研究[J].经济研究,2004(08)：38-47.
15. 汤谷良,游尤.可持续增长模型的比较分析与案例验证[J].会计研究,2005(08)：50-55.
16. 万科集团.集团发展[Z/OL].https://www.vanke.com/about.aspx?type=3.

17. 凌志军. 联想风云——关于一个人、一个企业和一个时代的记录[M]. 北京：人民日报出版社, 2011.

18. 任家华, 王成璋. 嵌入全球价值链：中国高新技术产业的升级路径——以联想收购IBM个人电脑事业部为例[J]. 科学学与科学技术管理, 2005(06)：97-101.

19. 王海. 中国企业海外并购经济后果研究——基于联想并购IBM PC业务的案例分析[J]. 管理世界, 2007(02)：94-106+119+172.

20. 秦朔, 陈天翔. 无止之境[M]. 北京：中信出版社, 2020.

21. 从"平安科技开放日"，探究平安在科技生态领域的布局（科技篇）[Z/OL]. https://baijiahao.baidu.com/s?id=1616488838645525155&wfr=spider&for=pc.

22. 尹生. 逆流而上——中兴通讯在行业冬天中的崛起[M]. 北京：中信出版社, 2010.

23. 张瑞君, 陈虎, 张永冀. 企业集团财务共享服务的流程再造关键因素研究——基于中兴通讯集团管理实践[J]. 会计研究, 2010(07)：57-64+96.

24. 屈波, 郭建龙著. 势在人为：绿地廿年进入世界五百强[M]. 北京：中信出版社. 2012.

25. 张晓晶, 孙涛. 中国房地产周期与金融稳定[J]. 经济研究, 2006(01)：23-33.

26. 张小富, 苏永波. 新形势下房地产企业转型研究[J]. 建筑经济, 2013(08)：76-79.

27. 绿地控股集团. 发展目标[Z/OL]. http://www.greenlandsc.com/About_fzmb.aspx.

28. 朱江洪. 朱江洪自传——我掌管格力的24年[M]. 北京：企业管理出版社, 2017.

29. 奥田硕, 朱建荣. 丰田在中国的求索[M]. 陈鸿斌, 译. 上海：上海人民出版社, 2012.

30. 刘克丽. 合金英雄——见证中国惠普20年[M]. 北京：中国经济出版社, 2005.

31. 李平. 创新导向的知识和谐管理——腾讯和惠普中国的案例研究[J]. 管理案例研究与评论, 2009, 2(02)：82-92.

32. 惠普中国实验室. 惠普[Z/OL]. https://bbs.csdn.net/topics/300055466.

33. 惠普创新. 惠普[Z/OL]. https://www.hp.com/cn/zh/campaigns/innovation-forum/overview.html.

34. 中兴通讯：当"世界卓越"成为生存底线[Z/OL]. http://www.ceibsreview.com/show/index/classid/27/id/1193.

35. 黄速建, 余菁. 国有企业的性质、目标与社会责任[J]. 中国工业经济, 2006

(02): 68-76.

36. GUO L, ZHANG M Y, DODGSON M, et al. Seizing windows of opportunity by using technology-building and market-seeking strategies in tandem: Huawei's sustained catch-up in the global market. Asia pacific journal of management, 2019, 36(3): 849-879.

37. KANG B. The innovation process of Huawei and ZTE: patent data analysis, China economic review, 2015(36): 378-393.

图书在版编目(CIP)数据

中国企业目标导论/陆正飞主编.—上海:复旦大学出版社,2023.6
ISBN 978-7-309-16653-8

Ⅰ.①中… Ⅱ.①陆… Ⅲ.①企业管理-目标管理-研究-中国 Ⅳ.①F279.23

中国版本图书馆 CIP 数据核字(2022)第 231262 号

中国企业目标导论
ZHONGGUO QIYE MUBIAO DAOLUN
陆正飞　主编
责任编辑/王轶甦

复旦大学出版社有限公司出版发行
上海市国权路 579 号　邮编:200433
网址:fupnet@fudanpress.com　http://www.fudanpress.com
门市零售:86-21-65102580　　团体订购:86-21-65104505
出版部电话:86-21-65642845
常熟市华顺印刷有限公司

开本 787×1092　1/16　印张 20.5　字数 401 千
2023 年 6 月第 1 版
2023 年 6 月第 1 版第 1 次印刷

ISBN 978-7-309-16653-8/F·2953
定价:50.00 元

如有印装质量问题,请向复旦大学出版社有限公司出版部调换。
版权所有　侵权必究